भूमंडलीय ताप
एवं
जलवायु परिवर्तन

भूमंडलीय ताप एवं जलवायु परिवर्तन

ब्रज किशोर प्रसाद सिंह

प्रशांत पब्लिशिंग हाऊस
दिल्ली

प्रशांत पब्लिशिंग हाऊस
सी-34, 28 फुटा रोड, गली नं. 3
वैस्ट करावल नगर, दिल्ली-110094
फोन : 9810396374, 22963970

भूमंडलीय ताप एवं जलवायु परिवर्तन

प्रथम संस्करण : 2008
ISBN : 978-81-906344-7-2

मुद्रक :
आर.के. झा द्वारा प्रशांत पब्लिशिंग में प्रकाशित एवं एच.एस. ऑफसेट प्रेस दिल्ली द्वारा मुद्रित।

प्रस्तावना

हमारा पर्यावरण एक असीम और विराट रंगमंच है, जिसमें भूमि, जंगलों, पर्वतों, नदियों, जलाशयों आदि के इर्द-गिर्द अनेकांकी नाटक चलते रहते हैं। पर्यावरण के इन जलीय तथा स्थलीय दृश्यों वाले मंचों के नायक और पात्र हैं मानव सहित सभी प्राणी और पौधे। हम पहले जंगलों में ही तो रहते थे और बहुत बाद तक भी आश्रम व्यवस्था के अंतर्गत हमारा जीवन वनों में ही बीतता था। गुरुकुल परंपरा के ब्रहमचर्य आश्रम वनों के ही समीप बिताया जाता था तथा अंतिम आश्रम या वानप्रस्थ आश्रम में हम वनों को ही प्रस्थान करते थे। वनों में ही प्राचीन ऋषि-मुनि तपस्या करते थे। जंगलों में ही हमारे अरण्य संस्कार विकसित हुए और हम परंपरा की सारी विशेषताएं आज भी हमारे सामाजिक जीवन में देखी जा सकती हैं।

हमारी संस्कृति आरण्यक संस्कृति रही है और इसीलिए वनदेवी और वनदेवता की पूजा तथा वृक्षयज्ञों और वन-महोत्सवों का आयोजन होता था। इसी परंपरा के अंतर्गत आज भी प्राणियों और वृक्षों की पूजा होती है। इन सब क्रियाकलापों का उद्‌देश्य यही था कि हम वनों और वनस्पतियों का महत्त्व और उपयोगिता समझें कारण कि वन हमारे जीवन के नियंत्रक-नियामक जो हैं। हमारे पुरखे इन बारीकियों को जानते-समझते थे इसीलिए उन्होंने इन बातों को धर्म व कर्त्तव्य के दायरे में रख लिया था।

आज समस्त भूमंडल पर्यावरण प्रदूषण के आगोश में तेजी से समाता चला जा रहा है। ग्रीन हाउस प्रभाव तथा ओजोन परत में छेद एक भयंकर समस्या के

रूप में हमारे सामने आए हैं, जिससे निजात पाने के लिए अनेक विश्वस्तरीय प्रयास किए जा रहे हैं। समय-समय पर सम्मेलनों का आयोजन किया जा रहा है, परंतु फिर भी ये प्रयास समुचित नहीं कहे जा सकते। इस पर रोक लगाने हेतु प्रत्येक जनमानस को अपने-अपने स्तर से भी प्रयास करने होंगे।

--लेखक

अनुक्रम

1

एक परिचय : पर्यावरण, प्रदूषण एवं परिस्थितिविज्ञान

एक निश्चित नियमबद्धता से प्रकृति कार्य करती है। ऐसी स्थिति में यदि उसके किसी अवयव या क्रिया के साथ जबरदस्ती हो तो पारिस्थितिकी सन्तुलन का बिगड़ना भी स्वाभाविक ही है। इस प्रकार औद्योगीकरण में प्राकृतिक संसाधनों का उपयोग बुद्धियुक्त व न्यायसंगत होने से ही 'इकॉलोजी' और 'इकॉनोमी' का सन्तुलन बना रहना सम्भव है। मानव आज के औद्योगिक युग में प्रकृति का दोहन न करके अत्यधिक विध्वंस करके अपनी सुख-सुविधाओं को जुटाने में लिप्त है; किन्तु उसका यह अंध-प्रयास खुद उसके अस्तित्व के लिए खतरा बनता जा रहा है। अब वह दिन दूर नहीं है जब अन्य जीवों की तरह वह भी लुप्त हो सकता है। पारिस्थितिकी असन्तुलन के फलस्वरूप हमें इस सदी के मध्य में ऑक्सीजन मास्क लगाकर जीने को मजबूर होना पड़ेगा। हमने कोयले और तेल जैसे ईंधनों के उपयोग, गैसीय सल्फर-डाई-ऑक्साइड, नाइट्रोजन-डाई-ऑक्साइड, धूल आदि से हमने वायुमण्डल को अधिकाधिक प्रदूषित किया है।

यह सामान्यतः वायुमंडल और जल के तापमान में वृद्धि करता है जो ध्रुवीय प्रदेशों की बर्फ को पिघलने के लिए मजबूर करती है। पिघलने को ध्रुवीय बर्फ ललचा रही है, जिसके कारण समुद्र की सतह से 4 से 5 मीटर ऊँची होने की प्रबल सम्भावनाएँ परिलक्षित हो रही हैं। पारिस्थितिकी सन्तुलन गड़बड़ाने से जीवन चक्र कहीं से भी टूटे, सारी शृंखला टूट जाएगी और 'आर्थिक मानव' उसका प्रथम शिकार होगा। औद्योगिक विकास के बढ़ते नए चरण दूसरी ओर पारिस्थितिकी

असन्तुलन के कारक बिन्दु हैं। औद्योगीकरण से वनों व वृक्षों की कमी, जल-स्रोतों का प्रदूषण, मृदा प्रदूषण, ओजोन पर्त में विकृति तथा अम्लीय वर्षा आदि ऐसी घटनाएँ हैं जिसने जीव-समूहों के सन्तुलन में गड़बड़ी पैदा कर दी है। इस प्रकार अतः 'इकॉलोजी' के सन्तुलन को बनाए रखते हुए 'इकॉनोमी' सार्थक सिद्ध हो सकती है अगर औद्योगीकरण एवं अन्य आर्थिक प्रगति के प्राकृतिक संसाधनों का युक्ति-युक्त गहनीकृत उपयोग हो। कच्चे माल को अपेक्षाकृत अधिक मात्रा में खोज निकालने की बजाय उसे विवेकसम्मत ढंग से संसाधित करना पारिस्थितिक तंत्र को राहत पहुँचा सकता है। अन्यथा बाईसवीं सदी तक वर्तमान संसाधन समाप्त हो जाएँगे और हम 'पर्यावरणीय शरणार्थी' जैसी स्थिति में पहुँच जाएँगे।

'इकॉनोमी' में वृद्धि दर मिट्टी की उर्वरता, जंगल, जलवायु, वनस्पति, सागर, जन्त-जगत नदियाँ तथा महासागर, खनिज साधन और वायुमण्डल में 'स्वच्छ इकॉलोजी' के होने पर आर्थिक वृद्धि निर्भर करती है। इस प्रकार औद्योगीकरण में पारम्परिक संसाधनों के उपयोजन से पारिस्थितिकी तंत्र को नष्ट-भ्रष्ट होने से राहत पहुँचा सकते हैं। आज हाइड्रोजन को ईंधन के रूप में, प्राकृतिक ऊर्जा के उपयोजन तथा प्राकृतिक संसाधनों का भूवैज्ञानिकों द्वारा सर्वेक्षण के बाद औद्योगिक उपयोग पारिस्थितिकी तंत्र को सन्तुलन रखने में सहायक सिद्ध हो सकता है। औद्योगिक यंत्रों व उपकरणों में सुधार करके ऊर्जा की प्रति इकाई पर धातु का व्यय कम किया जाना वांछित है।

औद्योगिक इकाइयों द्वारा धातुमल तथा ताप-बिजलीघरों की राख जैसे अपशिष्ट के व्यापक उपयोग से पारिस्थितिक सन्तुलन में मददगार हो सकते हैं। निर्माण सामग्री का धातुमल का परिष्कार करके सहज ही निर्माण किया जा सकता है। राख तथा धातुमल से जर्मेनियम जैसी मूल्यवान वस्तु हासिल की जा सकती है। धातुमल से निर्माण सामग्री को संसाधन के रूप में उपयोजन किया जा सकता है। लकड़ी के अपशिष्ट से लुग्दी, हाई बोर्ड, कागज एवं प्लाईवुड जैसी वस्तुओं का निर्माण सम्भव है।

औद्योगिक यंत्रों और उपकरणों को आर्थिक पक्ष को मजबूत करने तथा पारिस्थितिक सन्तुलन के दृष्टिकोण से युक्तियुक्त बनाने के उद्देश्य से शीघ्र घिसने वाले कलपुर्जों को मजबूत बना करके उन्हें कठोर बनाने प्लास्टिक आवरणों व उच्च क्वालिटी के उत्पादन में उपयोग करके उसके कार्यकाल-अवधि में वृद्धि करने से धातु की बचत सम्भव है। इस तरह हम धातु प्राप्त करने के दौरान होने वाले विभिन्न प्रदूषणों से निजात प्राप्त कर सकते हैं। नगरों एवं महानगरों के

तापमान में लगातार वृद्धि एवं पेड़-पौधों की अनुपस्थिति से तपन द्रुतगति से बढ़ रही है। नगरों एवं महानगरों में विद्युत इंजीनियरों प्रतिष्ठानों में वाष्प के तापमान व दबाव में वृद्धि, नगरों और महानगरों की तापन व्यवस्था में बायलर और भट्टी की प्रणाली को उपयोग में लेने से प्रदूषण से राहत हासिल हो सकती है। नगरों एवं महानगरों में पुराने टायर, मल तथा अपशिष्टों का भस्मीकरण, कागज व पानी आदि को पुनः उपयोग हेतु बनाने से कबाड़खाने से होने वाले पारिस्थितिकी दुष्प्रभावों से निजात हासिल हो सकती है। शहरों में बिजली के उपयोग तथा अन्य कार्यों के लिए स्थापित परमाणु बिजलीघरों से निकलने वाले अपशिष्टों से पारिस्थितिक तंत्र गड़बड़ा रहा है। अतः परमाणु ऊर्जा के स्रोत को कम-से-कम स्थापित करने का सफल प्रयत्न वांछित है। अतः तापनाभिकीय संश्लेषण के आधार पर तथा भूगर्भीय ताप-बिजली उत्पादन हेतु शोध व क्रियान्विति लाभदायक हो सकती है। हम दर्पणों का एक विशाल क्षेत्र स्थापित कर सौर ऊर्जा के द्वारा उद्योग चलाने में कामयाब हो सकते हैं। क्योंकि भारत के मरु प्रदेश में सूर्य का प्रकाश अधिक समय तक उपलब्ध रहता ही है।

पारिस्थितिक-पक्ष औद्योगिक वृद्धि के फलस्वरूप वायुमण्डल में विसर्जित होने वाले विषाक्त अपशिष्टों की मात्रा में हो रही वृद्धि तथा सीमेंट उद्योग से निकलने वाली धूल में वृद्धि के फलस्वरूप कमजोर हो रहा है।

'इकॉनोमी' में शक्तिशाली राष्ट्र के रूप में उभरने हेतु विकासशील देश भी उद्योग और परिवहन को प्रोत्साहन दे रहे हैं। ये मोटरकारें कार्बन-डाई-कार्बनों और सीसे के यौगिक वायुमण्डल में विसर्जित होने वाले इन अपशिष्टों से हमारी 'इकॉनोमी' प्रदूषित हो रही है। कीटनाशी पदार्थों का 'हरित-क्रान्ति' के नाम पर अधिक फसलें लेने के उद्देश्य से प्रचुर मात्रा में उपयोग किया जाता है जिनमें फासफोरस, नाइट्रोजन और पोटैशियम जैसे विषैले पदार्थों की तो बहुत बड़ी मात्रा खेतों में बनी रहती है। इनमें से कुछ यौगिक तो पानी में घुलकर जलाशयों को प्रदूषित करने की क्षमता भी रखते हैं। यही उपज एवं खाद्य पदार्थों के रूप में मानव-शरीर तक पहुँच जाते हैं। अतः खेतों में उतनी ही मात्रा में रसायन को डाला जाना चाहिए जितनी मात्रा में पौधे पूर्णतः स्वांगीकृत कर सकें। प्लास्टिक थैलियों को निगल कर लाखों पशु काल के गाल में जा रहे हैं। अतः भूमि को उद्योगों के अपशिष्टों, बैक्टीरिया तथा प्लास्टिक थैलियों से दूर रखने की आवश्यकता है।

अपशिष्टों का औद्योगिक विस्तार के साथ-साथ प्रवाह बढ़ता जा रहा है। यदि उन्हें साफ कर भी लिया जाता है तो भी कालान्तर में विषाक्त पदार्थों की

तादाद में वृद्धि ही होगी। अतः अपशिष्ट जल के बहिर्प्रवाह को समाप्त करने की और प्रभावी ढंग से योजना को काम में लेने की आवश्यकता है। औद्योगिक उपयोग में काम में लिए जाने वाले जल-स्रोत को पेयजल-स्रोत से अलग करना ही पड़ेगा, अन्यथा इंसान के लिए पेयजल समस्या विकराल रूप धारण कर लेगी।

कोई राजकीय सीमा-रेखाएँ वायुमण्डल की नहीं होतीं। एक देश का औद्योगिक प्रदूषण दूसरे देश को दुष्प्रभावित कर सकता है। अतः राजनैतिक समझौतों की भांति ईमानदारी से पारिस्थिति समझौते अन्तर्राष्ट्रीय स्तर पर होने चाहिएँ ताकि वायुमण्डल प्रदूषित रहित बना रह सके। अपने उद्योगों को प्रदूषण रहित करने की अभिवृत्ति के विकास से ही पारिस्थितिक तंत्र प्रदूषण रहित बना रह सकता है जो हमारे लिए अपरिहार्य है।

आज तो ये एक-दूसरे में गड्डमड्ड हो गए हैं। पर्यावरण जीवों का आवास है, शरणस्थली है तथा उनकी जिंदगी का एकमात्र आधार है, जिस पर प्रदूषण तथा अन्य कारक क्रिया करके नई-नई दशाएं उत्पन्न कर रहे हैं। पर्यावरण की इन दशाओं तथा परिवर्तनों का अध्ययन ही परिस्थितिविज्ञान है।

पर्यावरण पृथ्वी के एक छोर से दूसरे छोर तक पसरी हुई एक विराट देह है जिस पर प्रदूषण असर डालकर रोगों की तरह हमारा अहित करता है और इस क्रिया-प्रतिक्रिया का जो परिणाम होता है वह परिस्थितिविज्ञान के द्वारा ही हमारे सामने होता है। इनमें से किसी एक की भी बात करेंगे तो वह वस्तुतः तीनों की मिलीजुली कथा होगी।

पर्यावरण, जमीन, पानी और हवा का मिलाजुला रूप ही है। यह पर्यावरण पहले निर्जीव था लेकिन फिर प्रकृति में कतिपय जैवरासायनिक परिवर्तनों के परिणामस्वरूप इसमें अकस्मात जीवन पनपा और तभी से पर्यावरण में जीवन प्रवाहमान है। जीवनपूर्वी पनीले माध्यम में जान फूंककर बेजान पदार्थों को जानदार बनाने वाले उस चमत्कारी मोड़ और क्रांतिकारी विकास की बदौलत ही आज हम इस धरती पर अनगिनत जीव देखते हैं।

जंगल और नदियाँ पर्यावरण के महत्त्वपूर्ण घटक हैं। नदियों के उत्स पर्वत और जंगल ही हैं। नदियों में जंगल के वृक्षों से ही पानी भरता है और वे वेगवती बनकर बहती है। वनों और उपवनों के पेड़-पौधों के बलबूते पर ही मानव समेत सभी जीव साँस लेते और जीते हैं। जंगलों से लेकर हमारे घरों के इर्द-गिर्द के पेड़-पौधे हमें शुद्ध वायु या ऑक्सीजन देते हैं, गन्दी हवा या कार्बन डाई-ऑक्साइड को अपने में सोख लेते हैं तथा हमारे भोजन और हमारे उपयोग-उपभोग की सारी

चीजें हमें देते हैं। हवा और पानी भूमि में शरण लेने के बाद हमारे जिन्दा रहने के लिए परम आवश्यक पदार्थ हैं। इनके बिना हम जिन्दा रह ही नहीं सकते। ये न होते तो हमारा अस्तित्व संभव ही न था। पर्यावरण में प्राणियों से पहले पौधे आए, जिन्होंने शनै-शनैः प्राणियों के पनपने के लिए अनुकूल वातावरण तैयार किए।

क्या विडम्बना है कि जिस पर्यावरण में पनकर मानव विकसित होकर उच्चतक प्राणी बना तथा जिन वनस्पतियों ने उसमें जान फूंकी, उसे जीवन दिया और उसे जीवित रखते हैं उसी पर्यावरण और उसके पेड़-पौधों व प्राकृतिक को वह बेरहमी से नष्ट-भ्रष्ट करने में लगा है। भले ही पहले का मानव वैज्ञानिक दृष्टि से इतना विकसित और प्रगति प्राप्त न था पर यह पर्यावरण का ध्यान रखता था, उसे सभी जीवों की अमानत समझता था, उसे सहेज कर रखता था और निरंतर उसके व उसकी संपदा के संरक्षण को अपना नैतिक कर्त्तव्य समझता था। विज्ञान और टेक्नोलॉजी की उन्नति और मौज-मस्ती में मानव ने मूलभूल बातों को यहां तक भुला दिया कि उसे अपनी खैर की भी परवाह नहीं है। इसे उनकी नादानी ही कहा जाएगा।

हमारा पर्यावरण एक असीम और विराट रंगमंच है, जिसमें भूमि, जंगलों, पर्वतों, नदियों, जलाशयों आदि के इर्द-गिर्द अनेकांकी नाटक चलते रहते हैं। पर्यावरण के इन जलीय तथा स्थलीय दृश्यों वाले मंचों के नायक और पात्र हैं मानव सहित सभी प्राणी और पौधे। हम पहले जंगलों में ही तो रहते थे और बहुत बाद तक भी आश्रम व्यवस्था के अंतर्गत हमारा जीवन वनों में ही बीतता था। गुरुकुल परंपरा के ब्रहमचर्य आश्रम वनों के ही समीप बिताया जाता था तथा अंतिम आश्रम या वानप्रस्थ आश्रम में हम वनों को ही प्रस्थान करते थे। वनों में ही प्राचीन ऋषि-मुनि तपस्या करते थे। जंगलों में ही हमारे अरण्य संस्कार विकसित हुए और हम परंपरा की सारी विशेषताएं आज भी हमारे सामाजिक जीवन में देखी जा सकती हैं।

हमारी संस्कृति आरण्यक संस्कृति रही है और इसीलिए वनदेवी और वनदेवता की पूजा तथा वृक्षयज्ञों और वन-महोत्सवों का आयोजन होता था। इसी परंपरा के अंतर्गत आज भी प्राणियों और वृक्षों की पूजा होती है। इन सब क्रियाकलापों का उद्‌देश्य यही था कि हम वनों और वनस्पतियों का महत्त्व और उपयोगिता समझें कारण कि वन हमारे जीवन के नियंत्रक-नियामक जो हैं। हमारे पुरखे इन बारीकियों को जानते-समझते थे इसीलिए उन्होंने इन बातों को धर्म व कर्त्तव्य के दायरे में रख लिया था।

आधुनिक मानव अपनी वैज्ञानिक सभ्यता के दर्प में तथा तुरंत मिलने वाले फायदों के लोभ में इन बातों से दूर हुए उन्हें भूलता गया। अदूरदर्शी व स्वार्थी बनकर तथा आध्यात्मिक भावना को ताक कर वह भौतिकवादी लोभ के अंधमोह में फंसकर वनों का संहार करने लगा। आज का अरण्य रोदन मानव का ही नहीं अरण्यों का भी रोदन है, जिसका अब हमें एहसास हो चुका है।

गढ़वाल हिमालयवासियों का चिपको आन्दोलन जंगलों की रक्षा के प्रसंग में इतिहास का सुनहरा पृष्ठ है। यह यूंही अललटप्पू प्रकट नहीं हो गया बल्कि इसके पीछे एक पारिस्थितिक और आर्थिक मनन-चिंतन की पृष्ठभूमि रही है। जिस पावन अलकनन्दा वाली भूमि में यह आन्दोलन उपजा उसका कारण 1970 वाले वर्ष का अभूतपूर्व बाढ़ कांड था। बेलाकूची का सारा गांव, यात्रियों से भरी बसों समेत अलकनन्दा की बाढ़ में समा गया था। इस बाढ़ में थोड़ा-सा क्षेत्र नहीं अपितु 400 किलोमीटर दूर का क्षेत्र ध्वस्त हो गया था और जिसमें पांच बड़े पुल, हजारों मवेशी, लाखों रुपए की लकड़ी और ईंधन बहकर नष्ट हो गया था। बाढ़ के पानी के साथ बही गाद इतनी ज्यादा थी कि उसने 350 किलोमीटर लम्बी ऊपरी गंगा नहर के 10 किलोमीटर तक के क्षेत्र में अवरोध पैदा कर दिया था। गाद दूर करने वाली संक्रियाओं ने इतना लम्बा समय लिया तथा ऐसा प्रभाव डाला कि संचाई के पानी के अभाव में उस वर्ष पश्चिमी उत्तर प्रदेश की उपज में भारी कमी रही। यह परिस्थितिविज्ञान की गड़बड़ी ही तो थी। अलकनन्दा की इस त्रासदी ने ग्रामवासियों के मन पर एक अमिट छाप छोड़ी और तब उन्हें पता चला कि लोगों के जीवन में जंगलों की कितनी अधिक उपयोगिता है।

अब उन्हें पता लगा कि चौड़ी पत्ती वाले वृक्षों के वनों के बदले केवल चीड़ सरीखे वृक्षों वाले वनों के कारण क्या हानिकारक प्रभाव होते हैं तथा इसका खेती और जल-आपूर्ति पर क्या असर पड़ता है। उदाहरण के लिए, बांज (ओक) की पत्तियों से पानी सोखने वाला पोषक 'हयूमस' बनता है लेकिन चीड़ की सूई जैसी बारीक पत्तियां विघटित नहीं होतीं और अवक्षेपण को बहने देती हैं। बांज वृक्षों का वन पानी को लम्बे समय तक पकड़े रहता है और धीरे-धीरे उसे छोड़ता है। इन्हीं की बदौलत क्षेत्र विशेष में सोते और सदाबहार नदियां बनी रहती हैं।

जंगलों की अंधाधुंध कटाई और प्रकृति के क्रूर दोहन के जवाब में चिपको आन्दोलन के सूत्रधार सर्वश्री सुन्दरलाल बहुगुणा, चण्डी प्रसार भट्ट तथा उनके सहयोगियों ने अपनी आवाज बुलन्द करके उत्तराखंड क्षेत्र के चमोली जिले में चिपको आन्दोलन का प्रारंभ किया। निस्सन्देह फिर इस आन्दोलन की विश्व

प्रसिद्ध पहचान हुई। दक्षिणी भारत में यही आन्दोलन अगस्त, 1983 में अप्पिको आन्दोलन के रूप में उभर कर सामने आया। यह आन्दोलन बेड़थी हाइडल प्रोजेक्ट के विरोध में उत्तर कन्नड़ के लोगों द्वारा शुरू किया गया। ये आन्दोलन इसलिए सार्थक और महत्त्वपूर्ण हैं कि ये पर्यावरण के प्रसंग में जंगलों की रक्षा के निमित्त आम जनता द्वारा निष्ठा से चलाए गए। ये जन मानस की जागरूकता के अनुपम उदाहरण हैं।

अब यह महसूस किया गया है कि वनों एवंवानिकी का बहुत अधिक महत्त्व है। शहर वाला हो या गांव वाला, हरएक वनों तथा वन-उत्पादों पर आश्रित है। फिर भी सच्चाई यह है कि हम वनों के प्रति कितने बेरहम हो गए हैं।

असलियत यह है कि वन कृषि के जनक हैं और वानिकी (फौरेस्ट्री) कृषि की धाय है। वन और वानिकी से ही कृषि का पालन-पोषण हुआ है। पहले तो वन ही थे, कृषि तो बहुत बाद में सभ्यता के विकास से विकसित हुई। धाय के रूप में वन नदियों, सरिताओं आदि का भरण-पोषण करते हैं, बांधों और जलाशयों को भरते-पूरते हैं, जिनका सिंचाई, उद्योगों, बिजली-उत्पादन और उत्तरोत्तर अधिक कृषि-उत्पादन के लिए प्रयोग होता है। इन्हीं से हमारी जीवनलीला चलती है।

असली पर्यावरण जंगल के पेड़-पौधों से ही बनता है तथा जलवायु निश्चित होती है। जंगल और सारे पेड़-पौधे सूर्य के विकिरण का जहर सोखते हैं। जंगलों की सफाई से क्षेत्र की आबोहवा बदल कर खराब हो जाती है। हवा को साफ करने वाले पौधे नदारद हो जाते हैं। आंधी-तूफानों को रोकना मुश्किल हो जाता है तथा रेगिस्तान नज़र आने लगते हैं, बाढ़ आने लगती है, वर्षा कम हो जाती है, सूखा पड़ने लगता है, वृक्षहीन नंगी भूमि का कटाव होने लगता है और भूमि जगह-जगह खिसकने-दरकने लगती है।

जंगलों व पेड़-पौधों के कम होने से जाहिर है कि जंगली जानवर भी कम हो जाएंगे और प्रकृति में पारिस्थितिक संतुलन नहीं रह पाएगा तथा प्रकृति में जीवों की भोजन श्रृंखला में व्यवधान पड़ेगा। थोड़े अंतर से सारी नैसर्गिकता, प्राकृतिक लय नष्ट हो जाती है, प्रकृतिक का सारा समीकरण गड़बड़ा जाता है। मैदानों के जंगलों की अपेक्षा पहाड़ों के जंगलों का महत्त्व पचास गुना अधिक है। यह ध्यान देने योग्य बात है।

पहले लोग प्रकृति की ताल और लय में रहते थे, प्रकृति को देवी-देवताओं की तरह मानते थे और अपना घर बनाने के पूर्व सच्ची श्रद्धा, भक्ति और निष्ठा से प्रकृति का पूजन-अर्चन करते थे। पूर्व से लेकर पश्चिम तक एक-सी भावात्मक

धुन में प्रकृति से अपने उपयोग के लिए मुट्ठी भर जमीन मांगते हुए बड़ी विनम्रता से विनती की जाती थी। इसकी पुष्टि के लिए पौर्वात्य और पाश्चात्य दर्शन के अंतर्गत प्रकृति-प्रेम के दो चुने उदाहरणों को देना काफी होगा, जो इस प्रकार हैं—

'ओ प्रकृति मां! इस छोटे भूखंड पर अपने लिए इस घर को बनाते समय मैं तुम्हारे चेहरे को मलिन कर रहा हूं, इसके लिए मुझे क्षमा करना।'

'ओ पक्षियों! अपने इस घर को बनाने के लिए दूर-दराज के जंगलों के पेड़ों को काट गिराने से तुम जो अपने नीड़ों से वंचित हो रहे हो, इसके लिए क्षमा करना।'—जमीन तोड़कर घर बनाते समय की जाने वाली एक भारतीय प्रार्थना।

'भूमि जब बड़े-बड़े घने जंगलों समेत शांत प्राकृतिक अवस्था में थी और जिसके हरे-भरे वृक्षों को कभी कुल्हाड़ी से नहीं काटा जाता था, तो वह चारों ओर के निर्मल पर्यावरण से प्रत्येक जीव जाति को शरण और पोषण प्रदान करती थी।'—रूसो

हम सभी जानते हैं कि पीने तथा अन्य सभी आवश्यक उपयोगों के लिए पानी हमें नदियों, स्रोतों और कुओं से ही मिलता है। जीवित रहने से लेकर अच्छे स्वास्थ्य और स्वच्छता के लिए शुद्ध पानी परम आवश्यक है। इस परम महत्त्व की मद के बिना जिन्दगी की बिसात नहीं।

इतिहास के अनुसार दुनिया की सभी सभ्य व घनी बस्तियां नदियों के किनारे ही पनपी हैं। सारी खुशहाली और प्रगति नदियों के इर्द-गिर्द ही हुई है। यहां मानव कुछ कर गुजरा है। सिन्धु घाटी का इलाका, गंगा-जमुना का उपजाऊ मैदान, गोदावरी, कावेरी, नर्मदा, कृष्णा, अड्यार, पेरियार के इलाके क्या इन बातों की गवाही नहीं देते हैं। नदियों के बलबूते पर ही सभ्यता व संस्कृति पनपती है और बहुपक्षीय विकास होता है।

इसीलिए हमारे जानकार पुरखों द्वारा बहुउपयोगी नदियों को पूज्य माना गया और उनकी शुचिता को बनाए रखना परम धर्म। इनको प्रदूषित करना या बिगाड़ना पाप यानी बुरा कर्म समझा जाता था। गीता में भी चार गकारों यानी गीता, गायत्री, गंगा और गोविन्द का माहात्म्य बतलाया गया है, जिनमें गंगा नदियों का प्रतीक है।

जहां पहले नदियों के किनारे टहलते समय या पुल पार करते समय भीनी बयार का आनन्द मिलता था आज वहां नाक बन्द करके चलना पड़ता है। जहां पहले स्वच्छ जल में डुबकी लगाकर तरोताजा हो जाते थे वहां अब मल से सराबोर होना पड़ता है। यह हमारे कुकृत्यों का ही नतीजा है कि प्रदूषित होने के साथ-साथ

नदियों का जल, प्रवाह और गहराई बहुत कम हो गई है। जंगलों के कटने से उनका पानी कम क्या एकदम खत्म हो गया है और उनका वेगवान प्रवाह मर गया है। उत्तर से दक्षिण तक की नदियां प्रदूषण-व्यथा से कराह रही हैं और चौड़े फाट वाले स्थानों पर वेगवती धारा के बदले बड़े-बड़े रेतीले द्वीप ही नजर आते हैं।

आज की बढ़ती आबादी, उद्योगों तथा अविवेक तथा बेपरवाह अदूरदर्शिता के युग में हम आए दिन कूड़ा-कचरा, मल-मूत्र, गन्दे नाले, उद्योगों के बचे-खुचे पदार्थ, ढेर सारे रसायन वगैरह डालते ही जाएंगे तो नदियों का पानी कहां तक अपनी खैर मनाएगा। नदियों का यह प्रदूषण आधुनिक सभ्यता की देन है। अभी तक गंगाजल को शुद्ध समझा जाता था पर अब वह बात नहीं रही।

खोजों से पता चला है कि हमारी नदियों का सत्तर प्रतिशत पानी पीने योग्य नहीं रहा है। मुम्बई के उद्योगों वाले क्षेत्र की सीमावर्ती सरिता में चरने वाली गायों के दूध में प्रति दस लाख भाग में पांच भाग पारा पहुंच जाता है। इस दूध को पीते जाने से धीरे-धीरे मन्द जहर वाली प्रक्रिया प्रारंभ हो जाती है। कानपुर से नीचे पांच किलोमीटर तक बचे-खुचे पदार्थ डालने से नदियों के जीव नष्ट हो गए हैं और हुगली की मछलियों की संख्या में लगभग 70-80 प्रतिशत तक की कमी आ गई है। गंगा-जमुना का प्रसिद्ध उपजाऊ क्षेत्र भी प्रदूषण से बच नहीं सका है। कोलकाता, आसनसोल, दुर्गापुर वाला क्षेत्र देश का उद्योगों वाला बड़ा क्षेत्र है। हुगली नदी में पटसन, कागज, चमड़े और कारखानों व मिलों के बचे-खुचे पदार्थ बहा दिए जाते हैं। कानपुर के निकट कपड़े, रसायन, चमड़े, ऊन और दवाओं आदि की बची-खुची गन्दगियां गंगा के पानी को प्रदूषित करती हैं। कालू नदी, गोदावरी और कावेरी का भी यही हाल है। गंगा में गंगोत्री से वाराणसी तक सैकड़ों गन्दे नाले गिरते हैं और वाराणसी के घाटों पर असंख्य लाशों को जलाया व बहाया जाता है। इस तरह करीब डेढ़ लाख टन राख हर साल गंगा में बहाई जाती है।

आज के शहरों का सारा वाहित मल पानी में पहुंच जाता है और अनुगान कीजिए कि आज आबादी कितनी हो गयी है। परंतु गांवों में भी प्रदूषण कम नहीं। गांवों के अधिकांश लोग खुले तालाबों, कुओं, पोखरों, झीलों, नदी आदि का पानी पीते हैं जो पहले से ही प्रदूषित होता है। इन्हीं में नहाना, कपड़े धोना, ढोर-डंगर नहलाना और फिर इन्हीं का पानी पीना।

प्रमुख नदियों को लेकर अनुसंधान किए गए तथा किए जा रहे हैं। हाल की इन खोजों के ताजा नतीजा चौंकाने वाले हैं। खोज के नतीजे बतलाते हैं कि खारेपन के कारण जमुना का पानी मानव की खपत के लायक नहीं रहा। यद्यपि

ऊर्ध्व प्रवाह वाला पानी लगभग अप्रदूषित है लेकिन वज़ीराबाद से ओखला तक इसमें घरेलू, औद्योगिक और कृषि वर्ज्य पदार्थों के डाले जाने के कारण यह पीने और नहाने के योग्य नहीं रह गया है। अध्ययन से पता चला है कि जमुना के पानी का खारापन दुनिया के औसत से तीन गुना ज्यादा है।

दिल्ली के कुछ जलीय स्थलों में प्रदूषकों की वृद्धि से होने वाले पारिस्थितिक परिवर्तनों का भी अध्ययन किया गया। इस अध्ययन से मालूम हुआ कि पानी का कुल खारापन 9.66 एम.ई.क्यू. (मिली इलेक्ट्रोलाइट कोशन्ट) है जबकि दुनिया का औसत खारापन 2.83 है। और यह हुआ इस संघीय क्षेत्र में 16 नालों द्वारा नदी में प्रदूषकों के लगातार विसर्जित होते जाने से।

इन सब बातों को देखकर गंगा एवं उसकी सहायक नदियों तथा वितरिकाओं में बहाने वाले पानी की गणना में भी सुधार लाया जा रहा है। भूमि-क्षरण की रोकथाम में भी इस कार्यक्रम से मदद मलेगी, पारिस्थितिक संतुलन बनाकर रखा जा सकेगा और इस क्षेत्र में विलुप्त होने वाले प्राणियों को भी बचाया जा सकेगा। भूमि द्वारा सोखे जाने के बाद वर्षा का लगभग 50 प्रतिशत पानी छोटे नालों से होता हुआ नदियों में पहुंच जाता है।

इस तरह सिल्टिंग होने यानी गाद जमा होने के कारण नदी की तलहटी की सतह ऊंची होने लगती है तथा उनकी गहराई कम। फलस्वरूप नदियों की जलवहन क्षमता और भंडारण क्षमता में कमी आती जाती है। इससे होता क्या है कि नदी पानी की अधिक मात्रा को अपनी गोद में समोकर नहीं रख पाती और वह उसकी नियंत्रण-सीमा से बाहर होता हुआ इधर-उधर तहस-नहस करता हुआ चलता है। इसीलिए बाढ़ का प्रकोप होता है।

एक अन्तर्राष्ट्रीय सर्वेक्षण के अनुसार हर साल करीब 25 अरब टन उपजाऊ मिट्टी कटकर बह जाती है और हर वर्ष दुनिया की उपजाऊ मिट्टी की ऊपरी परत का करीब सात प्रतिशत अंश नष्ट होता जा रहा है। नदियों में निरंतर बहने वाली मिट्टी ने बांधों को भी प्रभावित किया है, जिससे उनकी दक्षता और उपयोगिता में भी कमी आई है। राष्ट्रीय बाढ़ आयोग के आंकड़ों से पता चलता है कि हमारी नदियों की पानी ग्रहण करने की क्षमता में कमी होते-होते वह 40 करोड़ घनफुट ही रह गयी है, जबकि वर्षा ऋतु में इनको 144 करोड़ एकड़ फुट पानी का भार ढोना पड़ता है। सन् 1953 से अब तक एक करोड़ एकड़ क्षेत्र के जंगलों को सफाचट किया जा चुका है तथा प्रत्येक साल जितने पेड़ काटे जाते हैं उनकी भरपायी तो दूर रही उनके चौथाई की भी क्षतिपूर्ति नहीं हो पाती।

इन बातों का मुख्य कारण है जंगलों की बेरहम कटाई। वनविहीन क्षेत्रों में प्रायः बाढ़ का प्रकोप अधिक पाया गया है। अतः बाढ़ के उपचार के लिए वनों का सघन और तीव्र विकास आवश्यक हैं गंदे नालों का प्रवाह मोड़कर उन्हें नदियों में गिरने से बचाने के प्रयास भी करने होंगे और नदियों तथा बांधों से गाद या मिट्टी को निकालने की परियोजना को भी कार्यान्वित करना होगा।

हम हर वर्ष पर्यावरण दिवस मनाते हैं। पर्यावरण दिवस मनाने का मुख्य उद्देश्य है 'पर्यावरण और शांति'। इस समय यदि हम विश्व की परिस्थिति पर स्थानीय अथवा अन्तर्राष्ट्रीय दृष्टि से गौर करें तो पाएंगे कि मानव सभ्यता के इतिहास में शांति और पर्यावरण सुरक्षा से हम कभी भी इतनी दूर नहीं थे।

क्या विडम्बना है कि दुनिया का पर्यावरण संबंधी बजट सैन्य बजट के आधे प्रतिशत से भी कम है और सहिष्णु पृथ्वी के पर्यावरण को लगभग चारों ओर और भी ज्यादा खराब किया जा रहा है, यहां तक कि मौत के कगार पर लाया जा रहा है।

इस दिशा में आबादी की बढ़ोतरी भी एक अभिशाप है। आंकड़ों से पता लगता है कि आज दुनिया के 50 प्रतिशत लोग शहरों में रहते हैं। अनुमान किया गया है कि इस तरह जंगल की लगभग एक करोड़ अस्सी लाख हेक्टेयर भूमि गायब हो जाएगी जिसमें से 10 लाख हेक्टेयर भूमि भारत से। इस बात का भी भय है कि अगर यही रफ्तार रही तो वर्तमान सदी के मध्य तक उष्णकटिबंधीय वनों का 80 प्रतिशत अंश गायब हो जाएगा, जहां कि पृथ्वी की अधिकांश जीव-जातियों का विपुल भण्डार है। इस समय भी लगभग 16 हजार पौधे विलोप के कगार पर हैं। औद्योगिक अपशिष्टों और वाहित मल के कारण कम से कम 75 प्रतिशत जलाशयों यानी नदियों, सरिताओं, झीलों और पुलिनों का प्रदूषण होता है।

जहरीले और खतरनाक पदार्थों द्वारा भूमि, वायु और जल के प्रदूषण के माध्यम से पर्यावरण पर मानव का भयंकर आक्रमण जारी है। इससे प्रकृति के नाजुक मिजाज और जटिल नैसर्गिक लय तंत्र में बिगाड़ आ रहा है।

कीटों, पीड़कों नाशक जीवों के नाश के लिए हमें रसायनिक उपाय कम और भौतिक, जैविक तथा प्राकृतिक उपाय अमल में अधिक लाने होंगे। तभी प्रदूषण कम होगा और उस पर रोकथाम रहेगी।

सावधान होते हुए हमें पर्यावरण की रक्षा को सर्वोपरि मानना है। इसे सभी नागरिकों द्वारा कर्त्तव्य के रूप में लिया जाना चाहिए। सामुदायिक रूप से पर्यावरण

शिक्षा अभियान चलाया जाना होगा कि आम लोगों में सामाजिक चेतना जागे और हर व्यक्ति पर्यावरण प्रेमी बने। हमें जोरशोर से प्रकृतिवादी और पर्यावरणवादी बनने का नारा बुलन्द करना होगा। इस प्रसंग में चीनी दर्शनिक कुआन इजु की उक्ति को उद्धृत करना सही होगा, जिन्होंने कहा था—

अगर आप एक वर्ष की योजना बना रहे हैं, तो धान का रोपण कीजिए, दस साल की योजना बना रहे हैं, तो वृक्षों का रोपण कीजिए, और अगर सौ साल वाली योजना बना रहे हैं, तो लोगों को शिक्षित कर जागरूक बनाइए।—हमें यही करना होगा।

हमें पर्यावरण संबंधी कड़े नियम बनने चाहिए परंतु उन पर नैतिक कर्त्तव्यों की तरह अमल किया जाना श्रेयस्कर रहेगा। हमारे दैनिक क्रियाकलाप अंधाधुंध रूप से न चलकर विवेक के आधर पर मर्यादित रूप से चलें, तभी हमारा कल्याण है। जंगल की लकड़ी पर दबाव कम करने के लिए ईंधन और ऊर्जा के गैर-पारम्परिक नए स्रोतों की ओर उन्मुख होना व्यावहारिक होगा। इन्हें अधिक से अधिक लोकोपयोगी, सुविधाजनक और सस्ता करने की ओर ध्यान दिया जाना चाहिए। जंगलों में केवल पुराने और सूखे वृक्षों को ही काटा जाना चाहिए और एक पेड़ को काटने के पहले कम से कम तीन नए वृक्षों का रोपण करके उनके रख-रखाव का भी ध्यान रखा जाना होगा।

जंगल और पर्वतों की खाली जगहों पर वनरोपण की प्रक्रिया अलग से चलनी चाहिए। शहर और गांवों में 'सामाजिक वानिकी' एक महत्त्वपूर्ण परियोजना है। यह निरंतर चलती रहनी चाहिए। इससे अनेक लाभ हैं। वनगठित राष्ट्रीय परती भूमि बोर्ड से भी हम अधिक आशाएं बांध सकते हैं। प्रदूषणहीन पर्यावरण संबंधी सभी बातों को अगर हम अपनी लोक संस्कृति में रचा-पचा लेंगे तो कुछ करना बाकी नहीं बचेगा। तभी हम अपने पर्यावरण से उऋण हो पाएंगे, जो कि पैदा होने और खाने-खेलने का हमारा अपना प्यारा आंगन है।

राशेल कार्सन की भविष्यवाणी

पर्यावरण के प्रदूषण की भविष्वाणी प्रसिद्ध अमरीकी लेखिका राशेल कार्सन ने तीन दशक से भी पहले, अपने साहित्य के माध्यम से कर दी थी। वे विश्वविद्यालय में अध्यापिका रही हैं इसलिए उन्हें अध्ययन, अध्यापन, निरीक्षण और विश्लेषण करने के उपरांत मनन-चिंतन करने के पर्याप्त अवसर मिले। अपने अनुभवों को उन्होंने पुस्तकों के रूप में प्रस्तुत करके लोगों का ध्यान आकर्षित

किया। दुरूह व नीरस वैज्ञानिक विषयों को सरल, लोकोपयोगी और रोचक ढंग से प्रस्तुत करने की उनकी विशिष्ट शैली रही है। प्रकृतिविज्ञान पर इनके लेख अनेक पत्रिकाओं में प्रकाशित होते रहे हैं। इनके द्वारा लिखी गई अनेक प्रसिद्ध पुस्तकें हैं–'द सी अराउन्ड अस', 'द एज ऑफ द सी' आदि।

लेकिन इनकी बहुचर्चित और अधिक बिकने वाली पुस्तक रही है साइलेन्ट स्प्रिंग जिसने तहलका मचाकर वैज्ञानिकों तथा लोगों की आंखें खोलीं। इस पुस्तक को **मानव जाति के लिए शताब्दी का सबसे महत्त्वपूर्ण वृतांत** कहा गया है। इसमें प्रदूषण तथा कीटनाशी रसायनों की प्रतिक्रियाओं और प्रकोपों का सूक्ष्म चित्रण प्रथम बार प्रकाश में लाया गया है। इसमें दिखाया गया कि कीटनाशी रसायन 'बूमरैंग' हैं। इनका छिड़काव होता है कीटों और हानिकारक जीवों को मारने के लिए, लेकिन प्रभाव पड़ता है उल्टे मानव ही पर। यह पुस्तक रोचक शैली में बड़ी पैनी दृष्टि से लिखी गई है। पहले इसके आरंभिक अंश को ज्यों-का-त्यों देने से इसकी रोचकता की बानगी निकल जाएगी और फिर कुद सार की बातो का प्रस्तुतीकरण करके प्रदूषण के प्रभावों का एहसास कराया जाएगा। उनकी चेतावनी और भविष्वाणी आज सच साबित हो रही हैं।

"....बहुत पहले अमरीका के बीचोबीच एक नगर हुआ करता था, जहां सारी जीवनलीलाएं पर्यावरण की ताल पर शांतिपूर्वक चलती थी। नगर चारों ओर से अन्न के खेतों, पहाड़ियों, बगीचों और खुशहाल फार्मों से घिरा था, जहां वसंत ऋतु में हरे-भरे खेतों के ऊपर सफेद बादल मंडराया करते थे। वर्ष के अधिकांश भाग में सड़कों के किनारे किस्म-किस्म के घरेलू व जंगली फूलों वाले पौधों की मनोहर छवि आने-जाने वालों की आंखों को सुख पहुंचाती थी।

शिशिर ऋतु में भी सड़कों के दोनों किनारे सौन्दर्य स्थल बने रहते थे जहां अनगिनत पक्षी ऊपर सिर उठाए पौधों के फलों एवं बीजपुंजों को चुगने आया करते थे। ग्राम्य प्रदेश प्राकृतिक रूप से चिड़ियों की बहुतायत तथा विभिन्न प्रकारों के लिए प्रसिद्ध था। वसंत ऋतु में जब इन प्रवासी पक्षियों के झूंड के झूंड उड़ते थे तो लोग उन्हें देखने को मचला करते थे। कुछ मनचले सरिताओं से मछली पकड़ने का भरपूर आनन्द लिया करते थे। पहाड़ों से निकली निर्मल सरिताओं के छायादार कुंडों में ट्राउट मछली का शिकार आहलादित करता था। जब से इस धरती पर प्रथम निवासियों ने मकान बनाए, कुएं खोदे और खलिहान लीपे तब से यह जीवन-क्रम निरंतर इसी तरह चलता आ रहा था।

......लेकिन फिर सारे इलाके में अजीबोगरीब अंगमारी का एक ऐसा रोग

फैला कि हर चीज बदलने लगी। समुदायों पर किसी बुरी आत्मा की नज़र लग गई थी। रहस्यमय रोगों ने चूजों, पेड़, पशुओं आदि को रोगी बनाकर नष्ट कर दिया। हर चीज पर मौत की छाया मंडराने लगी। किसानों के घरों में जहां-तहां बीमारियों की हायतौबा की ही चर्चा होती रहती। शहरों में डॉक्टर नई-नई बीमारियों के कारण परेशान रहने लगे। मौतें भी ऐसे भयानक और रहस्यमय ढंग से होती थी कि रोगों का निदान करना तक मुश्किल हो गया। बड़े ही नहीं बच्चे भी रोगों का शिकार बनने लगे, जो खेलते-कूदते ही अचानक ग्रस्त होकर कुछेक घंटों में ही मौत के मुंह में जा पहुंचते।

......अजीब स्तब्धता छा गई थी। चहचहाने वाली चिड़ियां जाने कहां गायब हो गई थीं। सभी इन घटनाओं से परेशान थे। आंगन और घर के पिछवाड़े चिड़ियों द्वारा दाना चुगने वाले स्थान सूने हो गए। इधर-उधर इक्की-दुक्की चिड़ियां अगर दिखलाई भी देतीं तो वे भी मरणासन्न, जो जोरों से कांपती और उड़ने में असमर्थ थीं।.....

......यह वसंत नीरव वसंत था। प्रातःकाल जहां गायक पक्षी रॉबिन, कैटबर्ड, फाख्ता, नीलकंठ, फुदकी आदि अनेक चिड़ियों के कलरव वाला वृन्दगान होता था, वहां चारों ओर खामोशी थी, कोई आवाज न थी। बस, नगर से लेकर जंगलों और दलदलों तक चारों ओर छाया था तो सन्नाटा और केवल सन्नाटा।

लेकिन इस दुखी संसार में नए जीवन के संचार को रोकने के काम में किसी चुड़ैल या दुश्मन का हाथ नहीं था। यह तो लोगों ने खुद ही अपने पैरों पर कुल्हाड़ी मारी थी।''

—अब आपको बतला दें कि वास्तव में ऐसा शहर अभी कहीं अस्तित्व में हैं नहीं। लेखिका द्वारा प्रदूषण से होने वाले प्रभावों को कल्पना के पुट से रंग दिया गया था। लेकिन भविष्य में प्रदूषण की रफ्तार और रसायनों की मार से ग्रस्त ऐसे हजारों शहर अमरीका या दुनिया में अन्यत्र कहीं भी हो सकते हैं। अनजाने में हम लोगों के बीच प्रदूषण का भयानक भूत आ टपका है। आज की यह कल्पित दुर्घटना पूरी तरह से एक वास्तविकता बन सकती है। इस संदर्भ में आपको आगे बहुत कुछ मालूम होता जाएगा।

वस्तुतः पृथ्वी का इतिहास जीवों और उनके पर्यावरण की आपसी प्रक्रिया का इतिहास रहा है। पृथ्वी का भौतिक स्वरूप तथा वनस्पतियों और प्राणियों का स्वभाव काफी ज्यादा सीमा तक पर्यावरण द्वारा ढाला गया है। इतने लम्बे समय को देखते हुए विपरीत क्रिया कितनी हुई है अर्थात् जीवों द्वारा पर्यावरण कितना

प्रभावित हुआ है, यह कहना ही पड़ेगा कि पर्यावरण बहुत कम प्रभावित हुआ है। लेकिन बतला दें कि इस शताब्दी में, जो कि पृथ्वी के इतिहास के कालखंड का अल्पांश है, मानव ने विशेष शक्ति अर्जित पर ली है जो कि दुनिया की प्रकृति को बदल सकती है। पिछले कई वर्षों में मानव की यह शक्ति अधिक बाधा पहुंचाने वाली सीमा तक ही नहीं बढ़ी है बल्कि अपने लक्षणों में भी बहुत बदल गई है।

पर्यावरण पर मानव के आक्रमण की सबसे ज्यादा चौंकाने वाली बात है भयानक और प्राणघाती रासायनिक पदार्थों से भूमि, वायु तथा जल आदि का प्रदूषण। ज्यादातर प्रदूषण ऐसा है जो फिर से ठीक नहीं हो सकता। जीवों के अंगों और ऊतकों (टिश्यू) में एक बार शुरू हुआ नहीं कि फिर उसे बदलना मुश्किल। पर्यावरण के इस विश्वव्यापी प्रदूषण में रसायन सचमुच विकिरण (रेडिएशन) के मक्कार सहयोगी हैं, जो दुनिया तथा उसके जीवों की आधारभूत प्रकृति को बदलने में लगे हुए हैं। यह प्रदूषण हमारे पर्यावरण में धीमा जहर घोलने में लगा है।

मानव उत्पत्ति के बहुत पहले से ही सृष्टि में विविधानुकूली कीट विराजमान थे। मानव के उद्भव के बाद ये उसकी खुशहाली में दो प्रकार से विघ्न डालने लगे। एक तो भोजन में उसके प्रतियोगी बन कर और दूसरे विभिन्न रोगों के वाहक बनकर। इसलिए इन कीटों का नाश करने हेतु हमने कीटनाशी रसायनों का इस्तेमाल शुरू किया। इसमें हमें सीमित सफलता ही मिली और इनके अंधाधुंध प्रयोग से अच्छा होने के बदले परिस्थितियों के भयानक रूप से बिगड़ने का खतरा बन गया।

इस संदर्भ में हमारे पास अब काफी ज्यादा जानकारी उपलब्ध है। लेकिन हम उसका इस्तेमाल नहीं कर रहे हैं। यह नहीं कि रासायनिक कीटनाशियों का प्रयोग कभी नहीं करना चाहिए, परंतु यह अवश्य कहा जाएगा कि बिना देखभाले ये विषैले रसायन ऐ व्यक्तियों के हाथों मे दे दिए गए, जिन्हें इनकी हानिकारक शक्ति का कुछ भी ज्ञान न था। इन विषों से असंख्य लोगों का सम्पर्क कराने की जिम्मेदारी हम पर रही है, और तुर्रा यह कि हमने इस बारे में सहमति भी नहीं ली, और वे हैं कि इस बात से बिल्कुल बेखबर। पृथ्वी के इतिहास में पहली बार ऐसा हुआ कि प्रत्येक व्यक्ति को गर्भधारण के क्षण से लेकर मृत्यु तक खतरनाक रसायनों से सम्पर्क कराया जा रहा है।

कम समय में संश्लेषित हानिकारक रसायन जीवित और अजीवित पदार्थों में इतनी अच्छी तरह से घुलमिल गये हैं कि सर्वव्यापी बन गये हैं। बृहत् नदी तंत्रों और यहां तक कि जमीन के नीचे अदृश्य रूप में बहने वाली सरिताओं से भी ये

प्राप्त किए गए हैं। इस्तेमाल किए गए इन रसायनों के अवशिष्ट भूमि में बारह साल बाद तक भी बने रहते हैं। इन रसायनों ने मछलियों, पक्षियों, सरीसृपों, घरेलू व जंगली जानवरों के शरीर में व्यापक रूप से इस तरह घर कर लिया है कि प्राणियों पर प्रयोग करने वाले वैज्ञानिक अपनी वस्तुओं को इनके प्रदूषण से मुक्त रख पाने में असमर्थ हैं।

दूर पर्वतीय झीलों की मछलियों, भूमि के केंचुओं, चिड़ियों के अंडों और मानव के शरीर में भी ये पाये गये हैं। ये रसायन अब हर उम्र व कोटि के मानव की देह में जमा हो गए हैं। मां के दूध और संभवतया अजन्में शिशु के अंगों व ऊतकों में भी पाए जाते हैं। और यह सब हुआ कीटनाशी गुणों वाले संश्लेषित रसायनों के उत्पादन हेतु उद्योंगों की अचानक स्थापना और असामान्यः वृद्धि के कारण। ऐसे उद्योग द्वितीय महायुद्ध की देन हैं।

रासायनिक युद्ध के लिए प्रयोगशाला में आयुध तैयार करने के दौरान कुछ रसायन कीटों के लिए प्राणघाती साबित हुए। इसलिए कीटों पर इनका प्रयोग बहुतायत से किया गया कि मानवों पर भी इनका प्रयोग किया जा सकें।

परिणाम यह हुआ कि अनेक प्रकार के रसायन संश्लेषित किए जाने लगे। इसके बाद विभिन्न आधुनिक वैज्ञानिक रीतियों से महायुद्ध पूर्व के सरलतर कीटनाशी रसायनों के विपरीत अनेक नए तरह के जटिल रसायन तैयार किए जाने लगे। ये कीटनाशी रसायन प्राकृतिक खनिजों और पादप-उत्पादों यानी आर्सेनिक (संखिया), तांबे, सीसे, मैंगनीज, जस्ता और अन्य खनिज यौगिकों से तैयार किए गए। इसी प्रकार कुछ अन्य यौगिक बनाने के लिए दूसरे खनिज भी इस्तेमाल किए गए, जैसे कि क्राइसेन्थिमय के सूखे पत्तों से पाइरेथ्रम, तम्बाकू से निकोटीन सल्फेट और शिम्बी (सेप) पौधों से रोटीनोन आदि।

जैविक दृष्टि से संश्लेषित कीटनाशी रसायन बड़े शक्तिशाली होते हैं। इनमें विषाक्त करने की ही शक्ति नहीं होती अपितु शरीर की महत्त्वपूर्ण क्रियाओं में प्रवेश कर उनको खराब करके घातक रीति से बदल देने की भी सामर्थ्य होती है। ये शरीर के महत्त्वपूर्ण एंजाइमों को नष्ट कर देते हैं और ऊर्जा देने वाली ऑक्सीकरण क्रिया में बाधा पहुंचाते हैं।

विभिन्न अंगों की क्रियाविधि में रुकावट डालना तथा कुछ कोशिकाओं में अपरिवर्ती प्रतिक्रियाएं उत्पन्न कर देना भी इनका सामान्य गुण हे।

डी.डी.टी. से सभी अच्छी तरह परिचित हैं। इसका पूरा नाम है—डाइक्लोरो डाइ फिनाइल ट्राइक्लोरोइथेन। दुनिया में इसका व्यापक रूप से काफी इस्तेमाल

होता रहा। इसका सर्वप्रथम प्रयोग दूसरे महायुद्ध के दौरान हजारों सिपाहियों, शरणार्थियों और कैदियों पर जूं मारने के लिए किया गया था।

इसकी हानिरहितता की गलतफहमी इस तरह हुई कि अन्य रसायनों के विपरीत यह त्वचा द्वारा पूरी तरह से सोखा नहीं जाता। लेकिन तेल में घोलने पर यह निश्चित रूप से विषैला होता है। निगलने पर पाचन-पथ द्वारा इसका अवशोषण धीरे-धीरे होता है। फेफड़ों द्वारा भी इसका अवशोषण हो सकता है। एक बार शरीर में प्रवेश करने पर यह वसा प्रधान अंगों में जमा हो जाता है क्योंकि यह वसा में ही घुलनशील है, जैसे कि अधिवृक्क ग्रंथियों (एड्रीनल ग्लैन्ड), वृषणों, थायरॉयड ग्रंथि में। अपेक्षतया अधिक मात्रा में यह यकृत् (जिगर), वृक्क (गुर्दों) और आंतों को सम्हालने वाली आंत्रयोजनी की वसा में जमा हो जाता है। इसके अल्पांश से ही शरीर में काफी परिवर्तन हो जाते हैं। प्राणि प्रयोगों में देखा गया है कि इससे हृदय की पेशी के एक एंजाइम का संदमन तथा यकृत् कोशिकाओं का ह्रास हो जाता है।

1930 वाले दशक के मध्य में पाया गया कि यकृत्शोथ (हिपेटाइटिस) का कारण क्लोरीनीकृत नैफ्थलीन का प्रयोग था। डिएल्ड्रिन, ऐल्ड्रिन और एन्ड्रिन नामक कीटनाशी रसायन अपने वर्ग में सबसे अधिक विषैले हैं तथा इनमें भी एन्ड्रिन सबसे अधिक।

दूसरे तरह के कीटनाशियों में एल्किल या कार्बनिक फॉस्फेट आते हैं जो कि सबसे विषैले रसायन हैं। इनमें अधिकांशतया पाराथियोन प्रयुक्त होता है जो बहुत शक्तिशाली और खतरनाक है। दूसरा कार्बनिक फॉस्फेट मलाथियोन है जो डी.डी.टी. की तरह सुप्रचलित है।

हमारे जलमार्गों का प्रदूषण विभिन्न स्रोतों से हो सकता है, जैसे कि रिएक्टरों, प्रयोगशालाओं, अस्पतालों के रेडियोऐक्टिव अवशिष्टों, नाभिकीय परीक्षणों की राख, शहरों के घरेलू कूडे-करकट, फैक्टरियों के रासायनिक मल आदि से। इनके अतिरिक्त फसल वाली भूमि, उद्योनों, जंगलों और खेतों में रासायनिक बुकनी भी छिड़की जाती है। भारी मात्रा में इन रसायनों का उत्पादन 1940 वाले दशक में शुरू हुआ। रोज ही जलमार्गों में ढेर सारे रसायनों को प्रवाहित कर दिया जाता है। इन रसायनों को घरेलू व अन्य मल पदार्थों के साथ जब पानी में छोड़ा जाता है तो कभी-कभी शुद्धिकरण संयंत्रों द्वारा अपनाई गई परीक्षण-विधि में भी ये पकड़ में नहीं आते।

कीटों, कृंतकों (चूहा आदि) तथा अनचाही वनस्पतियों के नियंत्रण हेतु

प्रयुक्त किए जाने वाले रसायनों से ही प्रदूषणकारी पदार्थों की मात्रा में निरंतर वृद्धि होती जाती है। कुछ रसायन तो पौधों यानी खरपतवारों, डिंभकों (कीटशिशुओं) और अवांछित मछलियों को मारने के लिए जानबूझकर पानी में मिलाए जाते हैं।

कुछ रसायन जंगलों में छिड़काव किए जाने पर सरिताओं में पहुंच जाते हैं और कुछ पत्तियों के साथ जमीन पर बिखरकर नमी के साथ-साथ धीरे-धीरे नीचे की तरफ रिसते जाते हैं।

सम्पूर्ण जल-प्रदूषण समस्या में सबसे गंभीर बात यह है कि भूमिगत जल के प्रदूषण का भय व्यापक रूप से बढ़ता ही चला जा रहा है। ऐसा तो संभव नहीं है कि किसी एक स्थान पर जीवनाशी रसायनों के प्रयोग से अन्य स्थान के पानी की अशुद्धि का भय न रहे। भूमि पर गिरने वाली वर्षा का पानी दरारों और छेदों से होकर भूमि तथा चट्टानों में नीचे पैठता चला जाता है। गहरे पैठकर अंत से यह ऐसे अंधेरे क्षेत्र में पहुंच जाता है। जहां चट्टान के सारे छेद जलमग्न होकर सतह के नीचे एक छोटा समुद्र-सा बना लेते हैं।

यह भूमिगत जल खामोश नहीं बैठता और लगातार गति करता रहता है। कभी तो इसकी गति इतनी धीमी होती है कि यह वर्ष में सिर्फ 50 फुट ही जा पाता है। लेकिन कभी यह इतनी तेज गति से चलता है कि एक ही दिन में 528 फुट दूर तक पहुंच जाता है।

यह जमीन के अन्दर अदृश्य नहरों द्वारा प्रवाहित होता जाता है और केवल कहीं-कहीं सोतों के रूप में बाहर फूट पड़ता है या वहीं पकड़ में आता है जहां इसे कुआं खोदकर खींचा जाता है। लेकिन ज्यादातर यह जल धीरे-धीरे नदियों और सरिताओं में पहुंच जाता है।

कोलोरेडो के एक उत्पादन-संयंत्र के भूमिगत 'अंधेरे समुद्र' से विषैले रसायन इसी तरह कई मील दूर स्थित एक खेती वाले जिले में पहुंच गए होंगे। यह असामान्य घटना शायद अपने प्रकार की प्रथम होगी। 1943 में डेनवर के निकट 'आर्मी केमिकल कोर' के रॉकी पर्वत आयुधागार की सुविधाएं एक प्राइवेट तेल कम्पनी को कीटनाशी रसायनों के उत्पादन के लिए लीज़ पर दे दी गई। वैसे ग्रह परिवर्तन बाद में हुआ पर इसके पहले ही कुछ विचित्र शिकायतें आने लगी थीं। इस संयंत्र से मीलों दूर के किसान अपने पशुधन की एक अनबूझ बीमारी और फसलों के भारी नुकसान की शिकायत करने लगे। पौधों की पत्तियां पीली पड़ गई थीं, उनका पकना रुक गया था और फसलें सारी की सारी मारी गई थीं। और यहीं नहीं, मानव रोगों की शिकायतें भी आने लगी थीं, जो किसी न किसी बात

से अवश्य ही सम्बद्ध थीं।

इन फार्मों की सिंचाई का पानी उथले कुओं से प्राप्त होता था। कुओं के पानी का अध्ययन (1959 में) करने पर ज्ञात हुआ कि इसमें कई रसायनों का मिश्रण था। यह बताना जरूरी है कि रॉकी पर्वत आयुधागार से क्लोरेट, क्लोराइड, फ्लोराइड, आर्सेनिक आदि रसायन निकटवर्ती तालाबों में विसर्जित किए गए थे।

हुआ क्या कि आयुधागार और फार्म के बीच का भूमिगत जल प्रदूषित हो गया था। पानी को तालाबों से नजदीक वाले फार्म तक भूमि के नीचे ही नीचे चलने में सात-आठ साल हो गए। पानी का रिसाव निरंतर चलता रहा। अनुसंधानकर्ता पेसोपेश में पड़ गए कि किस प्रकार इस प्रदूषण को समाप्त किया जाए और किस तरह इसे आग्र बढ़ने से रोका जाए। प्रदूषण का फैलना बुरा था ही लेकिन इस घटना की रहस्यात्मक और महत्त्वपूर्ण बात थी आयुधागार के निकट के कुछ कुओं और तालाबों में 'वीड-किलर' 2,4-डी (खर-पतवारनाशी रसायन) की उपस्थिति। इसकी उपस्थिति से पता चलता है कि उस पानी से सिंचाई करने पर ही फसलों को नुकसान पहुंचा था। किन्तु रहस्य कि फैक्टरी में, 2,4-डी, का उत्पादन हुआ ही नहीं था। रसायनविज्ञानियों के अनुसार हुआ यह कि यह रसायन प्राकृतिक खुले बेसिनों में स्वतः ही बन गया था। इन बेसिनों ने प्राकृतिक प्रयोगशाला बनकर मानव-रसायनज्ञों की सहायता के बिना ही धूप, हवा और पानी की उपस्थिति में फैक्टरी से विसर्जित किए गए अन्य पदार्थों से नया विशेष रसायन बना लिया, जो पौधों को छूने पर ही नष्ट कर देता था।

हमारी वसुंधरा की उपेक्षा

महाद्वीपों को ऊपर से ढकने वाली पतली परत थल वाले पौधों और प्राणियों के अस्तित्व का नियंत्रण करती है। जिस तरह मिट्टी के बिना थल वाले पौधों का उगना संभव न था उसी तरह पौधों के बिना प्राणियों का अस्तित्व भी असंभव था। हमार कृषि आधारित जीवन भूमि पर निर्भर करता है परंतु यह कहना भी उतना ही युक्तिसंगत है कि भूमि भी जीवों पर निर्भर करती है। जीवों यानी प्राणियों और पौधों के कारण ही भूमि की महिमा है और उसके जीवन होने की सार्थकता है वरना जीवहीन मिट्टी तो निर्जीव और बंध्य वस्तु होती।

भूमि में अदृश्य नन्हें जीवाणु (बैक्टीरिया), धागे-जैसी फफूंदियां, तंतुमय शैवाल, केंचुए आदि क्षुद्र जीव हैं जो भूमि के लिए अनिवार्य और महत्त्वपूर्ण हैं। भूमि, हवा और जीवों के अंगों-ऊतकों में कार्बन, नाइट्रोजन जैसे रासायनिक तत्त्वों

की विराट चक्रीय गति सूक्ष्म पौधों के बिना चल ही नहीं सकती। उदाहरण के लिए, कहा जा सकता है कि नाइट्रोजन स्थिरकारी यानी खाद बनाने वाले जीवाणुओं के बिना पौधे नाइट्रोजन से बनने वाले नाइट्रेटों के लिए तरस कर रह जाएं, भले ही वे नाइट्रोजनयुक्त वायु के विपुल भंडार से घिरे रहें। जीव श्वसन के दौरान कार्बन डाई ऑक्साइड उत्पन्न करते हैं जो कि कार्बनिक एसिड के रूप में चट्टानों को तोड़ती व घोलती रहती है। भूमि के सूक्ष्म जीव चय और अपचय की विविध क्रियाएं सम्पन्न करते हैं जिनसे मैंगनीज, लोहा, गंधक आदि पौधों को उपलब्ध होते हैं इसी प्रकार भूमि में किलनी, पंखहीन कुंडलपुच्छ (स्प्रिंगटेल) आदि विभिन्न प्रकार के कीट होते हैं जो अपने छोटे आकार के बावजूद पौधों के बचे-खुचे पदार्थों की तोड़फोड़ में महत्त्वपूर्ण भूमिका निभाकर भूमि के अंश में वृद्धि करते रहते हैं। इस तरह ये सब मिलकर भूमि को वायुमय, खादमय, उर्वर और हर प्रकार से सामान्य और प्राकृतिक बनाए रखते हैं। इस तरह भूमि और जीव पारस्परिक रूप से एक-दूसरे पर निर्भर रहते हैं।

हम से सम्बद्ध जो असली बातें हैं उन पर हमने कम ध्यान दिया है। क्या हमने ठंडे दिमाग से फुरसत में कभी यह सोचा कि जब ये विषैले रसायन प्रत्यक्ष या परोक्ष रूप में भूमि तथा भूमि के इन असंख्य लाभकारी और महत्त्वपूर्ण सूक्ष्मजीवों की दुनिया में नीचे पहुंचते हैं तो उन पर क्या बीतती है? कीटों, डिम्भकों (लार्वा) वगैरह को मारने हेतु कीटनाशियों का इस्तेमाल करते समय हम सावधानी कहां बरतते हैं कि अच्छे कीट अथवा जीव न मरें, जिनका काम जैव पदार्थों को तोड़-फोड़कर खाद बनाने का होता है। हमें इसका हल करना ही होगा। क्या हम ऐसे कवकनाशी (फंगीसाइड) रसायनों का प्रयोग कर सकते हैं कि पौधों की जड़ों में सहजीवन से खाद इकट्ठा करने वाले लाभकारी कवकों (फंगस) आदि को कोई क्षति न पहुंचे?

परंतु वास्तविकता यह है कि भूमि के परिस्थितिविज्ञान (एकोलौजी) से सम्बद्ध इतने महत्त्वपूर्ण विषय की वैज्ञानिकों तथा नियंत्रणकर्त्ताओं द्वारा भी उपेक्षा होती रही है रासायनिक नियंत्रण की क्रिया बड़े मजे में इसीलिए चलती रही है कि किसी ने कभी यह सोचने की जरूरत ही नहीं कि इतने विषैले रसायनों से तिलमिलाकर यह वसुंधरा अपनी तौहीन पर कभी उल्टी मार भी करेगी। इस वसुंधरा के स्वभाव की सचमुच ही कितनी बड़ी उपेक्षा की जाती रही है। परंतु अध्ययनों द्वारा भूमि पर जीवनाशी रसायनों के छाप की सही तस्वीर धीरे-धीरे सामने आती जा रही है।

कुछ परिस्थितियों में लाभकारी प्राकृतिक अभिक्रियाओं पर भी प्रभाव पड़ा है; जैसे कि पौधों की नाइट्रीकरण यानी वातावरण से प्राप्त होने वाली नाइट्रोजन से खाद बनाने वाली क्रिया पर। शाकनाशी (हर्बीसाइड) रसायन 2,4-डी. नाइट्रीकरण क्रिया में अस्थायी व्यवधान पैदा कर देता है। फ्लोरिडा में किए गए प्रयोगों से लिन्डेन, डेप्टाक्लोर, बी.एच.सी. (बेंजीन हैक्साक्लोराइड.), डी.डी.टी. द्वारा नाइट्रीकरण क्रिया में कमी होती देखी गई है। इस बात से ही हमें केवल प्रयोजन नहीं रखना चाहिए कि हमारी भूमि को क्या हो रहा है अपितु इस बात पर भी ध्यान देना चाहिए कि प्रदूषित भूमि से ये कीटनाशी रसायन किस हद तक पौधों के अंगो-ऊतकों में सोखे जाते हैं। कैलिफोर्निया में बेंजीन हैक्साक्लोराइड वाली भूमि में उगायी गयी शकरकंद को फेंकना पड़ा था। कभी-कभी तो पूरी फसल को ही प्रकोप सहना पड़ता है। जब तक भूमि में प्रदूषण रहता है तब तक फसलों को यह प्रकोप सहते ही रहना पड़ता है। कुछ कीटनाशी रसायन तो सेम, गेहूं, जौ, राई आदि मुलायम पौधों पर बहुत अधिक असर डालते देखे गए हैं।

इसी प्रकार खूबसूरत शहर की खूबसूरत सड़कों के किनारों के वृक्षों के दृश्य इन रसायनों के छिड़कने से नष्ट हो गए, जो कि अपनी मनोहर छवि से पर्यटकों को आकर्षित किया करते थे। इनको द्वारा पर्यटकों को आकर्षित करना तो दूर रहा, ये उल्टे अपने ही नागरिकों को भी नाखुश कर बैठे।

रासायनिक फुहारों के फलस्वरूप हरे-भरे फर्नों, वन्य पुष्पी पौधों और पुष्पमंडित सजीली झाड़ियों के बदले रह गईं केवल मुरझाई हुई मटमैली वनस्पतियां। इसका एक कारण यह भी है कि नियंत्रण कार्यक्रम में काम करने वाले विशेषज्ञ नहीं होते और जीवविज्ञानी यदि अध्ययन के पश्चात शिकायत करते भी हैं तो रसायनों के व्यापारी निर्माता उनकी शिकायतों को अनसुनी करते कर देते हैं। वे यही रट लगाए जाते हैं कि वन्य वनस्पतियों पर कोई प्रभाव नहीं पड़ता और कहीं-कहीं ऐसा होता है तो वह महज इत्तफाक की बात मानी जाती है। परंतु बात ऐसी नहीं है। रसायनों से बहुत कुछ होता है। रसायनों से वनस्पतियों पर, वनस्पतियों से छोटे जंतुओं पर और फिर बड़े प्राणियों पर भी असर पड़ता चला जाता है। आखिर में मानव भी इस लपेट में आ जाता है।

प्रदूषित पर्यावरण से दुखदायी जीवन

आप आए दिन आबादी की भीड़ से होने वाली गंदगी और चिल्ल-पों के अलावा लोग और भी कई बातें अनुभव करते होंगे। सड़कों पर अनगिनत

मोटरगाड़ियां और पटरियों पर रेलगाड़ियां धूल-धुआं उड़ाते हुए निकलती हैं तो समुद्रों में जहाज और आसमान में गैस छौड़ते द्रुतगामी हवाई जहाज सर्र से निकल जाते हैं। शहरों में ज्यादा पेड़ लगाए जा रहे हैं पर बढ़ती फैक्टरियों की चिमनियां काला धुआं उगलती जाती हैं और गांवों में पेड़ों का यह हाल है कि वे कटते-कटाते बस इक्के-दुक्के ही नज़र आते हैं। थोड़ी देर के लिए भी कमरे में गंदी हवा भरने और घुटन होने पर आप सभी बंद खिड़कियां और दरवाजे खोल देते हैं। साथ ही यह भी इच्छा होती होगी कि थोड़ी देर आंगन में या हरी घास पर बैठा जाए या घर से बारह खुले में टहला जाए। यदि सारा पर्यावरण ही दूषित हो जाए तो क्या हाल होगा?

हवाखोरी करते हुए हरियाली और फुदकती-उड़ती चिड़ियों को देखकर कितना अच्छा लगता है। घने जंगलों, ऊंचे पहाड़ों, कलकल बहती निर्मल नदियों, शांत झीलों तथा हरे-भरे और रंगबिरंगे फूलों वाले स्थानों में सैर-सपाटा करने पर भला कौन आनन्दित नही होगा। प्रकृति के ये नयनाभिराम, सुखद और शांतिदायक दृश्य हमें आत्मविभोर कर देते हैं। इसीलिए घरों में इन प्राकृतिक दृश्यों के लिए हम गमलों और फूलदानों को सजाते हैं। परंतु जरा सोचिए, कभी ऐसा हो कि ये अदृश्य हो जाएं, हमें शुद्ध हवा और पानी ने मिले और प्रदूषण से पर्यावरण बिगड़ता जाए तो क्या होगा? सच, ऐसा जीवन तो दुःखदायी क्या जानलेवा बन जाएगा।

पर्यावरण प्रकृति का पर्यायवाची है। वनो, वृक्षों तथा नदियों से ही सारे पर्यावरण और जलवायु बनती है। पर्वतों व जंगलों से ही नदियां निकलती हैं और जलाशयों में पानी भरता है।

हरे पौधों के बलबूते पर ही हम और समस्त जीव सांस लेते व जीते हैं। इसीलिए पेड़-पपौधें वाले क्षेत्र 'प्रकृति के फेफड़े' कहलाते हैं। पौधे ही हमें प्राणवायु या शुद्ध वायु (ऑक्सीजन) देते हैं, अशुद्ध वायु (कार्बन डाई ऑक्साइड) को अपने में सोख लते हैं और हमारे खाने व जरूरत की सभी चीजें देते हैं। ग्रामीण हों या शहरी सभी जंगलों पर आश्रित हैं। जंगलों से ही कृषि का विकास हुआ। वनस्पतियां और वन सूर्य की किरणों का जहर पीकर हमें सुरक्षित रखते हैं। जंगलों और पेड़ों के नष्ट होने से जलवायु अनियमित हो जाती है तथा हवा साफ नहीं हो पाती। जंगलों के विनाश से वन्य जीव विलुप्त हो जाते हैं और प्रकृति का सारा गणित गड़बड़ा जाता है। प्रकृति में सभी जीव जातियां आवश्यक हैं। हर एक जीव प्रकृति रूपी मशीन का उपयोगी पुर्जा है।

पर्यावरण का हर कण, बूंद और जीव महत्त्वपूर्ण है भले ही वह एक मामूली पौधा, छोटा कीड़ा, केंचुआ या परिन्दा हो। इसीलिए वन्य प्राणियों का महत्त्व आंककर ही सरकार ने इनके शिकार पर रोक लगायी और कड़े नियम बनाए। इन्हीं की रक्षा के लिए अक्तूबर के पहले हफ्ते में वन्य प्राणि सप्ताह बनाया जात है।

पर्यावरण मैला होगा तो हमारी तंदुरुस्ती बिगड़ेगी ही परंतु पर्यावरण भरा-पूरा और साफ रहेगा तो हम भी स्वस्थ और नीरोग बने रहेंगे। पर्यावरण का गंदा बनना ही उसका प्रदूषण है।

फैक्टरियों तथा मोटर-गाड़ियों के धुएं व गैसों, कीटनाशी रसायनों, गंदे पदार्थों, शोर आदि से ही पर्यावरण प्रदूषित होता है। सांस लेते हुए दूषित हवा हमारे फेफड़ों में पहुंचेगी तो शरीर पर कुप्रभाव पड़ेगा ही। शोर-प्रदूषण भी आज के जीवन में कई जानलेवा रोगों का कारण बन रहा है। जहां तक हो सके हमें इससे बचना होगा।

वायु-प्रदूषण के नियंत्रण के लिए अब फैक्टरियों की चिमनियां लम्बी रखी जाती हैं कि धुएं के हानिकारक सूक्ष्म कण उन पर अटक जाएं एवं हवा में न बिखरें। हवा में यूं तो अल्प मात्रा में कई गैसें मिली होती हैं पर प्रदूषण के कारण कार्बन डाई ऑक्साइड, सल्फर डाई ऑक्साइड, नाइट्रोजन ऑक्साइड आदि गैसों में वृद्धि होते जाने से पर्यावरण गरम और विषैला बन जाता है। आसमान में मंडराती ये गैसें बारिश के पानी से मिलकर तेजाब बनाती हैं। ऐसी **अम्ल वर्षा या तेजाबी वर्षा** भूमि के लिए बहुत हानिप्रद होती है। यह प्रत्यक्ष रूप से अनुभव कर लिया गया है।

दुनिया की सभ्य बस्तियां नदियों के किनारे बसीं और सारी खुशहाली व प्रगति इन्हीं के इर्द-गिर्द हुई है। इसीलिए हमारे जानकार पूरखों ने उपयोगी नदियों को पवित्र माना और इन्हें स्वच्छ रखना परम धर्म समझा।

बढ़ती आबादी, उद्योगों और कल-कारखानों के इस युग में आए दिन हम यदि मल-मूत्र, कूड़ा-कचरा, गंदे नाले, ढेरों रसायन और बेकार चीजें डालते जाएंगे तो हम अपनी खैर कब तक मनांएगे। हमारी नदियां पानी की कमी और प्रदूषण की व्यथा सह रही हैं, इसीलिए इनको भरने-पूरने और साफ करने के अथक प्रयत्न लगातार चल रहे हैं। अब इस पर पूरा-पूरा ध्यान दिया जा रहा है।

शहर तो शहद गांवों में भी प्रदूषण कम नहीं। यहां-वहां गंदगी रहती है। उन्हीं खुले कुओं-तालाबों में नहाना-धोना, ढोर-डंगर नहलाना और उन्हीं का पानी

पीना। इस जल-प्रदूषण से भला बीमारियां क्यों नहीं पनपेंगी। इस दिशा में उचित उपाय अपनाने के लिए लोगों को जागरूक बनाना लाभकारी होगा।

आज के अधिक प्रदूषण की रोकथाम के लिए हमें भूमि, पानी और हवा की निर्मलता का ध्यान रखने के साथ-साथ और भी अधिक हरियाली और पेड़ बनाए रखने हैं, कारण कि इस धरती पर हरे पेड़-पौधों की ही बिसात है कि वे हानिकारक गैसों का विष सोखते और झेलते हुए प्रदूषण को दूर करते हैं। हरा पौधा सचमुच प्रकृति द्वारा जीवों को मुफ्त दिया गया ऐसा उपहार है जो अनमोल और बेजोड़ है।

इन्हीं बातों की याद दिलाने हेतु पूरे विश्व में हर वर्ष 5 जून को पर्यावरण दिवस मनाया जाता है। आपमें से बहुतों ने स्कूलों, घरों, बगीचों और पार्कों में वृक्षारोपण किया होगा और वर्षा ऋतु में वन-महोत्सव देखे होंगे। ये सब सरकार के पर्यावरण सुधार वाले उपाय हैं। पर्यावरण सभी जीवों के खाने-खेलने का आंगन है। इसे साफ-सुथरा, प्रदूषणहीन और हराभरा रखने में ही हमारा कल्याण है। यह एक का नहीं सबका सम्मिलित कार्य है। इसमें सभी का योगदान अपेक्षित है।

खतरे की चपेट में हमारा पर्यावरण

आप चौंक भले ही लीजिए पर यही गति रही तो हमारा पृथ्वी पर रहना खतरे से खाली नहीं रहेगा क्योंकि हमारी पृथ्वी भयानक खतरे की चपेट में है। आज मानव के क्रियाकलापों से विभिन्न प्राकृतिक तंत्र स्थायित्व की सीमा लांघ कर परे जा रहे हैं जिनसे गंभीर परिणाम सामने आते जाएंगे और भविष्य में पृथ्वी पर रहने में हमें भयानक खतरों का सामना करना पड़ेगा। ऐसा अफीम की पीनक में नहीं अपितु पूरे होशोहवास में कड़ा जा रहा है यानी जागरूक वैज्ञानिकों की रिपोर्ट के आधार पर।

हम सभी यह जानते है कि दुनिया की आबादी का गुब्बारा दिन-ब-दिन फूलता ही जा रहा है और अपने भारत की आबादी का गुब्बारा तो कहीं ज्यादा अनुपात में फूल रहा है। पहले और आज की जिन्दगी में भारी फर्क आ गया है। सन् 1950 से दुनिया की आबादी दुगुनी हो गई। खाद्य उत्पादन करीब तिगुना कर लिया गया है और जीवाश्मी ईंधन का इस्तेमाल पहले की अपेक्षा चौगुना हो गया है। इन सब बातों के फलस्वरूप पृथ्वी के संसाधनों पर पड़ने वाला दबाव विभिन्न प्रकार से प्राकृतिक सीमाओं को पार कर गया है, जिसमें कई बातें शामिल हैं, जैसे कि जंगलों की प्रदूषण (पौल्यूशन) सहने की शक्ति, वातावरण की वर्ज्य गैसों को सोखने की कूबत और फसल वाली भूमि की गहन कृषि द्वारा भरण-पोषण करने

की क्षमता। असली मुद्दे यही हैं और इसीलिए इन पर जोर दिया जा रहा है। सार रूप में मोटे संकेत दिए जा रहे हैं। भले ही इनसे जुड़ी और भी कई बातें हैं।

आने वाली पीढ़ियों के लिए इस पृथ्वी को रहने के अयोग्य बनाने वाली और सीमाओं का अतिक्रमण करने वाली ऐसी अनेक बातें हमारे समाज को चौंका रही हैं। विश्व स्तर पर सबसे खतरनाक बातें हैं—रक्षाकारी ओजोन की पतर का क्षीण होना और उसमें छेद होना, चारों तरफ प्रदूषण व्याप्ति, जलवायु संबंधी परिवर्तन और जीवों की विविधता वाली हानि। बहुत अधिक अध्ययन के पश्चात ही ऐसे निष्कर्ष निकाले गए हैं जो पूरी तरह से सही हैं और जिनमें शक की जरा भी गुंजाइश नहीं है।

इसी प्रसंगे में कई अन्य सम्बद्ध बातों का भी विश्लेषण किया गया है जिनमें कि नगरीकरण का परिस्थितिविज्ञान (इकोलौजी) तथा अर्थशास्त्र, ठोस वर्ज्य पदार्थों के पुनःचक्रण की नई विधियां, चेर्नोबिल सरीखी नाभिकीय शक्ति का भविष्य और संसाधन उपयोग की दक्षता पर निजीकरण का प्रभाव आदि शामिल है। इस संदर्भ में रोजमर्रा के मिलने वाले समाचार हमें निश्चित रूप से यह स्मरण दिलाते हैं कि पृथ्वी वं उसके प्राकृतिक तंत्रों के साथ हमारे संबंध में परिवर्तन आता जा रहा है और यह परिवर्तन इस तरह से हो रहा है जिसे कि हम तुरंत समझ नहीं पाते।

हमारे वातावरण की ऊपरी परत ओजोन नामक गैस की होती है, जो सूर्य के भयंकर विकिरण से हमारी रक्षा करती है और जिसे हम ओजोन की रक्षाकारी छतरी कह सकते हैं। रिपोर्टों से पता चला है कि दक्षिणी ध्रुव प्रदेश (ऐन्टार्केटिका) के ऊपर की ओज़ोन-परत छलनी होती जा रही है तथा अनुमान करने पर इसका कारण है पर्यावरण में उद्योगों के 'क्लोरोफ्लोरोकार्बन' पदार्थों का विसर्जन। यह तो केवल एक मिसाल है कि किस प्रकार पृथ्वी के प्राकृतिक आवास को परिवर्तित किया जा रहा है। इसका नतीजा यह होगा कि आबादी वाले क्षेत्रों में पराबैंगनी विकिरण (अल्ट्रा वायोलेट रेडिएशन) और अधिक मात्रा में पहुंचेगा, जिससे त्वचा या चमड़ी का कैंसर अधिक होगा, मानव का प्रतिरक्षा-तंत्र (इम्यून सिस्टम) दोषपूर्ण बन जाएगा और फसलों की वृद्धि भी मद पड़ जाएगी। न जाने और भी क्या-क्या गुल खिलें।

औद्योगिक क्षेत्रों में अम्ल वर्षा या तेजाबी वर्षा (एसिड रेन) और वायु-प्रदूषण गंभीर समस्याएं पैदा कर रहे हैं। जंगलों का नाश दुनिया के सभी देशों में चारों तरफ बढ़ता ही जा रहा है, जिसे अगर रोका न गया तो अंजाम बहुत बुरा होगा।

जंगलों की हानि से स्थानीय लोगों के अतिरिक्त अन्य लोगों को भी बुरे परिणाम भुगतने पड़ेंगे क्योंकि पहले भी बताया गया है कि जंगल पर्यावरण के महत्त्वपूर्ण घटक हैं। तीसरी दुनिया के लोगों द्वारा जलाने की लकड़ी की मांग बढ़ती ही जा रही है जिससे जंगलों की कटाई होती ही चली जाती है। उपग्रह से प्राप्त आंकड़ों से पता चलता है कि भारत ने सिर्फ आठ सालों में ही अपने वृक्षीय आवरण का 22 प्रतिशत खो दिया है जंगल दुनिया के प्रदूषण को दूर करते हैं।

कृषि ऐसा क्षेत्र है जो बहुत कुछ सीमा तक जलवायु पर निर्भर रहने वाला क्षेत्र है। जलवायु के प्रभावित होने से वर्षा के नमूने में परिवर्तन से नुकसान पहुंचेगा ही और हमें अन्नों की उपज के लिए सिंचाई तथा अपवाह-तंत्रों पर अलावा खर्व करना पड़ेगा। अतः जलवायु की गड़बड़ियों से होने वाली आर्थिक हानि से हम बच नहीं सकते।

प्रदूषण के कारण महासागरों के तापीय प्रसार तथा ग्लेशियरों और ध्रुवीय हिम-शिखरों के पिघलने से समुद्रों का स्तर बढ़ जाएगा, जिससे समुद्रतटीय क्षेत्रों को बाढ़ का भारी खतरा बना रहेगा। मिसाल के तौर पर नीचे की सतह पर स्थित बांगला देश, नीदरलैंड सरीखे देशों, एशिया के धान उगाने वाले नदी से सम्बद्ध बाढ़ वाले मैदानों और शंघाई, लंदन तथा वाशिंगटन सरीखे बड़े शहरों को समुद्र की सतह के बढ़ जाने से अपने को बचाने के लिए भारी खर्च करना पड़ेगा। इस पर भी त्राहि-त्राहि मची रहेगी।

इस तरह प्रदूषण से पर्यावरण तथा जलवायु के प्रभावित होने से प्रभाव कहां से कहां पहुंच जाएगा। हमें यह याद रखना है कि पर्यावरण के एक कण या कोने पर पड़ने वाला प्रभाव धीर दूर-दूर तक अपना असर दिखलाता है। से प्रभाव धीरे-धीरे बनते-बदलते हुए विराट रूप ले लेते हैं कारण कि प्रकृति पहले चेतावनी देती है लेकिन अगर समय पर कारगर उपाय नहीं किए जाते तो वह रौद्र रूप धारण कर लेती है, और फिर मानव का बचना उसके बुते के बाहर हो जाता है। फिर निरुपाय होकर पछताने के अलावा कुछ भी हाथ नहीं लगता।

पर्यावरण हमारे जीवन का रंगमंच

हमारा पर्यावरण सच में ही जीवों का आंगन, जीवों का रंगमंच है। पर्यावरण जीवों के लिए है और जीव पर्यावरण के लिए हैं। इनका पक्का पारस्परिक संबंध है। पर्यावरण के पांच तत्त्वों से ही हमारा शरीर बना है। पर्यावरण की महफिल तभी सजेगी जब उसमें किस्म-किस्म के जीव अपनी भूमिका निभाते रहेंगे।

पर्यावरण और शरीर के बारे में विज्ञान से लेकर सभी ने कुछ-न-कुछ कहा है पर तुलसीदास जी के रामचरितमानस की इस पंक्ति में ही हम सार की बात पाते हैं :

छिति जल पावक गगन समीरा।
पंच रचित अति अधम सरीरा।।

अर्थात् जल, पृथ्वी, अग्नि, आकाश और वायु—इन पांच तत्त्वों से यह अत्यंत अधम शरीर रचा गया। पर्यावरण के मूलभूत तत्त्वों से ही जीवों का शरीर उपजता है और फिर उसी में विलीन हो जाता है। पर्यावरण और जीवों का अटूट और घनिष्ठ संबंध है, चोली-दामन का साथ है। अपने पर्यावरण को प्राकृतिक तथा सामान्य बनाए रखने के लिए सरकार सरकारी एजेन्सियां तथा वैज्ञानिक और विशेषज्ञ हर तरह की सावधानियों तथा योजनाओं का कार्यान्वियन कर रहे हैं। यह इसलिए कि कहीं भी इस संदर्भ में कोई रिक्ति न रहे, कोई चूक न हो जाए और किसी भी तरह की कमी के बुरे नतीजे आम लोगों को न भुगतने पड़ें। सरकार को और सम्बद्ध संस्थाओं को पर्यावरण के मामले में पूरा एहसास हो चुका है और उनकी तरफ से कोई कोताही नहीं की जा रही है।

आम जनता को भी चाहिए कि वह भी प्रेरणा लेकर अपने गरेबां में झांक कर उसी तरह काम करे।

पर्यावरण सुधार के उद्देश्य से ही सामाजिक वानिकी कार्यक्रम पर बल दिया जा रहा है कि पर्यावरण हर हर तरह से भरा-पूरा रहे। इसीलिए नहरों के किनारे, सड़कों के किनारे, रेल की पटरियों के किनारे और परती तथा खाली भूमि में जोर-शोर से पौधों के रोपण से पर्यावरण को भरने-पूरने की योजना-पर ध्यान देकर सही मायने में परियोजना को अमल में लाया जा रहा है। इस प्रसंग में वर्णन करने से पहले 'पर्यावरण और वातावरण' शब्दों के बारे में स्पष्टीकरण देना सही होगा। आधुनिक वैज्ञानिक शब्दावली में, पर्यावरण अंग्रेजी के एनवाइरनमेन्ट शब्द का पर्याय है और वातावरण ऐटमोस्फियर शब्द का। पहले कभी-कभी वातावरण से पर्यावरण से पर्यावरण की संकल्पना का काम भी चला लिया जाता था लेकिन वस्तुतः वातावरण (वात +आवरण) वायु का आवरण है।

पर्यावरण में वातावरण भी आ जाता है। अतः इन दोनों शब्दों के प्रयोग में गलतफहमी नहीं होनी चाहिए और इन्हें इनके सही अर्थों में ही लिया जाना चाहिए। वैसे अब तो पर्यावरण शब्द खूब प्रचलित हो गया है। इधर अब विद्यालयों तथा विश्वविद्यालयों में पर्यावरण शिक्षा पर विशेष ध्यान दिया जाने लगा है और पाठ्यक्रम में पर्यावरण विषय को प्रविष्ट किया गया है ताकि सूक्ष्म रूप से इस

महत्त्वपूर्ण विषय का ज्ञान हो सके और इस दिशा में रचनात्मक तथा धनात्मक कार्य किया जा सके। पर्यावरण प्रकृति का पर्याय है। हमारे चारों तरफ जल, थल और वायु का आवरण ही हमारा पर्यावरण (परि + आवरण) है। इसी में हम पलते-चलते आए हैं और इससे हमारा संबंध बहुत पुराना है, परंतु हमसे भी पुराना संबंध पौधों और जानवरों का है। हमारे लिए सारे जानवर और पेड़-पौधे बहुत ही आवश्यक हैं कारण कि इनके बिना हमारी जिन्दगी जरा भी आगे नहीं चल सकती। यह पर्यावरण जीव-जातियों के कारण ही जीवत है इसके प्रति यदि कोई बुरी क्रिया की जाती है तो वह भी अपनी प्रतिक्रिया दिखलाता है।

हमें अपने तथा अपने पर्यावरण के बारे में जरा ध्यान से सोच-विचार करना चाहिए क्योंकि कुछ बुनियादी बातों पर गौर करना अत्यंत आवश्यक है। हम मानते हैं कि विज्ञान और टेक्नोलौजी ने हमें ढेर सारी सुख-सुविधाएं, ऐशोआराम और भोग-विलास की चीजें दी हैं, पर इन बातों में खोए हुए हम यह भूल गए कि हम गलती भी करते चले गए और करते चले जा रहे हैं। हमें यह पर्यावरण प्रकृति से विरासत में मिला था, पर आधुनिक विज्ञान-युग की अपनी नयी जीवनशैली से हम इस प्राकृतिक पर्यावरण को अप्राकृतिक बनाते जा रहे हैं। सभी जीवों का पर्यावरण पर हक है इसलिए इसके बारे में मनन-चिंतन कर और सबक लेकर सही रंग-ढंग अपनाना ठीक होगा, वरना बुरे फल भी हमीं को भुगतने पड़ेंगे। मानव चूंकि सबसे ज्यादा विकसित और सोचने-विचारने वाला बुद्धिमान प्राणी है और पर्यावरण का चौधरी भी है, इसलिए इसके भले-बुरे का जिम्मा भी उसी का है।

आधुनिक मनुष्य की प्रकृति में दखलंदाजी

एक ओर विज्ञान की छलांग मारती उन्नति ने जहां हमें ढेरों लाभ पहुंचाए हैं वहीं कई नुकसान भी पहुंचाए हैं तथा 20वीं सदी के इस बीच तो पर्यावरण के प्रति आधुनिक सभ्य मानव ने बहुत ही अधिक छेड़छाड़ की है। आए दिन मानव को अपनी छेड़छाड़ महंगी पड़ रही है क्योंकि प्रकृति का संतुलन डगमगाने लगा है, उसकी निर्मलता और शुचिता नष्ट हो रही है और कई बुरे परिणाम हमारे सामने मुंह बाए हुए हैं। हमें इन्हें हर समय अपने जेहन में रखना है और बिगड़ी बात को बनाना है।

इस बारे में हमें कई पहलुओं से विचार करना होगा। हमारा असंयमी होना, मनमानी कारगुजारियां करना, सोच-विचार न करके लहर में काम करना, दूरदर्शिता न रखना, तुरंत वाले फायदे देखना, आबादी को बढ़ने देना आदि कई बातें हैं जो

इन परिणामों के लिए जिम्मेदार हैं।

अपनी जरूरतों को पूरा करने के लिए मकान बनाने, खेती करने, ईंधन प्राप्त करने, पैसे बनाने तथा अन्य उपयोगों के लिए पेड़ों और जंगलों का सफाया हो रहा है और इसके साथ जीवों का नाश भी। रोज ही नई सड़कें, बिल्डिंगें, मिल, फैक्टरियां, कारखाने वगैरह बन रहे हैं। हानिकारक रसायनों, गैसों तथा अन्य चीजों का खूब इस्तेमाल हो रहा है। शहरों से लेकर गांवों तक पर्यावरण की नैसर्गिता नष्ट होती जा रही है। शहरों से लेकर गांवों तक पर्यावरण की नैसर्गिकता नष्ट होती जा रही है। मोटर-गाड़ियों वाली सड़कों के किनारे धूल से सने और रोगों से ग्रस्त पेड़-पौधे चुपचाप रोते हुए अपनी कहानी कहते हैं। सारी गंदगियां और बेकार बचे-खचे पदार्थ भूमि में तथा नदियों व सरिताओं में डाल दिए जाते हैं तथा फिर यही पानी पीने के प्रयोग में लाया जाता है। अपने घरों, अहातों और बाग-बगीचों में आए दिन हम ज़हरीले जीवनाशी रसायन छिड़कते हैं। इस तरह यह पर्यावरण प्राकृतिक और सामान्य दशा में कैसे रह पाएगा?

हमें पेड़-पौधे तथा जानवर सभी कुछ प्रदान करते हैं

यूं तो पर्यावरण में थोड़ा बहुत प्रदूषण होता रहता है पर यह प्रदूषण पर्यावरण द्वारा स्वयं ही सुधार लिया जाता है। प्राणियों और पेड़-पौधों द्वारा सांस लेते समय ऑक्सीजन अन्दर ली जाती है और सांस छोड़ते समय कार्बन डाइऑक्साइड बाहर छोड़ी जाती है। अगर यह कार्बन डाइऑक्साइड यूं ही जमा होती रहती तो जमा तो जमा होकर आज सब ज़हर हो गया होता। पर सूर्य के प्रकाश में पेड़-पौधों के हरे पदार्थ 'क्लोरोफिल' द्वारा यह कार्बन डाइऑक्साइड साफ करके फिर ऑक्सीजन में बदल दी जाती है। इसीलिए शहरों के बीच के पेड़-पौधे वाले बाग-बगीचों, पार्कों या इलाकों को 'शहरों के फेफड़े' कहा जाता है। ये हमारे फेफड़ों की तरह अशुद्ध वायु को स्वच्छ करते रहते हैं।

पृथ्वी पर जीवन की शुरुआत हरे पौधे से ही हुई और हरे पेड़-पौधे न हों तो जीवन असंभव हो जाए। खाने के लिए गेहूं, चावल, जौ, ज्वार-बाजरा आदि अनाज तथा किस्म-किस्म की दालें, मसाले, साग-सब्जियां, फल वगैरह सब हमें पेड़-पौधों से ही मिलते हैं। मकान, शहतीरों, कड़ियों, तख्तों, फर्नीचर, रेल, मोटर, बन्दूक, माचिस आदि असंख्य वस्तुओं के निर्माण में पेड़ों की लकड़ी ही काम आती है। ओढ़ने, बिछाने व पहनने के लिए रूई, कपास, जूट, रेशम आदि भी इन्हीं की देन है। जलाने के लिए लकड़ी व कोयला भी इन्हीं की देन है।

करोड़ों वर्ष पहले जमीन के अन्दर दबे जंगलों की लकड़ी से ही धीरे-धीरे कड़ा पत्थर का कोयला बना। इसी प्रकार सड़-गल कर और रिस-रिस कर जमा होता गया। पौधों का रस धीरे-धीरे चट्टानों में सुरक्षित मिट्टी का तेल व पेट्रोल बना। लिखने-पढ़ने के लिए पुराने जमाने से लेकर आज तक भोजपत्र तथा आज के कागज के लिए पेड़-पौधों का उपयोग होता रहा है। अलग-अलग प्रकार के रंग, गोंद, सरेस, रबड़, चाय, कॉफी, वार्निश, तेल, शक्कर, गुड़, चीनी, औषधियां, तंबाकू आदि भी पेड़-पौधों से ही मिलते हैं। पूजा, श्रृंगार और सजावट वगैरह में भी पेड़-पौधे ही हमारे काम आते हैं। हमारे पशु व जानवर इन्हीं की बदौलत जीते हैं। वैज्ञानिकों ने बताया है कि अलग-अलग तरह के पेड़-पौधों की पत्तियां विभिन्न गैसों आदि के जहर, धूल आदि से जूझकर पर्यावरण को स्वच्छ बनाए रखती हैं तथा प्रकृति का चक्र चलाती हैं। दूसरी ओर जानवर हमें दूध, मक्खन, घी, चर्बी, गोश्त, भोजन, दवाइयां, ऊन, खाल, चमड़ा, कीमती चीज़ें वगैरह देते हैं। हमारा हल चलाते हैं, हमारी गाड़ियां खींचते हैं, हमें सवारी करवाते हैं, हमारा बोझ ढोते हैं, हमारा मन बहलाते हैं और हमारे कई शौक पूरे करते हैं। हमारी बेरहमी से कई प्राणी विलुप्त हो गए हैं तथा होते जा रहे हैं और जिन्हें दुबारा देखने के लिए हम तरस जाएंगे। इसलिए इनकी रक्षा करना भी हमारा कर्त्तव्य है। जंगलों के कम होने से विभिन्न जीव-जातियां तो कम होती ही हैं, पर साथ ही गरमी बढ़ जाती है, वर्षा कम होती है और जलवायु ही बदल जाती है। भूमि नंगी हो जाती है, तो वह आसानी से पानी नहीं सोख पाती और कभी सूखे तो कभी बाढ़ की स्थितियां आ जाती हैं और भूमि कटने की संभावनाएं बढ़ जाती हैं।

अब वैज्ञानिक भी चेतावनी देकर यही कहते हैं कि खपत करने के बाद ऐसी योजना चलती रहे कि वह खपत फिर पूरी भी कर दी जाए। प्रयोग हेतु पर्यावरण से प्राप्त की गई चीज़ फिर उसे लौटा दी जानी चाहिए और इसके लिए हमें विनाश की दिशा में नहीं बल्कि निरंतर नए निर्माण की दिशा में चलना होगा।

पर्यावरण की रक्षा हमारा अति महत्त्वपूर्ण कर्तव्य है

भूमि, पानी, हवा, प्राणियों और वनस्पतियों की सुरक्षा का ध्यान सबसे ऊपर है। यदि पर्यावरण की रक्षा नहीं की गई, प्रदूषण की मात्रा कम न की गई तथा ज़हरीले पदार्थों को पर्यावरण में इसी प्रकार छोड़ा जाता रहा तो एक दिन ऐसा आएगा जब शुद्ध हवा और स्वच्छ पानी मिलना मुश्किल हो जाएगा और आज की बीमारियों के अलावा और नई-नई बीमारियां पैदा होने लगेंगी।

यहां कुछ प्रश्नों का उत्तर देना युक्तिसंगत होगा। स्वच्छ पर्यावरण के लिए और स्वस्थ जीवन के लिए हमें सादगी लाने हेतु पुराने पाशण युग में नहीं जाना है और न ही अपने सामाजिक जीवन में विज्ञान और टेक्नोलौजी की प्रगति और विकास को अलग रख देना है। समस्या का हल पीछे लौटने में नहीं बल्कि आगे बढ़ने में है।

पर्यावरण की रक्षा करते हुए उसे स्वच्छ व स्वस्थ बनाए रखना ही विकास है। ऊर्जा का उपयोग और पदार्थो का प्रयोग प्राकृतिक रूप से और परिस्थितियों के अनुसार इस तरह व्यवहार में लाना है कि खपत के लिए पर्यावरण से मांगी गई चीज फिर उसे सूद सहित वापस दे दी जाए। तभी पर्यावरण का भंडार अक्षत रह सकता है। जब हमारा विज्ञान और टेक्नोलॉजी सही अर्थ में नैतिकता के आधार पर अग्रसर रहेगी तभी हमारा कल्याण संभव है और तभी विकास सार्थक माना जाएगा। विज्ञान के बूते पर ऊर्जा व ईंधन के लिए हमें लकड़ी, कोयले, तेल, बिजली आदि के अलावा अन्य साधनों की खोज भी करनी होगी और आम आदमी को भी इन्हें मुहैया करना होगा। पानी, हवा, सूर्य आदि का उपयोग करने के लिए ऐसी नई जुगतें सोचनी होंगी कि ये चीजें आम आदमी की पहुंच में हों और वह भी इनका लाभ उठा सके। तब एक ही चीज पर दबाव नहीं पड़ेगा। प्राकृतिक चीजों का उपयोग करने से पर्यावरण के प्रदूषण में भी कमी रहेगी।

वनों का सुनियोजित विधि से थोड़ा बहुत उपयोग करते हुए उन्हें हमेशा हरा-भरा रखने की युक्तियां काम में लानी होंगी। जितना काटा व प्रयोग किया उससे ज्यादा भरने-पूरने की कोशिश रखनी होगी। ग्रामीण क्षेत्रों में तथा शहरी क्षेत्रों के किनारे व बीचोंबीच भी जल्दी उगने व बढ़ने वाले पेड़ों को लगाना लाभकारी होगा। 'वन-महोत्सव' वाला सिद्धांत कोरा कागजी न रह कर व्यवहार में लाना होगा ताकि हमारी वसुंधरा रहे, शस्य श्यामला रहे और सर्व संपदा की दृष्टि से अक्षुण्ण भंडार वाली रहे।

सरकारी व गैरसरकारी स्तर पर इस प्रसंग में रोज ही नई बातें और तकनीकें सोची जा रही हैं। विश्वविद्यालय व अन्य संस्थाएं खोजों में लगी हैं और सरकार हर प्रकार से इन सारी बातों में भरसक निधि और सहायता दे रही है। पर देश के जागरूक नागरिक के नाते हमारी भी जिम्मेदारी है कि हम बताई गई बातों पर पूर्णरूप से ध्यान रखें।

जिन्दगी का व्यावहारिक पक्ष यह है कि थोड़े बहुत प्रदूषण के बगैर तो आधुनिक मानव का काम चलने का नहीं और पेड़ों का थोड़ा बहुत काटना और

नई जमीन का थोड़ा बहुत तोड़ा जाना स्वाभाविक है। बस, हमें जरा अपनी प्रवृत्ति बदलनी होगी—नागरिक भावना, संयम और दूरदर्शिता से कार्य करना होगा। हमें पर्यावरण के संदर्भ में अपनी बुद्धि, विवेक और मर्यादा के अनुसार इन सब बातों को ध्यान समें रखकर उचित रुख अपनाना होगा और पर्यावरण को मेरा, तेरा और सबका पर्यावरण समझ कर सही निर्णय लेना होगा। जिस पर्यावरण और जिसकी जीव-जातियों से हमारा शरीर बना है और हमारा जीवन चलता है उसके प्रति हमारी भावना निष्ठामय और निश्छल होनी चाहिए। तभी उसकी सुरक्षा और हमारा कल्याण है। अपने पर्यावरण को ईश्वर के बाद सर्वोपरि मानकर ही हम उसमें शांति बनाए रख सकते हैं और अपने को भी स्वस्थ, शांत तथा रोगमुक्त रख सकते हैं।

2

हमारे पर्यावरण का संघटन

आज का युग विकास का युग है। जहां मनुष्य निरंतर विकास के पथ पर अग्रसर है। प्रत्येक प्राणी में एक-दूसरे से आगे निकलने की होड़ लगी है। एक देश और उनके निवासी दूसरे देश और उसके निवासियों से आगे निकलने के लिए प्रयासरत हैं। विकासशील देश विकसित देशों की श्रेणी में आने की तीव्रतर दौड़ में विकास कार्यों को युद्ध स्तर गति से आगे बढ़ा रहे हैं, लेकिन इन सब कार्यों को अंजाम देने में निरंतर भारी मात्रा में ऊर्जा के संसाधनों की आवश्यकता पड़ती है और इस आवश्यकता की पूर्ति के लिए मानव को अपने प्राकृतिक संसाधनों का दोहन करना पड़ता है, जिसकी वजह से हमारे इर्द-गिर्द के पर्यावरण पर बुरा असर पड़ता है। पर्यावरण शब्द से अभिप्राय हमारे चारों ओर के उस आवरण से है जो प्रकृति का घेरा कहलाता है। इसमें मुख्य रूप से हवा, पानी, मिट्टी, पेड़-पौधे तथा जीव-जन्तु इत्यादि होते हैं। प्रकृति के यही तत्त्व मिलकर हमारा पर्यावरण बनाते हैं, जिस पर हमारा दैनिक जीवन निर्भर करता है। मानव-शरीर भी प्रकृति के पंचभूत तत्त्वों से मिलकर ही बना है, और अन्त में इन्हीं तत्त्वों में मिलकर नवश्वरता को प्राप्त होता है। अतः इन तत्त्वों में संतुलन बना रहे, प्रकृति यही कार्य करती है किन्तु मानव अपनी जीवन शैली के अनुसार इस संतुलन को कई बार असन्तुलित कर देता है, जिसकी वजह से पर्यावरण का संकट गहरा जाता है।

मानव के अलावा अन्य सभी प्राणी भी प्रत्यक्ष अथवा परोक्ष रूप से अपनी खुराक के लिए हरे पौधों पर अधिक निर्भर रहते हैं और पौधे भी अपनी खुराक पानी तथा मिट्टी इत्यादि से पूरी करते हैं। सूरज के प्रकाश द्वारा संश्लेषण क्रिया

करके पौधे अपनी खुराक तैयार करते हैं, क्योंकि सूर्य की पृथ्वी के बहुत सारी जैविक, भौतिक और रासायनिक क्रियाओं का मुख्य ऊर्जा का स्रोत है। अतः निष्कर्ष के तौर पर यह कहा जा सकता है कि "पर्यावरण हमारे जीवन में समस्त जैविक, भौतिक तथा रासायनिक क्रियाओं को प्रभावित करने वाला योग है तथा इससे अलग हटकर कोई जीवन नहीं है।"

वैसे भी मानव-जीवन कई तत्त्वों के योग से निर्मित होता है, जिनमें से चार तत्त्व प्रमुखता से विद्यमान पाए जाते हैं जैसे अन्न तत्त्व, प्राण तत्त्व, बुद्धि तत्त्व एवं आम तत्त्व। अन्न तत्त्व के लिए हमें अन्न की आवश्यकता होती है यानी कि भोजन और यह भोजन पेड़-पौधों अथवा जीव-जंतुओं से प्राप्त होता है। प्राण तत्त्व के लिए प्राणवायु की आवश्यकता होती है, और प्राणवायु हमें वनों की वनस्पतियों इत्यादि से प्राप्त होती है। बुद्धि तत्त्व तथा आत्म तत्त्व के लिए भी पर्यावरण के विभिन्न घटक सहायक होते हैं। मनुष्य अपनी बुद्धि-प्रबलता के बल पर हिंसक पशुओं को भी अपने कार्यों के लिए उपयोग में लाता है। अतः पर्यावरण का सीधा सम्बन्ध पशु-पक्षी जगत, वनस्पति जगत, जल, वायु, नदी, पहाड़ व विभिन्न खनिज पदार्थों इत्यादि प्रकृति की अदुभुत देन पर निर्भर करता है। पर्यावरण इन सभी तत्त्वों व संसाधनों का समूह है जो परस्पर प्रक्रियाओं द्वारा जीव-जन्तुओं एवं मानव-जीवन को प्रभावित करता है। किन्तु इतने पर भी प्रकृति के इन विभिन्न घटकों में आपसी ताल-मेल बिगड़ जाने पर सारा पर्यावरण तंत्र अस्थिर हो जाता है और पर्यावरण की इसी अस्थिरता को पर्यावरण प्रदूषण कहते हैं और यदि यह आपसी ताल-मेल अर्थात् संतुलन परस्पर बना रहता है तो हम इसे पर्यावरण संरक्षण कहते हैं।

हमारा मानव जीवन पर्यावरण संरक्षण से निरंतर प्रभावित होता रहता है। प्रकृति हमारी जीवन-रेखा है। यह हमारे जीवन में अनेक रूपों में प्रायः साथ चलती रहती है। मात्र सौन्दर्य को वस्तुतः न होकर प्रकृति का हमारे जीवन में प्राणों से भी अधिक महत्त्व समझा जाता है। हम प्रकृति को सदैव पूजनीय मानते हैं। जन्म के समय प्रकृति हमारे साथ वन्दनवार के रूप में साथ रहती है। सभी संस्कारों व त्यौहारों में शमी के रूप में, पीपल के रूप में, आम पल्लवों के रूप में एवं तुलसी के रूप में प्रकृति हमारे साथ बनी रहती हैं। कमल, कुंद, पाटल, अशोक, तुलसीदल, धान, जो इत्यादि तो हमारी जीवन-प्रक्रिया का अभिन्न अंग बन चुके हैं। वनों-तपोवनों में हमारे ऋषि-मुनियें ने तप करके हमारी संस्कृति को पल्लवित पुष्पित किया है। फलदार वृक्षों की हम देवतुल्य पूजा करते आए हैं।

गंगा, यमुना, सरस्वती, नर्वदा सभी नदियों को हमने माता कहकर आदर-मान दिया है क्योंकि इन्हीं पवित्र नदियों पर हमारे देश का आर्थिक एवं सामाजिक ढाँचा टिका हुआ है।

वन्य जीवों का पोषण भी हमारी संस्कृति का एक विशिष्ट अंग है, यदि गाय का दूध दोहन करते हैं तो उससे पहले और बाद में पोषण भी करते हैं। पश्चिम की भांति मात्र शोषण में हमारा विश्वास नहीं रहा है।

किन्तु आजकल भौतिकवादी संस्कृति के चलते हम लोगों ने अपने देश में भी अपनी प्राचीन संस्कृति, भारतीय मूल्य तथा परम्पराओं को चोट अवश्य पहुँचाई है। हमारे देश के चरागाह लगभग नष्ट हो चुके हैं। पशु-पालक उजड़ गए हैं। अधिक ईंधन हेतु लकड़ी काटने के कारण वन्य जीवन नष्ट होता जा रहा है। देश की आठ लाख हेक्टेयर भूमि लगभग प्रत्येक वर्ष बीहड़ में परिवर्तित होती जा रही है। वने उजड़ते जा रहे हैं। अधिक बिजलीघर लगने से बाँधों का पानी सूखता जा रहा है। नदियाँ सूखी जा रही हैं। दिल्ली के आस-पास बहने वाली यमुना नदी आजकल मात्र बरसाती नाला-सी बनकर रह गई है। अधिक घास के उपजाने के चक्कर में आवश्यकता से अधिक कीट-नाशकों का प्रयोग तथा रासायनिक खादों के प्रयोग से भूमि का उपजाऊपन समाप्त हो रहा है। तरह-तरह की फर्टिलाइजर्स फैक्ट्रियाँ दाँतों और मसूड़ों को खराब करके फेफड़ों को रोगी बना रही हैं। कमजोरी और गैस रिसाव के कारण महिलाओं के गर्भपात हो रहे हैं। नागरिक स्वास्थ्य पर्यावरण के विभिन्न घटकों में असंतुलन बढ़ने के कारण निरन्तर गिरता जा रहा है। यदि समय रहते इस ओर चिन्तन न किया गया और प्रदूषण संकट से मुक्ति न पाई गई तो इसके परिणाम मानव-जीवन के लिए खतरनाक साबित हो सकते हैं।

जिस प्रकार हमारे जीवन में आर्थिक विकास जरूरी है, ठीक उसी प्रकार पर्यावरण संरक्षण भी जरूरी है। वास्तव में आर्थिक विकास और पर्यावरण संरक्षण एक ही सिक्के के दो पहलू हैं जो एक-दूसरे से अभिन्न हैं। उन्नत जीवन जीने के लिए जैसे आर्थिक विकास महत्त्वपूर्ण होते हैं, ठीक उसी प्रकार पर्यावरण संरक्षण भी उन्नत जीवन निर्माण में सहायक है। हमारे देश में सर्वांगीण उन्नति के लिए आर्थिक विकास कार्यों के साथ पर्यावरण संरक्षण कार्यों को भी विकसित करना होगा। क्योंकि 'इकोनोमी' और 'इकोलॉजी' की आपसी घनिष्ठता हमारे देश और देशवासियों के लिए आज नितान्त आवश्यक है।

यह संपूर्ण संसार एक पूर्यावरण है। इसमें दोनों ही प्रकार की वस्तुएँ, सजीव

और निर्जीव-का कोई भी अस्तित्व प्रकृति से कभी अलग नहीं होता है। सारा संसार एक इकाई है और एक देश के प्रदूषण का असर दूसरे देश के पर्यावरण पर पड़ता है। अतः संपूर्ण विश्व में पर्यावरण संरक्षण के प्रयास होने चाहिए। अतः मानव-जीवन को पृथ्वी पर बनाए रखने के लिए प्रकृति के सन्तुलन का ख्याल अवश्य रखना चाहिए। अब पर्यावरण समग्र को एक वैज्ञानिक दृष्टिकोण से समझने के लिए हमें निम्न भागों के अनुसार विचार करके समझना चाहिए।

1. वायुमण्डल
2. जल एवं स्थल मण्डल
3. जैव मण्डल।

वायुमण्डल

हम सभी जानते हैं कि हमारे ग्रह पृथ्वी का निर्माण आज से लगभग 50 करोड़ वर्ष पूर्व अनेक प्रकार की कास्मिक च्यूबा के जमने के कारण हुआ था। पृथ्वी में बहुत समय पूर्व अनेक प्रकार के भूगर्भी उतार-चढ़ाव तथा ताप सम्बन्धी परिवर्तन निरन्तर होने के कारण अनेक प्रकार के परिवर्तन हुए थे, जिनसे कहीं महासागर, कहीं पर्वत तो कहीं पर मैदानी भागों का निर्माण सम्भव हुआ। पृथ्वी पर भी पहले मेथेन, अमोनिया, जल वाष्प एवं कार्बन डाईआक्साइड जैसी गैसें विद्यमान थीं, ऑक्सीजन नहीं थीं। प्रथम जीवन की उत्पत्ति लभग 2.5 से 3.0 बिलियन वर्ष पूर्व हुई थी और इसके लगभग एक बिलियन वर्ष के बाद ऑक्सीजन गैस उत्पन्न हुई। इसके बाद ऑक्सीजन तथा ओजोन रक्षक परतों का निर्माण हुआ। पृथ्वी निर्माण के इतिहास के दूसरे अर्द्धकाल में भूगर्भी परिवर्तन होने के कारण छोटी-छोटी वनस्पतियाँ एवं पेड़-पौधों की उत्पत्ति हुई। इसके पश्चात धीरे-धीरे आज से लगभग 10 लाख वर्ष पूव मानव के रूप में पृथ्वी पर सबसे बड़ी उत्पत्ति हुई। मानव ने धीरे-धीरे न केवल प्रकृति को सहज साथी ही बनाया, बल्कि कई प्रकार के आमूल-चूल परिवर्तन भी किए। समुद्र तल से कई प्रकार कार्बन लाए गए। वर्षा गर्मी, धूप तथा शीत वातावरण के कारण परिवर्तन होते रहे। और फिर आज का जीवन समाज तथा पर्यावरण की संरचना सम्भव हो सकी।

आज जिस पृथ्वी ग्रह पर हम रह रहे हैं, इसके चारों ओर लगभग 50 किलो मीटर की ऊँचाई तक वायु का आवरण बना है, जिसे हम वायुमण्डल कहते हैं। पृथ्वी के पास इस वायुमण्डल का घनत्व अधिक है, किन्तु ज्यों-ज्यों हम पृथ्वी की सजह से दूर ऊँचाई की ओर बढ़ते जाते हैं, यह स्वतः कम होता जाता है।

वायुमण्डल में अधिक घनत्व केवल 32 किलोमीटर तक की ऊँचाई तक ही है। हमारे पर्यावरण में सबसे अधिक परिवर्तनशीलता एवं गतिशीलता, इस वायुमण्डल के कारण ही है। सदी, गर्मी, मौसम संबंधी जितने भी परिवर्तन दिखलाई पड़ते हैं, वे सभी वायुमण्डल के कारण उत्पन्न होते हैं। वायुमण्डल में विभिन्न प्रकार की गैसे होती हैं जिनके कारण मौसम में बदलाव दिखलाई पड़ते हैं। कभी-कभी आसमान बिल्कुल साफ नजर आता है तो कभी उमड़-घुमड़कर बादल बरसने लगते हैं।

विभिन्न गैसें भी वायुमण्डल को लगातार प्रभावित करती रहती हैं सभी जीवधारी वायुमण्डल से ऑक्सीजन ग्रहण करते हैं। कहने का तात्पर्य है कि हमारे लिए वायुमण्डल का होना नितान्त जरूरी है। सर्वोपरि बात तो यह है कि हम वायुमण्डल के बिना दूर तो क्या अपने नजदीक की आवाज तक नहीं सुन पाते। इस प्रकार ताप और ऊर्जा के ठीक प्रकार से पर्यावरण में परिसंचरण के लिए वायुमण्डल का होना बिल्कुल आवश्यक है।

हमारे वायुमण्डल की संरचना

हमारे इस वायुमण्डल को संरचना की दृष्टि से निम्न चार भागों में विभक्त किया जा सकता है-

1. क्षोभ मण्डल (Troposphere)
2. समताप मण्डल (Stratosphere)
3. आयन मण्डल (Ionosphere)
4. बाह्य मण्डल (Exosphere)

1. क्षोभ मण्डल

पृथ्वी की सतह से जुड़ी हुई वायुमण्डल की सबसे निचली परत क्षोम मण्डल कहलाती है। इसकी ऊँचाई भूमध्यरेखा में पृथ्वी तल से करीब 18 मिलो मीटर तथा ध्रुवीय बिन्दुओं पर सबसे कम करीब आठ किलोमीटर होती है। यह परत यानी क्षोभमण्डल मौसम की विभिन्न परिस्थितियों के प्रति अत्यन्त संवेदनशील होती है। इसमें परिवर्तनशीलता तथा गतिशीलता सर्वाधिक होती है। इस परत में पृथ्वी तल से ज्यूँ-ज्यूँ ऊपर जाते हैं तो तापमान घटता जाता है। जैसे कि मैदानी इलाकों की अपेक्षा ऊँचे पहाड़ों पर तापमान का घनत्व क्रमशः कम होता है। करीब 165 मीटर की ऊँचाई पर जाने से एक अंश सेल्सियस तापमान कम हो जाता है।

जैसे-जैसे ऊँचाई में हम जाते रहते हैं, तापमान की मात्रा क्रमशः कम होती जाती है।

2. समताप मण्डल

पृथ्वी तल से ऊपर क्षोभ मण्डल के बाद यह दूसरी परत होती है। इसकी ऊँचाई पृथ्वी तल से लगभग 50 से 55 किलो मीटर तक पाई जाती है। विज्ञान की भाषा में इस परत को समताप मण्डल इसलिए कहा जाता है कि इस परत में मौसमीय परिवर्तनों की प्रभाव बहुत ही कम पड़ता है। और तापमान लगभग समान ही रहता है। इस परत में वायु का वेग अर्थात् गति एक समान ही रहती है इसलए जेट विमानों की उड़ानों के लिए यह परत क्षोभ मण्डल की अपेक्षा अधिक सुरक्षित पाई जाती है। इसकी ऊपरी सीमा का तापमान समान होने के कारण समताप सीमा (Stratopause) कहते हैं। ओजोन गैस की परत भी इसी में पाई जाती है। यह परत पृथ्वी पर जीवधारियों को सूर्य के पराबैंगनी किरणों के हानिकारक प्रभावों से बचाती है। पृथ्वी तल के ऊपर ऊँचाई में यह दूसरी परत है।

3. आयन मण्डल

समताप मण्डल से ऊपर की परत को आयन मण्डलइ कहते हैं। इस मण्डल में धनावेशित एवं ऋणावेशित गैसों के आयन पाये जाते हैं। गैसों के अणु अलग-अलग अवस्थाओं में धन (+) तथा ऋण (–) विद्युत् आवेशों से आवेशित रहते हैं। इन्हें ही आयन कहते हैं। रेडियों तरंगें इन आयनों से टकराकर पृष्ठभूमि पर परावर्तित होती रहती हैं, जिससे हम दूर संचार विधि द्वारा अपने संचार संपर्क अनेक सुदूर स्थानों तक स्थापित करके संदेश भेजते हैं। आयन मण्डल की ऊपरी सीमा पृथ्वी तल से करीब 100 किलो मीटर ऊँची होती है। यह ऊपरी सीमा ही आयन सीमा (Ionopause) कहलाती है।

4. बाह्य मण्डल

जैसा कि नामं से ही विदित हो जाता है, वायुमण्डल की सबसे बाहरी परत को बाह्य मण्डल कहा जाता है। ऐसा कुछ भी स्पष्ट नहीं है कि इसकी ऊपरी सीमा कहाँ है। इस परत में वायु की सघनता बहुत ही कमजोर एवं घनत्व बिल्कुल ही कम होता है। इसके बाद अंतरिक्ष का बिस्तार आरम्भ हो जाता है।

मौसम का भारतीय वायुमण्डल पर प्रभाव

भारत छह ऋतुओं का देश है। इस देश में तरह-तरह की पवनें चलती रहती हैं। जलवायु पर हवाओं का दबाव बहुत असर करता है। जलवायु परिवर्तन में कई कारकों का प्रभाव पड़ता है। जिससे किसी विशेष समय में वायुमण्डल की विभिन्न दशाओं में परिवर्तन होते रहते हैं। इसमें किसी विशेष स्थान का भी असर पड़ता है। कई बार तो ये परिवर्तन तात्कालिक होते हैं, किन्तु कुछ समय इनमें कई दिनों तक परिवर्तन होते रहते हैं। वायुमण्डल की ऐसी दशाओं में होने वाले इन परिवर्तनों के योग को मौसम कहते हैं। किन्तु यदि यह मौसम स्थाई रूप से किसी स्थान विशेष में परिवर्तन करके वहाँ रह जाता है, या उस स्थान की विशेषता बन जाता है, तो इसे जलवायु का नाम दिया जाता है। तब यह वहाँ का पर्यावरण बन जाता है।

जलवायु के अंतर्गत किसी क्षेत्र का तापमान, वायु का दबाव, वायु की गति, वायु की दिशा, वहाँ के मौसम में नमी व आर्द्रता तथा समुद्र तल की ऊँचाई इत्यादि कारकों का औसत मान निकाल लिया जाता है।

भारत में लगभग पूरे वर्ष मानसूनी हवाओं का प्रभाव बना रहता है। क्योंकि भारत के मध्य भाग से कर्क रेखा गुजरती है। भारत का उत्तरी भाग शीतोष्ण कटिबंध में पड़ता है, तथा दक्षिणी भाग उपोष्ण कटिबंध में पड़ता है। जिससे गर्मी तथा सर्दी की ऋतुएँ बनती हैं। वर्ष के अधिकांश भाग में भारत में गर्मी बनी रहती है। इसलिए भारत की जलवायु को उष्ण कटिबंधीय क्षेत्र भी कहा जाता है। यहाँ सर्दी कम समय के लिए रहती है।

अब हमारे देश भारत की जलवायु को यानी यहाँ के पर्यावरण को प्रकृति के कौन-कौन से तत्त्व प्रभावित करते हैं, उनको भी ध्यान में रखा जाना नितान्त आवश्यक है। मुख्य रूप से ये कारक इस प्रकार हैं—

1. क्षेत्रफल की व्यापकता

भारत एक विशाल क्षेत्रफल वाला देश है। यह एक लम्बे-चौड़े धरातल वाला देश है, इसलिए कुछ दूरी के बाद यहाँ मौसम में परिवर्तन हो जाता है। कोई क्षेत्र हरा-भरा है, तो कोई सूखा मरुस्थल सदृश। कहीं वर्षा अधिक होती है तो कहीं बिल्कुल ही कम। भारत में मांसीराम नामक स्थान पर सबसे अधिक वर्षा होती है। यहाँ करीब 1100 सें. मीटर से ज्यादा वर्षा होती है, जबकि राजस्थान के मरुस्थल में मात्र 10 सें. मीटर ही वर्षा होती है। ऋतु का तापमान भी परिवर्तित होता रहता

है। कहीं तो सर्द ऋतु में तापमान 10॰ सेल्सियस रहता है तो कहीं मरुस्थल में यही तापमान लगभग 52॰ सेल्सियस तक पहुँच जाता है।

2. कर्क रेखा द्वारा विभाजन

हमारे देश को कर्क रेखा दो भागों में बांटती है। इसका प्रभाव यहाँ की पवनों पर पड़ता है, किन्तु हिमालय की स्थितिवश इस पर उष्णकटिबंधीय पवनों का विशेष असर पड़ता है, जिससे यहाँ का पर्यावरण प्रभावित होता है।

3. हिन्द महासागर

हिन्द महासागर ने भारत को तीन ओर से घेर रखा है। इससे समुद्रतटीय भू-भागों में जलवायु समसीतोष्ण पाई जाती है। अतः भारत के पर्यावरण-संरचना में हिन्द महासागर का होना भी एक प्रबल कारक है।

4. हिमालय का होना

हिमालय का होना भारतीय जलवायु के निर्धारण के लिए महत्त्वपूर्ण स्थान रखता है। हिमालय पर्वत इतना ऊँचा है कि यह मध्य एशिया से आने वाली भयंकर ठण्डी हवाओं को रोककर यहाँ व्यापक वर्षा कराता है। हिमालय यदि न हुआ होता तो भारत एक हरा-भरा छह ऋतुओं वाला देश न होकर मात्र एक शुष्क रेगिस्तान ही हुआ होता।

5. हवाओं की दिशा

हमारे देश के जलवायु-निर्धारण में उष्णकटिबंधीय मानसूनी हवाओं का बहुत अधिक प्रभाव पड़ता है। यहाँ पर हवाएँ छह माह स्थल से समुद्र की ओर तथा छह माह समुद्र से स्थल की ओर चलती हैं। गर्मियों में मानसून आने पर भारत में 80% वर्षा होती है। जिससे जलवायु पर विशेष प्रभाव पड़ता है। अतः हवाओं की दशा से हमारा पर्यावरण परिवर्तित होता रहता है। इनका असर ऋतु-परिवर्तन पर भी गहरा पड़ता है। ऋतुओं की दृष्टि से कहा जाता है कि भारत में छह ऋतुएँ आती हैं, किन्तु सामान्यतया निम्न तीन ऋतुएं मुख्य हैं–

भारत में विभिन्न ऋतुएँ

यहाँ के जन-मानस की प्रचलित भाषा में मुख्यतया निम्न तीन ऋतुएं प्रधान होती हैं–

1. ग्रीष्म ऋतु

वर्ष में 15 जून तक की अवधि मुख्यतया ग्रीष्म ऋतु कहलाती है। इन दिनों में कर्क रेखा में सूर्य की किरणें लम्बवत् रूप में पड़ती हैं, इसलिए यहां का तापमान बढ़ जाता है। भयंकर गर्मी हो जाती है। सारा उत्तर-पश्चिम भारत गर्मी में तपने लगता है, और यहां का तापमान बढ़ कर 50॰ सेल्सियस तक पहुंच जाता है। पर्यावरण में भयंकर गर्मी के कारण गर्म लू चलने लगती है। कभी-कभी आंधी आकर सारे पर्यावरण को धूल-धूसरित कर देती है। समुद्रतटीय क्षेत्रों में चक्रवातों के कारण कहीं-कहीं मामूली वर्षा भी कभी-कभार हो जाती है। तमिलनाडू व आन्ध्र में इस समय की बरसात को आम की बौछारों के नाम से पुकारा जाता है। इस दौरान पर्यावरण में कई प्रकार के परिवर्तन देखने को मिलते हैं।

2. वर्षा ऋतु

भारतीय क्षेत्र में अधिकांशतः 15 सितम्बर तक गर्मी ऋतु ही बनी रहती है। किन्तु 15 जून से 15 सितम्बर तक वर्षा अवश्य आ जाती है। यह समय भारत जैसे कृषि प्रधान देश के लिए वरदान का समय होता है, इसी समय किसान लोग खेती-बाड़ी के अपने कार्य में जी-जान से जुट जाते हैं। फसलों की बोआई भी इसी दौरान की जाती है। गर्मी में दक्षिण-पश्चिम की मानसूनी पवनें उठकर भारी वर्षा करती हैं। 23 सितम्बर से सूर्य की किरणें भूमध्य रेखा पर लम्बवत् पड़ती हैं। इस कारण से दक्षिणी गोलार्द्ध में निम्न दाब केन्द्र पैदा हो जाता है। इसलिए मानसूनी हवाएं उत्तर दिशा से दक्षिण दिशा की बोर जाने लगती हैं। इनको लौटती हुई मानसूनी हवाएं कहते हैं। यही हवाएं दिसम्बर में कोरो मण्डल तट पर जाड़े की वर्षा करती हैं। वर्षा ऋतु में होने वाली मानसूनी हवाओं का तथा वर्षा का हमारे जन-जीवन, पर्यावरण और हमारी अर्थव्यवस्था पर बहुत गहरा प्रभाव पड़ता है। क्योंकि हमारी कृषि और अर्थव्यवस्था दोनों इसी वर्षा पर निर्भर करती हैं।

3. शीत ऋतु

हमारे देश में यह ऋतु दिसम्बर से फरवरी महीने के अन्त तक चलती है। उत्तरी भारत में दक्षिण की अपेक्षा अधिक सर्दी रहती है। क्योंकि इस मौसम में हवाएं स्थल से सागर की ओर चलती हैं। कभी-कभी हल्की बूंदा-बांदी भी होती है। इस समय की बरसात को 'महावट' कहते हैं। दक्षिणी भागों में बरसात कुछ अच्छी होती है। करीब 40 से 50 से. मीटर तक हो जाती है। रबी की फसल के लिए इस

बरसात का बहुत महत्व है। उत्तर भारत में इन दिनों शीत लहर का प्रकोप भी कभी-कभी देखने को मिलता है। कहीं-कहीं पाला पड़ता है। आसमान पर धुन्ध के बादल छाये रहते हैं। यदा-कदा हिमपात के साथ ओले भी पड़ जाते हैं। कुछ भी हो, खाने-पीने का आनन्द इसी ऋतु में आता है। स्वास्थ्य के लिए यह ऋतु उपयुक्त है और इस मौसम में पाचन-तन्त्र भी स्वस्थ रहता है।

जलवायु के आधार पर भारत-भूमि का वर्गीकरण निम्न प्रकार से सात भागों में किया जा सकता है।

1. उत्तरी शीत प्रदेश

भारत के इस भू-भाग में उत्तरी क्षेत्र का ऊपर का भाग यानी उत्तर प्रदेश का पहाड़ी क्षेत्र, हिमालय की पर्वत श्रृंखलाओं वाला भू-भाग, जम्मू कश्मीर, बोह तथा लद्दाख का भू-भाग शामिल किया जाता है। इन भागों में तापमान 10० सेल्सियस तक रहता है। सर्दियों में यहां हिमपात होता है। गर्मियां यहां आनन्दायक होती हैं। सूर्य का प्रकाश सुखकर लगता है। यह क्षेत्र हिमालयीय क्षेत्र भी कहलाता है।

2. वर्षा वाले प्रदेश

इन प्रदेशों में आर्द्र जलवायु वाले प्रदेश आते हैं। जहाँ वर्षा अधिक होती है। यहाँ अधिकतम वर्षा 200 से. मी. तक होती है। और औसतन तापमान लगभग 27० सेल्सियस तक रहता है। पश्चिम की ओर के तटीय-प्रदेश, गंगा का डेल्टा तथा सुदूर पूर्व भारत के प्रदेश इस जलवायु के प्रमुख भाग हैं। यहां पर्यावरणीय-प्रदूषण बहुत कम रहता है। इलाका हरा-भरा रहता है।

3. उष्ण प्रदेश

इन प्रदेशों में जलवायु की दृष्टि से पश्चिमी घाट का भू-भाग, कर्नाटक, महाराष्ट्र का मध्य भाग एवं सौराष्ट्र का भू-भाग आता है। यहां वर्षा मध्यम स्तर की होती है- न कम, न ज्यादा। 50 से 105 से.मी. तक वर्षा के आंकड़े मापे जाते हैं। गर्मी अधिक पड़ती है। किन्तु गुजरात के दक्षिणी भाग में अन्य स्थानों की अपेक्षा वर्षा कुछ अधिक होती है।

4. अधिक वर्षा वाले अथवा उष्ण प्रदेश

भारत का मध्य पूर्वी क्षेत्र इस भू-भाग में आता है। इन क्षेत्रों में 200 से.मी.

तक वर्षा होती है। जलवायु की दृष्टि से ये क्षेत्र विषम जलवायु वाले होते हैं। यहां का अधिकतम तापमान लगभग 18° सेल्सियस रहता है। जनवरी से फरवरी तक को छोड़कर शेष दिनों में जलवायु उष्ण रहती है।

5. कम वर्षा वाले उष्ण प्रदेश

उत्तर पश्चिम भारत के अधिकांश प्रदेश इस जलवायु क्षेत्र में आते हैं। यहाँ वर्षा कम होती है तथा गर्मी पड़ती है। गर्मियों में यहाँ की जलवायु का तापमान 46° सेल्सियस तक चला जाता है। रात को जलवायु ठण्डी रहती है। किन्तु दिन में गर्मी अधिक पड़ती है। वर्षा अधिक से अधिक 75 से. मी. तक होती है।

6. विषम जलवायु प्रदेश

भारत के थार का मरुस्थलीय भाग इस प्रदेश में आता है। यहां की जलवायु सूखी तथा विषम होती है। गर्मियों में यहां का तापमान 50° सेल्सियस तक रहता है। धूल भरी जोर की आंधियां चलती हैं। रेत उड़ता रहता है। वर्षा अन्य सभी भागों से कम होती है। जलवायु शुष्क रहता है।

7. शीतकालीन वर्षा वाले प्रदेश

इन प्रदेशों में जलवायु गर्मियों में एकदम शुष्क तथा सर्दियों में आर्द्र होती है। वर्ष में अधिकांश तौर पर तापमान ऊंचा रहता है। किन्तु सर्दियों में यहां वर्षा हो जाती है। ये प्रदेश भारत के दक्षिण में तमिलनाडू के पूर्वी तटीय प्रदेश हैं। चेन्नई की जलवायु यहां के प्रदेशों की प्रतिनिधि जलवायु मानी जाती है। सर्दियों के मौसम में वर्षा होने के कारण थोड़ा तापमान नीचे आ जाता है।

वायुमण्डल का दबाव

पृथ्वी के चारों ओर पर्यावरण में फैला हुआ वायु का आवरण हमेशा पृथ्वी पर दबाव डालता है। प्रत्येक स्थान पर यह दबाव अलग-अलग होता है। यह दबाव पृथ्वी तल के निकट होने के कारण वायु में घनत्व, उसका भार तथा वायु दाब अधिक होता है। हमारे शरीर पर वायु का दबाव 112 कि. ग्राम होता है। मगर यह महसूस नहीं होता क्योंकि हमारा शरीर इसका आदी हो चुका है, स्थानीय तापमान, समुद्र तल से ऊंचाई, जलवाष्प तथा पृथ्वी के परिक्रमापथ, इत्यादि कारणों से यह वायु का दबाव प्रभावित होता रहता है। बैरोमीटर नामक यंत्र से यह वायुदाब मापा

जा सकता है। पृथ्वी पर सब स्थानों पर वायुदाब एक समान नहीं रहता क्योंकि इसके अनेक कारण होते हैं। वायुदाब में भिन्नता होने के कारण वायु की जो धाराएं बहती हैं, उनको पवन (Wind) कहा जाता है। समान्यतया ये पवनें तीन प्रकार की होती हैं।

पवनों के विभिन्न प्रकार

1. स्थाई पवन (Permanent Winds)

ये वे पवनें होती हैं, जो पृथ्वी पर स्थित उच्च वायुदाब कटिबंध से स्थाई निम्न वायुदाब कटिबन्ध की ओर लगातार चलती रहती हैं। ये पवनें तीन प्रकार की होती हैं।

(i) व्यापारिक पवनें (Trade Winds)–इन पवनों की दिशा पूरब से पश्चिम की ओर चलती रहती है। दोनों गोलार्द्ध (उत्तरी एवं दक्षिणी) 0 से 30° अक्षांशों के मध्य उपोष्ण उच्च वायुदाब कटिबंध से विषुवतीय निम्न वायु दाब कटिबंध की ओर चलती रहती हैं, भूमध्य रेखा के दोनों ओर 5° तक यहां पवनें नहीं चलतीं और यह क्षेत्र शान्त रहता है। अतः दोनों गोलार्द्धों में 0 से 5° तक के क्षेत्र को 'शान्त मण्डल' कहते हैं।

(ii) पिछुआ पवनें (Westerlies Winds)–ये पवनें उत्तरी तथा दक्षिणी गोलार्द्धों में 30° से 60° अक्षांशों के बीच में पश्चिम से पूरब की ओर चलती हैं। दक्षिणी गोलार्द्ध में कम अक्षांशों के बीच में स्थल का अभाव होने के कारण मार्ग में कोई अवरोधक न होने के कारण ये पवनें अधिक प्रचण्ड वेगवती हो जाती हैं।

(iii) ध्रुवीय पवनें (Polar Winds)–ध्रुवों पर चूंकि तापक्रम कम रहता है। इस लिए वर्ष भर अधिक भार का क्षेत्र बना रहता है। इसलिए वर्ष भर यहां ठण्डी प्रचण्ड हवाएं चलती रहती हैं। सर्दियों मे इनकी गति और तीव्र हो जाती है, किन्तु गर्मियों में भार पेटियां ऊपर खिसकने के कारण ध्रुवीय हवाओं का प्रभाव 70° अक्षांश से ऊपर ही रहता है।

2. अस्थाई पवनें (Temporary Winds)

ये हवाएं अक्सर मौसमी तथा समय के अनुसार चलने वाली पवनें होती हैं। वायु के तापमान तथा दबाव की विशेष परिस्थितियों में चलने के कारण इनको अस्थाई पवनें कहा जाता है। ऐसी हवाएं भी चार प्रकार की होती हैं–

(i) स्थलीय पवनें : रात्रि में वायु का दाब समुद्र में कम होने पर ये पवनें स्थल से समुद्र की ओर चलती हैं, अतः इन पवनों को स्थलीय पवन कहते हैं।

(ii) समुद्री पवनें : ये पवनें दिन में सूर्य की गर्मी बढ़ जाने के कारण समुद्र के जल में किरणें गहराई तक बैठ जाने के कारण स्थल पर निम्न वायु का दाब बन जाने से जो पवनें समुद्र से स्थल की ओर चलती हैं, उन्हें समुद्री पवनें कहते हैं।

(iii) चक्रवातीय पवनें : किन्हीं दशाओं में निम्न वायु का दाब क्षेत्र में चारों ओर से उच्च वायु दाब से फिर जाता है। तो हवाएं बाहरी क्षेत्र से केंद्र की ओर चक्रीय दिशा में तेजी से चलने लगती हैं। ऐसी पवनों को चक्रवातीय पवनें कहते हैं।

(iv) मानसूनी पवनें : ये हवाएं जो एक निश्चित मौसम में निश्चित दिशा की ओर चलती हैं, मानसूनी पवनें कहलाती हैं। ये जल तथा स्थल की असमानता के कारण उत्पन्न हुआ करती हैं।

3. स्थानीय पवनें (Local Winds)

जो पवनें स्थानीय ताप एवं वायु दाब होने के कारण उत्पन्न होती हैं, स्थानीय पवनें कहलाती हैं। इनका चलने का समय छोआ एवं सीमित भी होता है। स्थानीय पवनें सामान्यतया निम्न प्रकार की होती हैं–

(i) **सिमूम :** अफ्रीका के सहारा नामक रेगिस्तान में चलने वाली रेतीली आंधी को सीसूम पवन कहते हैं।

(ii) **सिरक्को पवनें :** ये पवनें इटली में बहती हैं तथा गर्म एवं शुष्क होती हैं।

(iii) **फॉन :** आल्पस पर्वत के ऊपरद से चलने वाली हवाओं को फॉन कहते हैं। ये पवनें गर्म और शुष्क होती हैं।

(iv) **चिनूक :** राकी पर्वत के पूरब से चलने वाली बेहद शुष्क एवं गर्म हवाओं को चिनूक कहते हैं।

(v) **सोलानो :** यह हवा स्पेन में चलती है, जो ठण्डी एवं शुष्क होती है।

(vi) **वर्ग विण्ड :** दक्षिणी अफ्रीका में बहने वाली गर्म तथा शुष्क हवाओं को वर्ग विण्ड कहा जाता है।

अतः हम देखते हैं कि जीवित रहने के लिए वायुमण्डल और वायु का होना नितान्त आवश्यक है। वायु का होना एकदम आवश्यक है। वायु के बिना मनुष्य

ही क्या प्रकृति का कोई भी प्राणी जीवित नहीं रह सकता। अभी तक हमने वायुमण्डल और हमारे पर्यावरण की संरचना के बारे में अध्ययन किया है और समझा है कि पृथ्वी के लगभग 10 कि.मी. ऊपर तथा 10 कि.मी. अन्दर बीच तक स्थित क्षेत्र जीवमयता कहलाता है। इसी क्षेत्र में सर्वाधिक वायु अर्थात गैसें होती हैं। सारे जीव-जन्तु इसी क्षेत्र में प्रभावित हो रही वायु को श्वास क्रिया द्वारा ग्रहण करके जीवित रहते हैं। सागर भी इसी क्षेत्र में आता है। संसार के 90% जीव-जन्तु तो इस क्षेत्र के 1.5 मी. पृथ्वी के ऊपर तथा 15 कि.मी. पृथ्वी के नीचे रहते हैं। पृथ्वी के इसी कटिबन्ध में अधिकतर गैसें, ऑक्सीजन, हाइड्रोजन, कार्बनडाई आक्साइड, नाइट्रोजन इत्यादि का संतुलन चक्र स्वतंत्र रूप से गतिमान होता रहता है। श्वसन क्रिया के दौरान हम वायुमण्डल से आक्सीजन गैस ग्रहण करते रहते हैं। और कार्बनडाई आक्साइड छोड़ते रहते हैं। पेड़-पौधे कार्बनडाई आक्साइड गैस ग्रहण करते रहते हैं। और ऑक्सीजन छोड़ते रहते हैं। प्रकृति की यह व्यवस्था गैसों का संतुलन बनाये रखती है। और इस प्रकार वायुमण्डल में जीवन चलता रहता है।

किन्तु इसी वायुमण्डल में जाने-अनजाने में ऐसे पदार्थों का जलना होता रहता है, जिससे प्रदूषण फैलता है। ये वायु मण्डल को हानिकारक तथा अरुचिकर बना देते हैं। यही प्रदूषण का कारण भी बनते हैं। इन प्रदूषणों के कारण कई बार भोपाल गैस काण्ड जैसे भंयकर काण्ड भी हो जाते हैं।

इन प्रदूषणों से कितनी दुर्घटनाएं हो सकती हैं। इन सब बातों का अध्ययन हम अगले अध्यायों में करेंगे। परन्तु यह समझ लेना अत्यन्त आवश्यक है कि वायुमण्डल ही जीवन-प्रदायक है। और इसे स्वस्थ देखना हम प्रत्येक प्राणी का कर्त्तव्य भी है।

जल तथास्थल मण्डल

हर एक जीवित प्राणी की कोशिकाओं में 90% से अधिक जल की मात्रा मौजूद होती है और स्थल मण्डल पृथ्वी का वह भाग होता है जिसमें जीवन होता है। इसमें मृदा तथा शैल होते हैं। मृदा पृथ्वी की ऊपरी मुलायम मिट्टी को कहते हैं। और अपक्षय के कारण शैल के कण टूट-टूटकर बिखरने से स्थलमण्डल का निर्माण होता है। अब हम बारी-बारी से जल मण्डल एवं स्थल मण्डल के बारे में जानकारी हासिल करेंगे।

1. जल मण्डल (Hydrosphere)

जल जीवन तथा फसलों इत्यादि के लिए बहुत ही आवश्यक है तथा यह जल ही उद्योग एवं विभिन्न रसायनों इत्यादि के लिए भी उपयोगी होता है। हमारी सभी शरीरिक क्रियाओं के लिए जल की आवश्यकता होती है। क्योंकि जल तत्त्व के कारण ही कोशिकाओं में लचीलापन आता है। पृथ्वी के तीन चौथाई भाग में जल है।

पृथ्वी में जल कई रूपों में उपलब्ध होता है। इसका सामान्य रूप तो द्रव ही है। किन्तु यह वायुमण्डल में वाष्प के रूप में ध्रुवों में बर्फ के रूप में तथा कई दशाओं में ओला-पाला कोहरा तथा ओस के रूप में भी मिलता है। कहने का तात्पर्य है कि जल ठोस द्रव तथा गैसा तीनों रूपों मे पाया जाता है।

पृथ्वी के तापमान को जल ही नियन्त्रित किये हुए है, ताकि पृथ्वी पर जीवन बना रहे। दक्षिणी गोलार्द्ध में जल की मात्रा 81% तथा स्थल 19% है तथा उत्तरी गोलार्द्ध में 54% जल तथा 46% स्थल भाग है।

पृथ्वी पहले आग का गोला थी, धीरे-धीरे ठण्डी होती गई। जल की बहुतायत के कारण पहली बार पृथ्वी पर जीवन जल में सम्भव हो पाया है। बाद में धीरे-धीरे विकास होने पर अन्यत्र जीवन सम्भव हुआ था। आज भी मानव शरीर में 65% भारत जल का ही होता है।

जल से सभ्यता तथा संस्कृति का उदय हुआ। नदियों के किनारे ही लोगों ने आवास बनाकर रहना शुरू किया और वहीं पर सभ्यताएं विकसित हुईं। जल की कमी होने के कारण नल, कुएं, बावड़ी इत्यादि का निर्माण हुआ।

वैज्ञानिक दृष्टिकोण से जल मण्डल का अध्ययन निम्न प्रकार से पांच भागों में बांटकर किया जा सकता है।

(i) महासागरों का जल : पृथ्वी के सम्पूर्ण जल का लगभग 71% जल महासागरों में उपलब्ध होता है। दुनिया में सात बड़े महासागर हैं। इनका जल नमकीन होता है किन्तु इस जल में लवण की मात्रा लगभग 35% होती है। महासागरों की तली स्थल की तरह ही ऊंची और नीची होती है। सूर्य की गर्मी से महासागरीय जल निरन्तर वाष्पीकरण द्वारा उड़ता रहता है।

समुद्रतट के समीपवर्ती उथले तल को महाद्वीपीय निमग्न तट कहते हैं। इसकी सीमा तट से लगभग 200 मीटर की गहराई तक होती है। इसमें भारी मात्रा में पेट्रोलियम निकाला जाता है। मछली का आखेट तथा मछली पालन इसी तट

सीमा पर ही सम्भव होता है। महासागरों के अन्दर मैदान भी होते हैं। इनकी गहराई करीब 3500 से 6000 मी. तक होती है। महासागरों की गहराई में नितल पर खाइयां तथा गर्त भी पाये जाते हैं।

महासागरों का जल कभी शान्त नहीं रहता, उसमें हमेशा गति बनी रहती है। जल की यह गति गुरुत्वाकर्षण शक्ति, तापमान तथा पवनों इत्यादि कारकों से प्रभावित होती रहती हैं। चन्द्रमा की गुरुत्वाकर्षण शक्ति के कारण समुद्र के जल में ज्वारभाटा भी आता रहता है। पानी का ऊपर उठना ज्वार कहलाता है और नीचे गिरना भाटा कहलाता है ज्वारभाटे से तटों की स्वतः सफाई होती रहती है और इससे जल विद्युत भी पैदा की जा सकती है। किन्तु इससे जहाजों के नष्ट होने का खतरा भी बना रहता है।

(ii) अन्तर्द्वीपीय जल : एक क्षेत्र विशेष में वर्षा होने के कारण जल विभिन्न रूपों तथा विभिन्न जगहों पर पाया जाता है। नदी-नालों में वर्षा के समय बहता हुआ पानी पाया जाता है। कुओं तथा तालाबों में वर्षा से मिला हुआ संचित पानी रहता है। बर्फ के रूप में पानी मोटी-मोटी चादरों के रूप में पाया जाता है। झीलों तथा जलाशयों में भी पानी संचित रहता है। इस प्रकार का जल अन्तर्द्वीपीय जल कहलाता है।

(iii) वायुमण्डलीय जल : सौर विकिरण क्रिया द्वारा समुद्रों, झीलों तथा जलाशयों का जल वाष्प बनकर ऊपर उड़ता रहता है और वायुमण्डल में बादलों के रूप में एकत्र हो जाता है। इसे ही वायुमण्डलीय जल कहते हैं। वाष्पीकरण की यह क्रिया निरन्तर रूप से चलती रहती है, किन्तु इस तरीके से एक निश्चित सीमा तक ही जल वाष्प वायुमण्डल में स्थित रह सकते हैं। वायुमण्डल में जल वाष्प को उसकी आर्द्रता से मापा जा सकता है।

छोटे-छोटे जलवाष्प मिलकर जब बर्फ में बदल जाते हैं तो इस क्रिया को 'संघनन' (Condensation) कहते हैं। यह क्रिया तभी सम्भव हो पाती है, जब वायु का तापमान ओसांक से नीचे गिर जाता है। ओसांक की स्थिति वह होती है। जब 10° से. पर 1 घन मी. गैस में 11 जलवाष्प समाकर जिस तापमान पर वायु संतृप्त होती है।

संघनित जलवाष्प जब धूल और धुएं की एक ठोस परत के साथ वायुमण्डल में तैरने लगते हैं तो ये बादलों का रूप धारण कर लेते हैं। वायुमण्डल में जब तापमान ओसांक बिन्दु से ठण्डा हो जाता है। तभी जलवाष्प बूंदों के रूप में वर्षा का रूप धारण करके पृथ्वी पर बरसने लगते हैं। वर्षा अलग-अलग स्थानों पर

अलग-अलग मात्रा में होती है।

वर्षा देश में तथा विश्व में सबसे अधिक 'चेरापूंजी' के एक गांव 'मौसिमराम' (Mausimram) में होती है। इसके बाद सर्वाधिक वर्षा हिमाचल की कांगड़ा घाटी में होती है। विश्व में सबसे कम वर्षा भारत के 'लेह' नामक स्थान पर होती है।

(iv) जैव मण्डलीय जल : मनुष्य तथा अन्य जीवधारियों में जल की मात्रा 90% होती है तथा वे मल-मूत्र द्वारा अपने शरीर में संचित अधिक जल को छोड़ते रहते हैं। इसी प्रकार पेड़-पौधे भी आवश्यकता से अधिक जल को अपने पत्तियों के छिद्रों द्वारा बाहर निकालते रहते हैं। इस क्रिया को 'वाष्पोसर्जन' (Transpiration) कहते हैं। जीव-जन्तु अपने दैनिक जीवन में जल को पेय जल के रूप में ग्रहण करते हैं। अतः यह कहना सर्वथा उचित है कि 'जल ही जीवन है।' इस प्रकार जैव मण्डल में भी जल विद्यमान रहता है।

(v) भूमिगत जल : पृथ्वी की सतह पर गिरा हुआ कुछ जल तो वाष्पीकरण द्वारा भाप बनकर ऊपर उड़ जाता है तथा अधिक जल पृथ्वी के नीचे पृथ्वी द्वारा सोख लिया जाता है। यह जल पृथ्वी के सतह की नीचे परतों में संचित रहता है। जिसे हम कुओं, हैण्ड पंपों, नलकूपों द्वारा प्राप्त करते रहते हैं, पृथ्वी की सतह में यह जल नदी, झीलों तथा तालाबों और बांधों से नीचे शोषित होता रहता है।

भूमिगत जल पृथ्वी की सतह से निम्न प्राकृतिक साधनों द्वारा ऊपर प्राप्त होता है—

(i) सोते या चश्में द्वारा : (Spring) चट्टानों की दरारों, पर्वत के शिलाखण्डों की ढालों तथा छिद्रों के कारण कई बार भूमिगत जल बाहर आ जाता है। यह मीठा जल नमकीन जल अम्ल तथा क्षारीय जल तथा कभी-कभी गर्म सल्फर युक्त भी होता है। गुड़गांव से थोड़ी दूर सोहना नामक स्थान पर सल्फर युक्त गर्म पानी के सोते हैं।

(ii) आर्टीजन कुआं (Artesion Well) : कभी-कभी भूमिगत जल बड़े वेग से बाहर से निकल पड़ता है। इसे आर्टीजन कुआं बोलते हैं। क्वींसलैण्ड में संसार का सबसे बड़ा आर्टीजन कुआं है। भारत में उत्तर प्रदेश के कुछ हिस्से में भी इस प्रकार के आर्टीजन कुएं पाये जाते हैं।

(iii) गीजर : अर्थात् गर्म पानी का एक सोता तेजी से कई बार जमीन पर आ जाता है, जिससे भूमिगत जल पृथ्वी की ऊपरी सतह पर निकलने लगता है।

पृथ्वी का जल सूर्य की गर्मी से वाष्प बनकर हवा में उड़ जाता है। शेष बचा हुआ जमीन में शोषित होकर नीचे चला जाता है। ऊपर गया हुआ पानी वर्षा द्वारा या वाष्प, बूंदें, हिमपात तथा ओस इत्यादि के रूप में पुनः पृथ्वी पर आ जाता है। भूमिगत जल कुओं, जलसोतों अथवा चश्मों द्वारा पृथ्वी की सतह पर आ जाता है और पुनः वाष्पीकरण और शोषा क्रिया द्वारा वायुमण्डल में या पृथ्वी की सतह से नीचे चला जाता है। पानी का स्वतन्त्र चक्र निरन्तर चलता रहता है।

बादल भी कई प्रकार के होते हैं। अधिक ऊंचाई वाले मध्यम ऊंचाई वाले अथवा कम ऊंचाई वाले बादल होते हैं। अतः हमारे पर्यावरण का यह जल मण्डल इसी प्रकार निरन्तर गतिशील रहता है।

2. स्थल मण्डल (Lithosphere)

4पृथ्वी की ऊपरी 'थिथली' परतों को स्थल मण्डल कहते हैं। इसमें मृदा तथा शैल होते हैं। पृथ्वी के ऊपर मण्डल की औसत मोटाई करीब 60 कि.मी. है। एक प्रसिद्ध भू-वैज्ञानिक एलीपार्क एवं पार्क ने 1967 में मृदा के विषय में कहा है कि यह भूमि की ऊपरी 'थिथली' परतें हैं, जो हजारों वर्षों से चट्टानों के टूटने से बनती हैं तथा जीवों और कार्बनिक यौगिकों से सम्बन्धित होती हैं। प्रारम्भ काल में पृथ्वी एक आग का गोला थी, जो समय बीतने पर करोड़ों वर्षों बाद ठण्डी होकर ठोस रूप में परिवर्तित होती गई और फलस्वरूप इसके ऊपर का भाग ठण्डा होकर जम गया। इसी को स्थल मण्डल अथवा भू-पर्पटी कहते हैं। इसमें सियोल तथा सल्युमीनियम की मात्रा सर्वाधिक होती है, इसलिए इसका एक नाम 'सियोल' भी है। इस सियोल के नीचे भी एक 'मेंटल' नाम की परत होती है। इसकी मोटाई लगभग 2900 कि.मी. आंकी गई है। लौह तथा निकल धातु की यहां बहुत मात्रा पाई जाती है। इसी लौह धातु की अधिकता की वजह से हमारी पृथ्वी में चुम्बकीय शक्ति निहित होती है।

पृथ्वी का यह स्थल मण्डल एक समान न होकर ऊंचा-नीचा होता है। धरातन के ऊपरी भाग को मिट्टी कहते हैं। इस मिट्टी में चट्टानों के टूटने से टूटे-फूटे बारीक कणों तथा जीवधारियों के सड़े-गले विकसित शरीर तत्त्व भी शामिल होते हैं।

अपक्षय के कारण चट्टानों के कण धीरे-धीरे टूटकर बिखरते रहते हैं तथा इनके ऊपर अनेक कार्बनिक पदार्थ सड़ते-गलते रहते हैं। सूर्य के तापमान, वर्षा एवं धूप के कारण इनमें धीरे-धीरे यौगिक, रासायनिक एवं जैविक परिवर्तन होते

रहते हैं। और इसी प्रकार 'मृदा' का निर्माण होता रहता है।

'मृदा' के निर्माण के लिए जलवायु, सूर्य का तापमान, शैलों के प्रकार, प्रकृति तथा अन्य जीव-जन्तुओं के विगलित सड़े-गले शव आवश्यक तत्त्व होते हैं।

'मृदा' की संरचना में निम्न चार घटक बड़े महत्त्वपूर्ण होते हैं–

(i) जैविक घटक, (ii) अजैविक घटक, (iii) मृदा घोल, (iv) मृदा का वायुमण्डल। उपर्युक्त घटकों का प्रतिशत मृदा में निम्न रूप में दिखाया जा सकता है।

क्र. सं.	घटक	प्रतिशत
1.	जैविक घटक	5 से 12%
2.	अजैविक घटक	39 से 47%
3.	मृदा घोल	15 से 35%
4.	मृदा का वायुमण्डल	15 से 35%

1. जैविक घटक

मृदा के अन्दर उन जीव-जन्तुओं के मृत शरीर तत्त्व होते हैं जो बिल खोदकर पृथ्वी के अन्दर अपना रहने का स्थान बनाते हैं, जैसे–सांप, छछूंदर, कीड़े-मकोड़े, केचुए, दीमक, चींटे, व अन्य सूक्ष्म जीव-जन्तु। और मृदा वनस्पतियों में फफूंदी, शैवाल, बैक्टेरिया इत्यादि आते हैं। सड़े-गले पेड़-पौधे उत्सर्जित पदार्थ तथा जीव-जन्तुओं के खोल इत्यादि ऐसे ही जैविक घटक होते हैं, जो मृदा के घटक बनते हैं।

2. अजैविक घटक

इन घटकों में मुख्य रूप से अकार्बनिक पदार्थ होते हैं। जैसे पोटाश, फेलस्पार, मास्कोवाइट, आजाइट, बायोटाइट इत्यादि। ये खनिज पदार्थ अपने आधार शैल से अलग होकर मुक्त होते हैं और ये तमाम अजैविक घटकों की श्रेणी में आते हैं।

3. मृदा घोल

मिट्टी के कणों में मृदा घोल अन्तःसंचरण(Infiltration) विधि के द्वारा संचरित होते हैं। क्योंकि मृदा में जल की उपस्थिति भी आवश्यक होती है। जिसे मिट्टी के कण अवशोषित करते रहते हैं।

4. मृदा का वायुमण्डल

मिट्टी के अन्दर जीवन होने के लिए उसमें आक्सीजन, कार्बनडाई आक्साइड, मीथेन, नाइट्रोजन, सल्फर डाई आक्साइड आदि गैसों का होना नितान्त आवश्यक है। क्योंकि सूक्ष्म जीव एवं वनस्पतियां मिट्टी के अन्दर से फैली गैसों से ही अपना जीवन सम्भव बनाती हैं। अतः यह मृदा का अपना वायुमण्डल कहलाता है, जो मृदा के निर्माण के लिए भी जरूरी होता है।

5. 'शैल' अथवा 'चट्टान'

यह पृथ्वी के स्थल मण्डल के निर्माण में दूसरा महत्त्वपूर्ण घटक है। ये पृथ्वी की ऊपरी सतह का निर्माण करते हैं। ये शैल यानी चट्टानें यूं तो कई प्रकार की होती है, किन्तु वैज्ञानिक अध्ययन की दृष्टि से इनको निम्न तीन वर्गों में बांटकर किया जा सकता है–

(i) आग्नेय चट्टान (Igneous) : ये वे चट्टानें होती हैं, जो आग (ताप) के कारण पिघले हुए पदार्थों के ठण्डा हो जाने के कारण बनी होती हैं। इसमें जीवाश्म नहीं होते, किन्तु अनेक धातुएं जैसे सोना, चांदी, हीरा, लोहा, निकिल आदि चट्टानों में पाये जाते हैं। ग्रेनाइट पत्थर, बेसाल्ट, डोलेराइट, सिल इत्यादि इन्हीं चट्टानों के विविध रूप होते हैं।

(ii) अवसादी अथवा परतदार चट्टान : इन चट्टानों का निर्माण विभिन्न प्रकार के कणों का एक ही स्थान पर जमने के कारण हुआ होता है। धीरे-धीरे कण एक-दूसरे के ऊपर जमते जाते हैं और कालान्तर में ठोस चट्टानों का रूप ले लेते हैं। समुद्र के अन्दर जीव-जन्तुओं के मरकर दबने तथा वनस्पतियों इत्यादि के दबने के कारण भी इन चट्टानों का निर्माण होता है। ये चट्टानें कई परतों में पाई जाती हैं। चूना, पत्थर, खड़िया, स्लेट, बलुआ पत्थर, नमक, कोयले के सभी रूप लिग्नाईट इत्यादि सभी अवसादी चट्टानें हैं। ये चट्टानें यौगिक क्रिया रासायनिक क्रिया तथा जैविक क्रिया द्वारा निर्मित होती हैं।

(iii) रूपांतरित चट्टानें : आग्नेय तथा अवसादी चट्टानों में आवश्यक परिवर्तन आ जाने के कारण निम्न चट्टानों के रूप में परिवर्तन आ जाता है, जिससे रूपान्तरित चट्टानों के रूप में आ जाती हैं। किन्तु चट्टानों के टूटने-फूटने के कारण आये परिवर्तन को रूपान्तरित चट्टानें नहीं कहते।

मैदान (Plains)—इन चट्टानों के अतिरिक्त स्थल मण्डल में कुछ मैदान भी आते हैं। क्योंकि भूमि कहीं भी समतल नहीं है। इसमें ऊंचे-नीचे, ऊबड़-खाबड़

भूमि-स्थल और मैदान की रचना विभिन्न प्रकार की होती है। कुछ मैदान घर्षित मैदान होते हैं। इनका निर्माण उच्च स्थलीय क्षेत्रों में होता है। पर्वतीय क्षेत्रों में पाये जाने वाले मैदानों को पियामा मैदान कहते हैं। कुछ बाढ़ से बने मैदान होते हैं। पवनों या बालू रेत से बने मैदान लोयस मैदान कहलाते हैं।

पठार (Plateau)—स्थल मण्डल में पठार भी होते हैं। यह स्थान वे होते हैं जो पृथ्वी से लगभग 110 मी. तक ऊंचे होते हैं। इनके किनारे खड़े और ढाल वाले होते हैं। ये चौरस होते हैं तथा सामान्यतया चोटियों से रहित होते हैं। पठार हमारे पर्यावरण का एक ऐसा हिस्सा है, जो इसे प्रभावित तो करता है, किन्तु स्थल मण्डल को एक अलग आकृति भी देता है। रचना के आधार पर ये पठार अनेक प्रकार के होते हैं जैसे टेक्टानिक पठार, लावा पठार, पियामा पठार, अन्तरपर्वतीय पठार, नदीकृत पठार, हिमानीकृत पठार, पवन निर्मित पठार।

पर्वत (Mountains)—स्थल मण्डल के वे भू-भाग जो लगभग 500 मीटर तक ऊंचाई वाले हैं। इनके किनारे खड़े ढाल वाले तथा इनका ऊपरी भाग चोटियों से युक्त होता है। ये भूमि के अन्दर से लावा निकलवाने, चट्टानों के ऊपर की ओर बढ़ने तथा एक लम्बी प्रक्रिसर के तहत मलवा संपीडन की शक्तियों से उत्थित होकर चट्टानों के ऊपर की मोड़ लेने पर पर्वतों का निर्माण करते हैं। पर्वत भी कई प्रकार के होते हैं। जैसे चलित या मोड़दार पर्वत, हिमालय की भू-आकृति वाले पर्वत, लघु या निम्न हिमालय इत्यादि पर्वतों के अलग-अलग रूप होते हैं। कुछ पर्वतों का निर्माण भारी ज्वालामुखी के कारण हुआ होता है। संसार का सबसे पुराना पर्वत अरावली है जो भारत में है।

अतः हमारा यह स्थल मण्डल इस प्रकार पर्यावरण का एक विस्तृत मण्डल है। स्थल मण्डल में मानव, पेड़-पौधे तथा जीव-जन्तुओं का निवास होता है। इसलिए स्थल मण्डल पर्यावरण का महत्त्वपूर्ण हिस्सा है। इससे असन्तुलन में उत्पन्न होने पर पर्यावरण प्रदूषित होकर प्रदूषण संकट को जन्म देता है।

मानव का पर्यावरण असीम व विस्तृत है। मानव-जीवन पर ब्रह्मंड का प्रभाव भी पर्यावरणीय प्रक्रियाओं का ही एक अंग होता है।

जैव मण्डल

हमारी पृथ्वी पर अनेक प्रकार के जीवधारी, पेड़-पौधे तथा वनस्पतियां एवं पशु इत्यादि पाये जाते हैं। ये सभी जीवधारी पृथ्वी, जल, वायु इत्यादि सर्वत्र स्थानों पर फैले हुए हैं। अतः स्थल, जल एवं वायु के जिस भाग में जीव-जन्तु, मानव तथा

पेड़-पौधे रहते हैं, वह मण्डल ही जैव मण्डल (Biosphere) कहलाता है। जल में यह मण्डल करीब 8 किलोमीटर की गहराई तक सम्भव है। तथा वायु में 6 कि. मी. की ऊंचाई तक ही जीवन का अस्तित्व मौजूद है। अतः जैव मण्डल की सीमा भी यही होती है।

जैव मण्डलीय संगठन

जीव-जन्तु तथा पेड़-पौधे सभी जीवधारियों में आते हैं। इनमें से कुछ जीव एक कोशिकीय तथा कुछ बहु कोशिकीय जीव होते हैं। इनकी संरचना विकसित होती है। इन जीवधारियों का जीवन भी अकार्बनिक व निर्जीव पदार्थों के अस्तित्व पर भी निर्भर करता है। बिना वनस्पतियों के जीवधारियों का कोई अस्तित्व संभव नहीं रह सकता। ठीक इसी प्रकार पेड़-पौधे को भी जीव-जन्तुओं पर निर्भर रहना पड़ता है। जीवधारियों की यही आपसी तालमेल, निर्भरता ही जैव मण्डलीय संगठल कहलाते हैं। इस संगठन की अनेक इकाइयां होती हैं जो सामान्यतया तीन प्रकार की होती हैं। (i) जातियां, (ii) समष्टि, (iii) समुदाय

जीवधारी स्थल, जल तथा वायु से बने निर्जीव वातावरण से अपनी दैनिक आवश्यकताओं की पूर्ति करता है। इसलिए जैविक समुदाय तथा अजैविक वातावरण के बीच एक-दूसरे के प्रति आपसी सम्बंध विकसित हो जाता है जो परिस्थितिकी तन्त्र कहलाता है।

पारिस्थितिकी तन्त्र

क्योंकि सम्पूर्ण पृथ्वी मण्डल एक बड़ा जैवमण्डल है, इसलिए इस जैवमण्डल में जीवित व निर्जीव घटक मिलकर विभिन्न क्रियाओं तथा प्रतिक्रियाओं के द्वारा एक अजीब किस्म के प्राकृतिक तंत्र का निर्माण करते हैं, जिसे पारिस्थितिकी तंत्र (Ecosystem) कहते हैं।

प्रकृति एवं संगठन के कारण इस पारिस्थितिकी तंत्र को निम्न रूप से वर्गीकृत किया जा सकता है।

1. प्राकृतिक पारितंत्र

इसमें प्राकृतिक स्थलीय पारितंत्र जैसे वन, मरुस्थल, घास के मैदान, झील, नदी, सागर तथा सागर का पानी होते हैं, जहां जीवधारी और निर्जीव आपस मे मिलकर कोई सम्बंध स्थापित करते हैं, जिसे प्राकृतिक पारितंत्र कहते हैं।

2. कृत्रिम पारितंत्र

कुछ कृत्रिम क्रियाओं द्वारा भी जीवधारी और निर्जीव पदार्थ आपस में तालमेल करते हैं जैसे कृषि, भूमि तथा खेत आदि।

मुख्य विषय यह है कि यह पारितंत्र की संरचना किन घटकों से मिलकर बनती है। ये मुख्यतया दो प्रकार के घटक होते हैं–

(i) जैविक घटक (Biotic Components)

(ii) अजैविक घटक (Abiotic Components)

(i) जैविक घटक : कुछ प्रकार के जीवधारी जीवाणु तथा पुराने पेड़-पौधे मरते रहते हैं तथा उनके शरीर, कवक तथा खोल इत्यादि सड़-गलकर पृथ्वी पर इकट्ठे होते रहते हैं। अतः इनका अम्बार न लग जाए इसलिए कुछ जीवाश्म मिलकर इनको नष्ट कर डालते हैं अतः ऐसे घटक जैविक घटक होते हैं, जो संतुलन बनाये रखते हैं।

(ii) अजैविक घटक : अजैविक घटकों में कुछ अकार्बनिक तत्त्व, गैसें, खाद, खनिज तत्त्व इत्यादि होते हैं तथा ये उत्पादन की श्रृंखला में कारक होते हैं जिनसे जीवधारी सांस लेते हैं, भोजन प्राप्त करते रहते हैं तथा अपना जीवन सम्भव बनाते हैं अतः इस प्रकार अजैविक रूप से कुछ घटक इस पारितंत्र को बनाने में कारक होते हैं।

प्रकृति का पूरा तंत्र संतुलित रूप से चलता रहे, इसलिए जैविक तथा अजैविक दोनों प्रकार के घटक प्रयत्नशील रहते हैं। इस संतुलन को निम्न प्रकार से दर्शाया जा सकता है–

पारिस्थितिकी संतुलन

जैविक तथा अजैविक दोनों ही प्रकार के घटक किसी पारिरिथतिकी तंत्र को सन्तुलित बनाये रखते हैं। प्रकृति के इस मण्डल में जैविक घटक उत्पादक और उपभोक्ता दोनों ही हैं अतः ये घटक आपस में एक-दूसरे से सभी प्रकार सम्बन्ध बनाये रखते हैं। यदि इन्हें अलग करने का प्रयास भी किया जाता है तो पूरा का पूरा तंत्र नष्ट हो जाता है। यदि अनावश्यक रूप से जनसंख्या बढ़ती है, तो हरे-भरे पौधे-पेड़ तथा वन सभी नष्ट होने लगते हैं। इसका बुरा प्रभाव पूरे तंत्र पर पड़ता है। अतः इस प्रकार के असंतुलन को रोकना पड़ता है।

पृथ्वी पर सभी जीवों का अस्तित्व होता है और यह अस्तित्व आपस में एक-दूसरे पर निर्भर रहता है। यदि एक भी कड़ी कहीं से टूटती है तो पर्यावरण

पर इसका प्रदूषण दबाव बढ़ने लगता है विनाश लीला प्रारम्भ हो जाती है।

अतः प्रकृति में जो भी पेड़-पौधे, जीव-जन्तु तथा जीवधारी रहते हैं, उनको विलुप्त होने से बचाना प्रत्येक मानव का कर्त्तव्य है और पृथ्वी रूपी इकोतंत्र में सन्तुलन बनाये रखने के लिए वनों, वनस्पतियों तथा जीव-जन्तुओं का संरक्षण और उनकी वृद्धि आवश्यक है, तभी मानव का अस्तित्व भविष्य में सुरक्षित रह सकता है।

3. जल प्रदूषण : समाधान

जल जीवन है। जल ही जीवन है। दोनों ही बातें तथ्यात्मक एवं शाश्वत सत्य हैं। जल एक असमाप्य प्राकृतिक संसाधन है। किन्तु उचित देखभाल, सफाई में कोताही तथा शैवाल अथवा काई की वजह से जल प्रदूषित हो जाता है तो इस प्रदूषण का तुरन्त समाधान करना हमारी जिम्मेदारी बन जाती है। जल का उपयोग हम अपने दैनिक जीवन में लगभग 80% विभिन्न क्रिया-कलापों में करते हैं।

जल प्रदूषण के कारण भी अनेक होते हैं, जैसे घरेलू कचरा, सीवेज सिस्टम तथा जैव प्रदूषण इत्यादि। अब जलीय प्रदूषण को विश्लेषित करके इसका प्रदूषण किस प्रकार दूर किया जाना चाहिए— इसी बात का उल्लेख करना यहां अनिवार्य है। सर्वप्रथम जलीय प्रदूषण की मात्रा को मापकर उसे विश्लेषित करके देखना चाहिए। तत्पश्चात् प्रदूषण निवारण के समस्त उपाय किये जाने चाहिए।

क्योंकि जल प्रदूषण हमेशा जल के भौतिक रासायनिक अथवा जैविक गुणों में अवांछित परिवर्तनों के आ जाने के कारण होता है। अतः भौतिक गुणों में परिवर्तन आ जाने पर पानी पीने योग्य नहीं रह जाता। अतः यह प्रदूषण पानी को देखकर, सूंघकर अथवा पीकर देख-परख लेना चाहिए। रासायनिक गुणों में पानी के साथ अन्य कार्बनिक तथा अकार्बनिक पदार्थों के घुल जाने के कारण जल पीने योगय नहीं रहा जाता है। इसलिए इसे दूर करने हेतु कुछेक रासायनिक परिवर्तन करके प्रदूषण दूर किया जाता है। तीसरे नम्बर का जैविक प्रदूषण भी जल में जैविक गुणों को शुद्ध करके दूर किया जा सकता है।

प्रदूषित जल का उपचार भी निम्न तीन विधियों द्वारा किया जाता है।

1. भौतिक विधियों द्वारा
2. रासायनिक विधियों द्वारा
3. जैविक विधियों द्वारा

1. भौतिक विधियों द्वारा जल उपचार

इस विधि में प्रदूषित जल को शुद्ध करने का कार्य निम्न तरीकों से किया जाता है:–

(i) पूर्व उपचार विधि द्वारा : इस विधि में पानी को एक जगह स्टोर करके उसको लोहे की अलग-अलग छिद्रों वाली कई जालियों के मध्य से गुजारा जाता है, जिसमें पानी का समस्त कूड़ा-कर्कट मोटै तौर पर इन जालियों में अटककर पानी से अलग हो जाता है। और पानी शुद्ध होकर दूसरे स्थाना पर स्टोर हो जाता है। मुख्य रूप से धातुओं के बड़े-छोटे टुकड़े, लोहा-लंगड़, लकड़ी-बुरादा, पत्थर-कंकर, बालू इत्यादि कचरा जल से अलग हो जाता है और उपचारित जल कुछ शुद्ध हो जाता है। हालांकि पानी को प्रथम अवस्था में इस विधि द्वारा उपचारित तो कर लिया जाता है, किन्तु फिर भी पानी पूरी तरह शुद्ध और पीने योग्य नहीं हो पाता।

(ii) अवसादन विधि द्वारा : पूर्व उपचार विधि से शुद्ध किये जल को पुनः गुरुत्वाकर्षण शक्ति के माध्यम से बड़े-बड़े टैंकों में भरे जल में से ठोस कणों को अलग कर लिया जाता है। कारण यह है कि ठोस कण स्वतः ही टैंक की तली में बैठ जाते हैं। गाद और स्लज नीचे जम जाती है, जिसे वैकुअम पम्पों के द्वारा टैंकों की सतह में से निकाल लिया जाता है। इस विधि को जल शुद्धता की अवसादन विधि कहा जाता है।

(iii) प्लावन विधि द्वारा : बहुत से ठोस पदार्थों का घनत्व पानी के घनत्व से कम अथवा बराबर होने के कारण या तो वे ठोस पानी की सतह से नीचे डूबे रहते हैं अथवा पानी की सतह के ऊपर तैरते रहते हैं, किन्तु पेंदी में नीचे अवसादित नहीं हो सकते।इस स्थिति में पानी में हवा पास करके तैरने वाली वस्तु को अलग कर लिया जाता है। ग्रीस, लकड़ी, मूर्ति, रबड़, प्लास्टिक इत्यादि जल में होने पर इसी विधि द्वारा जल को उपचारित किया जाना चाहिए।

2. रासायनिक विधियों द्वारा

इस विधि में प्रदूषित पानी में जमा अकार्बनिक खनिजों, नाइट्रेट अथवा फोस्फेट यौगिक का रासायनिक उपचार करके पानी को शुद्ध कर लिया जाता है। रासायनिक उपचार के पश्चात् शुद्ध हुए जल का क्लोरिनेशन किया जाता है, तब जाकर पानी पीने योग्य बन पाता है। इस उपचार के पश्चात् क्लोरिनेटेड पानी में जीवाणु अथवा शैल की मात्रा बिल्कुल नहीं पनपने पाती।

आज की मौजूदा हालातों में हम थोड़े पानी की मात्रा को सर्वाधिक प्रदूषित करते रहते हैं और यह प्रदूषण पानी में मौजूदा शैल अथवा ज़ीवाणुओं के कारण होता है, तब इस पानी में रासायनिक तत्त्व मिलाकर इन शैल अथवा जीवाणुओं में बढ़ती वृद्धि को रोककर जल शुद्ध किया जाता है।

3. जैविक विधियों द्वारा

क्योंकि पहली दोनों विधियां पानी को सौ फीसदी शुद्ध करने में सक्षम नहीं हैं, अतः प्रदूषित पानी को एक अन्य विधि द्वारा जैविक पदार्थों को विखण्डित करके अशुद्ध जल को शुद्ध जल करने के लिए जीवाणुओं और शैलों का प्रयोग किया जाता है। क्योंकि प्रदूषित जल में घुले हुए कार्बनिक पदार्थों तथा जीवाणु व शैल विखण्डित करके रासायनिक अवयवों में बांट देते हैं, जिसमें सर्वाधिक ऑक्सीजन का प्रयोग होता है।

इस विधि में अशुद्ध पानी को एक बड़े एयरटैंक में भेजते हैं तथा वहां रासायनिक क्रिया के पश्चात् शुद्ध पानी पीने योग्य हो जाता है।

एक अन्य विधि कंकड़, बालू तथा बजरी की पतों के मध्य से पानी को गुजार कर भी ठीक किया जाता है।

जल शुद्धिकरण की व्यवस्था

देखा जाये तो प्रकृति में कहीं भी शुद्ध जल उपलब्ध नहीं है। क्योंकि पानी में अन्य सभी अवयव घुलनशीन हैं, इसलिए पानी में चिड़िया की बींट से लेकर धूल, मिट्टी, कंकड़ सभी घुल जाते है। इसलिए पानी को शुद्ध करने की समुचित व्यवस्था का होना आवश्यक है। इसलिए जलाशयों नदियों इत्यादि के पानी को शुद्ध करके पीने योग्य बनाया जाता है।

जल प्रदूषण समस्या के कुछ अन्य समाधान

प्रदूषित जल को शुद्ध करने के कुछ निम्न उपाय भी कारगर सिद्ध हो सकते हैं–

1. वर्षा के पानी को स्टोर करके उसमें से कंकड़-पत्थर, पेड़-पौधों के पत्ते इत्यादि को अलग करके दूसरे स्थान पर ढाल लेने से पानी का कूड़ा-कचरा दूर हो जाता है।

2. पानी को स्टोर करके निथारकर दूसरे स्थान पर ढाल लेने के पश्चात्

अच्छी तरह कवर करके रख लें, ताकि आंधी-तूफान इत्यादि की मिट्टी पानी को प्रदूषित न कर सके।

3. जलाशयों, कुओं व बावड़ी के पानी के आसपास गन्दगी न फटकने दें तथा वहां का स्थान स्वच्छ रखें।

4. नदियों के पानी में गन्दे नालों के पानी को विसर्जित न होने दें।

5. औद्योगिक क्षेत्रों से पानी की निकासी रासायनिक क्रियाओं द्वारा प्रदूषणयुक्त करके बाहर निकाला जाए।

6. गंगा जैसी पवित्र नदियों में अस्थि-विसर्जन न होने दें व शवों को न बहायें।

7. नदियों के पानी को एकत्र करके उनमें से नहरें निकालकर जहां पानी की कमी हो, वहां सिंचाई की व्यवस्था की जाए।

8. मरुस्थलों में वर्षा के पानी को स्टोर करके वहां पर वनों का संरक्षण कार्य प्रारम्भ करें ताकि वातावरण में नमी का संचार होने से अधिक वर्षा सम्भव हो सके।

9. गन्दे नालों के पानी की निकासी से पूर्व लोहे के जंग में से गुजारकर पानी में बह रहे कूड़े-कर्कट, वृक्षों की टहनियां अथवा पत्ते इत्यादि को बाहर निकालने के पश्चात् ही नदियों में जाने दें।

10. समय-समय पर नालों की गाद निकाली जाये। सीवरेज सिस्टम को ठीक किया जाये।

इस प्रकार सरकार के अलावा देश का प्रत्येक नागरिक भी अपनी जिम्मेदारी समझकर जल-संरक्षण का कार्य करे, तो बहुत ही जल्दी जल-प्रदूषण की इस भयावह समस्य का समाधान हम निकाल लेंगे।

4. स्थल प्रदूषण : समाधान

आज पाश्चात्य संस्कृति से अभिप्रेरित जीवन-पद्धति जीने तथा औद्योगिक क्रांति के चलते संसार में प्रकृति के साथ खिलवाड़ चल रहा है। मनुष्य प्रकृति में मिलने वाली प्रत्येक वस्तु को अपने उपयोग में लेने के पश्चात् जहां-तहां कूड़े के ढेर फेंक देता है, जिससे हमारी पृथ्वी अर्थात् भू-स्थल संसाधन प्रदूषित होते जा रहे हैं। इन सभी स्थलों अर्थात् भू-संसाधनों में सुधार लाने की प्रक्रिया द्वारा स्थल-प्रदूषण के संकटों का समाधान किया जा सकता है।

स्थल प्रदूषण को मुख्यतया निम्न प्रकार से दूर किया जा सकता है।

1. अपशिष्ट निस्तारण द्वारा– बस्ती से दूर जहां गहरे नाले, गड्ढे इत्यादि हों यानी कि जो स्थल मानव के किसी प्रकार उपयोग में नहीं आ रहे हैं, उन गड्ढों को नगर पालिका द्वारा घरेलू कूड़े-कचरे या शहर के अपशिष्ट पदार्थों द्वारा भर दिया जाय तथा बाद में रोड-रोलर चलाकर उन स्थलों को एकसार कर दिया जाये तो वह स्थल मानव के लिए उपयोगी बन सकता है। परन्तु स्वास्थ्य की दृष्टि से यह आवश्यक है कि जो कूड़ा अथवा मल-मूत्र इन स्थलों पर डाला जाता है, उसे मिट्टी डालकर दबा अवश्य दिया जाये ताकि किसी प्रकार की बीमारी फैलने की आशंका न रहे।

2. अपशिष्ट दहन द्वारा–शहरों के ऐसे अपशिष्ट पदार्थ जिनमें जैविक मात्रा अधिक होती है और स्थल प्रदूषण फैलने का कारण बनते हैं, उन पदार्थों को सुखाकर जला दिया जाये तथा इसके बाद जो थोड़ी मात्रा में राख बचती है, उसे खाद के रूप में उपयोग करने के लिए भूमि पर बिखेर दिया जाये तो काफी हद तक स्थल प्रदूषण निवारण में सफलता प्राप्त होगी।

अपशिष्ट पदार्थों का 90% भाग राख में तब्दील हो जाता है, तब इसका बड़ी आसानी से निस्तारण भी हो जाता है। जलाने से कूड़े-कर्कट की बदबू दूर तक भूमि पर फैलने ही नहीं पाती और भूमि शुद्ध भी हो जाती है।

मल-मूत्र से उत्पन्न होने वाले गन्दे कीटाणु इत्यादि अपशिष्ट पदार्थों के जल जाने से नष्ट हो जाते हैं। बीमारियां फैलने की आशंका खत्म हो जाती है तथा स्थल संसाधन प्रदूषण से मुक्त हो जाते हैं।

3. अपशिष्ट उपचार द्वारा–अपशिष्ट पदार्थों को फेंकने, जलाले के अतिरिक्त एक अन्य तीसरा वैज्ञानिक तरीका और भी है, जो स्थल प्रदूषण रूपी राक्षस को नष्ट करके समाधान का स्रोत बनता है, वह है अपशिष्ट पदार्थों के उपचार द्वारा इस पद्धति में भू-संसाधनों को पुनः उपयोग के योग्य बनाया जाता है।

अपशिष्ट पदार्थों का उपचार निम्न तीन विधियों द्वारा किया जा सकता है–

(i) भंजक आसवन विधि : कुछ औद्योगिक अपशिष्टों तथा पेट्रोलियम प्रदूषक तत्त्वों का विभिन्न ताप एवं दाब परिस्थितियों में भंजक आसवन करके उपयोगी पदार्थ प्राप्त कर लिये जाते हैं, जो अपशिष्टों का सबसे अच्छझ निस्तारण भी होता है। ऐसे पदार्थ मानव के उपयोग में भी लाये जाते हैं।

(ii) पृथक्करण विधि : औद्योगिक अपशिष्टों को पहले लोहे की जालियों में से छानकर मोटा कूड़ा-कबाड़ा एक तरफ अलग तथा बाद में कूड़े की

रासायनिक अथवा भौतिक प्रकृति के अनुसार या तो उसकी पुनः रिसाइक्लिंग करके पुनः उपयोग में लाने योग्य कर लेते हैं, या फिर पृथक् करके उसका निस्तारण कर दिया जाता है। कूड़े में से टिन, लोहा, कांच, कपड़ा अथवा प्लास्टिक को पृथक् करके उसकी पुनः रिसाइक्लिग कर ली जाती है। शेष बारीक ठोस पदार्थों अथवा कूड़े-कचरे को ऊंचे-नीचे स्थलों को भरने के उपयोग में ले लिया जाता है।

(iii) जैवोपचार विधि : शहरों में सीवेज के पानी को बड़े-बड़े टैंकों में डालकर नगरपालिका ठोस पदार्थों को पृथक् कर लेती है तथा इसके बाद घुलनशील कार्बनिक जैवोपचार के लिए शैवाल तथा जीवाणु आदि जला देते हैं। सूरज की रोशनी से ये जीवाणु शैल व बैक्टीरिया गन्दे पानी से अपना भोजन तैयार करते हैं। प्रकाश संश्लेषण क्रिया द्वारा भोजन बनाते हैं। इस क्रिया द्वारा कार्बनिक तथा अकार्बनिक साफ पानी बच जाता है, जिससे फसलों की सिंचाई की जा सकती है। यह पानी भू-संसाधनों की उर्बरा शक्ति को पुनः उपजाऊ बना देता है।

स्थल प्रदूषण के निवारण के लिए उपर्युक्त समाधानों के अलावा कुछ मुख्य समाधान और भी हो सकते हैं जिन पर आज विशेष ध्यान देने की आवश्यकता है। मुख्यतया ये समाधान निम्न प्रकार के हैं–

1. घरों में से प्रतिदिन निकलने वाले कूड़े-कर्कट, जूठन-झाड़न, धूल, रद्दी कागज, कबाड़ इत्यादि का निस्तारण स्थान पर खुले में न फेंक दिया जाये।

2. सब्जी मण्डी के गन्दे, सड़े-गले फलों को भूमि पर पड़ा न रहने दिया जाये। तथा वहां की रोजाना सफाई करके जगइ साफ-सुथरी रखी जाये।

3. उद्योगों से निकलने वाले ठोस एवं तरल अपशिष्टों का उपचार के पश्चात् ही निस्तारण किया जाये। भू-क्षरण को रोका जाये। ताकि मिट्टी के कण वर्षा के बहाव या वायु के तेज दबाव के कारण एक स्थान से उठकर दूसरे स्थान पर न जाएं। क्योंकि ऐसा होने से जमीन में कटाव पड़ जाते हैं जिनका भराव जल्दी सम्भव नहीं हो पाता।

4. पेड़-पौधों तथा वनस्पतियों को लगाया जाये। ये स्थल कटाव को तो रोकते ही हैं साथ में भूमि को सुन्दर और उपजाऊ भी बनाते हैं।

5. भूमि का उपजाऊपन बरकरार रखने के लिए उसकी ठीक प्रकार से जुताई बुआई तथा खाद इत्यादि डालकर उचित प्रकार से देखभाल रखी जाये। ताकि अधिक फसल की पैदावार की जा सके।

यह तो सर्वविदित है कि प्राचीन काल से ही हमारे देश में भूमि को 'धरती मां' कहकर सम्बोधित करते आये हैं। उसकी पूजा करते हैं। इसका कारण एकमात्र यही था कि हमारे ऋषि-मुनियों ने हमेशा ही पर्यावरण प्रदूषण से बचाव रखा। प्रदूषण के इस संकट को पनपने नहीं दिया था। इसलिए उन्होंने हर चीज को धर्म का रूप दे डाला था। आज फिर इन हालातों में भू-संसाधनों के संरक्षण का समय आ गया है। बढ़ती जनसंख्या के दबाव के आगे भू-प्रदूषण बढ़ने लगा है। इस पर नियन्त्रण आवश्यक हो गया है। हमारी सरकार ने संविधान के 48 ए अनुच्छेद में पर्यावरण संरक्षण का प्रावधान कर दिया है।

पृथ्वी धन-धान्य से परिपूर्ण हो, समाज स्वस्थ व सुखी हो, देश में पशुधन बढ़ता रहे, इन सबके लिए देश के भू-संसाधनों के संरक्षण की नितान्त आवश्यकता है। अतः भू-संसाधन के संवर्धन और संरक्षण के तमाम तरीके हमारे देश में उपयोग में लाये जाएं, ताकि स्थल प्रदूषण की विकट समस्या से छुटकारा मिल सके।

5. ध्वनि प्रदूषण : समाधान

ध्वनि प्रदूषण भी हमारी आज की पाश्चात्य संस्कृति से प्रेरित संस्कृति तथा औद्योगिक क्रांति की देन है। जो ध्वनि कर्ण अप्रिय हो, वही ध्वनि प्रदूषण कहलाती है। इसे शोर प्रदूषण के नाम से भी पुकारते हैं।

ध्वनि प्रदूषण से मुक्ति पाने के लिए हमें अपनी कुछ सुख-सुविधाओं में कमी करनी पड़ेगी। हालांकि ध्वनि प्रदूषण पर पूर्ण नियन्त्रण सम्भव नहीं किन्तु फिर भी कुछ नियन्त्रण तो किया ही जा सकता है और इस कार्य के लिए यह भी देखना, सोचना, समझाना पड़ेगा कि– (i) ध्वनि कैसी है, (ii) ध्वनि का स्रोत और रास्ता कौन-सा है, (iii) ध्वनि के ग्राही अंग कौन से हैं–

उपर्युक्त ध्वनि प्रदूषण के तीन तत्त्वों का विचार करने के पश्चात् ध्वनि प्रदूषण समस्या का समाधान निम्न तरीके से किया जा सकता है–

1. सर्वप्रथम ध्वनि प्रदूषण का स्रोत मालूम कर लेने के पश्चात् इस बात का विचार कर लेना चाहिए कि कर्ण अप्रिय ध्वनि उत्पन्न कहां से हो रही है, इस मार्ग को ही बन्द कर दिया जाये।

2. यदि ध्वनि प्रदूषण यातायात के विभिन्न साधनों से उत्पन्न है तो यातायात के वाहनों के मालिकों को नोटिस देकर उन्हें चेता दिया जाना चाहिए कि अमुक समय के बीच अमुक स्थानों पर ध्वनि बिल्कुल उत्पन्न न की जाये।

3. हस्पताल, शिक्षण संस्थाओं तथा पब्लिक स्थानों व लाल बत्तियों के स्थानों पर हिदायत दे दी जानी चाहिए कि कोई भी व्यक्ति इन स्थानों पर प्रेशर हार्न, चीखती आवाजें तथा शोरगुल भरी ध्वनियों का प्रयोक न करे।

4. जो वाहन अति पुराने हो चुके हैं और अभी भी प्रयोग में लाये जा रहे हैं, निश्चित रूप से ऐसे वाहन धुआं अधिक छोड़कर प्रदूषण तो फैलाते ही हैं, साथ में ध्वनि भी अधिक करते हैं, जो अक्सर कानों को अप्रिय ही लगती है। ऐसे वाहनों की अवधि निश्चित करके 15 या 20 वर्ष बाद सड़कों पर नहीं चलने देने चाहिए।

5. मन्दिरों-मस्जिदों या गिरिजाघरों के बहुत अधिक शोरगुल वाले रिकार्ड, जो अधिक शोर पैदा करके पढ़ने वाले बच्चों अथवा पब्लिक को तकलीफ पहुंचाते हैं, उनका स्वर धीमा करा देना चाहिए।

6. कुछ प्राकृतिक ध्वनि स्रोत भी मानव-मन पर प्रतिकूल प्रभाव छोड़ते हैं, उनसे बचाव के भी यथासम्भव प्रयास करना चाहिए। जैसे बादलों की गड़गड़ाहट, बिजली की गर्जना तथा वर्षा का भीषण शोर कानों को अप्रिय लगता है। ऐसे मौसम में व्यक्तियों को अपने कानों पर कपड़े अथवा रुई का प्रबन्ध कर लेना चाहिए। इससे भी ध्वनि प्रदूषण समाधान हो सकता है।

7. उद्योग-धन्धों तथा मशीनों की ध्वनि भी प्रतिकूल प्रभाव डालती है। इसलिए उद्योग-धन्धों में जहां अधिक मशीने लगी होती हैं, इस भाग को साउण्ड प्रूफ, शीशे द्वारा निर्मित ही रखना चाहिए। ताकि मशीनों इत्यादि का शोर बाहर न आ सके। मशीनों का शोर भी मानव-मन पर सर्वाधिक प्रतिकूल प्रभाव डालता है। अतः इन सबसे बचाव रखना चाहिए। ध्वनि-प्रदूषण से श्रवण-शक्ति पर बेहद प्रतिकूल प्रभाव पड़ता है, अतः यह एक सामाजिक बुराई है, इसे जहां तक सम्भव हो सके, रोकना चाहिए। पर्यावरण में सन्तुलन बनाये रखने के लिए ध्वनि प्रदूषण को रोकने के प्रभाव अधिक तीव्र गति से करने चाहिए।

6. सांस्कृतिक प्रदूषण : समाधान

वैसे तो सभ्यता और संस्कृति शब्द एक-दूसरे से बिल्कुल मिलते-जुलते नजर आते हैं, किन्तु सभ्यता किसी समाज की बाह्य व्यवस्था होती है तो संस्कृति मनुष्य के अन्तर का विकास है। यह तो सर्वविदित सत्य है कि मनुष्य प्रकृति की सर्वश्रेष्ठ कृति है। प्रकृति में यदि सर्वश्रेष्ठ रचना हुई है, तो वह मानव की रचना है। इस नाते प्रकृति और मानव का गहरा सम्बन्ध भी है और मनुष्य सदा से ही प्रकृति का

पूजक भी रहा है।

हमारे देश भारत में तो आरम्भिक वैदिक काल से ही मनुष्य प्रकृति, अग्नि, वायु, आकाश, पृथ्वी एवं पेड़-पौधों की पूजा करता रहा है। हरी-भरी खेतियों, पेड़-पौधों तथा फल-फूलों से सदा ही उसका मन प्रसन्न होता रहा है। और इन सबकी वृद्धि हेतु मानव सदैव प्रयासरत भी रहा है, किन्तु आज समय जिस तेजी से बदला है, वह भी कम चिन्ता का विषय नहीं क्योंकि आज वही मानव विकास के नाम पर पर्यावरण और प्रकृति के साथ जी-खोलकर छेड़-छाड़ कर रहा है।

पेड़-पौधों तथा वनों को काटा जा रहा है। नदियों के जल को प्रदूषित किया जा रहा है। पृथ्वी के अन्दर छुपे खनिज तथा धातुओं के भण्डार का खनन कार्य बहुत जोरों पर हो रहा है। प्रकृति के खजाने का पूर्ण रूप से दोहन कार्य सतत रूप से जारी है। यह सब कार्य पर्यावरण के सन्तुलन को तहस-नहस करने पर अमादा हैं। एक अन्य दौर पाश्चात्य संस्कृति से प्रेरित और भी चला है, जहां प्रकृति का मात्र उपयोग संस्कृति की भावना से देखा जाता है। मनुष्य के अन्दर मन में जो सांस्कृतिक प्रदूषण के भाव उत्पन्न हो गये हैं, उनको समाप्त करने के लिए हमें कुछ बुनियादी एवं प्राचीन संस्कृति की भली धारणाएं फिर से उत्पन्न करनी होंगी, तभी यह आज का बढ़ता सांस्कृतिक प्रदूषण और रम्भा-रम्भा की संस्कृति से छुटकारा सम्भव हो सकता है।

सांस्कृतिक प्रदूषण को दूर करने के कुछ आवश्यक उपाय मुख्यतया निम्न प्रकार से हैं–

1. मानव प्रकृति-पूजक बने

सांस्कृतिक प्रदूषण के बढ़ने से मनुष्य और प्रकृति का रिस्ता एक तरह से टूट-सा गया है। जिससे पर्यावरणीय प्रदूषण को अधिक बढ़ावा मिला है। अतः आज आवश्यकता इस बात की है कि मानव फिर से प्रकृति-पूजक बने। अग्नि, वायु, पेड़-पौधों तथा जल को देव समझकर उनका दुरुपयोग करना बन्द करे। प्रकृति के घटकों में फिर से मानव का विश्वास हो। मानव प्रकृति के विभिन्न घटकों से प्रेम करके उनका संरक्षण स्वयं करे तो वह दिन दूर नहीं जब प्रकृति स्वयं ही मानव-जीवन को खुशियों से भर देगी।

2. वनों तथा पेड़-पौधों से लगाव

पेड़-पौधों तथा वनों में प्राण मानने वाली हमारी प्राचीन संस्कृति को आज

फिर से जागृत करने की आवश्यकता हो चुकी है। क्योंकि जब हम इन्हें प्राणी का दर्जा देंगे तो काटेंगे नहीं, नष्ट नहीं करेंगे। यही वृक्ष हमें वर्षा देते हैं। बीमारियों से बचाने के लिए जीवनदायक औषधियां प्रदान करते हैं। इमारतों के लिए सूखने पर लकड़ियां तथा जलाने को ईंधन प्रदान करते हैं। आज भी हमारे बहुत से ग्रामीण भाई वनों में वन-देवता तथा वन-देवियों की पूजा करते हैं। हमारा संसार वनों से जुड़ा है। अतः इसी संस्कृति को और प्रचारित तथा प्रसारित करने के लिए वनों तथा पेड़-पौधों से लगाव उत्पन्न करना नितान्त आवश्यक है। पेड़ों को काटने से बचाने के लिए इन्हें प्राणी मानना जरूरी है। यही भावना हमें सांस्कृतिक प्रदूषण से बचाएगी।

3. नदियों को माता का दर्जा

नदियों को हमने आरम्भ से ही माता का दर्जा प्रदान किया है। आज भी यदि गंगा जैसी पवित्र नदी में हम अस्थियों का विसर्जन नहीं करें, तो मरने वाले की आत्मा की शान्ति और अपनी संतुष्टि नहीं मानते हैं। लेकिन आज अपनी इसी प्राचीन संस्कृति को यदि ताक पर रखकर हम नदियों के पानी में गन्दे नाले तथा गन्दगी गिराकर उन्हें प्रदूषित कर रहे हैं, तो इसे रोकना होगा।

4. वनों-तपोवनों की भूमि : भारतीय संस्कृति

हमारी प्राचीन भारतीय संस्कृति श्रेष्ठता की पराकाष्ठा रही है। यह भारत के वनों तथा तपोवनों में फली-फूली है। कहीं कण्व ऋषि की तपोस्थली तो कहीं विश्वामित्र का तपोवन। कहीं महर्षि वेद व्यास जैसे महात्मा ने तप करके महाभारत जैसा ग्रन्थ तैयार किया है तो कहीं वाल्मीकि जैसे ज्ञानी रामायण लिखकर गये हैं। ये सभी विरासतें हमारी संस्कृति के लिए पूर्वजों द्वारा प्रदत्त धरोहर हैं, जिनके द्वारा प्रशस्त मार्ग का अनुशीलन करके हम अपने नैतिक व सांस्कृतिक जीवन को ऊंचा उठाते हैं। यही चीजें हमें आज भी पर्यावरण और प्रकृति का साथी बनाती हैं। अतः इस प्राचीन संस्कृति को हमें और भी प्रचलित करके आज दुनिया में छाये सांस्कृतिक प्रदूषण को समाप्त करना चाहिए।

5. प्रकृति के साथी बनें

हमारी भारतीय संस्कृति में मानव सदैव ही सत्य की खोज में लालायित रहा है। सहिष्णुता, उदारता और अहिंसा– ये तीनों प्रकृति के सत्य रूप हैं।

प्रकृति पर पश्चिम की तरह हमने कभी विजय पाने की लालसा नहीं रखी बल्कि उसके साथी बनकर जीवन व्यतीत करने के आदी रहे हैं। किन्तु आज मनुष्य अपने आप पर गर्व करके कहता है कि हमने ऋतुओं पर विजय प्राप्त कर ली है तो यह अनुचित है। ऐसे विचार भौतिकवादी पाश्चात्य सभ्यता से प्रेरित हैं। इन विचारों का परित्याग करके प्रकृति के साथ ताल-मेल करके इसके अनुकूल जीवन-यापन करने की परम्परा को फिर से दोहराना चाहिए। ताकि सांस्कृतिक प्रदूषण में वृद्धि न होने पाये।

उपर्युक्त बातों के अतिरिक्त भी कुछ प्राकृतिक तथ्य हैं जो आज भी हमें प्रकृति के विशुद्ध क्रिया-कलापों की ओर देखकर सांस्कृतिक जीवन जीने की प्रेरणा प्रदान करते हैं, संक्षेप में इनका वर्णन इस प्रकार है–

आज का मनुष्य कृत्रिम चीजों का सहारा लेकर प्रकृति से छेड़-छाड़ करने, उसको विध्वंस करने से नहीं चूकता। कई बार असफल भी होता है तथा उसे प्रकृति के कोप का भाजन भी होना पड़ता है, किन्तु फिर भी प्रकृति के तत्त्व पेड़-पौधे, नदी-नाले, पहाड़, मनुष्य के हाथों तंग होकर भी उसके साथ भेद-भाव का व्यवहार नहीं करते। हिमालय तो आज भी पवित्र और विशुद्ध गंगा जल देकर मानव-कल्याण में लगा है। वह तो गंगा जल को दूषित करके मानव को नहीं दे रहा है, यह तो आज का मानव ही है जो गंगा जल को निरंतर गंदगीपूर्ण और प्रदूषित कर रहा है। सूर्य तो आज भी अपनी असीम ऊर्जा का प्रेषण मानव कल्याणार्थ सतत रूप से कर रहा है, किन्तु आज का मनुष्य ही बिजली की चकाचौंध और तरह-तरह के सन-ग्लासिस के बलबूते पर सूर्य ऊर्जा के साथ भी छेड़-छाड़ करने से नहीं चूकता। यह और बात है कि मनुष्य को अपने काम में असफलता का भी मुंह देखना पड़ता है। तो भी प्रकृति के तत्त्व अपनी राह नहीं बदलते और निरंतर कल्याणकारी कार्यों में लगे रहते हैं।

बड़े पैमाने पर पेड़ों की कटाई करके सघन खेती करना भी एक तरीके से कई बार घातक सिद्ध होता है। हिमालय की पेड़ों की कटाई से नदियों द्वारा पानी के साथ बहाकर लाई गई मिट्टी नदियों, तालाबों तथा जलाशयों इत्यादि में बैठ जाती है। बांधों में यह मिट्टी बैठकर बांधों के पानी को कई बार अनियन्त्रित करती है। नदियों का पानी बढ़ने पर बांधों में छोड़ने से बाढ़ इा जाने की आशंका बढ़ जाती है। बरसात के दिनों में अक्सर ऐसा हो जाता है। अतः अधिक पेड़ों की कटाई को रोकना हमारी संस्कृति से जोड़ देना चाहिए।

जिस प्रकार प्रकृति को मां मानकर हमारी प्राचीन संस्कृति में सम्मानित किया गया है, वह भाव अब विलुप्तप्राय होता जा रहा है। मां के सामने उसके पुत्रों को कभी कोई मारता है भला? तो फिर प्रकृति मां के सामने पेड़ों की कटाई क्यों? पेड़ भी तो प्रकृति मां के बेटे ही हुए हैं। बहुत आवश्यक जब तक न हो तो पेड़ों की कटाई पूर्ण रूप से वर्जित होनी चाहिए। ब्राह्मण ग्रंथों में कहीं भी किसी पेड़ को काटने अथवा जीव की हिंसा की आज्ञा नहीं दी गई है।

यज्ञ करने तथा आत्म-स्वरूप को पहचानने की हमारी संस्कृति हमेशा से पवित्र रही है। हमने हिंसा में विश्वास कभी नहीं रखा। यज्ञ का महत्त्व ही पर्यावरण को शुद्ध बनाना है। भगवान कृष्ण ने गीता में एक स्थान पर कहा है कि 'सबसे उत्तम यज्ञ वहीं होता है जिसमें किसी जीव की हत्या नहीं की जाती' यज्ञ में हमेशा सूखी लकड़ियां ही प्रयोग करने की व्यवस्था की गई है। ताकि अनावश्यक रूप से हरे-भरे पेड़ों को काटने की नौबत ही न आये। प्रकृति की कितनी देखभाल हमारी संस्कृति में संजोकर रखी गई है। इन्हीं विचारों को पुनः लोगों के दिलों में उत्पन्न करने की आज आवश्यकता है। तभी तो हमारे देश में मानव प्रकृति के प्रति अपनी कर्त्तव्य भावना समझकर इसमें संरक्षण का ध्यान रखेंगे।

हमारी संस्कृति में कर्म की प्रधानता कही गई है। कर्म करने तथा फल की चिन्ता न करने की बात हमारे ग्रंथों में भी आई है। मनुष्य अपना कर्म तभी कर सकेगा जब वह पृथ्वी, अग्नि, जल को पूजनीय समझेगा तथा प्रकृति को अपनी मां समझेगा। प्रकृति के प्रति जब यह भाव पैदा हो जायेगा तो सांस्कृतिक प्रदूषण स्वतः खत्म हो जाएगा। प्रकृति के संरक्षण की सोच प्रदान करने वाली हमारी संस्कृति इसको नष्ट करने की आज्ञा कभी प्रदान ही नहीं कर सकती। अतः जब मनुष्य अपने कर्त्तव्य के प्रति सचेष्ट होगा तो वह स्वयं ही प्रकृति के संरक्षण की सोच भी उत्पन्न करेगा।

अतः भारत का धर्म, दर्शन, संस्कृति, रीति-रिवाज एवं सारे त्योहार इत्यादि सभी प्रकृति एवं पर्यावरण के अनुकूल हैं। एक तरह से प्रदूषण फैलने की नौबत ही नहीं आती। प्रदूषण की समस्या तो तब खड़ी होती है, तब पर्यावरण के प्रतिकूल चलकर मानव अपना उत्सव मनाता है अथवा अपना दर्शन दूसरों पर सौंपने की कोशिश करता है।

वैसे भी किसी देश की खुशहाल संस्कृति उस देश की प्रगति की सूचक मानी जाती है। इसलिए आज मानव को भौतिकवादी एवं प्रदूषण फैलाने वाली संस्कृति को भुलाकर नैतिकता से परिपूर्ण प्रकृति की संगिनी बनकर पनपने वाली संस्कृति

की नई शुरूआत फिर से करनी होगी। देश को शुद्ध पर्यावरण देने वाली शुद्ध संस्कृति की अति आवश्यकता है। पेड़-पौधों तथा जीव-जन्तुओं को संरक्षण प्रदान करने वाली संस्कृति की आवश्यकता है। अग्नि, वायु, जल, पृथ्वी तथा पर्वत, नदियों इत्यादि को मान देने वाली सांस्कृतिक मर्यादा पालने की जरूरत है, तभी हमारे देश में शुद्ध पर्यावरण बनाये रखना संभव हो सकता है तथा इसी प्रकार से मानव-मन पर छा जाने वाली सांस्कृतिक प्रदूषण वाली संस्कृति का समाधान हो सकना संभव होगा, अन्यथा नहीं।

3

प्रदूषण का गैसीय दानव

जिस प्रकार दशहरे में रामलीला के दिनों में रावण, कुंभकर्ण, खर-दूषण वगैरह का नाम सुनाई देता है उसी प्रकार आजकल रोज ही रेडियो, दूरदर्शन, अखबारों, पत्रिकाओं में तथा लोगों के मुंह से प्रदूषण की चर्चा सुनाई देती है। रावण और खर-दूषण उस युग के राक्षस यानी समाज को परेशान करने वाले व्यक्ति थे। आज प्रदूषण का गैसीय दानव भी पूरी दुनिया के जल, थल और वायु पर छा गया है। हमारा जीवन प्रदूषण के भूत से त्रस्त है। लेकिन इससे मुक्ति पाने के लिए वैज्ञानिकों, नियोजकों, व्यवस्थापकों तथा सरकारी प्रयासों के साथ-साथ सामान्य जनता को भी लगातार विवेकपूर्ण पद्धति से चलना होगा।

दूषण, संदूषण और प्रदूषण मिलते-जुलते शब्द हैं परंतु फिर भी इनका प्रयोग अब अलग-अलग अर्थच्छवियों में किया जाता है। दूषण तो सामान्य भाषा का शब्द है जिसका अर्थ है गंदगी, बिगाड़, मिलावट आदि। परंतु शब्दावली निर्माताओं ने दूषण में 'सं' और 'प्र' दो उपसर्गों को लगाकर क्रमशः 'संदूषण' और 'प्रदूषण' शब्द गढ़ लिए। ये दोनों शब्द अब तकनीकी शब्द बनकर दो अलग-अलग वैज्ञानिक संकल्पनाओं की अभिव्यक्ति करते हैं। अतः संदूषण को अंग्रेजी के कन्टैमिनेशन का और प्रदूषण को पौल्यूशन शब्द का पर्याय मान लिया गया है। ये शब्द अब खूब प्रचलित हो गए हैं।

प्रदूषण पर्यावरण को ग्रहण के जैसा तरह ग्रसित करता जा रहा है। सूर्यग्रहण और चन्द्रग्रहण तो थोड़े से समय के लिए चांद और सूरज को ग्रसते हैं लेकिन प्रदूषण तो पृथ्वी को लगातार ग्रसे जा रहा है। भूमि, कृषि, वायु, जल आदि को

प्रदूषित करते हुए यह प्राणियों और पौधों को ग्रसने में लगा है, भले ही इसमें परोक्ष रूप से हाथ मानव का है। अधिक अनर्थ अनजाने में होता रहा है। इस प्रदूषण में ज्यादा योगदान रसायनों, गैसों आदि का है जो पर्यावरण पर बुरी तरह से छाते जा रहे हैं, लेकिन इस पर रोक रखना बहुत जरूरी है। जल-प्रदूषण, रासायनिक प्रदूषण, कृषि-प्रदूषण, नदियों-झीलों के प्रदूषण वाले शीर्षकों के अंतर्गत इनका विस्तार में विवेचन किया गया है। साथ ही ध्वनि-प्रदूषण या शोर भी इसमें अपनी भूमिका निभा रहा है। भले ही यह भौतिक प्रदूषण है परंतु मानव में यह भी शरीरक्रियात्मक ग़बड़ियों और रोगों को उपजाने का जिम्मेदार है। स्कूटरों, लाउडस्पीकरों, मोटर-गाड़ियों, डिस्कोडान्स, पॉप म्यूजिक, बैन्ड-बाजों, बच्चों की चिल्ल-पों, गली-मोहल्ले के झगड़ों आदि से होने वाले ध्वनि-प्रदूषण से सभी परिचित हैं। ध्वनि-प्रदूषण का स्वास्थ्य पर बुरा प्रभाव पड़ता है। इससे बच कर ही तनावमुक्त और रोगमुक्त रहा जा सकता है। प्रदूषण और पारिस्थितिक असन्तुलन वह क्रिया है, जिसमें पर्यावरण का संतुलन और निर्मलता नष्ट हो जाती अथवा बिगड़ जाती है। इसे पर्यावरण का बिगाड़ कह सकते हैं। ऐसा कई तरह से और कई कारणों से होता है।

मनुष्य एवं पर्यावरण का बहुत गहरा नाता है। पर्यावरण का प्रभाव प्रत्यक्ष अथवा परोक्ष रूप से मानव पर ही पड़ता है। यह प्रभाव शीघ्र प्रकट नहीं होता और काफी समय बाद सही तस्वीर सामने आ पाती है। पर्यावरण के प्रति क्रिया की जाएगी तो उसकी प्रतिक्रिया अवश्य होगी और इसी प्रतिक्रिया की लपेट में अन्य जीवों समेत मानव भी आ जाता है। यह काफी कुछ वैज्ञानिक और औद्योगिक उन्नति के कारण हो रहा है जबकि मनुष्य तुरन्त वाले लाभों और सुविधाओं के कुचक्र में फंस कर गड़बड़ियां करता चला जाता है और फिर उनसे उबरना उसके लिए मुश्किल हो जाता है। वह इस दुश्चक्र में फंसता ही चला जाता है।

हमारे चारों ओर का प्राकृतिक पर्यावरण और उसमें होने वाले या किए जाने वाले परिवर्तन ही उसकी परिस्थितियां हैं। इस परितंत्र या पारिस्थितिक तंत्र (इकोसिस्टम) में प्राकृतिक और मानवकृत विभिन्न तरह के क्रियाकलाप चलते रहते हैं। मानव अपनी सुख-सुविधा हेतु जाने-अनजाने ऐसी क्रियाएं करता है जिनसे पर्यावरण को क्षति पहुंच रही है और वह विकृत यानी प्रदूषित हो रहा है। आबादी की भीषण वृद्धि के साथ-साथ मकानों, खेतों, ईंधन आदि के लिए जंगलों का सफाया हो रहा है।

नए-नए कारखाने व उद्योग बढ़ रहे हैं और पर्यावरण अप्राकृतिक होता जा रहा है। वह हानिप्रद रसायनों, गैसों आदि पदार्थों से प्रदूषित व असंतुलित होता

जा रहा है।

नगरों और महानगरों का वाहित मल नदियों में छोड़ दिया जाता है और फिर वही पानी पीने के लिए प्रयोग में लाया जात है। घरों, बगीचों, खेतों, जंगलों तथा हवा में हम रोज ही विषैले कीटनाशियों का इस्तेमाल करते हैं, जिनसे पर्यावरण में प्रदूषण बढ़ रहा है और पर्यावरण संतुलन गड़बड़ाता जा रहा है। ताजमहल सरीखी ठोस इमारतों को भी प्रदूषण का खतरा हो गया है।

हमारे जिन्दा रहने के लिए जिस प्रकार भूमि जरूरी है उसी तरह वनस्पतियां और अन्य प्राणी भी। प्रकृति का सम्पूर्ण तंत्र एक विशाल मशीन की तरह है जिसमें छोटे से छोटे पेख्वा और पुर्जा उसके सुचारु कार्य संचालन के लिए बड़ें अवयवों की तरह महत्त्वपूर्ण है। जरा-सी खोट खराबी से सारी मशीन और उसकी क्रिया गड़बड़ा जाती है। पर्यावरण का प्रत्येक जीव यानी पेड़-पौधा, प्राणी, कीड़े-मकोड़े, पक्षी, जंगली जानवर आदि सभी उसके महत्त्वपूर्ण अंग और पुर्जे हैं, और ये इस धरती पर जीवन के प्राकृतिक तंत्र का संचालन और निर्धारण करते हैं। किसी भी कारण पौधे या प्राणी की किसी भी जाति में यदि गड़बड़ी होती है तो इसके नतीजे सृष्टि में अन्यत्र सारी क्रियाओं में महसूस किए जाते हैं।

उदाहरण के तौर पर मान लीजिए अगर किसी कारण जंगल में हरिणों आदि की संख्या कम हो जाए तो उनका शिकार करने वाले शेर, बाघ आदि को भोजन की कमी हो जाएगी और फिर वे हमारा पशुधन उठाने लगेंगे या आदमखोर बन जाएंगे।

कुछ साल पहले जमैका में चूहों ने फसलों को इतनी ज्यादा क्षति पहुंचाई कि भारत से वहां नेवले भेजे गए। नेवलों ने अपना काम इतनी मुस्तैदी से किया कि वहां सारे चूहों का सफाया हो गया। परंतु जब चूहे नहीं मिले तो नेवलों ने चिड़ियों और मुर्गियों को खाना शुरू कर दिया। फिर जब वहां पक्षी भी साफ हो गए तो कीट इतने बढ़ गए कि फसलों को पहले चूहों से जो हानि पहुंचती थी उसकी तुलना में और भी ज्यादा क्षति पहुंचने लगी। कहने का मतलब यह है कि प्रकृति का जैविक संतुलन काफी नाजुक होता है और किसी एक जाति की वृद्धि अथवा निराकरण से पर्यावरण में सुस्पष्ट परिवर्तन दृष्टिगोचर होते हैं। यही प्रर्यावरणी असंतुलन है। पर्यावरण में होने वाली गड़बड़ी है।

असंतुलन का पर्यावरण में कुप्रभाव

प्राकृतिक संतुलन में अन्य कारकों की अपेक्षा मानव ने सभ्यता और प्रगति

के दर्प में सबसे ज्यादा गड़बड़ की है। बुलडोज़रों और अन्य मशीनों के इस्तेमाल से अनेक जीव समुदायों का नाश हुआ है। इससे जंगलों, घास के मैदानों अथवा रेगिस्तानों और सामान्य भूमि की ऊपरी परत में ही आमूल चूल परिवर्तन नहीं होता बल्कि आसपास के क्षेत्रों का वातावरण भी बदल जाता है। सड़कें तथा महामार्ग बनाने से अपवाह-तंत्र में परिवर्तन हो जाता है जिससे पौधों के किसी समुदाय को बहुत अधिक या बहुत कम पानी प्राप्त होता है। इसका परिणाम होता है कई पौधों की मौत।

वनस्पतियों के निराकरण से जलवायु द्वारा होने वाला भूमि-क्षरण बढ़ जाता है, जिससे आंधी-तूफान से अथवा नदियों द्वारा भूमि की ऊपरी उर्वर परत की हानि होती है। मटमैले पानी में इतना कम प्रकाश पहुंचता है कि जलीय पौधे भोजन की कमी के कारण नष्ट हो जाता हैं क्योंकि वे पर्याप्त 'प्रकाश-संश्लेषण' (फोटोसिंथेसिस) नहीं कर पाते। इसका नतीजा यह होगा कि जलीय प्राणी भूखे मरेंगे और उनकी कमी से पानी के मांसाहारी प्राणी भी। बही हुई मिट्टी मछलियों तथा अन्य प्राणियों को प्रत्यक्ष रूप से मार सकती या घायल कर सकती है। नदी, तालाब अथवा झील में वाहित मल, छिड़के रसायनों और औद्योगिक अपशिष्ट पदार्थों का ऐसा प्रभाव पड़ता है कि जैविक संतुलन पर आंच आ जाती है।

वनस्पतियों का आवरण न रहने से कभी सूखे की तो कभी बाढ़ की स्थिति आ जाती है क्योंकि फिर भूमि आसानी से पानी नहीं सोख सकती और वर्षा का ज्यादा पानी एकदम नदियों में बह जाता है। कीटनाशी रसायनों के व्यापक प्रयोग से भयानक गड़बड़ी हो रही है।

कीटों का प्राकृतिक नियंत्रण करने वाले पक्षी तथा अन्य प्राणी विषाक्त कीट खाने से मर जाते हैं। ये कीटनाशी रसायन भौंरों और मधुमक्खियों सरीखे लाभदायक कीटों को भी मार देते हैं। कार्बन-डाइऑक्साइड की बढ़ती हुई मात्रा, घरेलू अपमार्जकों (डिटर्जेन्ट), नदियों व समुद्रों में गिराया जाने वाला वाहित मल, औद्योगिक अपशिष्ट पदार्थों, स्वचल गाड़ियों से उत्पन्न गैसों, रेडियोऐक्टिव पदार्थों, धुएं, शोर आदि से पर्यावरण की परिस्थितियों में हलचल मच जाती है।

भारतीय विज्ञान संस्थान, बंगलौर के श्री माधव गाडगिल के अनुसार सिंचाई और जल विद्युत् परियोजनाओं का अधिक वर्षा वाले क्षेत्रों और जल-प्रथ् के निकटवर्ती क्षेत्रों पर विशेष प्रभाव पड़ा है। पहले वहां सदाबहार पेड़ों की जातियां खूब हुआ करती थीं। ये वन पौधों तथा प्राणियों की कई ऐसी जातियों के अनुपम भंडार थे जो दुनिया में अन्यत्र कहीं भी नहीं पाई जातीं।

शरावती के प्रसिद्ध जोग प्रपात के बिखरे क्षेत्र में 'बोर' नामक घास उगा करती थी जो विश्व में और कहीं नहीं होती। इसी तरह सन् 1955 के लगभग जब पंछेत बांध का कार्य प्रारंभ हुआ तो उस समय पहाड़ी ढाल पर आम और हरड़ के काफी वृक्ष थे। जैसे-जैसे इस परियोजना का कार्य आगे बढ़ा वैसे-वैसे आम और हरड़ के पेड़ों का सफाया होता गया। हरड़ के पेड़ों के अच्छे कोयले की मांग खूब बढ़ी। परिणामस्वरूप 1960 तक केवल जलमग्न क्षेत्र ही नहीं, पहाड़ी ढाल के सम्पूर्ण निचले क्षेत्र के सारे पेड़ काट दिए गए तथा करीब आधा अपवाह-क्षेत्र साफ हो गया। पश्चिमी घाट का दूसरा विलुप्त होने वाला जीव है सिंह-पुच्छी वानर। दुनिया में अब तक इस बन्दर की सिर्फ दो सक्षम जातियां ही बची हैं। यह वानर सिर्फ कुलीनिआ वंश के वृक्षों पर ही जीवन बिताता है। यदि अधिकांश कुलीनिया-वन जलमग्न हो जाएगा तो इसके साथ ही इस वानर का भी नाश हो जाएगा।

प्रदूषण का विश्व स्तर पर एहसास

विश्व के पर्यावरण विशेषज्ञों ने चेतावनी दी है कि इसी तरह अगर प्रदूषण बढ़ने दिया गया तो एक अवस्था ऐसी आएगी जब ताजी हवा और शुद्ध पानी मिलना कठिन हो जाएगा। पर्यावरण में विषैले पदार्थ जमा होते जाएंगे तो नए-नए रोग पनपते जाएंगे और मानव जाति खतरनाक बिन्दु पर पहुंच जाएगी।

भारतीय पर्यावरण समिति के तत्वावधान में जी. रॉयस्टन ने अपने विचार प्रकट करते हुए कहा था कि "एक हाथ से जो निर्माण किया जा रहा है, दूसरे हाथ से उसका नाश नहीं होना चाहिए और पारिस्थितिकी (एकोलौजी) का अर्थ विनाशहीन विकास समझना चाहिए। इस संदर्भ में गांव वालों और शहर वालों दोनों को सक्रिय होना है। भूमि, पानी और पेड़ों की सुरक्षा का ध्यान रखना चाहिए। यदि पानी प्रदूषित होता है तो भूमि-क्षरण होगा ही। पृथ्वी का विनाश होता है तो सोते, सरिताएं आदि सूख जाएंगे, और इतना ही नहीं, फिर इस प्रकार के पारिस्थितिक असन्तुलन से दैनिक जीवन पर कई तरह से असर पड़ेगा।"

प्रदूषण संबंधी कुछ महत्त्वपूर्ण खोजें

मुम्बई शहर में वायु और धूल-प्रदूषण नियंत्रण के लिए आम के पेड़ लाभदायी साबित हुए हैं। सूरजमुखी जैसे शोभाकारी पौधे भी उपयोगी पाए गए हैं। ये परिणाम विश्वविद्यालय अनुदान आयोग द्वारा प्रायोजित अनुसंधान परियोजना 'पौधों पर औद्योगिक वायु-प्रदूषकों का प्रभाव' के आधार पर प्राप्त हुए हैं, जिसका

संचालन इंस्टीट्यूट ऑफ साइन्सेज, बम्बई के परिस्थितिविज्ञान के एसोसिएट प्रोफेसर डॉ.एस.डी. चाफेकर ने किया था। वे आम की पत्तियों और सड़क के किनारे उगने वाले खर-पतवार कनकउवा (कोमेलाइना) की पत्तियों की मदद से बम्बई शहर में प्रदूषण वितरण के मानचित्र तैयार करने में सफल रहे हैं।

प्रयोगशाला में पौधों पर सल्फर-डाइऑक्साइड के नियंत्रित धूमन (फ्यूमिगेशन) संबंधी प्रयोगों से मालूम हुआ है कि 10 दिन के 'मथ' (अमरैन्टस विरिडिस) के पौधे इसके प्रति काफी ज्यादा सुग्राही होते हैं, और इसी कारण सल्फर-डाइऑक्साइड के प्रदूषण का नियंत्रण करने में काफी सक्षम हैं। यह गैस औद्योगिक संयंत्रों से बहुत अधिक मात्रा में निकलती है तथा श्वसन संबंधी रोग उत्पन्न करती है। बृहत् मुम्बई में रोज ही वातावरण में लगभग 1,000 टन प्रदूषक पदार्थ छोड़े जाते हैं जिनका एक तिहाई से अधिक अंश सल्फर-डाइऑक्साइड का होता है। प्रदूषक पदार्थों में से एक अमोनिया गैस भी है। डॉ. चाफेकर द्वारा किए गए प्रयोगों से यह भी पता चला है कि गौर (स्यामोप्सिस टेट्रागोनोलोबा) और सनई (क्रोटालेरिया जन्सिया) हवा से अमोनिया अलग करने में समर्थ रहते हैं। प्रदूषण निवारण संबंधी इसी तरह के अनुसंधान विभिन्न संस्थानों और विश्वविद्यालयों में भी चल रहे हैं कि पर्यावरण को जहां तक हो सके प्रदूषणरहित और स्वस्थ बनाकर रखा जा सके।

4

रेडियेशन से उत्पन्न प्रदूषण

खाली स्थान अथवा किसी माध्यम में ऊर्जा वाली तंरगों के उत्पन्न होने और चलने की प्रक्रिया को अथवा इस प्रकार बहनेवाली ऊर्जा को ही सामान्यतया विकिरण (रेडियशन) कहा जाता है। लेकिन विकिरण की वैज्ञानिक परिभाषा इस प्रकार होगी—वह ऊर्जा, जो विद्युत्-चुम्बकीय तरंगों के रूप में निकलती है और जिसकें कौस्मिक किरणें, गामा किरणें, एक्स किरणें, पाराबैंगनी अथवा अवरक्त प्रकाश, ताप-किरणें और रेडियो तरंगें शामिल हैं। यह रेडियोऐक्टिव पदार्थों द्वारा उत्पन्न इलेक्ट्रोन, न्यूट्राने, प्रोटोन, अल्फा-बीटा कणों या अधिक ऊर्जा वाले फोटोन जैसे कणों का या इनके मिश्रण का बहाव हैं। लोगों को पता नहीं कि मावन जाति निरंतर विकिरण के संपर्क में आती जा रही है, जिसका 68 प्रतिशत प्राकृतिक पृष्ठभूमि से, 31 प्रतिशत चिकित्सीय विकिरण से, 0.6 प्रतिशत नाभिकीय परीक्षणों के अवपात (फौल आउट) से और 0.15 प्रतिशत नाभिकीय (न्यूक्लियर) शक्ति उद्योगों से आता है। सूर्य के विकिरण से हमें 'ओज़ोन की छतरी' बचाती है। बिल्डिगें और मकान तो विकिरण को परावर्तित कर बिखेरते हैं लेकिन हरे पेड़-पौधे इस विकिरण को सोखकर हमारी रक्षा करते हैं।

इस बात की स्थापना बीसवीं सदी के दूसरे दशक के उत्तरार्ध में मुलर, आ़ल्टेबर्ग और स्टैडलर (1924) की खोजों से हुई कि एक्स-किरण प्रकार के आयनकारी विकिरण से आनुवांशिक (जीनोटक) पदार्थ पर स्पष्ट प्रभाव पड़ता है। इनकी खोजों से निष्कर्ष निकला कि एक्स-किरणों के सम्पर्क और प्रभावित संततियों की वृद्धि में घनिष्ठ संबंध है।

विकिरण का पर्यावरण और हमारे शरीर पर बहुत असर पड़ता है। विकिरण किसी भी प्रकार का हो सकता है—सूर्य विकिरण, नाभिकीय आयुधों अथवा परीक्षणों, न्यूट्रोन, एक्स-किरणों, गामा-किरणों व अन्य रेडियोऐक्टिव उत्पादों का विकिरण।

नाभिकीय आयुधों और बम-परीक्षणों के कारण उत्पन्न होने वाले विकिरण से हमारे शरीर में सीजियम-137 और स्ट्रोंशियम-90 नाम के प्रमुख रेडियोऐक्टिव तत्त्व तथा वायु व भूमि में बेरियम, लैन्थेनम, रुदेनियम, निओडिमियम और यूरेनियम परमाणु के अन्य समस्थानिक (आइसोटोप) उत्तरोत्तर काफी मात्रा में ज़मा होते जाएंगे। प्रदूषण की इनसे शरीर में वृद्धि होती जाएगी, जिसके फलस्वरूप खून और हड्डी के कैन्सर तथा अन्य रोग शरीर में घर करते जाएंगे। गुणसूत्रों (क्रोमोसोम) व 'जीनों' अर्थात् गैतृकता से संबद्ध लक्षणों की वाहक इकाइयों पर इनका गहरा प्रभाव पड़ेगा, जो ऋणात्मक रहेगा।

मुलर नामक जीवविज्ञानी ने 1927 में घोषणा की थी कि उन ड्रोसोफिला या फलमक्खियों में, जिनके पूर्वज विकिरण में रखे गये, आनुवाशिक (पैतृक) असामान्यताएं पाई गईं और इस घोषणा के बाद अनेक प्रकार के पौधों व प्राणियों में मुलर की खोज की पुष्टि की गयी।

अध्ययन के बाद पाया गया कि सभी तरह के अधिक ऊर्जा वाले विकिरण, अवश्य ही शरीरक्रियात्मक परिवर्तन, गुणसूत्र-परिवर्तन और विशेष परिवर्तन उत्परिवर्तन (म्यूटेशन) करते हैं, यदि वे गुणसूत्रों व जीनों तक पहुंचते हैं।

मुलर ने पहले-पहल एक्स-रे विकिरण द्वारा कायापलट या 'जीन-परिवर्तन' की विधी खोजी। तब से फलमक्खियों, पौधों व अन्य जीवों पर अंधाधुंध प्रयोग और अनुसंधान होते गए। गोर्गन ने 1933 में और मुलर ने 1946 में विकिरण और मक्खियों के इन्हीं मनचाहे कायापलट संबंधी प्रयोगों के परिणामस्वरूप नोबेल पुरस्कार प्राप्त किया। विकिरण द्वारा मनमाने रूप से एक ही प्रकार की फलमक्खी को मुड़े, सीधे या छोटे प्रंखों वाली, लाल या सफेद आंखों वाली, काले या भूरे शरीर वाली, भिन्न प्रकार की टांगों वाली या जैसा चाहें वैसा ही बनाया जा सकता है।

विकिरण द्वारा जीव-परिवर्तन या जीन-परिवर्तन के प्रयोगों के बलबूते पर ही गेहूं, ज्वार-बाजरा, मक्का, धान आदि के अधिक उपज व बड़े दाने वाले और रोगसह पौधे पैदा किए जा रहे हैं। सूक्ष्मदर्शी अध्ययन से पता चलता है कि विकिरण गुणसूत्रों को तोड़ने में सहायक होते हैं। यह गुणसूत्रों में सभी प्रकार की असामान्यताएं करता है। इन होने वाले परिवर्तनों की संख्या और विकिरण-मात्र में

सीधा अनुपात होता है।

आनुवंशिकीविज्ञ (जेनेटीसिस्ट) इस बात से सहमत हैं कि विकिरण द्वारा प्रेरित उत्परिवर्तनों की कोई सीमा नहीं है। ऐसी अल्प मात्रा कोई नहीं है जिससे जरा भी उत्परिवर्तन न हो। कहने का अर्थ यह है कि अल्प से अल्प विकिरण से भी कुछ न कुछ परिवर्तन अवश्य होता है। जनन-कोशिकाओं यानी शुक्राणु व अंडाणु में प्रत्येक खुराक (डोज) कितनी ही अल्प क्यों नप हो उससे गर्भधारणा की अवस्था और जनन के बीच भावी पीढ़ियों के लिए खतरे की संभावना रहती है।

इस प्रसंग में मात्रात्मक अनुमान करने बैठें तो कुछ अनिश्चितताएं सामने आती हैं, क्योंकि मानव संबंधी आंकड़ें अभी अपर्याप्त हैं और प्रयोगात्मक प्राणियों वाले परिणाम विभिन्न जातियों में बदलते जाते हैं।

उदहारण के लिए, एक निश्चित विकिरण-मात्रा के प्रति चूहे फलमक्खियों की अपेक्षा 18 गुना अधिक संवेदशील होते हैं। चूहा फलमक्खी की अपेक्षा बड़े शरीर और लम्बे जीवन-चक्र वाला होता है, इसीलिए वह अधिक संवेदनशील होता है। अतः इसी आधार पर मानव को चूहे की अपेक्षा और अधिक उत्परिवर्तनशील होना ही चाहिए। यह प्राकृतिक सचाई है।

परमाणु-विकिरण के प्रभाव पर संयुक्त राष्ट्र संघ की रिपोर्ट से अनुमान होता है कि 4 प्रतिशत मानव-शिशुओं में अभी या बाद में गंभीर आनुवांशिक दोष होंगे। यद्यपि यह अज्ञान है कि इसका कितना अंश उत्परिवर्तन दर से संबद्ध है, तो भी संयुक्त राष्ट्र संघ की सीमित ने अनुमान किया है कि उत्परिवर्तन दर को दुगुना कर देने से यह 4 प्रतिशत से 5-8 प्रतिशत तक भी बढ़ सकता है। विकिरण की प्रतिक्रिया क फलस्वरूप माता-पिता से दोषी जीन यानी पैतृक गुण शिशु में पहुंच जाते हैं, जो कि सामान्य प्रक्रिया है।

स्थायी नुकसान का खतरा

1000 रोंटजन से अधिक विकिरण से जब छोटी आंत को नुकसान पहुंचता है तो वह नुकसान दूर नहीं हो पाता और स्थायी बन जाता है। ऐसे में विकिरण वाले संपर्क के एक हफ्ते बाद रोगी की मृत्यु हो जाती है। और ऐसी मृत्यु को 'आंत्र-मृत्यु' कहते हैं। 3000 रोंटजन से अधिक विकिरण से होने वाली मृत्यु को 'केन्द्रीय तंत्रिका-तंत्र मृत्यु' या 'मस्तिष्क वाली मृत्यु' कहते हैं। ऐसा रोगी संपर्क होने के कुछ घंटे, एक दिन या दो दिन बाद मर जाता है। इसके विपरीत कम विकिरण वाली मात्रा से अन्य प्रभाव भी हो सकते हैं। हाथ, जबड़े या अन्य अंगों

में जलन, शरीर में थकान, मतली आना, कै होना, दांत-बालों का झड़ना, अस्थायी बंध्यता तथा सूखी चमड़ी का रोग आदि सामान्य बातें हैं। 50-100 रोंटजन वाला विकिरण खून में अस्थायी प्रभाव कर सकता है, जैसे कि रक्त में लाल व श्वेत रुधिर कणिकाओं की कमी। लेकिन व्यक्ति को इनका कुछ भी अनुभव नहीं होता।

विशेषज्ञों के अनुसार विकिरण की ऐसी कोई सीमा नहीं है जिससे कोई रोग न हो। जीनी (आनुवंशिक) हानि के संदर्भ में तो कितनी ही कम मात्रा क्यों न हो पर अवश्य हानि पहुंचती। यह तो थी शरीर के बाहर से आने वाल विकिरण की बात, लेकिन शरीर के अन्दर के पदार्थों से भी विकिरण होने लगता है, जैसे कि अवपात के रेडियोऐक्टिव उत्पादों यानी स्ट्रेंशियम, सीजियम, बेरियम, आयोडीन आदि से। इस तरह के विकिरण के कुप्रभाव आइसोटोप के प्रकार, विकिरण के प्रकार व परास, शरीर द्वारा ली गई मात्रा, रहने की अवधि, ग्राही अंग आदि पर निर्भर करते हैं।

अल्फा कणों वाले विकिरण जीवांगों के लिए ज्यादा हानिकारक होते हैं। असर के हिसाब से पहले अल्फा कण, फिर न्यूट्रोन, बीटा-कण और सबसे बाद में एक्स-रे का क्रम है। इन कणों द्वारा अंगों में आयन उत्पन्न और वितरित होते रहते हैं, जो कोशिका या शरीर के प्रमुख अणुओं व संरचनाओं को विचलित कर हानि पहुंचाने में कमी नहीं करते।

रेडिएशन का कोशिकाओं पर प्रभाव

विकिरण मुख्य रूप से जीवों को तीन प्रकार से नुकसान पहुंचाता है–(1) कोशिकाओं यानी अंततः जीवों का नाश, (2) चयापचयी तंत्र में परिवर्तन, जिसमें सामान्यतया जीव को हानि पहुंचती है, और (3) आनुवांशिक पदार्थ में परिवर्तन जो प्रायः बाद वाली पीढ़ियों के लिए हानिकारक होता है। तीव्र गति से विभाजन करने वाली कोशिकाएं विकिरण के प्रति अधिक संवेदनशील होती है। इसका इतना प्रभाव पड़ता है कि कोशिकाओं का विभाजन तक रुक जाता है। छोटे कीटों का एकल अंगों पर भी प्रयोग किए गए, जहां यह सुविधा होती है कि इच्छानुसार कोशिकाद्रव्य (साइटोप्लाज्म) या केन्द्रक (न्यूक्लियम) को ही किरणित किया जा सकता है। प्रयोगों से पाया गया कि केन्द्रक, जिसमें कि गुणसूत्र व जीन अर्थात् पैतृक गुणों वाली इकाइयों से सम्बद्ध पदार्थ होते हैं, सबसे अधिक संवेदनशील भाग है।

विकिरण से कैन्सर यानी त्वचा-कैन्सर सबसे पहले देखा गया है। जर्मन खानों में पिचब्लैंड अयस्क या रेडियम वालों में आधे लोगों की मृत्यु फेफड़ों के कैन्सर से हुई। इसी तरह रेडियम घड़ी के पेन्टर में अस्थि-ट्यूमर देखे गए।

प्रयोगों द्वारा यह भी पता चला कि एक्स-रे द्वारा या खिलाने या 'रेडियोऐक्टिव पदार्थ के इंजेक्शन से भी' अस्थि-कैन्सर हो जाता है। मानव में सबसे अधिक संभावना श्वेतरक्तता (ल्यूकेमिया) या रक्त-कैन्सर की रही है। कुछ प्रभाव सुधारे भी जा सकते हैं और कुछ नहीं।

नवीन अनुसंधान

विकिरण द्वारा उपचार करने में यह भी खतरा रहता है कि खराब कोशिकाओं के साथ अच्छी कोशिकाएं भी प्रभावित हो जाती हैं। अतः सावधानी, विवेक और संतुलन का भारी महत्त्व है। सोवियत वैज्ञानिकों ने रेडियोऐक्टिव टॉक्सिन या विष खोजे हैं, जो प्राणियों में कैन्सर-कोशिकाओं पर तो आक्रमण करते हैं पर स्वस्थ कोशिकाओं पर नहीं। प्रोफेसर ऐलेक्जेंडर कुज़िन ने प्रयोगशाला में सूरजमूखी आदि पौधों की पत्तियों पर रेडियोऐक्टिव टॉक्सिन उगा कर प्रयोग किये। उन्होंने बताया कि चूहों पर ये टॉक्सिन सबसे पहले ग्रस्त कोशिकाओं पर प्रभाव डालते हैं। यह भी उन्होंने चेतावनी दी है कि मानव में कैन्सर की चिकित्सा में इनका प्रयोग करने के पहले जानवरों में इन प्रयोगों की एक लम्बी श्रृंखला पूरी करनी होगी। ये प्रयोग अमरीका में नए-नए आयामों से चल रहे हैं और मानव के संदर्भ में विकिरण संबंधी तस्वीर धीरे-धीरे तथा अधिक सुस्पष्ट होती जाएगी। यह विषय इतना जटिल है कि इस बारे में पूरी जानकारी देना अभी संभव नहीं है। लेकिन आधुनिक विज्ञान से हमें अवश्य ही इस क्षेत्र में भी जानकारी उपलब्ध होती रहेगी।

5

कृषि से उत्पन्न होते प्रदूषण

जंगलों से ही कृषि उपजी और उसका विकास हुआ। पहले मानव जंगलों में ही रहता था। वहां खेती के प्रयोग शुरू हुए। मानव ने तनिक सभ्य होने पर ही बीज बोकर खेती की शुरुआत की। जंगलों में पके फलों और बीजों के गिरने पर जब उसने पौधों को उगते देखा तभी उसके दिमाग में कौंधा कि बीजों को बोया जा सकता है और उनसे पौधे उगाये जा सकते हैं। इस तरह कृषि परंपरा का प्रादुर्भाव हुआ।

खेती करते-करते आदमी को धीरे-धीरे खेती संबंधी नई-नई जानकारियां होती गई। उसने देखा कि जहां पर गोबर या जानवरों का मल गिरा वहां पौधों की बढ़वार खूब हुई।

शुरू में तो मिट्टी के पोषक तत्त्वों की कमी हुई तो मावन ने खाद डालना शुरू कर दिया और खेती के संदर्भ में फिर यह उसका नियमित क्रम ही बन गया। उसे भली भांति यह ज्ञान हो गया कि जिस तरह मानव के शरीर के पोषण के लिए अन्न, सब्जियां, फल आदि जरूरी हैं, उसी तरह भूमि और पौधों के पोषण के लिए खाद भी जरूरी है। इस प्रकार कृषि में खाद वाला अध्याय अनिवार्य रूप से जुड़ गया। तब से आज तक यह रीति बराबर चली आ रही है।

युगों के हिसाब से खाद के प्रसंग में विश्लेषण करने पर ज्ञात होता है कि पहले केवल गोबर, प्राणियों के मल तथा सड़ी-गली पत्तियां वगैरह की जैविक खाद का ही इस्तेमाल होता था। फिर पौधे की छोटी टहनियों, पत्तियों आदि को गड्ढे में सड़ाकर 'कम्पोस्ट' बनाकर उसका खाद के रूप में इस्तेमाल किया जाने लगा।

जैविक खाद से पौधे बढ़ते भी थे और मिट्टी प्राकृतिक बनी रहती थी तथा उसे कोई हानि नहीं पहुंचती थी। जैविक खाद में जीवाणु (बैक्टीरिया), फफूंदी आदि सूक्ष्मजीव भूमि को जीवंत बनाए रखते हैं और अपनी अभिक्रिया से भूमि का खाद के पहलू से संपूरण भी करते हैं। इस तरह कोई हानिकारक प्रभाव फसलों या मिट्टी पर नहीं पड़ता है और भूमि में प्राकृतिक चक्र सुचारु रूप से चलता रहता है। यह बात जरूर है कि पैदावार भले ही बहुत अधिक न हो पर भूमि सामान्य और प्राकृतिक बनी रहती है और जैविक खाद की खपत से कम होने वाले पोषक तत्त्वों की पूर्ति होती रहती है। भूमि में पोषण-पदार्थों का संतुलन बना रहता है और किसी भी तत्त्व की अति नहीं होती। पर धीरे-धीरे लोगों ने गोबर आदि का इस्तेमाल ही भुला दिया।

फिर बेसब्रा और लोभी मानव रसायनिक कृत्रिम उर्वरकों (फर्टिलाइजर) की ओर उन्मुख हुआ और उसने सुविधानुसार अधिक पैदावार के लिए रसायनिक उर्वरकों को ही विकल्प मान लिया।

अंधाधुंध रूप से फैक्टरियों में रासायनिक उर्वरकों का बड़े पैमाने पर उत्पादन होने लगा और कृषि में रासायनिक उर्वरकों के इस्तेमाल का फैशन ही बन गया। लेकिन रासायनिक उर्वरकों के इस्तेमाल से धीरे-धीरे भूमि में रसायनों का जमाव होने लगा और हर साल के इस्तेमाल से इनकी मात्रा में और बढ़ोतरी होती गई। इससे भूमि के अप्राकृतिक तथा प्रदूषित होने और रसायनों से संयुक्त होने की स्थिति आ गई है।

रसायन पानी के साथ भूमि में नीचे पैठकर और जमा होकर धीरे-धीरे अपना असर दिखलाते हैं। यही खेती का प्रदूषण है। रासायनिक प्रदूषण वाले अध्याय में इन रसायनों की विस्तार से चर्चा हो चुकी है, फिर भी कृषि के प्रसंग में इनके उल्लेख से सम्बद्ध बातें और अधिर उजागर हो जाएंगी। हमें यह मूलभूत बात याद रखनी है कि कृषि-प्रदूषण, भोजन तथा हमारे शरीर के क्रियाविज्ञान का सीधा और गहरा संबंध है और कृषि से शुरू हुआ प्रदूषण हमारे व अन्य जीवों के जीवन पर बुरा प्रभाव डालता है।

अतः ऊंचे स्वर में पुनः दोहरा दें कि गहन कृषि की आधुनिक रासायनिक विधियों के प्रयोग से भूमि का प्रदूषण बहुत बड़े पैमाने पर हुआ है।

यद्यपि पुरानी कृषि पद्धतियां फसलों की उपज की दृष्टि से अधिक लाभकारी नहीं थी लेकिन खेती करने के हजारों वर्ष बाद भी कृष्य भूमि की गुणवता बनाए रखने के लिए वे उत्कृष्ट थीं। लेकिन आधुनिकता के चक्कर में

उर्वरकों और पीड़कनाशी (पेस्टिसाइड) रसायनों के अनुप्रयोग पर आधारित गहन कृषि प्रणालियों से भूमि की परिस्थितियों में बिगाड़ आ गया है जिससे अंततः वह फसल पैदा करने के नाकाबिल भी हो सकती है।

इस प्रकार की विषम परिस्थिति की गम्भीरता को समझने के लिए मान लीजिए कि एक खेत है जिसमें उर्वरक के रूप में अमोनियम सल्फेट का निरंतर प्रयोग किया जाता रहा है। चूंकि अमोनियम आयनों की बाद वाली फसलों द्वारा भी लगातार खपत होती रहती है इसलिए इसके परिणामस्वरूप भूमि में सल्फेट आयन अत्यधिक मात्रा में बचे रहते हैं और इस कारण भूमि अम्लीय या तेजाबी बन जाती है। एक दूसरे उर्वरक की मिसाल भी लिए लेते हैं जैसे कि 'सोडियम नाइट्रेट' की। इसी तरह सोडियम नाइट्रेट या पोटेशियम नाइट्रेट सरीखे उर्वरकों के गहन उपयोग से भूमि में सोडियम अथवा पोटेशियम आयनों की मात्रा बहुत अधिक बढ़ जाएगी।

रासायनिक उर्वरकों के साथ यह भी है कि सिंचाई के लिए पानी की काफी अधिक मात्रा की जरूरत होती है। पर लम्बे समय के बाद यह पानी भूमि को बहुत अधिक लवणीय यानी खारी बना देगा और साथ ही फसल उगाने के अयोग्य भी। इसलिए ऐसा न होने देने के लिए शर्त यह है कि तदनुसार खूब सावधानियां बरती जाएंगी उदाहरण के लिए, पंजाब के अनेक क्षेत्रों में रासायनिक उर्वरकों और पीड़कनाशियों के अंधाधुंध इस्तेमाल के कारण भूमि की सतही परत में लवण हो गए हैं। कहा जा रहा है कि एक निश्चित बिंदु के बाद अतिरिक्त उर्वरकों से फसल ही उपज में कोई भी सुधार नहीं होगा। यह स्थिति काफी कष्टकर रहेगी। कुछ विशेषज्ञ कहते हैं कि पंजाब के खेत संतृप्त बिंदु या चरम बिंदु पर पहुंच रहे हैं। रसायनों का यही हश्र देखने को मिल रहा है। लेकिन यह सब हुआ ताबड़तोड़ कम समय और कम क्षेत्र में अधिक से अधिक उत्पादन की खातिर। 1960 वाले दशक के आरंभिक वर्षों में विभिन्न वैज्ञानिकों, सरकारी प्रशासकों और कृषिविज्ञानियों ने कृषि संबंधी विभिन्न संस्थाओं क सहयोग से ऐसी तकनीकों का विकास किया कि उनसे ज्यादा से ज्यादा कृषि उत्पादन हो। कुल मिलाकर यह सब हरित क्रांति के रूप में हमारे सामने आया। इससे हम अन्न की दृष्टि से आत्मनिर्भर हुए और हमें अन्य देशों का मुंह नहीं ताकना पड़ा।

लेकिन एक दशक बाद चिंता में डालने वाले कुछ कुप्रभाव भी प्रकट होने लगे। इस दिशा में उचित यही होगा कि अनुसंधानों के आधार पर रासायनिक उर्वरकों के बदले नए जैविक उर्वरक और जैविक पीड़कनाशी खोज निकाले जाएं

ताकि काम भी निकलता रहे और बात भी न बिगड़े।

संश्लेषित रासायनिक उर्वरक फसल के पौधों को उनकी जरूरत के हिसाब से बढ़ने व पनपने के लिए पदार्थों की अतिरिक्त आपूर्ति करते हुए उनकी मदद करते हैं, लेकिन पौधे इन सबका इस्तेमाल और खपत नहीं कर सकते। फिर होता क्या है कि बचे-खुचे नाइट्रेट वर्षा के साथ बहकर नदियों में पहुंच जाते हैं तथा जमीन से टपककर व रिसकर नीचे बड़ी राशि में जमा होते जाते हैं और एक प्रकार की लुगदी के रूप में पेय जल में भी पहुंच जाते हैं। यहीं से विष श्रृंखला क्रिया शुरू होने लगती हैं

खेती के काम से बचा रसायनों का यह घोल सतही पानी से तुरंत मिल जाता है और नाइट्रेट-स्तरों को बढ़ावा देता रहता है। इनसे उनकी सांद्रता बढ़ती जाती है जो पेय जल को भी प्रभावित करती है। सतह से होते हुए नाइट्रेटों को भूमिगत जल से मिलने में काफी अधिक समय लगता है क्योंकि इनको चट्टानों और कठोर भूमि से होते हुए एक या दो मीटर पहुंचने में प्रायः एक साल लग जाता है।

यदि पानी को नीचे काफी अधिक गहरे पहुंचना है तो नाइट्रेटों के पहुंचने में 50 साल तक लग सकते हैं। इसीलिए पर्यावरणविज्ञानी कहते हैं कि वे द्वितीय महायुद्ध के बाद से रासायनिक उर्वरकों के 'टाइम बम' का इंतजार कर रहे है कि देखें उसका विस्फोट कब होता है। लेकिन इस बीच योरोप के कृषि क्षेत्रों के नीचे उथले भूमिगत जल में नाइट्रेट के उच्च स्तरों का पहले ही पता लग चुका है। नाइट्रेटों के इन उच्च स्तरों की काट पानी के उपचार से या किसानों द्वारा उर्वरकों के अधिक इस्तेमाल में कमी करने से ही की जा सकती है। या फिर ये दोनों बातें जरूरी हो सकती हैं। जिन नाइट्रेटों को भूमि में पहुंचने में कई दशक लगते हैं उन्हें बाहर उलीचने में भी कई दशक लग सकते हैं। फिर यह बिना बात का अतिरिक्त परिश्रम भी तो होगा। वैज्ञानिक सार्वजनिक रूप से कैन्सर के संभावित खतरे की वजह से भ्री चिंतित है क्योंकि शरीर में होनी वाली रासायनिक अभिक्रियाएं नाइट्रेटों को ऐसे पदार्थों में परिवर्तित कर सकती हैं जो प्राणियों में कैन्सर पैदा करें। नाइट्रेट हमारे शरीर में सब्जियों या हैम, बेकन और कुछ किस्म की पनीर सरीखे परिरक्षित खाद्य पदार्थों के माध्यम से भी पहुंच सकते हैं।

भले ही इन बातों की पूरी तरह से पृष्टि न हो पर यह तो कहा जा सकता है कि भूमि को सामान्य व प्राकृतिक बनाए रखने के लिए, रसायनों की मार से बचने के लिए और रसायनों की प्रतिक्रियास्वरूप मानव में अनेक रोगों से बचने के

लिए हमें भूमि में कम से कम रासायनिक उर्वरकों का इस्तेमाल करना होगा और अगर करना भी पड़े तो सोच-समझकर मर्यादित रूप में। फसलों की उर्वरा शक्ति को बनाए रखने के लिए हमें प्राकृतिक और जैविक खादों का अधिक उपयोग करना होगा और जहां तक हो सके रसायनों का उपयोग या तो न किया जाए या फिर सावधानी बरतते हुए बस नाम मात्र के लिए यानी संपूरण के लिए। तभी कृषि और कृषि उत्पादों की दृष्टि से भूमि की नैसर्गिकता बनाकर रखी जा सकती है। तभी इस वसुंधरा को विषकन्या न बनाकर हम भी रसायनों से अप्रभावित बने रहने की स्थिति में हर सकते हैं।

6

हमारी धरती एवं रासायनिक प्रदूषण का कुप्रभाव

इस रासायनिक धरती पर अधिकांश प्रदूषण रासायनिक प्रदूषण ही हैं। ये रसायन धीरे-धीरे हवा में एक छोर से दूसरे छोर तक, पानी की बूंद-बूंद में, जमीन के कण-कण में और जीवों के पोर-पोर में व्यापक रूप से समाते जा रहे हैं। इनकी शुरुआत कीटों को मारने के लिए कीटनाशी रसायनों, पीड़कनाशी रसायनों, शाकनाशी रसायनों के रूप में हुई थी। लेकिन आज घरों, बगीचों, खेतों, सड़कों, जंगलों आदि में इनका छिड़काव एक फैशन बन गया है।

यह सभी का अनुभव है कि रसोई, शौचालय तथा घर में मच्छर, खटमल, जूं, किलनी, मक्खी, तिलचट्टे, दीमक, टिड्डी आदि को मारने में हम रोज ही कीटनाशी रसायनों का इस्तेमाल करते हैं। बगीचों में भी इनको फुहारा जाता है और खेतों तथा जंगलों में भी। इनके अंधाधुंध इस्तेमाल से, ये जमीन के नीचे पैठकर भारी मात्रा गें जमा होते जाते हैं और लम्बे समय तक अपना प्रभाव दिखलाते हैं।

यदि कहें कि हम नित्य प्रति ढेरों रसायन निगलते हैं तो कोई अत्युक्ति ने होगी। फ्रिज की चीजें खाते हुए तथा उसका पानी पीते हुए हम रोज ही रसायनों के सम्पर्क में आते हैं।

आज की सारी सब्जियां रसायनों से सराबोर होती हैं। फलों को भी रसायनों से ही पकाया जाता है। हम जो अनाज खाते हैं वे भी सब रासायनिक उर्वरकों से पनपते हैं। जिस पानी से सिंचाई की जाती है और जिसे हम पीते हैं उसमें कई रसायनों का ही मजेदार स्वाद होता है। फिर बीमारियों में तो ढेर सारी दवाएं तथा

मिश्रण लिए ही जाते हैं। आज जरा-सी हल्की हरासत होने पर हम फटाफट गोलियां सटकने लगते हैं। हमारे चारों ओर की हवा में भी रसायनों के कण लटकते रहते हैं, जिन्हें सांस लेते हुए हम अपने अन्दर लेते हैं। ये तो कुछ मोटी बानगियां हैं कि हम चारों तरफ से कैसे रसायनों की दुनिया में जी रहे हैं।

हमारे लिए कीटनाशी रसायन सचमुच 'बूमरैंग' हैं। इनका छिड़काव होता है कीटों और हानिकारक जीवों को मारने के लिए, लेकिन प्रभाव पड़ता है घूम-फिर कर मानव पर ही।यह भी एक विडम्बना है। इनसे हमारे पर्यावरण, जीवन और मौसम में बहुत परिवर्तन आते जा रहे हैं।

हमारी इस पृथ्वी का इतिहास वास्तव में जीवधारियों और उनके पर्यावरण स्वरूप तथा वनस्पतियों व प्राणियों का स्वभाव काफी कुछ वातावरण द्वारा ढाला गया है। इतने दीर्घ अन्तराल को देखते हुए यह कहा जाएगा कि पर्यावरण बहुत कम प्रभावित हुआ है, लेकिन इस बीसवीं शताब्दी में मानव ने पर्यात्ररण को काफी ज्यादा प्रभावित किया है।

पर्यावरण पर मानव आक्रमण की सबसे अधिक चौंकाने वाली बात है—भयानक और प्राणघाती रसायनों से जल, वायु, भूमि, झीलों, नदियों, समुद्रों आदि का प्रदूषण। अधिकांश प्रदूषण ऐसा है जो कि फिर से ठीक नहीं हो सकता। जीवधारियों के अंगो और कोशिकाओं में एक बार प्रारंभ हुआ नहीं कि फिर बदलना मुश्किल। पर्यावरण के इस विश्वव्यापी प्रदूष्ण्ण में ये रसायन विकिरण के साथ मिलकर धरती और उसके सभी जीवों की आधारभूत प्रकृति को बदलने में लगे हुए हैं।

घनबाद के निकट दामोदर नदी क्षेत्र में हुआ रासायनिक प्रदूषण, जब संथालडीह थर्मल पावर स्टेशन से 11,000 किलोमीटर से अधिक पेट्रोल नदी में रिसकर आग पकड़ गया था—इससे भूमि, जल वायु प्रदूषित हुई।

मानव उत्पत्ति के बहुत पहले से ही सृष्टि में विविधानुकूली कीट विराजमान थे। मानव उद्भव के बाद ये उसकी खुशहाली में दो तरह से दखल देने लगे। एक तो भोजन में उसका हिस्सा बटाकर और दूसरे विभिन्न रोगों के फैलाने वालों के रूप में। इसीलिए इन कीटों का नरश करने में हमने कीटनाशी रसायनों का प्रयोग शुरू कर दिया।

बीस वर्ष की अवधि से कम समय में ही ये संश्लेषित हानिकारक सर्वव्यापी बन गए हैं। बृहत् नदी तंत्रों और यहां तक कि पृथ्वी के नीचे अदृश्य रूप में बहने वाली भूमिगत सरिताओं से भी ये प्राप्त किए गए हैं। भूमि के नीचे रसायनों से

सांद्र अंतः सलिला भी बहती रहती है जो ऊपर से हमें नज़र नहीं आती। ये दूर पर्वतीय झीलों की मछलियों, केंचुओं, चिड़ियों के अंडों और मानव तक में पाए गए हैं।

यह सब दूसरे महायुद्ध की बदौलत हुआ है कारण कि कीटनाशी गुणों वाले इन संश्लेषित रसायनों का उत्पादन सम्बद्ध उद्योगों की स्थापना के पश्चात ही हुआ। रासायनिक युद्ध के लिए प्रयोगशालाओं में आयुध तैयार करते समय कुछ रसायन कीटनाशी रसायन तैयार किए जाने लगे। इन शक्तिशाली रसायनों में विषाक्त करने की ही शक्ति नहीं अपितु शरीर की महत्त्वपूर्ण क्रियाओं में प्रविष्ट होकर तथा उनको बिगाड़कर घातक रीति से बदल देने की भी भारी शक्ति होती है।

इस तरह डी.डी.टी. का विश्वव्यापी स्तर पर काफी ज्यादा इस्तेमाल होने लगा। सबसे पहले इसका प्रयोग महायुद्ध में सैनिकों, शरणार्थियों व कैदियों की जूएं मारने के लिए होता था। यह चूर्ण रूप में त्वचा द्वारा नहीं सोखा जाता! लेकिन तेल में घोलने पर विषैला होता है। शरीर में प्रविष्ट होने पर यह ज्यादा वसा वाले अंगों में जमा होता रहता है। ज्यादातर यह जिगर, गुर्दे और आंतों को सम्हाले रखने वाली आंत्रयोजनी की वसा में जमा हो जाता है।

इनके अल्पांश से ही शरीर के एंजाइमों का संदमन व जिगर की कोशिकाओं का ह्रास हो जाता है और अन्य गड़बड़ियां सामने आती हैं। डिएल्ड्रिन और क्लोरडेन नामक रसायन तो बहुत प्रभावकारी होते हैं।

1930-35 में पाया गया कि यकृत्शोथ (हिपेटाइटिस) का कारण क्लोरीनीकृत नैफ्थलीन का प्रयोग था। डिएल्ड्रिन, ऐल्ड्रिन नामक कीटनाशी (इनसेक्टीसाइड) अपने वर्ग में सबसे अधिक विषैले हैं और इनमें एन्ड्रिन सबसे अधिक। दूसरी कोटि के कीटनाशी हैं एल्किल या कार्बन फॉस्फेट। ये सबसे अधिक विषैले रसायन है। इनमें अधिकतर पैराथायोन प्रयुक्त होता है जो बहुत खतरनाक है। दूसरा कार्बनिक फॉस्फेट मलाथायोन है जो डी.डी. टी.की ही तरह खूब प्रचलित है। वैसे कुछ देशों में डी.डी.टी का इस्तेमाल अब बंद कर दिया गया है।

हमारे जलमार्गों का प्रदूषण रिऐक्टरों, प्रयोगशालाओं, अस्पतालों आदि के रासायनिक तथा रेडियोऐक्टिव अपशिष्टों व नाभिकीय परीक्षणों की राख तथा कूड़े-करकट और फैक्टरियों के रासायनिक मल आदि से हो सकता है। घरेलू तथा अन्य मल पदार्थों के साथ जब इन्हें पानी में छोड़ा जाता है तो शुद्धिकरण संयंत्रों द्वारा अपनाई गई परीक्षण विधि में भी ये रसायन पकड़ में नहीं आते।

रासायनिक पदार्थों का निरंतर खतरा

चूहों, कीटों अन्य जीवों तथा खर-पतवार सरीखी बेकार वनस्पतियों के नियंत्रण के लिए छिड़के जानेवाले इन कीटनाशियों से प्रदूषण की मात्रा में निरंतर बढ़ोतरी होती जा रही है। जल-प्रदूषण समस्या में सबसे अधिक चौंकाने वाली बात यह है कि भूमिगत जल के प्रदूषण का भय व्यापक रूप से बढ़ता ही जा रहा है। वर्षा वगैरह वाला भूमि पर का रसायन मिश्रित पानी छेदों व दरारों के नीचे पैठकर निरंतन गति करता रहता है और अंत में धीरे-धीरे सरिताओं व नदियों में पहुंच जाता है।

प्रदूषित जल को सीधे ही मानव शरीर में ग्रहण करने पर तो हानि होती ही है लेकिन ऐसे जल से जब पौधों व फसलों की सिंचाई होती है तो वे पौधे भी रोगी हो जाते हैं और इनके रसायनधारी हो जाने के कारण पशुधन तथा मानव पर इनका बुरा असर पड़ता है। भूमिगत और सतही जल में जीवनाशी रसायनों की उपस्थिति के कारण जलतंत्र में विषैले ही नहीं अपितु कैन्सर उत्पन्न करने वाले रसायन भी मिलते जा रहे हैं।

मिट्टी की ऊपरी पतली परत हमारा तथा स्थलीय प्राणियों व पौधों का नियंत्रण करती है। परंतु भूमि भी जीवों पर निर्भर करती है। भूमि के अदृश्य सूक्ष्म जीव मिलकर भूमि को जीवन्त, सामान्य व सार्थक बनाते हैं और एक-दूसरे पर आश्रित रहते हैं। हमने कभी भी यह नहीं सोचा कि इन रसायनों से भूमि की ऊपरी परत के लाभकारी तथा महत्त्वपूर्ण जीवों पर प्रत्यक्ष या परोक्ष रूप से क्या बीतती होगी। न कभी हमने यह सावधानी बरती कि लाभकारी अच्छे कीट, बैक्टीरिया या जीव न मरें और सिर्फ हानिकारक जीव ही मरें। न ही हमने यह सोचा कि इतने विषैले रसायनों से तिलमिला कर पृथ्वी अपनी बेइज्जती पर कभी उल्टी मार भी करेगी। न हमने कभी इस बात पर ध्यान दिया कि भूमि तथा प्राणी व वनस्पतियों के अंग कितनी मात्रा में इन विषैले रसायनों को सोखते जा रहे हैं।

इन कीटनाशियों द्वारा भूमि में नाइट्रीकरण यानी खाद बनाने की क्रिया भी धीमी हो जाती है। कई लुभावने वृक्ष, प्राणी और वनस्पतियां लुप्त होती जा रही हैं। प्राकृति की गरिमा बिगड़ती जा रही है।

प्रकृति में स्वतः चलनेवाली जैविक नियंत्रण की क्रियाविधि नष्ट हे रहीं है। विदेशों में कुछ संगठनों ने मछलियों, मेंढकों व जलीय प्राणियों के नाश को देखकर हेप्टाक्लोर, डिएल्ड्रिन और इन्रू विषों की हवाई फुहारों को बन्द करने की सलाह दी है। आजीवन रसायनों का यह संपर्क अन्ततः दुखदायी ही रहेगा। कितना ही

थोड़ा संपर्क क्यों न हो शरीर में धीरे-धीरे रसायनों वाले इन विषों का जमाव होता जाता है। औसत नागरिक को पता ही नहीं चलता कि वह इन्हें प्रयोग कर रहा है किन्तु असलियत यह है कि रसोईघर से लेकर दूर के जंगलों तक इनका खूब इस्तेमाल हो रहा है।

मानव पर्यावरण का अभिन्न तथा महत्त्वपूर्ण अंग है। वह इस प्रदूषण से बच नहीं सकता। स्वास्थ्य अधिकारियों ने बताया है कि इसके जैविक प्रभाव लम्बी अवधि में संचयी प्रकार के होते हैं। व्यक्ति विशेष पर इनका प्रकोप उसके जीवन काल के समस्त प्रभावों का मिलाजुला परिणाम होगा।

डाक्टर रीने डुबोस के अनुसार "मानव तुरन्त प्रकट होने वाली बीमारियों से अधिक प्रभावित होता है परंतु सचाई यह है कि उसके भयानक शत्रु अप्रकट, परोक्ष और अदृश्य रूप में उस पर मंडराते रहते हैं।

हमारे शरीर के अन्दर की परिस्थितियों का भी बड़ा हाथ है। 'एक स्थान पर का परिवर्तन, यहां तक कि एक अणु का परिवर्तन असम्बद्ध अंगों, ऊतकों व सम्पूर्ण तंत्र में खलबली मचा सकता है। 'लेकिन हम हैं कि शीघ्र प्रकट होने वाले लक्षणों पर ही अधिक ध्यान देते हैं और तुरन्त प्रकट न होने वाले अन्य लक्षणों को टाल जाते हैं। इसके दौरान विषैले पदार्थ शरीर की वसा में जमा होते रहते हैं। इस जमा वसा को शरीर की क्रियाएं जब उपयोग के लिए खींचती हैं तो उस समय यह विष एकदम अपना असर दिखाता है। वसा को विभिन्न कार्य करने होते हैं और इसमें विद्यमान विष इसके कार्य में बाधा पहुंचाते हैं। वसा के माध्यम से ही चय, ऊर्जा प्राप्ति आदि की महत्त्वपूर्ण क्रियाए सम्पन्न होती हैं। क्लोरीनीकृत हाइड्रोकार्बन रसायनों का सबसे ज्यादा कुप्रभाव यकृत (जिगर) पर पड़ता है। इस असाधारण अंग के बूते पर ही सारी महत्त्वपूर्ण क्रियाएं चलती हैं। इसमें जरा भी खोट आ जाती है तो बड़े भयंकर परिणाम भुगतने पड़ते हैं। वसा के पाचन के लिए पित्तरस उत्पन्न करने के अलावा यह अन्य खाद्य पदार्थों के चयापचय की विविध क्रियाओं का संचालन भी करता है।

खून का थक्का बनाने वाले पदार्थों व प्रोटीनों का निर्माण करना तथा रक्त के कोलेस्टरोल को ठीक स्तर पर बनाए रखना भी इसके कार्य हैं। यह नर और स्त्री हॉरमोनों को मर्यादित रखकर विटामिनों को जमा रखता है। इन सबके अलावा यह शरीर में आने वाले या उत्पन्न होने वाले विषों से जूझ कर उन्हें नष्ट करता है। अतः कीटनाशियों द्वारा यकृत के ग्रस्त होने का मतलब है जान का खतरा।

कीटनाशियों की विषाक्तता की समस्या बड़ी अजीब है और इस बात से तो और भी अजीब हो जाती है कि प्रयोगशाला में अन्य प्राणियों की तरह मानव न तो नियंत्रित दशा में रहता है और न उस पर सिर्फ एक ही रसायन का प्रभाव पड़ता है। दो प्रकार के रसायनों के मिलने पर आपसी प्रतिक्रियाएं भी होती हैं। ये रसायन भूमि, पानी, मानव-रक्त में या कहीं भी पृथक् नहीं रहते अपितु अनेक छिपे परिवर्तनों के द्वारा एक-दूसरे की हानिकारक शक्ति को बढ़ा देते हैं।

क्या-क्या रसायनों के करतब हैं तथा इनके प्रयोगकर्त्ताओं पर क्या गुजरती है इसका एक उदाहरण देना युक्तिसंगमत होगा। यह एक ऐसे डॉक्टर का उदाहरण है जो कि खाली समय में बड़े उत्साह से बागबानी का शौक रखता था। वह अपने लौन तथा झाड़ियों पर कीटों तथा अन्य पीड़कों (पैस्ट) को मार भगाने के लिए प्रत्येक सप्ताह नियमित रूप से हैन्ड पम्प व अन्य विधियों से डी.डी.टी. व मलाथियोन छिड़कता-फुहारता था। स्वाभाविक था कि ऐसा करते समय उसकी चमड़ी व कपड़े फुहारों से सन जाया करते थे। करीब एक साल उपरांत इसी प्रकार कार्य करते हुए एक दिन वह अचानक बेहोश हो गया।

अस्पताल में भर्ती करने तथा जीवऊति-परीक्षा से पता चला कि उसकी वसा (चर्बी) में डी.डी.टी जमा हो गया था। इसके परिणामस्वरूप तंत्रिकाओं (नर्व) को भी काफी क्षति पहंचती थी। और डॉक्टरों के अनुसार यह क्षति स्थायी थी। समय जैसे-जैसे गुजरता गया वैसे-वैसे उसका वजन घटता गया। थकान का अनुभव ज्यादा किया जाता रहा और पेशीय दुर्बलता तो खास तौर से बढ़ गई जो मलाथियोन नामक रसायन की विशेषता थी। इन सबका मिलाजुला परिणाम इतना बुरा हुआ कि उसके लिए प्रैक्टिस करना मुश्किल हो गया।

यह तो एक प्रत्यक्ष उदाहरण था छिटपुट रूप में रसायनों के असर की। इस तरह की ढेरों मिसालें हमारे पास है जिनसे पन्ने के पन्ने भर जाएंगे, पर हमारा लक्ष्य नमूने के बतौर संकेत भर देना है।

सावधानियां

इसका यह अर्थ नहीं कि हमें इनका इस्तेमाल नहीं करना चाहिए। लेकिन हमारा भला तभी है जबकि हम इनका इस्तेमाल सही, सीमित और मर्यादित प्रकार से करें। इन रसायनों का अंधाधुध इस्तेमाल न करके हमें सावधानियां बरतनी होंगी। प्रकृति इतनी आसानी से हमारे सांचे में नहीं ढल सकेगी। कीट हमारे रसायनों के प्रति अपने को नए-नए तरीकों से बचाते जा रहे हैं तथा हमें धता

बताते जा रहे हैं। वे अपनी अवरोधक्षमता बढ़ाते जा रहे हैं और हमारे रसायन उनकी रक्षा-शक्ति के प्रति कमजोर साबित होते जा रहे हैं। अतःअपनी नियमन और नियंत्रण विधियों में हमें दूरदर्शिता वाले अनुसंधान और उपाय करने होंगे। हमारा लक्ष्य मनमाने असंगत तरीकों को अपनाना नहीं बल्कि सावधानी वाली प्राकृतिक विधियों को अपनाना होना चाहिए। जंगलों के कटने से ोज़ी प्रदूषण बढ़ा है। जंगल कार्बन को बांध कर रखते हैं। लेकिन जंगलों का सफाया होने से यह कार्बन-मुक्त हो जाता है और ओजोन की रक्षाकारी छतरी का नाश करता है।

पहले पीड़कों (पैस्ट) तथा हानिकारक जानवरों को मारने हेतु रासायनिक उपायों को नहीं बल्कि भौतिक उपायों को काम में लाया जाता था। उदाहरण के लिए, मक्खी, मच्छर, चूहों आदि को हाथ से मारा या पकड़ा जाता था; रसायनों और गोलियों का इस्तेमाल नहीं किया जाता था।

चूहेदानियों से चूहों को पकड़कर दूर छोड़ा या मारा जाता था। चूहे मारने के लिए घरों में बिल्लियां पाली जाती थीं। पर अब घरों में बिल्लियां कहां पाली जाती हैं और चूहामार गोलियों का प्रयोग किया जाता है। मच्छर आदि मारने के लिए तेल-रसायन मिश्रण छिड़के जाते हैं जो पर्यावरण को रसायनों से सराबोर कर देते हैं।

गैम्बूजिया नामक मछली पानी में मच्छरों के अंडों को खा जाती है जिससे मच्छर पनपने नहीं पाते। बड़ी चिड़ियां खेतों से चूहों को पकड़ लेती हैं। इसलिए सभी प्राणियों के अच्छी संख्या में बनाए रखना अच्छा होगा। इन सब बातों का निचोड़ यही है कि हमें भौतिक, प्राकृतिक तथा जैविक उपायों को ज्यादा अमल में लाना होगा और इस संदर्भ में और भी नए उपाय सोचने होंगे ताकि रसायनों का कम प्रयोग हो और अगर किया भी जाय तो सोच-समझकर बहुत सीमित तरह से। तभी पर्यावरण संबंधी हमारी परियोजनाएं हानिरहित और व्यावहारिक कही जा सकेंगी और तभी उनकी सार्थकता है वरना हम रसायनों के चक्रव्यूह में फंसते ही चले जाएंगे। यह निसंदेह चिंतन-मनन का विषय है और आम नागरिकों को भी इससे जुड़ना होगा।

विशेष कथन

सड़े-गले या किसी भी तरह के जैविक पदार्थों की अपेक्षा रसायनों से पर्यावरण का तिलमिलाना और प्रदूषित होना स्वाभाविक क्रिया है। सभी जैविक पदार्थ प्रकृति के अपने अवयव, अपने अंग होते हैं इसलिए सामान्यतया जब

जैविक पदार्थ मर-खपकर व सड़-गल कर भूमि में पहुंचते हैं तो भूमि उन्हें प्राकृतिक रूप से सोखकर अपना लेती है, रचा-पचा लेती है और कोई प्रतिक्रिया नहीं दिखलाती। परंतु इसके विपरीत जब मानव द्वारा संश्लेषित रसायनों का प्रयोग किया जाता है तो पर्यावरण इनकी अति को सहन नहीं कर सकता क्योंकि वास्तव में ये अप्राकृतिक, बाहरी और कृत्रिम पदार्थ होते हैं, जो कि कभी भी प्रकृति के अंग नहीं थे और जिन्हें जबर्दस्ती आरोपित कर दिया जाता है। इसीलिए इनसे पर्यावरण में दुश्चक्र शुरू हो जाता है और अनेक कुपरिणाम देखने को मिलते हैं। हमें यह नहीं भूलना हैं कि यह प्रदूषण पर्यावरण में ज़हर घोल रहा है।

बढ़ते जल-प्रदूषण एवं रोगोत्पत्ति

सभी पानी पीते हैं तथा इसके बिना सचमुच जिन्दगी असंभव है। यह सबको जीवन देता है, सबकी प्यास बुझाता है और सब कुछ धोता है। पानी पानी है, इसकी जगह कोई भी दूसरा पदार्थ नहीं ले सकता। भोजन के छह संघटकों में से एक महत्त्वपूर्ण संघटक है यह। यह शरीर का पोषण तो करता ही है पर आज की दुनिया में यह ऊर्जा, बिजली, विभिन्न महत्त्वपूर्ण क्रियाओं आदि का भी अच्छा साधान है।

जीवों की लीला पानी से ही आरंभ हुई कारण कि आदि जीवों की उत्पत्ति पानी में ही हुई। इस धरती का अधिकांश भाग पानी से भरा है। जीवधारियों के शरीर का लगभग 70-75 प्रतिशत अंश पानी ही है। चाहे पौधों का रस हो या हमारा रक्त, वह भी खनिज पदार्थों और पानी का ही घोल है। पानी में लगभग सभी चीजें घुल जाती हैं, इसीलिए इसे सार्वभौम घोलक कहा जाता है। यह पीने से लेकर प्राणियों के शरीर में पोषक पदार्थों के परिसंचरण, अंग-कोशिकाओं को पोषण प्रदान करने, मल-मूत्र आदि का उत्सर्जन करने, शरीर का तापमान एक-सा बनाए रखने, धुलाई-सफाई करने, सिंचाई करने, मकान आदि बनाने, ऊर्जा प्रदान करने तथा रासायनिक क्रियाओं को सम्पन्न कराने तक के समस्त कार्य करता है। शरीर की सारी लचक इसी के कारण है। इसकी गाथा जितनी गायी जाय उतनी कम है।

आज आधुनिक विज्ञान के युग में तो इसके बिना कोई भी उद्योग या रासायनिक अभिक्रिया चल ही नहीं सकती। जल ही जीवन है। प्रकृति की एक अनमोल संपदा है, हमारे लिए एक बेजोड़ वरदान है। लेकिन हम देख रहे हैं कि अनेक स्थानों पर परिस्थितियों के बिगड़ने से पानी की कमी हो रही है। दुनिया की

सारी सभ्य व घनी बस्तियां पानी या नदियों के निकट ही पनपी हैं। मानव की प्रगति पानी के बूते पर ही हुई है। पानी के बल पर ही सभ्यता व संस्कृति पनपती है और बहुआयामी विकास होता है। पानी की कमी से ही सूखा और इसकी अति और प्रकोप से बाढ़ गजब ढा देती है। कहते हैं 'इसी की भीषण चैरम अवस्था में जल प्रलय होती है। पानी की महिमा के कारण ही साहित्य में कई कहावतें प्रसिद्ध हैं, जैसे कि बिन पानी सब सून, घाट- घाट का पानी पीना, आंखों का पानी मरना, ठहरा पानी, बहता जल, पानीदार होना, अच्छे-अच्छे को पानी पिलाना, नीर-क्षीरा विवेक, पानी पी-पी के कोसना, मुंह में पानी आना, मूसलाधार पानी वगैरह-वगैरह। बढ़ती आबादी और कल-कारखानों के युग में पानी में अगर हम मल-मूत्र कूड़ा-कचरा, उद्योगों के अपशिष्ट पदार्थ, रासायनिक पदार्थ डालते जाएंगे तो पानी ही क्यों हम भी कब तक बचे रहेंगें।

कुओं, सरिताओं, झीलों, तालाबों, नदियों, नहरों, सागरों आदि में गंदगियों, रसायनों और अवांछित पदार्थों का मिल जाना ही जल-प्रदूषण है।

अमृत के बारे में हमने सुना भर है, न उसे देखा है और न ही चखा है लेकिन पानी के गुणों को परखकर हम यह जरूर कह सकते हैं कि यह अमृततुल्य द्रव है। जिनको यह कठिनाई से उपलब्ध होता है वे ही इसकी सही कद्र कर सकते हैं। आज भी कई स्थानों पर स्त्रियों को पानी के लिए बहुत दूर तक जाना पड़ता है।

पानी ही वह तरल माध्यम है जिसके सहारे हमें कई सूक्ष्म पोषक तत्त्व प्राप्त होते हैं। हमारे शरीर में पानी ही सोडियम-पोटेशियम का व्यावहारिक संतुलन बनाए रखता है और शरीर की कोशिकाओं में अनेक क्रियाओं-अभिक्रियाओं का नियमन करता है। लेकिन यही पानी जब प्रदूषणयुक्त हो जाता है तो हमारे लिए खतरनाक साबित होता है। प्रदूषित जल से शरीर में रोग घर करते हैं और फिर तंदुरुस्ती की दुरुस्ती कहां रह पाएगी। पुरानी कहावत है कि--पानी पीजे छान के, गुरु कीजे जाने के। इसमें छने पानी यानी स्वच्छ पानी की ओर ध्यान दिलाया गया है कि देखभाल कर स्वच्छ पानी ही पीना चाहिए क्योंकि दूषित पानी से सैकड़ों रोगाणु पनपते हैं। गंदे पानी की एक बूंद में हम सूक्ष्मदर्शी यंत्र की मदद से गंदगी, सूक्ष्म जंतु, बीमारी फैलाने वाले रोगाणु देख सकते हैं। जब यह कहावत बनी होगी उस समय खुर्दबीन नहीं थी, पर उस समय के दाने-सयाने लोगों ने अपने लम्बे अनुभव के आधार पर यह बात कही होगी, जो आज भी खरी उतरती है।

अगर हम प्रदूषित पानी पिएंगे तो पानी के साथ हमारे शरीर में रोगकारी सूक्ष्म जंतु, रोगाणु, रसायन तथा विषैली चीजें भी पहुंच जाएंगी और बीमारियां पैदा

करेंगी। समय पर उपचार नहीं होगा तो बीमार होकर जान भी गंवा सकते हैं।

अच्छे स्वास्थ्य के लिए सामान्य सफाई के साथ-साथ स्वच्छ पानी बहुत जरूरी है। संक्रामक बीमारियों के अलावा ज्यादातर छोटे बच्चों की मौत दो बुरी चीजों से होती है यानी कि दूषित पानी और सामान्य स्वच्छता की कमी से। यदि हम अपने दैनिक जीवन में स्वच्छ पानी का इस्तेमाल करें और व्यक्तिगत सफाई पर ध्यान दें तो गंदे पानी के कारण होने वाले हैजा, टाइफाइड सरीखे रोगों , खुजली, रोहे सरीखे रोगों, कृमि (वर्म) वाले रोगों तथा पीलिया, पीत ज्वर सरीखे कई रोगों से बचे रह सकते हैं।

काफी पढ़ने-लिखने और सीखने के बाद हमें बचाव की बातों पर अमल करना ही चाहिए और दूसरों को भी प्रेरित करना चाहिए। इन बातों पर महिलाओं को भी ध्यान देना चाहिए कि वे बच्चों को बात-बात में सिखला कर उन्हें भी शिक्षित करें। बच्चों को बतलाया जाना चाहिए कि स्वच्छ पानी कितना जरूरी है और प्रदूषित पानी से क्या-क्या हानियां होती हैं। मानव सभ्यता के कई चरणों से गुजरा है और इसमें अत्युक्ति नहीं यदि हम कहें कि मानव को सभ्य बनाने में पानी का बहुत बड़ा योग रहा है।

सभ्य मानव को तो आज हर काम के लिए सबसे अधिक पानी चाहिए। मनुष्य की प्रसिद्ध बस्तियां नदियों, झीलों, तालाबों या पानी के किनारे ही बसी हैं। मानव की तंदुरुस्ती व खुशहाली और पानी का गहरा संबंध है।

आज के युग में स्वच्छ पानी लोगों की जिन्दगी का एक पैमाना है। अधिकांश पश्चिमी देश इसीलिए अधिक विकसित हैं कि वहां बहुत अधिक स्वच्छता रहती है और वे स्वच्छ पानी का उपयोग करते हैं। पीने के लिए वे स्वच्छ पानी का बहुत ख्याल रखते हैं।

हवा की ऑक्सीजन के अलावा कोई भी चीज शरीर के लिए ज्यादा जरूरी नहीं है। एक अच्छा तंदुरुस्त आदमी भोजन के बिना एक महीने तक भी जिन्दा रह सकता है पर बिना पानी के वह एकाध दिन बाद जिन्दा रह ही नहीं सकता। एक सामान्य तंदुरुस्त व्यक्ति को औसत रूप से रोज पानी के कम से कम छह गिलासों की जरूरत पड़ती है। लेकिन हम जैसे गर्म देश वाले लोगों को ठंडे देश वाले लोगों की तुलना में अधिक पानी की जरूरत होती है। यह इस कारण कि गर्म देश के लोगों के शरीर से पसीने के रूप में काफी पानी बाहर निकल जाता है।

बुरा प्रभाव

पानी को तभी दूषित कहा जाता है जब उसमें मल-मूत्र, कूड़ा-कचरा, गंदगी उद्योगों के बचे-खुचे पदार्थ, तेल, विषैले रसायन, रोग फैलाने वाले सूक्ष्म जीव-जंतु या अन्य प्रकार के बेकार पदार्थ मिले होत हैं। लोगों को प्रायः यह मालूम नहीं रहता कि अपने जल-साधनों का अच्छा और सही इस्तेमाल कैसे करें। अगर एक ही तालाब को कपड़े धोने, नहाने, बर्तन धोने, जानवरों को नहलाने और पीने के लिए इस्तेमाल किया जाता है तो क्या यह अच्छी बात होगी। पीने वाले पानी के कुएं और तालाब विभिन्न प्रकार के मल पदार्थों तथा मानव व जानवरों के त्याज्य पदार्थों से सावधानीपूर्वक बचाकर रखने चाहिए। सभ्यता व संस्कृति अपने देश की बहुत पुरानी है। 'मनुस्मृति' में भी लोक-कल्याण के लिए कहा गया है कि पानी में मल-मूत्र, थूक, खून, जहरीले पदार्थ, रसायन व अन्य दूषित पदार्थ न डाले जाएं। बर्तन व कपड़े धोने तथा नहाने से भी सुान, रसायन तथा मैल पानी में मिल जाते हैं। जरा सोचिए कि पीने के पानी में अगर ये चीजें मिल जाएंगी तो अनर्थ ही तो होगा। जहां सफाई रखने और धोने के लिए पानी पूरा नहीं पड़ता तो खुजली, खारिश सरीखी कई गड़बड़ियां हो जाती हैं। बंधे व सड़ते पानी में कीट व रोगाणु पनपते हैं और इस तरह मलेरिया, फाइलेरिया आदि जानलेवा रोग होते हैं।

प्रायः लोग शरीर में पानी की कमी से भी पीड़ित हो जाते हैं, खासकर छोटे बच्चे। हैजा या दस्त होने पर और लगातार के होने पर शरीर से बड़ी तेजी से पानी बाहर निकल जाता है। बच्चों को अगर पोषण ठीक से नहीं मिल रहा है और ऊपर से दस्त होते हैं तो उनका बीमार पड़ना व कमजोर होना स्वाभाविक है।

शरीर में पानी की कमी से पीड़ित व्यक्ति पीले व मुरझाए-से हो जाते हैं। उनकी आंखें, धंस जाती हैं और चमड़ी व जीभ सूख जाती है। चमड़ी की सामान्य लचक कम हो जाती है। ऐसे में व्यक्ति बीच-बीच में बार-बार ज्याद से ज्यादा पानी पीता रहता है तो वह शरीर में पानी की कमी को पूरा करता रहता है और धीरे-धीरे ठीक हो सकता है। ऐसे पीड़ित व्यक्तियों को ज्यादा से ज्यादा पानी या अन्य प्रकार का तरल पीते रहना चाहिए। इस दशा में एक लिटर पानी में एक चुटकी नमक और एक करछुल चीनी डालकर देने से फायदा फायदा पहुंचता है। नमक व चीनी के घोल से शरीर से निकले खनिज पदार्थों की पूर्ति हो जाती है और व्यक्ति स्वास्थ्य लाभ कर लेता है।

कुछ रसायनों की अधिकता वाला पानी पीने से 'फ्लुओरोसिस' नामक रोग भी हो जाता है। अपने देश के कुछ भागों में जो लोग लम्बे समय तक 'फ्लोराइड' वाला पानी पीते हैं, उनमें हड्डियों की कुरूपता और दांतों की गड़बड़ियां हो जाती हैं।

आंध प्रदेश और पंजाब के कुछ भागों में यह रोग आम तौर पर पाया जाता है। लेकिन पीने के पानी में फ्लोरीन या फ्लोराइड नामक लवण के कम होने से भी स्वास्थ्य संबंधी समस्याएं उठ खड़ी होती हैं, खासकर दांत की गड़बड़ियां।

भारी पानी से भी कुछ रोग हो जाते हैं। पानी को छानने और उबालने से उसका भारीपन दूर हो जाता है और पानी के रोगाणु भी मर जाते हैं। इस तरह पानी का स्वाद भले ही बदल जाता है पर ऐसा पानी स्वास्थ्य के लिए अच्छा होता है। पानी को स्वच्छ करने के लिए जलकल विभाग अनेक विधियों का इस्तेमाल करता है।

मिट्टी के बर्तन जल परिरक्षण हेतु सबसे उपयुक्त

वैज्ञानिकों ने खोजों के आधार पर पानी के प्रसंग में नई जानकारी दी है। उनका कहना है कि पानी को जिस बर्तन में रखा जाता है उसी के अनुसार उसकी शुद्धता रहती है। पानी को मिट्टी के बर्तनों में रखा जाता रहा है पर पीतल, तांबे और ऐलुमिनियम के बर्तनों में भी। राष्ट्रीय पोषण संस्थान, हैदराबाद की हाल की खोजों से ज्ञात हुआ कि अलग-अलग धातु के बर्तनों में पानी जमा रखने की अपेक्षा मिट्टी के बर्तनों में पानी रखने से जीवाणुओं (बैक्टीरिया) के पनपने पर रोक रहती है। पाया गया कि मिट्टी के बर्तनों में जमा पानी लम्बे समय तक 'शुद्ध' बना रहता है। यह चमत्कारी प्रभाव शायद मिट्टी के कणों के सोखने वाले गुण के कारण होता है। मिट्टी के कणों में पानी के अणुओं को सतह पर आकर्षित करने की क्षमता होती है।

अखिल भारतीय आयुर्विज्ञान परिषद् के तत्वाधान में खोजें की गईं। गांवों में पीने का पानी ज्यादातर कुओं से ही प्राप्त होता है, जो आम तौर पर जीवाणुओं द्वारा प्रदूषित होता है। इसी बात को ध्यान में रखते हुए कुएं के पानी को जमा रखने के दौरान होने वाली जीवाणुओं की वृद्धि वाली खोजें की गई।

राष्ट्रीय पोषण संस्थान, हैदराबाद वाले इलाकों के इर्द-गिर्द के दस अलग-अलग कुओं से पानी के नमूने लिए गए। हरएक नमूने को 24 घंटे तक मिट्टी, ऐलुमिनियम और स्टील के बर्तनों में जमा करके रखा गया।

पानी रखने के बाद पहले दो घंटों में जीवाणुओं की संख्या में कमी पायी गयी और अनुमान है कि ऐसा तलछट बनने के कारण हुआ। इसके बाद धातु के बर्तनों में रखे गए पानी में जीवाणुओं की संख्या में धीरे-धीरे बढ़ोतरी होती गई। इसके विपरीत विशेष बात यह हुई कि मिट्टी के बर्तन में रखे गए पानी में इनकी संख्या कोई भी अंतर नहीं आया। संभवतः ऐसा मिट्टी द्वारा जीवाणुओं के सोखे जाने के कारण हुआ। इसीलिए मिट्टी के बर्तनों में पानी जमा रखना निरापद है।

नाभिकीय विपत्ति के बाद मानवता के लिए सबसे अधिक खतरा पर्यावरणी प्रदूषण का है। जिसमें पानी की अपर्याप्त, अविश्वसनीय तथा प्रदूषणयुक्त आपूर्ति भी शामिल है। कोलकाता, मुम्बई, दिल्ली, चैन्नई सरीखे अधिक आबादी वाले शहरों में लोगों के लिए जल की सुचारु आपूर्ति करना सचमुच कठिन कार्य हैं। भारतीय परिवेश में कहीं बाढ़ की स्थिति आती है तो कहीं सूखे की। जल की आंतरायिक जल आपूर्ति से भी परेशानियां रहती हैं। भारत में ही नहीं बल्कि पूरी दुनिया में उद्योगीकरण तथा आबादी की बढ़ोतरी के परिणामस्वरूप रसायनों और विष्ठा के कारण ही मुख्यतया पानी का प्रदूषण होता है। आजकल सागरों व जलाशयों का तेल, पेट्रोल आदि के रिसने से भी प्रदूषण होता है।

मानव में पीने के पानी के माध्यम से ही लगभग 80 प्रतिशत रोगों का संचरण होता है। गंदे पानी से होनेवाले रोग हैं टायफायड (मियादी बुखार), हैजा, पीलिया, यकृत्शोथ (हिपैटाइटिस), जठरांत्रशोथ (गैस्ट्राएन्टोइटिस) आदि। विश्व स्वास्थ्य संगठन के अनुमान के आधार पर पता लगा है कि एशिया, अफ्रीका और लेटिन अमरीका में 5 साल से नीचे वाले बच्चे प्रवाहिका(डायरिया) के 50 करोड़ रोगी होते हैं। इनमें चार में से तीन रोगियों की तो मृत्यु ही हो जाती है।

विकासमान देशों में 18 प्रतिशत से अधिक शिशु पैदा होने के लगभग एक साल बाद ही चल बसते हैं और औद्योगीकृत देशों में करीब 1.5 प्रतिशत शिशुओं का यह हश्र होता है। स्पष्ट है कि पानी से होने वाली बीमारियां मुख्य रूप से समुचित पर्यावरणी स्वच्छता के अभाव में ही होती हैं। यथेष्ट जल आपूर्ति और स्वच्छता से कम से कम हैजा और प्रवाहिका के रोगियों में तो कमी की जा सकती है। मानवों की विष्ठा में 100 से अधिक अलग-अलग प्रकार के विषाणुओं (वाइरस) का उत्सर्जन होता है। इसीलिए मलजल में विषाणु आम तौन पर पाए जाते हैं। ये विषाणु पानी, भूमि तथा खोल वाले पाणियों में

महीनों तक बने रहते हैं और पानी के उपचार वाली कुछ प्रक्रियाओं को भी धता बता सकते हैं। पानी से संचरित होनेवाले सबसे सामान्य विषाणु रोग हैं–विषाणु-प्रविाहिका, पोलियो और यकृत्शोथ। विश्व स्वास्थ्य संगठन के आंकड़े बताते हैं कि प्रदूषित पानी से होने वाले रोगों से विकासशील देशों के ढाई करोड़ लोग हर साल मरते हैं।

गिआर्डिया एन्टेराइटिस ऊपरी छोटी आंत का प्रोटोजोआई संक्रमण है। इसका रोगकारी जीव है गिआर्डिया लैम्ब्लिया। इस रोग को खोजों के बाद ही प्रदूषित पेय जल से सम्बद्ध किया गया है। इन जीवों की पहचान विशेषज्ञों द्वारा सूक्ष्मदर्शी परीक्षण से की जाती है। इसका उद्भवन काल (इनक्यूवेशन पीरियड) लगभग दो सप्ताह है यानी पुटी (सिस्ट) के पर्याक्रमण और लक्षणों के प्रकट होने के बीच का समय। इतनी लम्बी अवधि में कारण का निदालन करना मुश्किल होता है।

जल का प्रदूषण भारी धातुओं, नाइट्राइट सरीखे अकार्बनिक पदार्थों तथा संश्लेषित कार्बनिक पदार्थों से भी होता है।

उदाहरण के तौर पर संयुक्त राष्ट्र अमरीका में एक वर्ष में 700 से 1000 नए रसायनों का बड़े पैमाने पर निर्माण होता है और 1946 से तो इनमें बारह गुनी वृद्धि हो गई है। इन रसायनों का सही-सही संघटन गुप्त रखा जाता है। इसलिए प्रत्येक यौगिक की विषाक्तन क्षमता का किसी को पता नहीं चलता।

अनुमान किया गया है कि मानव में 60-90 प्रतिशत कैन्सर पर्यावरणी कारकों से होता है, जिन पर संभवतया नियंत्रण रखा जा सकता है। कैन्सरजनन और उत्परिवर्तजनन दो ऐसे सामाजिक रोग हैं जिनकी जड़ें टेक्नोलौजी और आर्थिक विकास में धंसी होती हैं। प्रदूषण तथा आर्थिक विकास का गहरा ताल्लुक है।

यूं तो कैन्सर पैदा करने वाले औद्योगिक प्रदूषकों की सूची बहुत लम्बी है लेकिन इनमें से कुछ खतरनाक पदार्थ ये हैं–पीड़कनाशी, शाकनाशी, कवकनाशी, बहुलक (पौलिमर), प्लैस्टिक संघटक और भारी धातुएं। पानी का प्रदूषण और मानव में कुप्रभाव डालने वाल मुख्य धातुएं हैं कैडमियम, क्रोमियम, पारा, सेलीनियम और आर्सेनिक (संखिया)। इन भारी धातुओं में सबसे अधिक ध्यान कैडमियम पर दिया गया है। यह बहुत विषैली धातु है जिसका जैविक कार्य अज्ञात है। यह पर्यावरण में अल्प मात्रा में पायी जाती है। अधिक सांद्रता में यह जबर्दस्त विष साबित होता है लेकिन धीरे-धीरे लम्बे समय तक इसके शरीर में जमा होने

से भयानक रोग उत्पन्न हो जाते हैं। विश्व स्वास्थ्य संगठन तथा खाद्य एवं कृषि संगठन की रिपोर्टों के अनुसार कैडमियम की अधिक सांद्रता से कहते हैं वृक्क (गुर्दे) की नलिकाओं का ह्रास होने लगता है। पृथ्वी की पपड़ी में पारा (मरकरी) कम पया जाने वाला तत्त्व है। पर्यावरण में पारा मिट्टी क निपटान अथवा पारा वाले उत्पादों के विसर्जन से पहुंचता है। अंत में पारा पानी में जा पहुंचता है जहां यह मेथिल मरकरी तथा अधिक विषैले एल्किल रूपों में परिवर्तित हो जाता है।

जीवों की भोजन श्रृंखला को माध्यम से यह जीवों के शरीर में जमा होकर बढ़ता जाता है। एल्किल यौगिक, खास तौर पर मेथिल मरकरी, बहुत विषैले होते हैं। मेथिल मरकरी गर्भिणी के अपरा (प्लैसेन्टा) की सीमा को पार कर गर्भ में अपरिवर्तनीय क्षति पहुंचा सकता है और इसकी खूबी यह होती है कि यह माता में कोई लक्षण प्रकट नहीं होने देता।

जापान की मेथिल मरकरी के संपर्क वाली गर्भिणी स्त्रियों में पारा-विषाक्तन के कोई लक्षण नहीं दिखलाई दिए लेकिन उनके बच्चों में शारीरिक और मानसिक दोष पाए गए। प्रयोगशालाओं में नर स्विस चूहों को मेथिल मरकरी के इंजेक्शन लगाने पर उनकी जननक्षमता में कमी पाई गई। आर्सेनिक भी मानव में कैन्सर उत्पन्न करता है और बेंजीन से ज्यादा शक्तिशाली होता है। पानी में नाइट्रेटों की अधिक मात्रा से शिशुओं में 'मेथमोग्लोबिनीमिया' हो जाता है। यह भी ज्ञात हुआ है कि रासायनिक अथवा जैविक रूप से अमीनो अम्लों के साथ क्रिया करने पर वे नाइट्रोसअमीन बनो हैं जो पेट का कैन्सर करते हैं।

लेकिन आज वैज्ञानिक पानी में कार्बनिक प्रदूषकों के कारण चिंतित हैं। पेट्रोलियम शोधशाला के अपशिष्ट पदार्थों द्वारा प्रदूषित नहर के पानी में कैन्सर उत्पन्न करने वाले कारक पाए गए।

इसी तरह सामुदायिक जल-स्रोतों में शाकानाशी रसायनों का प्रदूषण पाया गया। ये बातें जल-प्रदूषण और रोगों का गहरा संबंध स्थापित करती हैं। भूमि में पानी के पाइपों के जोड़ों पर या उनके फटने पर जब सतह का प्रदूषणयुक्त जल पाइप के पानी रो गिलता है तो पीलिया होने के भी सामाचार मिले हैं। यह भी सुझाया गया है कि यकृत, अग्न्याशय (पैंक्रियाज) और मूत्राशय के कैन्सर और संप्रदूषित पानी का भी संबंध है। पूरी दुनिया के आंकड़ों के आधार पर यह भी कहा जाता है कि संदूषित पानी से उत्परिवर्तन (म्यूटेशन) वाली प्रक्रिया भी हो सकती है।

फिर भी यह कहना पड़ेगा कि प्रदूषित पानी पीने से स्वास्थ्य पर सही-सही क्या विशिष्ट प्रभाव पड़ते हैं यह पूरी तरह से स्पष्ट नहीं है, लेकिन कैन्सर पैदा करने वाले कारकों की पहचान सतही और भूमिगत जल दोनों से की जा चुकी है। अतः मानव में कैन्सर तथा अन्य रोगों के दबाव को कम करने के लिए जल संबंधी गुणता-मानक निर्धारित किए जाने चाहिए और प्रयोगशाला के अध्ययन के आधार पर समय-समय पर नियमित मौनीटरन तथा वैज्ञानिक प्रमाणों को प्राप्त करने की क्रियाविधि चलती रहनी चाहिए ताकि हर परिणाम की पुष्टि हो सके।

7

ऊर्जा स्त्रोत के रूप में सामुद्रिक ताप

अब आगे आने वाले वर्षों में जीवाश्म ईंधन समाप्त होने के कगार पर पहुँच रहे हैं। इस कारण से अक्षुण्ण ऊर्जा स्त्रोतों से ऊर्जा प्राप्त करने की प्रविधियों की तरफ सारा ध्यान आकर्षित किया जा रहा है। इसका दूसरा महत्त्वपूर्ण कारण यह भी है कि जीवाश्म ऊर्जा से वायुमण्डल में कार्बन एवं उनकी जैसी अन्य जहरीली गैसों से घटाटोप की स्थिति के फलस्वरुप इन्सान का स्वस्थ रह पाना दुर्लभ होने की स्थिति निकट भविष्य में होने को है। विश्व के सभी ऊर्जा उपभोक्ताओं की दृष्टि इन विकट परिस्थितियों में अपने भविष्य की विद्युत ऊर्जा आवश्यकता की पूर्ति के लिए ऊर्जा के ऐसे विकल्प पर टिकी हुई है जो प्रदूषण रहित, अक्षुण्ण तथा आर्थिक रूप से कम लागत हो। अक्षुण्ण ऊर्जा के विभिन्न स्त्रोतों में सामुद्रिक ताप ऊर्जा विश्व में सर्वाधिक क्षमतायुक्त है। विश्व के विकसित देशों, जैसे फ्राँस, ब्रिटेन, अर्जेन्टीना और कनाडा ने तो सागर से बिजली प्राप्त करने की विधि काफी विकसित कर ली है। अर्जेन्टीना और कनाडा उन्हीं समुद्री लहरों से करीब 2000 करोड़ यूनिट बिजली उत्पन्न कर रहा है। कनाडा में सामुद्रिक ऊर्जा द्वारा बिजली प्राप्त करने की सफलता के पश्चात वहाँ के तटीय क्षेत्रों में सस्ती एवं प्रचुर मात्रा में विद्युत उपलब्ध हो रही है। वहाँ के समुद्र-तटवर्ती क्षेत्रों में सस्ती एवं प्रदूषणरहित ऊर्जा के उपयोग करने की होड़ वहाँ के उद्योगपतियों में लग गई है। चूँकि सामुद्रिक ऊर्जा की उत्पादन लागत ही जब शून्य होती है तो सिर्फ पूँजी का ब्याज तथा रख-रखाव पर आने वाला व्यय ही औद्योगिक इकाइयों को वहन करना पड़ेगा।

भारत के लिए यह सत्य-तथ्य भले ही वर्तमान में चौंकाने वाले प्रतीत जरूर हो रहे हैं, लेकिन कालान्तर में सस्ती, प्रदूषणरहित तथा कभी समाप्त न होने वाली इस गैर-परम्परागत-ऊर्जा स्रोत-समुद्री-ऊर्जा के उपयोग करने के अतिरिक्त हमारे पास भी कोई विकल्प नहीं रह जाएगा।

भारत के महासागर में ऊर्जा का अनन्त भण्डार है। कटिबंध महासागरों में एक हजार लाख से लेकर पन्द्रह हजार लाख मेगावाट बिजली उत्पन्न करने की क्षमता विद्यमान है। समस्त विश्व की ऊर्जा की पूर्ति सिर्फ इन कटिबंध सागरों द्वारा सहज ही सम्भव है भारत अपनी सबसे पहली समुद्रीय-ताप सौर ऊर्जा की सौ मेगावाट की परियोजना को तमिलनाडु राज्य के कुलसेकर पट्टीनम में, जहाँ सूर्य सदैव चमकता रहता है तथा इसीलिए वहाँ पर कारण कि पावर प्लांट सूर्य की ऊर्जा से क्रियाशील रहता है, प्रारम्भ करने हेतु 1994 में 'सी सोलर इंस्टीट्यूट' और तमिल राज्य की सरकार के मध्य एम.ओ.यू. (अनुबन्ध) हुआ।

राष्ट्रीय सामुद्रिक विज्ञान संस्थान एवं तमिलनाडु ऊर्जा विकास एजेंसी से सहयोग प्रदान किया गया। सामुद्रिक तापीय विद्युत अत्यधिक सस्ती एवं प्रदूषण रहित है, क्योंकि इस ऊर्जा को प्राप्त करने में कोयले तथा अन्य प्रकार के ईंधन को उपयोग में लेने की बिल्कुल आवश्यकता नहीं होती। भारत जैसे विकासशील देश के लिए सामुद्रिक ऊर्जा वरदान सिद्ध होगी और देश की आय में वृद्धि होगी।

सौ करोड़ की आबादी वाले विकासशील देश में आज 85 हजार मेगावाट बिजली पैदा की जाती है। जबकि देश में 35 लाख मेगावाट बिजली के उत्पादन की राष्ट्र को जरूरत है। इतनी अधिक ऊर्जा की जीवाश्म ईंधन से न तो पूर्ति सम्भव है और अत्यधिक व्यय भी भारत की अर्थव्यवस्था के बूते से बाहर की बात है। इस प्रकार भारत का समाप्त होने वाले जीवाश्म ईंशन पर ज्यादा भरोसा नहीं करके अन्ततोगत्वा नए गैर-परम्परागत ऊर्जा-स्रोत द्वारा ऊर्जा प्राप्त करने की प्रौद्योगिकियों एवं पद्धतियों को खोजने में ही भला है। गैर-परम्परागत स्रोतों में 'सी थर्मल पावर' सस्ता व प्रदूषणरहित एवं अक्षुण ऊर्जा स्रोत है। यह एकमात्र ऊर्जा-स्रोत है जिससे विद्युत प्राप्त करने की प्रक्रिया में किसी भी तरह का ईंधन व्यय नहीं होता और न ही कोई ठोस, द्रव या गैसीय अवशिष्ट पैदा होता।

महासागर से विद्युत प्राप्त करने के लिए उसके तल से गर्म पानी बॉयलरों द्वारा पम्प किया जाता है, जो उपस्थित द्रव प्रोपलीन को गर्म करके वाष्प में परिवर्तित कर देता है।

बॉयलर से यह वाष्प ज्यादा दाब द्वारा टरबाइन को गति प्रदान करती है,

जिससे जनरेटर चलता है। टरबाइन से वाष्प कम दाब पर कंडेसरों से होते हुए समुद्र के गहराई वाले तल तक पहुँचती है, जहाँ चार डिग्री सेन्टीग्रेड तापमान पर ठण्डी होकर द्रव रूप में परिवर्तित हो जाती है। पुनः पम्प द्वारा बॉयलर में यह द्रव पहुँचता है, इस प्रकार 24 घंटे लगातार यह क्रिया चलती रहती है। यह पावर प्लांट सूर्य की ऊर्जा से कार्य करता है।

पावर प्लांट एक तेल टैंकर जैसा होता है, जिसकी लम्बाई 15 मीटर, चौड़ाई 40 मीटर और ऊँचाई 48 मीटर होती है।

संयंत्र का विस्थापन भार लगभग तीन लाख टन का होता है और वजन बीस हजार टन के करीब। विस्थापन भार एवं गहराई तक बने हुए संयंत्र की संरचना विशिष्ट ऑयल टैंकर से अपेक्षाकृत उत्कृष्ट श्रेणी की होती है तभी तो समुद्री तूफान एवं चक्रवात की स्थिति में भी स्थिर बना रह सकने की क्षमता लिए होता है।

संयंत्र की इन्लेट स्क्रीन छड़ से बनी होती है, जिससे वह किसी भी अनचाही वस्तु को अन्दर प्रविष्ट नहीं होने देती तथा इसमें प्रवाहित धारा का वेग 12 सेमी. प्रति सेकण्ड होने से यह ऊर्जा अवशोषक होने के साथ-साथ तूफान के समय किसी भी खराबी से बचाव करने में सक्षम होती है।

ऊर्जा उत्पन्न करने वाले संयंत्र में 12 टर्बो जनरेटर होते हैं तथा हर टरबाइन इन्लेट से बॉयलर जुड़ा होता है। हर टर्बो जनरेटर करीब 8500 किलोवाट की उत्पादन क्षमता रखता है। सभी टरबाइन, जो जनरेटरों को चलाते हैं, एक अक्षीय बहाव वाले टरबाइन हैं जिसमें आउट पुट पॉवर को व्यवस्थित करने के लिए इन्लेटोजल लगे होते हैं। 1500 आर.पी.एम. से संचालित टरबाइन सीधे जनरेटरों को चलाते हैं।

टर्बो जनरेटरों से उत्पन्न विद्युत ट्रांसफार्मरों में भेजा जाता है, जो शक्ति का स्थानांतरण करता है, जो सस्पेण्डेड केबिल से होता हुआ समुद्र के तल पर स्थित केबिल तक जाता है और वहाँ से ऊर्जा शक्ति तट पर स्थित ऊर्जा ग्रहण करने वाले स्टेशन तक स्थानांतरित हो जाती है।

रिसीविंग स्टेशन से ऊर्जा ट्रांसफार्मर द्वारा परिवर्तित होकर विद्युत ऊर्जा ग्रिड को जोड़ने के लिए गियर तक ले जायी जाती है।

एक उपयुक्त स्व-चालित तंत्र सभी टरबाइनों को एक समानान्तर श्रेणी में संचालित करने हेतु ऊर्जा उत्पन्न करता है।

आउटपुट पावर को नियंत्रित करने का कंट्रोल सिस्टम हाइड्रो-इलेक्ट्रिक

कारखानों की तरह होता है जहाँ बहु-टरबाइन जनरेटरों का उपयोग इलेक्ट्रिक पावर ग्रिड में शक्ति भरने के लिए किया जाता है। यह तकनीक निश्चय ही हमारे देश में अधिकाधिक रूप से अपनाई जाए तो समुद्रतापीय विद्युत सस्ती, प्रदूषणरहित एवं अक्षुण्ण साधन के रूप में हमें प्राप्त हो सकती है। हमेशा-हमेशा के लिए देश का विद्युत संकट समाप्त हो सकता है और वायुमण्डल में फैलने वाली जहरीली गैसों से भी निजात मिल सकती है।

8

विकिरण से परमाणु बिजलीघरों के होने वाले दुष्प्रभाव

भारत ने भी विश्व के विकसित राष्ट्रों की तर्ज पर परमाणु अणु बिजलीघरों से असीम शक्ति प्राप्त करने के उद्देश्य से 1951 में रिएक्टरों की स्थापना की। भारत का आज नाभिकीय ऊर्जा का विकास करने में विश्व में सातवाँ स्थान बन गया है। आणविक ऊर्जा के रूप में देश में 1,195 मेगावाट बिजली का उत्पादन होता है। ऐसे इससे पर्यावरण को कोई विशेष संकट तो नहीं लेकिन साधारण-सी असावधानी से रेडियोधर्मिता के बाहर निकलने पर कई काल के गाल में जा सकते हैं या स्थाई रूप से विकलाँग हो सकते हैं। इसीलिए परमाणु बिजलीघरों में कार्यरत कर्मचारियों की मृत्यु दर, विशेषकर कैंसर से, सामान्य लोगों से अपेक्षाकृत काफी अधिक होती है। इनका तात्कालिक दुष्प्रभाव ही नहीं होता, अपितु यह लम्बे समय तक दुष्प्रभाव डालते रहते हैं। इसके विकास के साथ अपशिष्ट पदार्थों में भी वृद्धि हो रही है और ये अपशिष्ट अल्पतम मात्र में भी अत्यधिक प्रदूषण के कारक बन जाते हैं जो आज की वर्तमान सदी के भारतीयों के लिए लाभ के स्थान पर खतरा बनकर सामने आने की प्रबल सम्भावनाएँ लिए हुए हैं। परमाणु बिजलीघर जहाँ बने हुए हैं, उनके आसपास रहने वाले व्यक्तियों, जीव-जन्तुओं एवं वनस्पतियों पर विकिरण के दुष्प्रभाव का पड़ना स्वाभाविक है।

विज्ञान के ज्ञान को समझने में भारत की आम जनता सफल नहीं हो सकती क्योंकि वह साक्षर नहीं है। ऐसी दशा में परमाणु बिजलीघरों से होने वाले सम्भावित खतरों और उनके उपयुक्त उपचार के बारे में उन्हें समझाना अति

मुश्किल कार्य है। दुर्भाग्यपूर्ण स्थिति तो यह है कि आज भी अणु बिजलीघरों के आस-पड़ोस में रहने वाले नागरिकों को इससे सावधानी बरतने की जानकारी प्रदान करने के लिए स्वयं प्रशासकों के पास भी इस सम्बन्ध को मैनुअल तक उपलब्ध नहीं है जबकि इसके दुष्प्रभाव से, त्वचा की बीमारियाँ, कैंसर, आँखों एवं श्वास जैसी भयंकर व्याधियाँ होने की प्रबल सम्भावनाएँ बन सकती हैं अतः हमें इनसे बचने की दिशा में एक प्रभावी ढँग से विकल्प ढूँढने की जरूरत है क्योंकि यह एक ऐसी गम्भीर समस्या है जिसका सम्पूर्ण देश के नागरिकों, जीव-जगत् एवं वनस्पति-जगत् से परोक्ष व अपरोक्ष रूप से सम्बन्ध है। यदि हमने गम्भीर रूप से इससे निजात पाने की चेष्टा समय रहते नहीं की तो वर्तमान सदी में हमारे देश के नागरिकों एवं जीव-जन्तुओं के स्वास्थ्य पर इनके आकस्मिक रिसाव से अत्यधिक दुष्प्रभाव पड़ सकता है। इस प्रकार हमें गैर-परम्परागत ऊर्जा स्रोतों का उपयोग करने की मानसिकता को विकसित करने की आवश्यकता है, जो शुद्ध पर्यावरण बनाए रखने की दृष्टि से एकदम उपयुक्त हैं। पवन-ऊर्जा, सौर-ऊर्जा, ज्वारीय-ऊर्जा तथा जैविक-ऊर्जा जैसे स्रोतों को प्रयोग में लाने से अणु बिजलीघरों से सम्भावित असुरक्षा से सहज ही हमें राहत मिल सकती है। ये परम्परागत ऊर्जा स्रोत पर्यावरण को भी प्रदूषित नहीं करते और देश के पारिस्थितिकी-तन्त्र को भी सन्तुलित बनाए रख सकते हैं।

अफ्रीका, पश्चिमी एशिया की भाँति भारत में भी सूर्य की किरणें निर्बाध रूप से प्राप्त होती हैं। सौर-ऊर्जा तो भारतीयों के लिए अक्षय ऊर्जा स्रोत है। भारत के भू-भाग पर करीब 10 जी डब्ल्यू सौर-ऊर्जा प्रतिवर्ष उपलब्ध है फिर भला इसका उपयोग करने की बजाय परमाणु बिजलीघर जैसे खतरे को क्यों स्थापित किया जाए? यह एक गम्भीर विचारणीय प्रश्न है—देश के सामने। वायु-ऊर्जा एवं ज्वारीय-ऊर्जा, गोबर गैस एवं जैव-ऊर्जा जैसे स्रोतों से ऊर्जा पैदाकर जोखिम व परमाणु बिजलीघरों को अलविदा कहने की आवश्यकता है। इनके उपयोग से परमाणु बिजलीघरों से होने वाली सम्भावित दुर्घटनाओं से निजात मिल सकती है तथा पर्यावरण को भी सुरक्षित रखा जा सकता है।

देश में गैर-परम्परागत ऊर्जा स्रोतों का समुचित विकास एवं सर्वसाधारण को इनके उपयोग में लेने हेतु आर्थिक प्रोत्साहन एवं उत्प्रेरणा पैदा करने की आवश्यकता है।

बिजली की अणु बिजलीघर द्वारा आपूर्ति हेतु निरन्तर नई-नई इकाइयों को स्थापित कर विस्तार तो किया जा रहा है लेकिन परमाणु ऊर्जा विभाग की उच्च

तकनीक कर्त्तव्य के प्रति ईमानदारी से सरंक्षण के अभाव में इनका गलत निर्माण हो रहा है।

यूरेनियम के खनन क्षेत्र में रेडियोधर्मिता के असर में ग्रामीण अनेक शारीरिक एवं मानसिक व्याधियों से पीड़ित हो जाते हैं। उदाहरणस्वरूप आज भी राजस्थान में स्थित अणु विद्युतघर के 2000 कर्मचारी–आयोनाईजिंग रेडियेशन और ट्रिटियम–इन दोनों तरह के खतरों से पीड़ित हैं। अणु विद्युत उत्पादन और उनके अवशेष को सही स्थान पर भूमिगत या अन्य किसी तरह से ठिकाने लगाना आदि ऐसे कई गम्भीर मुद्दे हैं, जैसे कि विस्थापन की समस्याएँ। पारम्परिक ऊर्जा स्रोतों के उपयोग से परमाणु बिजलीघरों से होने वाली सम्भावित दुर्घटनाओं से निजात मिल सकती हैं और पर्यावरण को भी सुरक्षित रखा जा सकता है। अणु विद्युत की सम्पूर्ण प्रक्रिया के फलस्वरूप इस प्रकार से प्रदूषण के विस्तृत होने की सम्भावनाएँ बन सकती हैं।

देश के विभिन्न अणु बिजलीघरों के अवशेषों में बड़ी मात्रा में विषैले पदार्थों, जैसे–नाईट्रेट व कई बार यूरेनियम अवशेष से इनके आस-पास के क्षेत्र का भूजल दूषित हो जाता है। पौधे के जल में जब नाइट्रेट या यूरेनियम अवशेष मिश्रित हो जाते हैं तो महिलाओं के गर्भ गिरने तथा नागरिकों की खून सम्बन्धी व्याधियाँ होने की प्रबल सम्भावनाएँ हो सकती हैं।

परमाणु बिजलीघरों की स्थापना से लेकर बिजली उत्पादन तक की प्रक्रिया एवं अवशेष पदार्थ को ठिकाने लगाने तक की क्रियाओं से उनके पर्यावरणीय दुष्प्रभाव जग-जाहिर हैं।

अतः अणु बिजलीघरों को नई सदी के प्रारम्भिक वर्षों से ही इनकी नई इकाइयों के स्थापन पर सरकार को प्रतिबंधित कर देना चाहिए क्योंकि इनकी स्थापना से पर्यावरणीय व सामाजिक परिणाम प्रतिकूल हो आते हैं। हमें यदि परमाणु धूल और बिजलीघरों से होने वाले सम्भावित खतरों को गले लगाने की इच्छा है तो आज देश के लिए विभिन्न तरह की विनाश-लीला अबाध रूप से प्रदर्शित होती रहेगी तथा विकलाँग नागरिकों की ब्रिगेड देश में प्रसरित होती देखी जा सकेगी। हम यदि व्यक्तिगत एवं सार्वजनिक स्वास्थ्य को व्याधियों से दूर रखना चाहते हैं तो हमें चाहिए कि हम गैर-परम्परागत बिजली स्रोतों, जो प्रकृति के उपहार हैं, को अपनाने का संकल्प लें। इससे ही अब हमारा कल्याण सम्भव है। अन्यथा विनाशलीला देखने की सम्भावनाएँ भी बढ़ जाएँगी।

9

अंतरिक्ष अनुसंधान एवं पर्यावरण

आज का युग पूर्ण रूप से भौतिकवादी युग है तथा इस युग से गुजरते विश्व में यह अवधारणा बन चुकी है कि विज्ञान और टेक्नोलॉजी हमारे समाज की समृद्धि व प्रगति को गत्यात्मकता देने में प्रभावी भूमिका अदा कर सकते हैं परंतु भौतिकवादी इन्सान इस तथ्य को भूल गये हैं कि ऐसी प्रगति हमारे भविष्य पर भयंकर दुष्प्रभाव डाल रही है। पर्यावरण और समाज के बीच द्वन्द्व की स्थिति विश्वव्यापी बन की तरफ अग्रसर होने की होड़ लग गई है। अन्ततोगत्वा यह विकास के रूप में हमारे मानव-समाज के लिए उपादेय सिद्ध नहीं होकर विनाशलीला का ताण्डव मचाते हुए पर्यावरण को पूर्ति करने में असफल होते हुए भी अन्तरिक्ष अन्वेषण को लगातार जारी रखने से ये अन्वेषण समाज की सामाजिक, आर्थिक एवं राजनैतिक स्थितियों पर दुष्प्रभाव तो डाल ही रहे हैं, जब अन्तरिक्ष परीक्षण होंगे तो पर्यावरणीय दुष्प्रभाव के साथ-साथ उन देशों की सामाजिक व्यवस्था में भी प्रत्यक्ष व अप्रत्यक्ष रूप से प्रभाव पड़ सकता है। हमारी पृथ्वी के निकट के क्षेत्रों की संरचना को अन्तरिक्ष-शोध बदल देती है, खगोलविदों के सुचारु कार्य में बाधक बन जाती है तथा अन्तरिक्ष पर प्रतिकूल प्रभाव द्रुतगति से डाल रही है।

अतः इस शताब्दी में हमें अन्तरिक्ष में सैनिक परीक्षणों को न करने का विश्वव्यापी दृढ़-संकल्प लेने से ही हमारी पृथ्वी एवं अन्तरिक्ष को सुरक्षित रखा जा सकता है। वरना तकनीकी विकास मनुष्य के लिए उत्पीड़न पैदा करने वाले कारक के रूप में प्रमुखता से उभर कर सामने आने वाला है। इस तथ्य को आज प्रकट रूप में उजागर करने के लिए विश्वव्यापी अभियान चलाने की आवश्यकता है कि

प्रकृति पर इसके दीर्घकालिक परिणाम पर्यावरण के लिए घातक सिद्ध हो सकते हैं। संयुक्त राष्ट्र की अन्तरिक्ष अन्वेषण समिति को चाहिए कि वह वायुमण्डल, बाह्य अन्तरिक्ष तथा जल में नाभिकीय अस्त्र परीक्षण न करने को उत्प्रेरित कर ओर पाबन्दी के लिए स्वीकृति लेने के लिए हरसम्भव प्रयत्न करने की आवश्यकता है। हर राष्ट्र का कर्त्तव्य होना चाहिए कि वह इस संगठन को सूचित करे कि उनकी अन्तरिक्ष टेक्नोलॉजी किस हद तक क्वारेटाइन की आवश्यकताओं के अनुरूप है। समय रहते यदि हमने नाभिकीय अस्त्र परीक्षणों को न करने का हृदय में दृढ़ संकल्प नहीं लिया तो इसी शताब्दी में ही धरती के वातावरण तथा अन्तरिक्ष के पिण्डों पर प्रतिकूल प्रभाव पड़ने की प्रबल सम्भावनाएँ प्रत्यक्षतः प्रकट होने को हैं।

रॉकेटों द्वारा प्रक्षेपणों को वायुमण्डल में छोड़ने से तो वे उसकी रचना व गति को बदल देते हैं जिसका दुष्प्रभाव ओजोन परत पर पड़े बगैर नहीं रहता। अतः अन्तरिक्ष अनुसन्धान करने से पहले अनुसन्धानकर्त्ता देश को सदैव इस प्रतिमान को प्रमुखता से अपने सामने रखना चाहिए कि उसके द्वारा किए जा रहे अन्तरिक्ष-विकास ओजोन परत पर दुष्प्रभाव तो नहीं डाल रहे हैं। पर्यावरण पर विपरीत प्रभाव न डालने वाली अन्तरिक्ष टेक्नॉलोजी को विकसित करने की परम आवश्यकता है। ऐसी टेक्नोलॉजी जब तक विकसित नहीं हो पाती तब तक अन्तरिक्ष उपकरणों की विश्वसनीयता सुनिश्चित कर इन्हें बहु-उद्देश्यीय बनाकर कम-से-कम प्रक्षेपणों को छोड़ेंगे अर्थात् इनकी आवश्यक को घटाने का कार्य किया जा सकता है।

अन्तरिक्ष अनुसन्धान के लिए स्वच्छ टेक्नॉलोजी को काम में लेना वांछित है, क्योंकि हमें वायुमण्डल, चन्द्रमा में जल के उपलब्ध होने, सौरमण्डल के ग्रहों व जीवन के बारे में शोध करना सौरमण्डल के दृष्टिकोण से महत्त्वपूर्ण है। इनके अध्ययन को लगातार जारी रखने का विरोध नहीं होना चाहिए, लेकिन इनका अध्ययन स्वच्छ प्रायोगिक संसाधनों के द्वारा ही हो ताकि पर्यावरणीय दुष्परिणाम न पड़ने पावे। परीक्षणों के समय उन पर पड़ने वाले दुष्प्रभावी परिणाम हो सकते हैं, जिससे अन्तरिक्ष में व्यावहारिक कार्यों के कुछ क्षेत्रों के विकास पर भारी असर पड़ सकता है। उदाहरणस्वरूप जीवन के लिए अनुकूल ग्रह मंगल या शुक्र में पृथ्वी से आयातित सूक्ष्म जीवाणु उस ग्रह के वायुमण्डल की सतही परतों को परिवर्तित कर सकते हैं और इस प्रकार वहाँ के प्राकृतिक पर्यावरण के बारे में अध्ययन को समाप्त कर सकते हैं।

हम भूमण्डलीय स्वचालित अन्तरिक्ष प्रणाली के माध्यम से अन्तरिक्ष और

पृथ्वी के बारे में जानकारी, नौपरिवहन, मौसम का पूर्वानुमान, संचार मानचित्र विज्ञान, वायुमण्डल वाहन खगोलीय प्रेक्षण तथा मानवीय क्रियाकलापों के अनेकों अन्य क्षेत्रों के बारे में ज्ञान अर्जित करने मे सफल हो सकते हैं।

विकसित एवं विकासशील राष्ट्रों द्वारा अपनी आर्थिक परियोजनाओं के प्रभावी क्रियान्वयन में इससे सहयोग प्राप्त होता है। पृथ्वी के प्राकृतिक संसाधनों की स्थिति के बारे में कार-मोनॉटिकी के माध्यम से ज्ञान अर्जित करने, मौसम का आँकलन, जैसे बर्फ का आवरण, बर्फ के पिघलाव की सीमा तथा बाढ़ों की तीव्रता आदि के बारे में ज्ञान देना, सम्भावित तूफानों की चेतावनी, वायु तथा समुद्री यातायात को नियन्त्रण करने के लिए जैव मण्डल, जलागारों तथा वायुमण्डल में हो रहे प्रदूषणों के कारणों आदि के बारे में ज्ञानात्मक सूचना प्रदान कर हमें पर्यावरण को दूषित होने के बारे में पूर्वानुमान लगाकर उन्हें प्रतिबंधित करने में सहायक साबित हो सकती है। अर्थात् यह पृथ्वी की पर्यावरणीय समस्याओं के समाधान हेतु सहायक साबित हो सकता है। आज हम अन्तरिक्ष से पृथ्वी की सतह की फोटोग्राफी में खर्च किए गए पाँच मिनट में वही प्रतिफल प्राप्त कर सकते हैं। जो विशेष उपकरणों से सज्जित विमान द्वारा करीब दो वर्ष की अवधि की फोटोग्राफी से भी हासिल नहीं हो सकते।

इसीलिए अन्तरिक्ष-शोध से अन्तरिक्ष और पृथ्वी के बारे में वस्तुस्थिति का ज्ञान प्राप्त करने के कार्य को प्राथमिकता से किया जा रहा है। वस्तुस्थिति की जानकारी पृथ्वी की पर्यावरणीय समस्याओं और उसके समाधान हेतु हमें मदद प्रदान करती है। आज समस्त विश्व में अन्तरिक्ष अनुसन्धान भूवैज्ञानिकों के लिए सहयोगी है। पृथ्वी की पर्पटी की संरचना, उसमें पड़ी हुई दरारों, तेल एवं गैस क्षेत्रों की खोज एवं खनिज भण्डारों आदि की जानकारी अन्तरिक्ष फोटोग्राफी से सही व सस्ती दर पर प्राप्त की जा सकती है। स्वचालित उपग्रहों से नये खनिज भण्डारों का पता लगाया जा सकता है। अतः समय की माँग है कि पृथ्वी के प्राकृतिक संसाधनों की स्थिति के बारे में जानकारी को जनसाधारण तक टेलीविजन से सम्प्रेषित किया जाए।

हम आज पृथ्वी पर होने वाले सामान्य-से-सामान्य क्रियाकलापों का अवलोकन कर सकते हैं। हमें इस प्रणाली की 'एक्स-किरण प्रभाव' के प्रतिफल स्वरूप पृथ्वी की पर्पटी की गहराइयों का ज्ञान प्राप्त करने में सफलता प्राप्त हो जाती है।

क्षेत्र-विशेष में उपग्रहों द्वारा नियमित अन्तरालों पर भौगोलिक और भू-भौतिक चित्र खींच कर हम तक सम्प्रेषित किये जाने से हम पर्यावरण को अशुद्ध करने

वाले कारकों का सही समय पर सही ढँग से प्रबन्ध करने का प्रयत्न कर सकते हैं।

वायु और समुद्री यातायात के नियन्त्रण के लिए अन्तरिक्ष से प्राप्त सूचनाओं पर आधारित रहना पड़ रहा है। इसके साथ-साथ वायुमण्डलीय घटनाक्रम तथा मौसम, बर्फ का आवरण, बर्फ के पिंघलने की सीमा तथा बाढ़ों की तीव्र रफ्तार, तूफान की समय पर प्राप्ति चेतावनी मौसम का निर्धारण करते हैं। इस प्रणाली की मदद से हम प्राकृतिक सम्पदा को सुरक्षित रखने में सफल साबित हो सकते हैं। इसीलिए आज विकसित एवं विकासशील देश पर्यावरणीय सूचनाओं के सम्प्रेषण के लिए कृत्रिम उपग्रहों का इस्तेमाल करने का हरसम्भव प्रयास कर रहे हैं। आज विश्व की कोई भी टेलीविजन प्रसारण सेवा नहीं है। जो राष्ट्रीय एवं अन्तर्राष्ट्रीय स्तर की पर्यावरणीय सूचनाएँ सम्प्रेषित न करती हो।

जो ज्ञान प्राकृतिक तथा हमारे प्राकृतिक संसाधनों के बारे में अन्तरिक्ष से प्राप्त होता है उससे भूमण्डलीय पर्यावरण के समाधान हेतु प्रभावी प्रबन्ध किए जा सकते हैं। आज हम विश्व की भूमण्डलीय गतिविधियों का सहज ही अवलोकन कर सकते हैं तथा एक क्षेत्र के उपग्रहों द्वारा नियमित अन्तरालों पर भौगोलिक एवं भू-भौतिक अध्ययन करने में सहायक होते हैं।

विश्व स्तर पर अन्तरिक्ष अनुसन्धान पर्यावरणीय समस्याओं को सफलतापूर्वक हल करने में अत्यधिक साबित सिद्ध हो रहे हैं। इसीलिए अन्तरिक्ष अनुसन्धान सहायक प्रमुख रूप से पृथ्वी में प्रेक्षण और अध्ययन पर विशेष जोर दिया जा रहा है। आज दुनिया के विभिन्न भागों में मनुष्य के आर्थिक क्रियाकलापों में द्रुतगति से हो रही वृद्धि के परिणामस्वरूप पर्यावरणीय-परिवर्तन वैज्ञानिकों के लिए गम्भीर चिन्ता का विषय बना हुआ है। वैज्ञानिक अनुसन्धान पारिस्थितिकी के द्वारा पर्यावरणीय समस्याओं का सम्भावित समाधान करने में सहायक सिद्ध हो रहे हैं।

10

जैविक तथा अजैविक घटकों में पारस्परिक असक्रियता से प्रदूषण

ब्रह्माण्ड में धरती सौर परिवार की सदस्य है, जो लगातार सूर्य का चक्कर लगाती है, जिस पर ही आज तक की जानकारी के अनुसार जीवन सम्भव है। अतः मानव, पक्षी तथा वनस्पति यहाँ पर अपने-अपने जीवन चक्र के अनुसार अपना-अपना अस्तित्व बनाए हुए हैं। हम पृथ्वी के बाहरी भाग को तीन हिस्सों में विभाजित कर सकते हैं—(क) स्थलमण्डल, (ख) जलमण्डल, तथा (ग) वायुमण्डल। पृथ्वी का लगभग 71 प्रतिशत भाग पानी से ढँका हुआ है। धरती का वह भाग जिस पर जीवन सम्भव है, उसे जीवमण्डल कहा जाता है। मनुष्य और पशु-पक्षी भूपटल की ऊपरी सतह पर निवास करते हैं।

जीवमण्डल अथवा बायोस्फियर पृथ्वी और वायुमण्डल का वह भाग है जहाँ पर जैविक वस्तुएँ, जैसे—मनुष्य, पशु-पक्षी, पेड़-पौधे और जीवाश्म रह सकते हैं। जीवमण्डल जैविक वस्तुओं और उनको घेरे रखने वाली अजैविक वस्तुओं के मध्य होने वाले परस्पर क्रिया-कलापों का कार्यस्थल हैं यह पृथ्वी का सबसे ज्यादा महत्त्वपूर्ण भाग है। पृथ्वी और वायुमण्डल के बीच, जिसमें मिट्टी की तरह है, जीवमण्डल की वास्तविक स्थिति है। धरती की पपड़ी के एक स्थान से दूसरे स्थान पर खिसकने, भूकम्पों, भूकम्पी सिन्धु तरंगों तथा पर्वतों एवं ज्वालामुखियों के बनने से निर्मित हुई है। जीवमण्डल में जल, स्थल और वायुमण्डल का थोड़ा-थोड़ा भाग शमिल है। इसकी मोटाई भूपटल की सतह से लगभग 7 किलोमीटर ऊपर तथा 8 किलोमीटर गहराई तक है।

वायुमण्डल द्वारा जीवमण्डल में ऑक्सीजन तथा अन्य गैसें उपलब्ध होती हैं, जो जीवन की आधार हैं, साथ ही सौर ऊर्जा भी वायुमण्डल में से होकर सूर्य-किरणों के रूप में पृथ्वी की सतह पर पहुँचती है जिससे जैविक क्रियाएँ सम्पन्न होती हैं। सभी वस्तुओं तथा क्रियाओं का केन्द्रस्थल स्थलमण्डल है। समस्त जैविक और अजैविक वस्तुओं के परस्पर समन्वय तथा स्थायित्व का यह व्यवस्थित क्षेत्र है। जीवमण्डल में, ऑक्सीजन-चक्र, जल-चक्र, नाइट्रोजन-चक्र एवं कार्बन-चक्र 'सार्वभौमिक जीवनचक्र' के महत्त्वपूर्ण अंग हैं।

धरती पर रहने वाले मनुष्य, जीव-जन्तु, पेड़-पौधों के जीवन की गुणवत्ता को बनाए रखने हेतु सार्वभौमिक जीवन-चक्र एक-दूसरे के पूरक और सम्पूरक हैं। इसी प्रकार मनुष्य और प्रत्येक जीवधारी के सह-सम्बन्धों से धरती का पारिस्थितिकीय सन्तुलन बना रह सकता है। आज भौतिकवादी संस्कृति एवं जनसंख्या विस्फोट के फलस्वरूप प्रकृति के अपार संसाधनों के भण्डार के अतिदोहन से जीवमण्डल में स्थित जैविक वर्ग को जल, वायु और भोजन शुद्ध रूप में उपलब्ध नहीं हो रहा है। धरती पर रहने वाले जीवमात्र हेतु अच्छा, स्वच्छ और प्रदूषण रहित पर्यावरण नहीं होगा तब तक गुणवत्ता का जीवन जीने की कल्पना नहीं कर सकते।

जीवमण्डल के अजैविक घटक-वायु, जल, भूमि, वन और सौर-ऊर्जा आदि तथा जैविक घटक-वनस्पति, वन-प्राणी तथा पशु-पक्षी आदि की पारस्परिक संक्रियाओं पर पारिस्थितिकीय तंत्र आधारित है। जब तक जैविक व अजैविक घटकों में पारस्परिक सक्रियता लगातार अबाध रूप से क्रियाशील रहती है तब तक जीवमण्डल पर शुद्ध पर्यावरण का रहना आसान है। प्रकृति जीवमण्डल को जैविक व अजैविक के बीच प्राकृतिक क्रिया में बाँधती है, जिससे धरती पर रहने वाले जीवमण्डल के सभी घटकों को विभिन्न प्रदूषणों से होने वाले दुष्प्रभावों से निजात मिल सके।

मानव ने आधुनिक सभ्य प्रकृति के अति दोहन एवं आर्थिक लिप्सा के वशीभूत होकर जीवमण्डल के सम्मुख विभिन्न समस्याएँ पैदा कर दी हैं। हमारे संसाधन समाप्तप्राय दौर से गुजर रहे हैं। क्योंकि बेतहाशा बढ़ती जनसंख्या की भीड़ की माँग को पूरा करने में हम सक्षम नहीं हो पा रहे हैं।

बढ़ती आबादी के कारण, जंगल कटते जा रहे हैं। बस्तियाँ बसती जा रही हैं, कृषि योग्य भूमि की कमी हो रही है, अतः प्राकृतिक संसाधनों को सुरक्षित रखने के लिए जनसंख्या पर प्रभावी नियंत्रण वांछित है।

हमारे जीवधारी समाप्त होने की स्थिति में हैं। आज अन्तर्राष्ट्रीय बाजारों में अच्छी कीमत मिलने के कारण चोरी-छिपे बहुत से जीव मारे जा रहे हैं तथा खालों,

उम्दा किस्म के फलरों, प्रसाधन सामग्री, विलासी भोजन सजावटी चीजों के रूप में प्रयुक्त होने के लिए जीवों की जातियाँ तेजी से समाप्त होती जा रही हैं। जीवधारियों के समाप्त होने का सीधा सम्बन्ध हमारे पर्यावरण से हैं।

मौसम परिवर्तन का कारण है कार्बन-डाई-ऑक्साइड की मात्रा या जीवमण्डल में बढ़ना। फॉसिल ईंधन अर्थात् कोयले, तेल के जलने से इस गैस की बड़ी मात्र वातावरण में विमुक्त होती है।

सामान्य स्थितियों में पौधे इस खींचकर, प्राणवायु (ऑक्सीजन) मुक्त करते हैं। परन्तु वन-विनाश और शहरीकरण की बढ़ती प्रवृत्ति से दिनोंदिन इस प्राकृतिक व्यवस्था में बाधा उत्पन्न हो रही है। यदि कार्बन-डाई-ऑक्साइड की मात्रा इसी रफ्तार से बढ़ती रही तो सन् 2030 तक ताप में 3 से 5 डिग्री सेण्टीग्रेड तक अनावश्यक वृद्धि हो जाएगी। वनों के उपजाऊ परत के क्षय का कारण भी वन-विनाश है। राजस्थान पर भी प्राकृतिक असन्तुलन का दुष्प्रभाव पड़ा है। ईसा से 3000 वर्ष पूर्व राजस्थान की धरती भी हरी-भरी थी, आज राजस्थान रेगिस्तान है।

यदि जंगलों का कटाव न रोका गया तो देश की राजधानी भी रेगिस्तान बन जाएगी। इस प्रकार फैक्ट्रियों या प्रयोगशाला के आस-पास वृक्ष रोपे जाएँ जिससे शोर-प्रदूषण तथा कार्बन-डाई-ऑक्साइड से छुटकारा मिल सके। सामाजिक वानिकी से वनों की रक्षा सम्भव है।

तमाम जीवधारी धरती की रक्षा के कवच ओजोन के नाम से धूपताम्रता और त्वचा कैंसर से पीड़ित हो सकते हैं। वातावरण में कुछ ऊँचाई पर ओजोन (ऑक्सीजन के अणुओं-O_3) की एक परत है, जो सूर्य की पराबैंगनी (अल्ट्रावायलेट) किरणों से हमारी रक्षा करती हैं। उस परत में ये घातक किरणें अवशोषित हो जाती हैं और दोषमुक्त धूप हमें प्राप्त होती है।

उद्योगों से निकलने वाले रसायन विशेष रूप से क्लोरोफ्लोरो-कार्बन, ओजोन पट्टी में पहुँचकर रासायनिक प्रक्रिया से उनका क्षय करते हैं। आज सीएफसी के विकल्प स्वरूप दो-एक पदार्थ विकसित किए गए हैं, उनमें से एक एचसीएफसी है, जो एक अस्थायी विकल्प है क्योंकि उसमें भी क्लोरीन मौजूद है। रसायनों के मुक्त होने की दर यदि यही रही तो अगले 30 वर्षों में धरती की ओजोन पट्टी में कम-से-कम 24 से 30 प्रतिशत की क्षति हो सकती है, जो त्वचा कैंसर के रूप में मानव तथा पशुओं को क्षति पहुँचा सकती है, तथा इससे वायुमण्डल में परिवर्तन हो सकता है।

हमारे लिए आधुनिक भौतिक युग और भौतिक संस्कृति बनाम औद्योगिक संस्कृति बनाम प्रौद्योगिक संस्कृति विनाश का मार्ग प्रशस्त कर रही है। हमारा जीवनण्डल अब मात्र 'प्रौद्योगिकी मण्डल' बनकर रह गया है, जिसमें चारों तरफ गैसों के धुआँ भरे माहौल और कृत्रिमता की ही झलक है।

अब हालात ऐसे हो रहे हैं कि हम साँस लेने के लिए शुद्ध वायु को भी तरस जाएँगे। यही है तकनीकी युग की जीवमण्डल को बहुमूल्य भेंट।

अभी भी सँभल जाने का समय है, वरना महाविनाश और प्रलय के अतिरिक्त और कुछ भी मानव के भाग्य में नहीं बचेगा। इन्सान के भाग्य की रेखाओं की चेतावनी है—लौट आओ पुनः प्रकृति की ममतामयी गोद में! अर्थात् पर्यावरण से उधार ली हुई चीजें फिर वापस करने की वृत्ति का विकास वांछित है। हमें संकल्प लेना होगा कि हम नई सभ्यता का विकास करेंगे, जिसमें व्यक्ति, समाज, भौतिक तथा जैविक संसाधन उन्नत किए जाकर जीवमण्डल की बढ़ती हुई समस्याओं का समाधान करने में सफल हो सकेंगे। तभी यह सम्भव होगा जब प्राकृतिक सम्पदा का विवेकपूर्ण उपयोग करने की अभिवृत्ति का विकास होगा। प्राकृतिक साधनों का विनाश करके विकास की बात करना नितान्त कोरी कल्पना है। आज उद्योगों में प्रदूषण नियंत्रित करने की तकनीक विकसित करने की आवश्यकता है। विकास और सृजन साथ-साथ होने तथा मानव की नैतिक चेतना के विकास से जीवमण्डल शुद्ध बना रह सकता है तथा सृष्टि का आनन्द हम लेने में सफल हो सकते हैं। 'ग्रीन हाउस' गैसों को धरती पर अबाध रूप से बेरोकटोक विचरण करने की स्वतन्त्रता मिल जाएगी तो ऐसी स्थिति में अगली सदी हमारा धरती पर कुशलता से रहना मुश्किल हो जाएगा।

11

विभिन्न प्रकार के युद्धों से उत्पन्न प्रदूषण

पहले भी लड़ाइयां हुई हैं तथा शायद भविष्य में भी होती रहेंगी। मानसिकता के अनुसार कभी धर्मयुद्ध होंगे तो कभी अधर्मयुद्ध। उदाहरण के लिए, रामायण-महाभारत काल के युद्ध अधर्म पर सुककृत्यों पर सुकृत्यों की विजय के प्रतीक थे। लेकिन आज तो दानव नहीं हैं, सब मानव ही मानव हैं। सत्य-असत्य की बात भी सही मायने में नहीं है। आज की हकीकत है तो यही कि जो समर्थ है, सम्पन्न है, ज्यादा आयुधवान है वही विजयी होगा, भले ही वह असत्योन्मुखी, अविवेकी और गलत ही क्यों न हो। आज हिंसा के असंयत आवेश में एक बटन दबाने भर की देर है और सब कुछ तहस-नहस। युद्धों में संहार और प्रदूषण होता है, पर देखा जाय तो ये खुद भी मानसिक प्रदूषण की उपज हैं।

पूर्व के मल्ल-युद्ध, खड्ग-युद्ध, गदा-युद्ध, धनुष-बाण-युद्ध प्रदूषणकारी नहीं थे, क्योंकि वे रसायनें से सम्बद्ध नहीं थे। लेकिन बारूद के आविष्कार के बाद रासायनिक युद्धों की जो शुरुआत हुई तो यह परंपरा द्रुतगति से नए-नए आयामों से आगे बढ़ती गई। रासायनिक युद्धों की यह प्रलयंकारी और प्रदूषणकारी परंपरा आज नए-नए रूपों से मानव को त्रस्त किए हुए है।

अब सत् और असत् की कोई बात नहीं। अब बात है तो दर्प, अतुल वैज्ञानिक वैभव, विध्वंस-भावना और दिमागी लहर की। बारूद के रासायनिक युद्ध की विभीष्का अब परमाणु-युद्ध तथा नाभिकीय युद्ध की विभीषिका में बदल गई है।

संसार की महाशक्तियों के आपसी द्वेष से नाभिकीय युद्ध का खटका बना

ही रहता है। चारों ओर-तनाव और भय की स्थिति छायी हुई। लेकिन यदि नाभिकीय युद्ध हुआ तो निश्चित रूप से पृथ्वी का कोई भी हिस्सा इस प्रलयकारी दुर्घटना से बचा नहीं रहेगा। उद्योग नष्ट हो जाएंगे और नाभिकीय आयुधों से उत्पन्न विकिरण के प्रभाव से लोग भगवान को प्यारे हो जाएंगे या अपंग हो जाएंगे। दो महायुद्ध तो हो ही चुके हैं। यदि तीसरा महायुद्ध हुआ तो विनाश के बाद अधिकांश पर्यावरण अवश्य ही मानव के प्रतिकूल बन जाएगा। इस विषम परिस्थिति में न जाने मानव पर क्या गुजरे और उसकी नियति क्या हो। यह भविष्य के गर्भ में हैं। आधुनिक नाभिकीय और परमाणु-आयुधों को विज्ञान की उपलब्धि कहा जाता है लेकिन यह उपलब्धि कहां है। मानवों के पहलू से तो इनके प्रयोग से शून्य यानी मानवों का सफाया ही हो जाएगा। क्या यही सभ्य और अति उन्नत मानव की कारगुजारी और शेष लोगों की नियति होगी। इस समय अमरीका, रूस, इंगलैण्ड, फ्रांस तथा चीन यानी पांच देशों के पास नाभिकीय आयुध हैं और इनमें भी अमरीका तथा रूस शीर्षस्थ हैं।

कुछ अन्य देश भी इस होड़ में लगे हुए हैं। इन समर्थ इकाइयों में इन युद्धों से पर्यावरण के नाश होने और पर्यावरण के प्रदूषण की चिंता कहां व्यापती है। भौतिकवादी अहं के महामद में अध्यात्मवादी सर्वकल्याण की मानवोचित सात्त्विक भावना तिरोहित नहीं तो आच्छन्न तो हो ही जाती है।

याद आती है सन् 1945 के 16 जुलाई की वह तारीख जिस दिन कि डॉ. राबर्ट ओपनहाइमर ने प्रथम परमाणु बम का सफल परीक्षण किया था। पलक झपकते ही हजारों सूर्यों की चकाचौंध आसमान में छा गई थी। महान वैज्ञानिक अलबर्ट आइन्स्टाइन ने परमाणु बम की विनाश लीला का अनुमान कर लिया था और इसकी कल्पना से ही उनकी आत्मा कांप उठी थी। वे जानते थे कि इसका उपयोग संहार के लिए होगा। इसीलिए वे जिन्दगी-भर परमाणु महाशक्ति की विनाश लीला से दुनिया को अवगत कराते रहे। वे निरंतर परमाणु-परीक्षणों पर पाबंदी लगाने के कायल थे। वे जानते थे कि वैज्ञानिकों का फायदा उठाकर राजनेता अवश्य अपनी अहं तुष्टि और शक्ति प्रदर्शन के लिए इनका इस्तेमाल करेंगे। उन्होंने तभी तो कहा था—"तृतीय महायुद्ध में परमाणु आयुधों से मानव सभ्यता अधिकांश रूप से नष्ट हो जागी और चतुर्थ महायुद्ध तक मानव सभ्यता पाषाण-काल में होगी।

जैसा कि हम सभी जानते हैं युद्धों में गंधक, शोरे और कोयले के मिश्रण यानी बारूद से लेकर विभिन्न प्रकार के बमों का इस्तेमाल होता है और होता

रहेगा। ये बम मानव, प्राणियों, पेड़-पौधों और भूमि का नाश और बिगाड़ करते हैं। विस्फोटक पदार्थों में बारूद के अलावा गन कॉटन, नाइट्रोग्लिसरीन, टी,एन.टी., डाइनामाइट, नापाम-बम, परमाणु-बम, हाइड्रोजन-बम, न्यूट्रोन-बम, नाभिकीय आयुध आदि आते हैं। शक्तिशाली विस्फोटक पदार्थ डाइनामाइट के आविष्कारक अल्फ्रेड नोबेल युद्धों में प्रयुक्त होने वाले विस्फोटक पदार्थों के घिनौने कृत्य से इतने परेशान हो गए थे कि बाद में वे शांतिप्रिय बन गए। आज उनके नाम पर ही 'नोबल पुरस्कार' दिए जाते हैं।

लोग चेर्नोबिल की जरा-सी नाभिकीय दुर्घटना से त्रस्त हो गए। विकिरण का प्रदूषणकारी प्रभाव हुआ और कई लोग मर गए तथा दूर तक वस्तुएं घातक बन गयीं। लेकिन अगर प्रबल नाभिकीय आयुधों का प्रयोग युद्ध में विस्फोटकों के रूप में या संहारकों के रूप में अनेकों की संख्या में होगा तो क्या हाल होगा?इसकी कल्पना मात्र से रोमांच हो उठता है और कह सकते हैं कि प्रलय मच जाएगी।

अमरीका ने 6 अगस्त, 1945 के दिन जापान के शहर हिरोशिमा पर परमाणु-बम गिराया और इनके तीन दिन बाद यानी 9 अगस्त, 1945 को नागासाकी पर भी फिर बमबारी दोहराई गई। दोनों नगर बम पड़ते ही पल-भर में नष्ट हो गए। लाखों लोग तो मारे ही गए पर वहां की धरती भी गल गई और महाप्रदूषण की चपेट में आ गई। लोग सहम उठे और उन दिनों की याद कर आज भी सिहर उठते हैं और हिंसा के इस कुकृत्य पर शोक करते हैं। तब से आज तक जापान के इन नगरों और इर्द-गिर्द की भूमि में पैदा होन वाले बच्चे रेडियो धर्मी विकिरण के प्रभाव से उबर नहीं पाए हैं। ये संतानों विकलांग, लूली-लंगड़ी, बहरी और अंधी पैदा होती हैं।

जब मानव का यह हाल है तो वनस्पतियों की क्या बात करें। मानव-सभ्यता के इतिहास में इससे अधिक अमानुषिक घटना और क्या हो सकती है। युद्धों से प्रदूषण ही नहीं अपितु घातक और विकलांगकारी क्रिया होती है। हिरोशिमा और नागासाकी की मिसालें इस बात की शहादत देती हैं। अभी तक इनसे बड़ी मिसाल इतिहास में दुर्लभ है। परमाणु-बमों से उत्पन्न संघातक रेडियोऐक्टिव विकिरण के प्रभाव को जापान के लोग अभी तक भुगत रहे हैं। इसे उन्हें झेलना ही पड़ेगा, इसके अलावा और कोई विकल्प भी नहीं। यह उनकी मजबूरी है और वे इस तरह के जीवन के प्रति अपने को अनुकूलित कर चुके हैं।

लेकिन उनकी आत्मा अशांत है और युद्धों को कोसती है। लेकिन परमाणु-बम से भी अधिक संहारक है हाइड्रोजन-बम और इससे भी विनाशकारी होता है

न्यूट्रोन-बम। अभी तो हमने जापान के हृदयविदारक दृश्य देखे हैं, अगर यही रफ्तार रही तो अभी जाने हमें क्या-क्या नृशंस दृश्य देखने हों। यह सब जिन्दा रहने पर मुयस्सर करता है।

युद्धों की बात चल रही है तो सैन्य क्षेत्र पर दृष्टि डालना आवश्यक होगा। यह आज का सत्य है कि एक देश में नहीं बल्कि पूरी दुनिया में सशस्त्र सेना संबंधी खर्चे में खूब बढ़ोतरी की गई है और आपसी होड़ में ज्यादा से ज्यादा की जाती रहेगी। इसी का नतीजा है कि एक ओर प्राकृतिक साधनों और संपदा की कमी हुई तो विश्व प्रदूषण में वृद्धि । यह भी सर्वविदित है कि लड़ाइयां पहाड़ों, जंगलों, मैदानों, सीमावर्ती इलाकों, जलाशयों, शहरों के नजदीक यानी हस स्थान पर लड़ी जाती हैं और इनके परिणाम सबको सभी जगेहों पर भुगतने पड़ते है।

पर्यावरण में सैन्य खपत की इस विषम अनुपात वाली वृद्धि में कई कारकों का योगदान है। तांबे, सीसे, जर्मेनियम, टाइटेनियम सरीखे कमी वाले प्राकृतिक साधन सैन्य क्षेत्र में अपेक्षतया उच्च स्तर पर खर्च होते हैं। कुछ मुख्य प्रकार के वायु तथा जल प्रदूषक पदार्थ सैन्य क्रियाकलाप के ही परिणाम हैं। आंकड़ों के आधार पर पाया गया है कि दुनिया के करीब 40 प्रतिशत वैज्ञानिक, डॉक्टर और इंजीनियर पर्यावरण संबंधी कर्मियों का बड़ा अंश भी वे ले लेते हैं।

दुनिया के देश निरस्त्रीकरण के विपरीत सैन्य शक्ति बढ़ाते रहे हैं और पारम्परिक युद्ध के अलावा नाभिकीय तथा अन्य प्रकार के युद्धास्त्रों से नरसंहार करते रहे हैं। नाभिकीय विस्फोटों से निचले समतापमंडल (स्ट्रेटोस्फियर) में नाइट्रोजन ऑक्साइड आदि पदार्थ भारी मात्रा में भरते जाएंगे और इस तरह होने वाली ओज़ोन की कमी से पराबैंगनी विकिरण खतरनाक स्तर तक पहुंच जाएगा, जो पृथ्वी पर पहुंचकर सभी जीवधारियों को नष्ट या क्षतिग्रस्त करते हुए पारिस्थितिक तंत्र में उग्र प्रकार का असंतुलन कर देगा। ये रासायनिक आयुध पर्यावरण के नए दुश्मन हैं। कई किस्म की तंत्रिका-गैसों (नर्व गैस) के प्रभाव से भी पर्यावरणी विनाश होगा ही।

हमारी दीर्घकालीन विकास योजनाओं और पर्यावरणी सुरक्षा में गहरा संबंध होना चाहिए। 1977 में केवल दस देशों में ही पर्यावरणी सुरक्षा वाली एजेन्सियां थीं, लकिन अब इनकी संख्या 100 से भी अधिक हो गई है।

दुनिया के शांतिप्रिय लोग तो यही चाहते हैं कि जल्द से जल्द अंतर्राष्ट्रीय स्तर पर लेसर, रासायनिक और नाभिकीय आयुधों का परित्याग हो जाए। पर इस बात का एहसास भी हमें ही होना चाहिए कि पर्यावरण केवल अपनी खुदगर्जी,

सुविधाओं, खुशहाली और विकास के लिए नहीं है बल्कि दूसरों के अस्तित्व के लिए भी है। हम देख रहे हैं कि प्रदूषण से एक देश के पर्यावरण में ही नहीं बल्कि पूरी दुनिया के पर्यावरण में बिगाड़ आ रहा है। हमारा तथाकथित आधुनिक विकास खोट-भरा है। सभी देशों के लोगों में असुरक्षा और अशांति की भावना व्याप्त है, जो दिन-व-दिन बढ़ती जा रही है। अंतर्राष्ट्रीय स्तर पर पर्यावरणी रक्षा, विकास, शांति और सुरक्षा की दृष्टि से हमारी भावनाएं और कर्म संयमित और मर्यादित रूप में चलें तभी सबका कल्याण है। विश्वव्यापी स्तर पर इन बातों का पालन होना अपेक्षित है।

पुराने अनुभव के आधार पर अनुमान किया जाता है कि आधुनिक आयुधों वाले युद्ध से मुख्यतया शहरों का नाश होगा। आधे लोग तो एकदम नेस्तनाबूद हो जाएंगे और बाकी आधे बचे बुरी तरह पीड़ित हो जाएंगे। आयुध प्रक्षेपण के परिणामस्वरूप अपार ऊष्मा (भीषण गरमी) पैदा होगी जिससे बचे-खुचे लोगों पर फिर से असर पड़ेगा। इससे भी जो बचे रहे वे अवपात (फौल आउट) के तीव्र विकिरण के शिकार बनेंगे। विकिरण से प्रभावित होने पर लोगों की प्रतिरक्षा-क्षमता घट जाएगी जिससे अनेक रोग पनपेंगे। इसके अलावा प्रदूषित हवा, पानी, भूमि आदि के कारण भी बीमारियों में बढ़ोतरी होगी। 'द डे आफ्टर' नामक फिल्म में युद्ध के बाद की इसी विभीषिका का दर्दनाक और दिल दहलाने वाला सफल चित्रण किया गया है। काश कि इससे सबक लिया जा सके और इस धरती से भयानक छेड़छाड़ न की जाए। इस धरती को धरती ही रहने दें। यह जैसी भी है ऐसी ही भली हैं। इस धरती को तो देवों ने भी सराहा है। लेकिन ऐसे उग्र प्रदूषण से तो यह धरती ही नरक बन जाएगी।

इस तरह शहरों में बची-खुची आबादी का कुछ प्रतिशत चिंतित और मानसिक विक्षिप्तावस्था में रहेगा। शहर तो शहर देहातों में भी प्रदूषण पहुंच सकता है। वहां की भूमि, वायु और जल भी प्रदूषित हो सकते हैं। वातावरण में नाभिकीय युद्ध के जहरीले पदार्थ व्याप्त रहंगे तो वर्षा का पानी प्रदूषित होते हुए मानव की त्वचा पर पड़ने पर उसे झुलसा सकता है। ऐसी स्थिति में परीक्षण-स्थलों की तुलना में रेडियोऐक्टिवता बीस गुनी अधिक हो सकती है। लोग कैन्सर, श्वेतरक्तता या रक्त-कैन्सर (ल्यूकीमिया), जननअक्षमता, आनुवंशिक रोगों आदि से ग्रस्त होंगे। इनके अलावा अन्य नए रोग भी हो सकते हैं जिनकी कि अभी हम कल्पना भी नहीं कर सकते।

आकाश में नाभिकीय यद्ध के बाद इतनी धूल भर जाएगी कि वह सूर्य के

प्रकाश को सोखकर और ढक कर लम्बे समय तक उसे पृथ्वी तल पर न पहुंचने दे। इसके परिणामस्वरूप चारों ओर घना अंधकार छाया रहेगा।

प्राकृतिक तेल तथा गैस वाले क्षेत्रों में नाभिकीय विस्फोटों से लगी आग से आकाश में राख, काजल तथा कोलतार के सूक्ष्म कण बिखरे रहेंगे। इन कणों के नीचे बैठने पर धुंध-सी छा जाएगी।

इन सब का असर खेती पर भी पड़ेगा। हो सकता है कि इससे ओज़ोन की परत पर भी प्रभाव पड़े। ऐसी स्थिति सालों तक बनी रह सकती है। इससे धरती पर पड़ने वाली पराबैंगनी किरणों की बढ़ोतरी से वनस्पतियों, प्राणियों तथा मानव का कुप्रभाव पड़ सकता है। ऐसा कुप्रभाव जिसका अभी सही वर्णन नहीं किया जा सकता।

परिस्थितिविज्ञान संबंधी गड़बड़ी के कारण विभिन्न नाशक जीव फसलों की हानि करेंगे। सूक्ष्म जीवों, तिलचट्टों, चूहों आदि की संख्या में वृद्धि होगी।

जब फसलें प्रभवित होंगी तो खाद्य पदार्थों का अभाव स्वाभाविक रहेगा और कहीं अकाल भी पड़ सकता है। भोजन की कमी वाली स्थिति में तो लोगों को मजबूरन रेडियोऐक्टिव धूल से ग्रस्त खाद्य पदार्थ खाने पड़ेंगे। सचमुच जीवन बदतर हो जाएगा लकिन लोगों को ऐसा ही कष्टकारी, रोग्रस्त और जानलेवा कुजीवन बिताना पड़ेगा। इसके अलावा और चारा भी क्या होगा।

जलाशयों, सागरों, महासागरों पर भी इसका प्रभाव पड़ेगा और इसके फलस्वरूप जलीय प्राणियों पर भी। कहने का मतलब यह है कि सभी क्षेत्रों पर असर पड़ेगा और लोग अनेक सुख-सुविधाओं से वंचित ही नहीं होंगे बल्कि त्रासदियों के शिकार होकर जिस स्थिति की अभी कल्पना नहीं की जा सकती उसे भोगने के लिए विवश होंगे भली ही वे युद्धकारियों को कोसतें रहें लेकिन उससे क्या होगा? उससे तो कुछ बनने का नही। बिगड़ चुकी स्थिति में दोष देने से कोई फायदा नहीं होगा। भयानक रूप से बिगाड़ वाले बिंदु से सामान्य बिंदु की ओर लौटना बहुत कठिन होगा। यह होगी मानव की स्वयं की आत्मघाती क्रिया। ऐसे में मानवता सिसकती रहेगी और कुछ की करनी बाकी सभी को टीसती रहेगी।

निस्संदेह नाभिकीय युद्ध भयानक, कल्पनातीत और संपूर्ण मानव जाति के लिए घोर अभिशाप सिद्ध होगा। यह सुहाना प्राकृतिक और संपूर्ण अप्राकृतिक, लिजलिजा और घिनौना बन जाएगा। इसके कारण जाने तब जिजीविषा वाले मानव में जीवित रहने की इच्छा बलवती रहेगी भी या नहीं। न जाने तब त्रस्त और प्रताड़ित मानव की मनोवृत्ति किस तरह की बने, यह तो उस समय व्याप्त युद्धोत्तर

मनोविज्ञान ही बतलाएगा। कितना अच्छा हो कि ऐसे युद्ध कभी न हों और अंतराष्ट्रीय भाईचारे और सहअस्तित्व की भावना सभी देशों के नागरिकों और राजनेताओं में बनी रहे ताकि मानव अपने प्राकृतिक पर्यावरण में नीरोग, निर्भय और शांत हो कर रह सके। दुनिया के कर्णधार यदि संपूर्ण मानवता को उदात्त समभाव से देखते रहें तभी दुनिया का कल्याण हो सकता है।'लेकिन यह तभी संभव है जब कि हम विश्व नागरिकों को मानसिक प्रदूषण से बचाकर रख सकें।

ध्वनि-प्रदूषण

ध्वनि प्रदूषण भी अन्य प्रकार के प्रदूषणों की तरह हमारे तथा अन्य जीवों के स्वास्थ्य के लिए हानिकारक है। महानगरों और बड़े नगरों के लिए तो यह भीषण अभिशाप है। ध्वनि-प्रदूषण भौतिक प्रकार का प्रदूषण है जिससे रसायन या गैसें सम्बद्ध नहीं हैं। शोर-प्रदूषण वातावरण में ध्वनि की तेज लहरें उत्पन्न करता है जहो हमारे कानों में जोर से गूंजकर और मस्तिष्क को उत्तेजित कर शरीर पर बुरा प्रभाव डालती हैं। ध्वनि-प्रदूषण हमारे शरीर के अन्दर की 'कार्यिकी या क्रियाविज्ञान' (फिजियोलौजी) को प्रभावित कर स्वास्थ्य संबंधी विकृति करता है।

ध्वनि-प्रदूषण से पक्षियों से लेकर सिंह,ब बाघ आदि प्राणियों पर भी असर पड़ता है। वैज्ञानिकों ने संगीत तथा शोर को लेकर पौधों पर प्रयोग करके पाया कि उन पर भी क्रमशः अच्छा और बुरा प्रभाव पड़ता है। हम आसपास के तेज लाउडीस्पीकरों, ऊंचे स्वर में बजने वाले रेडियो, ट्रांजिस्टर, स्टीरियो, टेपरेकॉर्डरों, डिस्को डान्स, पॉप म्यूजिक, रॉक म्यूजिक वगैरह से परेशान हो जाते हैं। ये हमें विक्षुब्ध करके हमारे शरीर-तंख को अशांत और बेचैन बना देते हैं। कुछ बच्चे और किशोर इसे झेल लेते है। लेकिन प्रौढ़ व्यक्ति तो इससे परेशान हो जो है।।

वही संगीत हल्की या मध्यम आवाज में शांति और सुकून देता है तो तेज आवाज में चिड़चिड़ा बना देने वाला और जानलेवा हो जाता है। शोर वाली यांत्रिका विकीर्ण ऊर्जा हमारी तंत्रिकाओं के माध्यम से शरीर पर प्रहार करके अनेक रोगों का कारण बनती है। मर्यादा और इष्टता के आधार पर ध्वनि-प्रदूषण से हम अपने आपको बचा सकते हैं। यह हमारे हाथ में हैं।

शोर की यदि हम परिभाषा देना चाहें तो संक्षेप में बस यही कहेंगे कि यह एक अनचाही ध्वनि है, जिससे मानव विचलित हो जाता है, बाधा अनुभव करता है और तिहमिला कर तनाव में आ जाता है। उदाहरण के लिए बच्चों को यदि हल्ला-गुल्ला करने या जोर से बोलने में मजा आता है तो बड़े-बूढ़ों को उसी में

खिन्नता होती है और कष्ट पहुंचता है।

शादी-या ऐसे किसी विशेष अवसर पर ऊंचे स्वर में बजने वाले लाउडस्पीकर, ग्रामोफोन, हारमोनियम या ढोलक यदि किसी को आनन्द देते है। तो कुछ के लिए, जैसे पढ़ने वाले, गहरी नींद में सोने वाले या रोगी आदि के लिए, सिरदर्द हो जाते हैं। उन्हें ही नहीं बल्कि अच्छे-खासे भले-चंगे आदम को भी रात को सोते समय बेचैनी और अशांति पहुंचाते हैं। थोड़ी-देर की अशांति की बात होती तो कुछ न था पर लगातार इससे मानसिक संतुलन पर बुरा प्रभाव पड़ता है।

इम्तहान के दिनों में तो विद्यार्थियों को ये बहुत हानि पहुंचाते हैं। सारी एकाग्रता व ध्यान भंग कर देते हैं और उनके मानसिक स्तर को इतना बदल देते हैं कि वे पढ़ने पर अपना चित्त स्थिर नहीं कर पाते। शोर हमारी तंत्रिकाओं को झनझना देता है, कार्य करने की क्षमता कम कर देता है और नींद हराम कर देता है। ट्रक के जोर से आवाज करते हुए धुआं पीछे छोड़ा नहीं कि हम एकदम चौंकते हुए पीछे उछल पड़ते हैं। इसी तरह बच्चों ने जोर की आवाज सुनी नहीं कि सहम कर चीखने लगते हैं, मुट्ठियां बंद हो जाती हैं और मुंह व आंखें खुली की खुली रह जाती हैं। इस तरह बीमार पड़ने, घबड़ाने व बड़बड़ाने आदि से भी सभी परिचित होंगे क्योंकि इसका उन पर गहरा मनोवैज्ञानिक प्रभाव पड़ता है। छोटे शहरों में शोर कम होता है और वहां के लोग भाग्यवान हैं कि वे इन गड़बड़ियों से बचे हैं, परन्तु बड़े शहर और महानगर वालों को एक ओर जहां आधुनिकता के अन्य सुख-सुविधाएं व ऐश्वर्य-वैभव प्राप्त हैं, वहीं यह शोर उनके स्वास्थ्य के लिए बहुत हानिप्रद है। यह एक घुन अथवा हल्के विष की तरह है जो धीरे-धीरे असर करता है और गजब यह है कि हमें इसका पता नहीं चलता। होता क्या है कि इससे हमारे शरीर-तंत्र में तनाव उत्पन्न होता रहता है जिसके फलस्वरूप रक्तचाप बढ़ जाता है, स्वास्थ्य पर बुरा प्रभाव पड़ता जाता है और कई रोग उत्पन्न हो जाते हैं।

परिवार की किचकिच व झगड़ों, बच्चों के हो-हल्ले, घरों में डांट-डपट के कारण होने वाले हंगामे व कलहपूर्ण वातावरण, मछली बाजार के घपले, मोहल्ले की गाली-गलौज, नीलाम-घर के शोर, रेलवे स्टेशन की तेज आवाजें, स्टॉक-एक्सचेंज की चिल्ल-पों, व्यस्त स्थानों में घड़घड़ाते हुए स्कूटरों मोटरसाइकिलों व मोटर-गाड़ियों, शादी, रामलीला, कथा, भजन-कीर्तन, आदि के समय ऊंचे स्वर में चीखते लाउडस्पीकरों या रेडियो तथा हवाई जहाज आदि से उत्पन्न होने वाले शोर के वैज्ञानिक अध्ययन से विशेषज्ञों ने यह निष्कर्ष निकाला है कि सचमुच यदि ये बातें

न हो तो लोगों में अस्वस्थता, कैन्सर, पेट व हृदय आदि के रोग बहुत कम होंगे। आज के यांत्रिक युग के व्यस्त व हल्ले-गुल्ले के जीवन के फलस्वरूप आए दिन हार्टफेल आदि से होने वाली मृत्युएं हम रोज ही देखते-सुनते हैं। विदेशों में तो यह एक बहुत बड़ा अभिशाप सिद्ध हो रहा है।

मोट्रियल यूनिवर्सिटी के डॉक्टर क्लौड फोर्टियर ने चूहों पर शोर-संबंधी प्रयोग किए। उन्होंने चूहों को भोंपू की तीव्र आवाज में रख कर प्रयोग किए। इससे चूहों के शरीर-तंख पर भारी हानिकारक परिवर्तन हुए, जैसे कि थाइमस ग्रंथि का ह्रास, अधिवृक्क (ऐड्रीनल ग्लैन्ड) का अतिउद्दीपन और आमाशय-व्रणों का उत्पन्न होना।

इसी तरह मनुष्य संबंधी अन्य प्रयोगों, निरीक्षणों और परिणामों से ज्ञात होता है कि अचानक जोर से दरवाजा भेड़ने से मनुष्य का रक्तचाप मोर्फीन की एक गोली से होने वाली प्रतिक्रिया से चार गुना अधिक बढ़ सकता है, और एक बच्चे के रोने से उत्पन्न होने वाले शोर से हृदय द्वारा पम्प किए जाने वाले रक्त की मात्रा दुगुनी हो सकती है। बढ़ते रक्तचाप के कारण होने वाली ऑक्सीजन की अधिक खपत ही थकावट, तनाव व अधीरता का कारण बन जाती है।

हमारी शांतिपूर्ण निद्रा के लिए अधिक ध्वनिस्तर नहीं होना चाहिए। यह बताना भी आवश्यक है कि डेसीबेल विज्ञान की भाषा में शोर की इकाई है अर्थात् इसी में शोर की मात्रा मापी जाती है। मानव की ध्वनि तीव्रता की सहनशीलता सीमा 90 से 100 डेसीबेल है। इससे अधिक ध्वनि तीव्रता निरंतर बनी रहती है तो वह तनाव उत्पन्न करती है। 130 डेसीबेल से अधिक ध्वनि तीव्रता मानव को एकदम पागल बना सकती है। बड़े शहरों में जैसे, दिल्ली, मुम्बई, कोलकाता और चैन्नई आदि में होने वाला शोर का औसत-स्तर भी अधिक होता है। परन्तु कई जगहों पर वह 90 तथा 100 से भी अधिक होता है।

अधिक शोर करने वाली वस्तुओं में मुख्य हैं—हवाई जहाज रेलगाड़ियां, मोटर-रिक्शा या स्कूटर-रिक्शा, मोटरसाइकिल, टैक्सी, प्राइवेट गाड़ियां, ट्रक और भारी-भरकम बसें। यद्यपि यातायात व गाड़ियों के नियम यही हैं कि गाड़ियां अधिक शोर-गूल उत्पन्न न करें परन्तु रोना इस बात का है कि इस बात का ध्यान रखा ही जाता है, नियम-कानून सब ताक पर धरे रहे जाते हैं। अतः व्यस्त व अधिक शोर वाले क्षेत्रों में रहने वाले लोग तनाव की स्थिति में रहते हैं। यद्यपि लोगों की आम धारणा यही है कि ऐसे वातावरण वाले स्थानों पर रहने वाले उसके अनुकूल अथवा आदी हो जाते हैं परन्तु सचाई यह है कि उनके जीवन-तंत्र पर

इसका बहुत हानिकारक प्रभाव पड़ता रहता है। सिरदर्द, बाधा, अशांति व ठीक से नींद न आने के कारण अथवा बीच में नींद उचट जाने के कारण उस स्थान विशेष के निवासी तनाव, मानसिक अशांति, अनिद्रा, अधिक ताप, दृष्टि-दोष, विक्षिप्तता, कैन्सर तथा पेट व हृदय के रोगों के शिकार हो जाते हैं। इसीलिए बस्तियों को स्टेशन हवाई अड्डे, मिलों, फैक्टरियों, बाजार आदि से दूर रखने का प्रयास रखा जाता है। परन्तु फिर भी आज के युग में तेज रफ्तार से बढ़ती हुई आबादी के कारण कहां तक बचना संभव हो पा रहा है? इस पर ध्यान देना ही होगा।

शोर आधुनिक जीवन का अभिशाप है। लोग ज्यों-ज्यों शांति पाने की चाह करते हैं त्यों-त्यों यह समस्या फन फैलाये बढ़ती ही चली जाती है। आज की आर्थिक कठिनाइयों के कारण बड़े परिवारों को छोटी जगह में मजबूरन रहना पड़ता है। फिर बच्चों के घपले से लेकर घर की किलकिल और रेडियो-वीडियो आदि सभी चीजें शोर बढ़ाने में योग देती हैं। उधर मकानों का यह हाल है कि वे जल्दी, सस्ते और कम जगह में बनाये जाते हैं। इनकी छतें नीची, बीच में खिड़कियों, रोशनदानों व दरवाजों से परस्पर मिले छोटे कमरे होते हैं, जिनकी दीवालें पतली होती हैं।

औसत परिवार एक या दो कमरों में गुजारा करते हैं। बातचीत भी वहीं, पढ़ाई भी वहीं, रोना भी वहीं, डांट-डपट भी वहीं, बच्चों का खेल भी वहीं, गली का शोर भी वहीं, मेहमान भी वहीं, हल्ला भी वहीं, झगड़ा भी वहीं तो आखिर शोर बढ़ेगा ही और फिर इसका असर भी पड़ेगा ही।

स्वास्थ्य पर शोर का इतना बुरा प्रभाव देखकर श्रवण-विज्ञान (अकौस्टिक्स) के विशेषज्ञ वास्तुकला विशेषज्ञों के साथ मिलकर ध्वनि अवशोषक उपायों की खोज में लगे हैं कि घरों का शोर बाहर वातावरण में न फैल सकें। परन्तु सड़क पर गाड़ियों आदि से होने वाले शोर को सोखने के अभी कोई उपाय संभव नहीं हैं और इसको कम करने के प्राकृतिक उपाय बस सर्वव्यापी हवा और पेड़-पौधे ही हैं। सड़कों पर गाड़ियों आदि का आना-जाना तो बंद नहीं किया जा सकता परन्तु फिर भी इस शोर के सिरदर्द को कम करने के लिए कुछ उपाय अवश्य किए जा सकते हैं। कुछ तो हम ही लोगों के हाथों में हैं बाकी नियोजनकर्त्ताओं के हाथ में। लाउडस्पीकर, स्टीरियों, पूरे निखार पर चलने वाले रेडियो तथा परिवार के कलहपूर्ण वातावरण से उत्पन्न होने वाले शोर से तो बचा ही जा सकता है, यदि तनिक भी नागरिक भावना से काम लिया जाए।

नदी द्वारा प्रदूषण

नदी की परिभाषा इस प्रकार की जा सकती है—जल की बड़े आयतन वाली प्राकृतिक प्रवाहमयी धारा, जो पहाड़ आदि से निकलकर एक निश्चित मार्ग से बहती हुई समुद्र या अपने तरह की ऐसी ही किसी दूसरी धारा में गिरती है। सभी जानते हैं कि नदियां हमें बड़े पैमाने पर बहुउपयोगी पानी देती हैं जो पीने-धोने तथा सफाई-सिंचाई से लेकर उद्योगों तक के सभी पहलुओं से महत्त्वपूर्ण है।

पहाड़ों, जंगलों और नदियों का घनिष्ठ संबंध है क्योंकि बर्फीले पहाड़, जंगल और वृक्ष ही नदियों के उत्सव हैं। इसीलिए कहा गया है कि मैदानी क्षेत्रों के जंगलों की अपेक्षा पहाड़ों के जंगल पचास गुना अधिक महत्त्वपूर्ण हैं क्योंकि जंगल जितने ही अधिक और घने होते हैं नदियों में उतना ही अधिक पानी भरता है। पानी ऐसा अनिवार्य और महत्त्वपूर्ण पदार्थ है जिसके बिना हमारी कोई भी क्रिया नहीं सध सकती।

इतिहास बतलाता है कि संसार की घनी सभ्य बस्तियां नदियों के तटों पर ही विकसित हुई हैं। संस्कृतिक का विकास, संपूर्ण प्रगति और खुशहाली नदियों के किनारे ही हुई हैं। सिंधु घाटी का क्षेत्र, गंगा-जमुना का उपजाऊ मैदान, गोदाबरी-कावेरी-नर्मदा आदि के इलाके निस्संदेह इन बातों की गवाही देते हैं। लेकिन नदियां तभी नदियां हैं जब इनमें पानी रहे। इनकी सार्थकता पानी और केवल पानी के अधिक आयतन और प्रवाह से है। नदियों में पानी के अभाव में सूखा और पानी की अति से सब तहस-नहस हो जाता है। इनका मर्यादित रूप में रहना ही मानवता के लिए श्रेयस्कर है। इनका धौलापन, निर्मलता और शुचिता ही हमारे लिए इष्ट है।

हमारे पूर्वजों ने आदि काल से ही नदियों को पूज्य माना था और इनकी, स्वच्छता और पवित्रता को बनाए रखना धर्म के अंतर्गत रखा था। इनको प्रदूषित, करना बुरी बात समझी जाती थी जिसे धर्म के नाम पर पाप कहा जाता था। लोग चूंकि धर्मभीरु थे इसलिए इस दायित्व को धर्म और पाप के अंतर्गत रख दिया गया। गीता में भी श्रीकृष्ण ने चार 'गकारों' का महात्म्य बतलाया है। ये चार गकार हैं गीता, गायत्री, गंगा और गोविन्द। इनमें गंगा नदियों का प्रतीक है। गढ़वाली भाषा में तो गंगाजी और 'धौली' का मतलब ही नदी होता है। आज भी स्नान करते समय लोग सुबह-सुबह सभी नदियों का नाम स्मरण करते हैं।

आज का मानव पुरानी बातों के प्रति नाक-भौं सिकोड़ता है और आधुनिकता

के चक्कर में पुरानी मान्यताओं व परम्पराओं को तोड़ने और उनकी खिल्ली उड़ाने में अपने अंह की तुष्टि समझता है।

अतः आधुनिक मानव ने पुरानी बातों पर ध्यान देना छोड़कर मनमानी शुरू कर दी और नदियों को गंदगी से प्रदूषित करके आज उन्हें बड़े गंदे नालों के रूप में कर दिया है। जहां पहले नदियों के किनारे टहलते हुए या पुल पार करते हुए भीनी बयार का आनन्द मिलता था, वहां आज हाथ से नाक बंद करके चलना पड़ता है। यह हमारे कुकृत्यों का ही परिणाम है। कि प्रदूषित होने के अलावा नदियों का पानी कम ही नहीं हुआ बल्कि सूख गया है। भारत में उत्तर से लेकर दक्षिण और पूर्स से लेकर पश्चिम तक की नदियां प्रदूषण से तड़प रही हैं। और चौड़े फाट वाले स्थलों पर उफनती वेगतवी धारा के बदले बस दूर-दूर तक बड़े-बड़े रेतीले द्वीप ही दिखाई पड़ते हैं।

आज की बढ़ती आबादी, उद्योगों और अविवेक के इस युग में आए दिन हम मल-मूत्र, कूड़ा-कचरा, गंदे नाले, उद्योगों के बचे-खुचे पदार्थ, ढेरों रसायन वगैरह डालते ही जाएंगे तो नदियों का पानी कब तक शुद्ध रह सकता है। नदियों में व्याप्त यह प्रदूषण आधुनिक सभ्यता की देन है। इस संदर्भ में हमारे क्रियाकलाप गिना सोचे-समझे और बिना आगा-पीछा देखे चल रहे हैं। हम केवल वर्तमान की रौ में बह रहे हैं और यह नहीं सोचते कि हामरी इन कारस्तानियों का अंजाम क्या होगा। विवेकशील मानव की दृष्टि से यह स्थिति उचित नहीं है और इस पर पुनर्विचार किया ही जाना चाहिए, यदि हम चाहते हैं कि हमारा भविष्य सुरक्षित रहे और हमारा पर्यावरण स्वच्छता की सीमा में रह कर हमारे कल्याणकारी और निरापद रहे।

विकास के साथी के रूप में

यह सचाई है कि प्रदूषण की समस्या प्रगति की देन है। यह उद्योगों के विकसित होने और हामरी अदूरदर्शिता के कारण बढ़ा है। अभी तक गंगाजल को शुद्ध समझा जाता था, पर अब वह बात नहीं रही। खोजों से पता चला है कि हमारी नदियों का सत्तर प्रतिशत जल पीने लायक नहीं रहा है। बम्बई के उद्योगों वाले क्षेत्र की सरहद वाली सरिता में चरने वाली गायों के दूध में प्रति दस लाख भाग में पांच भाग सारा पहुंच जाता है। कानपुर से नीचे पांच किलोमीटर तक उद्योगों के बचे-खुचे पदार्थ डालने से नदियों के जीव नष्ट हो गए हैं और हुगली की मछलियों की संख्या में 70-80 प्रतिशत की कमी आ गई हैं। गंगा-जमुना का

प्रसिद्ध उपजाऊ क्षेत्र भी प्रदूषण से अछूता नहीं रहा। कोलकाता, आसनसोल, दुर्गापुर वाला इलाका देश का उद्योगों वाला बड़ा इलाका है। हुगली नदी में पटसन, कागज, कपड़े, चमड़े, शराब वगैरह के सैकड़ों कारखानों व मिलों के बचे-खुचे पदार्थ बहा दिए जाते हैं। कानपुर के निकट कपड़े, चमड़े, रसायन, ऊन और दवाओं आदि की बची-खुची गंदगियां गंगा के पानी को प्रदूषित करती हैं। कालू नदी, गोदावरी, कावेरी का भी यही हाल है। गंगोत्री से वाराणसी तक गंगा में सैकड़ों गंदे नाले गिरते हैं। और वाराणसी के घाटों पर हजारों लाशों को जलाया व बहाया जाता है।

प्रतिदिन गंदी होती जमुना

मुख्य नदियों को लेकर कुछ अनुसंधान किए जा रहे हैं। विज्ञान तथा प्रौद्योगिकी विभाग के तहत दिल्ली विश्वविद्यालय के वनस्पतिविज्ञान के एक वैज्ञानिक दल ने, डॉ. के.एम.एम. दक्षिणी के नेतृत्व में, दिल्ली और दिल्ली के इर्द-गिर्द जमुना में डाले जाने वाले पदार्थो की दृष्टि से पांच साल तक अध्ययन किया और इनके खोज के परिणाम चौंकाने वाले हैं। इनके अनुसार अधिक खारापन के कारण जमुना का पानी मानव की खपत के योग्य नहीं रहा।

इस खोज दल द्वारा किए गए जल-प्रदूषण संबंधी अध्ययन से पता चलता है कि जमुना के पानी का खारापन दुनिया के औसत से तीन गुना ज्यादा है। राजधानी के कुछ जलीय स्थलों में प्रदूषकों की वृद्धि से होने वाले पारिस्थतिक परिवर्तनों का अध्ययन भी किया थ्गश्या। अध्ययन से ज्ञात हुआ कि पानी का कुल खारापन 9.66 एम.ई.क्यू. (मिली इलेक्ट्रोलाइट कोशन्ट) है जबकि दुनिया का औसत खारापन 2.83 है। और यह हुआ इस संघीय क्षेत्र में 16 नालों द्वारा नदी में प्रदूषकों के निरंतर विसर्जित होते जाने से। जमुना में हाइड्रोजन आयनों की सांद्रता 7.20 से 8.60 तक रहती है, जिस कारण यह पानी मानव उपभोग के योग्य नहीं है।

केन्द्रीय गंगा प्राधिकरण त्था प्रदूषक नियंत्रण

देश का सबसे महत्त्वपूर्ण बेसिन गंगा का बेसिन है, जिससे बहुत ज्यादा आबादी का भरण-पोषण होता है। लेकिन यह जगह-जगह प्रदूषित हो जाता है। गंगा-अनुसंधान कार्यक्रम में प्रदूषित-स्थलों और प्रदूषण-स्रोतों का ही पता नहीं लगाया जा रहा है बल्कि प्रदूषण के बुरे प्रभावों का नियंत्रण भी किया जा रहा है।

इस कार्यक्रम से भूमिक्षरण की रोकथाम में मदद मिलेगी, पारिस्थितिक संतुलन भी बनाकर रखा जा सकेगा और इस क्षेत्र में विलुप्त होने वाले प्राणियों को भी बचाया जा सकेगा।

पर्यावरण विभाग द्वारा गंगा बेसिन के समय विकास वाले पहलू से फरक्का और हल्दिया के बीच गंगा क्षेत्र का पारिस्थितिक विकास कार्यक्रम चल रहा है।

गंगा प्राधिकरण का कार्य है हरद्वारा से सुन्दवन तक गंगा को पूरी तरह से स्वच्छ करना। ऊपर बतायी गयी बातों को देखते हुए गंगा और उसकी सहायक नदियों तथा वितरिकाओं के पानी की गुणवत्ता में भी सुधार लाया जा रहा है। गंगा प्रदूषण को दूर करने के लिए केन्द्रीय गंगा प्राधिकरण की स्थापना की गई हैं, जिसके अध्यक्ष हैं हमारे प्रधानमंत्री। इसके द्वारा गंगा नदी को आमूलचूल हर तरह से स्वच्छ और प्रदूषणहीन बनाने की ठोस योजना अमल में लायी जा रही है। इससे गंगा के प्रदूषणहीन होने की पूरी संभावनाएं हैं। लेकिन इसमें सरकार के अलावा हर सामान्य नागरिक का दायित्व भी अपेक्षित है। सबके मिले-जुले योगदान से ही अच्छे परिणाम देखने को मिलेंगे और नदियों को फिर से शुद्ध और पावन बनाया जा सकेगा। इसीलिए इसे जन परियोजना कहा गया है कि सरकारी तथा गैर-सरकारी संस्थाओं के अलावरा इसे आम जनता का भी पूरा-पूरा सहयोग मिले।

गंगा कार्य के संदर्भ में अनेक योजनाएं चल रही हैं। अब तक 220 से अधिक योजनाएं तैयार की गई हैं और इनमें से 150 योजनाओं को स्वीकृति मिल चुकी है। बाकी योजनाओं को भी मंजूरी दी जाती रहेगी। गंगा कार्य योजना के महत्त्वपूर्ण पहलू ये हैं—नदी में गिरने वाले मल-मूत्र की रोकथाम तथा उसके प्रवाह में परिवर्तन, समन्वित वाहित मल-उपचार संयंत्र से ऊर्जा की प्राप्ति, यथासंभव कम खर्च पर सफाई कार्य और नदी के मुहानों का विकास। घरेलू मल से होने वाले नदी के प्रदूषण को बचाने के लिए देश में पहली बार बड़े पैमाने पर ये योजनाएं बनायी गयी हैं, जिनसे निश्चय ही अच्छे परिणाम प्राप्त होंगे। गंगा कार्य योजना गंगा परियोजना निदेशालय (पर्यावरण और वन मंत्रालय) के तत्वाधान में चल रही है। इस योजना के अंतर्गत नदी के किनारे बसे 27 शहर आते हैं और अधिकांश कस्बों में कार्य प्रगति पर है। इस योजना के तहत नदी के पानी की शुचिता का परीक्षण, मछलियों तथा जल जीवों का संरक्षण, कूड़े-करकट से ऊर्जा-प्राप्ति आदि कार्य चल रहे हैं। वैज्ञानिक तथा औद्योगिक अनुसंधान परिषद् तथा भारतीय कृषि अनुसंधान परिषद् के अंतर्गत नदी किनारे स्थापित सभी बड़े विश्वविद्यालय तथा वैज्ञानिक संस्थान इस कार्य से जुड़े हैं ताकि हर तरह से इस दिशा में सफलता प्राप्त

की जा सके। देखा गया है कि हरिद्वार-ऋषिकेश में जल काफी शुद्ध है लेकिन अन्य स्थानों पर वास्तव में शुद्धता बहुत कम है। गंगा कार्य योजना का मुख्य उद्देश्य गंगा को प्रदूषणमुक्त करना ताकि पूरी नदी में पानी की शुद्धता बनी रहे।

कुछ अन्य बिंदुओं की ओर संकेत देना भी नदियों के प्रसंग में जरूरी होगा और तभी बात सही मायने में पूरी हो पाएगी। भूमि द्वारा सोखे जाने के बाद वर्षा का लगभग पचास प्रतिशत जल छोटे नालों से बहता हुआ आखिरकार नदियों में जा पहुंचता है। इस तरह गाद जमा होने (सिल्टिंग) के कारण नदी की तली की सतह ऊंची होने लगती है और इसके फलस्वरूप गहराई कम। इसके परिणामस्वरूप नदियों की जलवहन-क्षमता और भंडारण-क्षमता में कमी आने लगती है। इससे नदी पानी की अधिक राशि को अपनी गोद में समाकर नहीं रख पाती और पानी उसकी सीमा के नियंत्रण से बाहर होता हुआ इधर-उधर बाहर की ओर तबाही मचाता हुआ चलता है। अंतर्राष्ट्रीय सर्वेक्षण के आधार पर पता चला है कि हर साल 25 अरब टन उपजाऊ मिट्टी कटकर बह जाती है और हर साल दुनिया की इस उपजाऊ मिट्टी की ऊपरी परत का सात प्रतिशत अंश नष्ट होता जाता है।

नदियों में लगातार बहने वाली मिट्टी ने बांधों पर भी असर डाला है, जिससे उनकी क्षमता और उपयोगिता में भी कमी आई है। राष्ट्रीय बाढ़ आयोग के आकंड़ों से ज्ञात हुआ है कि हमारी नदियों की जल ग्रहण क्षमता में कमी होते-होते वह 40 करोड़ घन फुट ही रह गई है, जबकि वर्षा के मौसम में इनको कहीं अधिक पानी का भार ढोना पड़ता है। सन् 1953 से अब तक एक करोड़ एकड़ क्षेत्र मे जंगलों को साफ किया जा चुका है और हर साल जितने पेड़ काटे जाते हैं उनकी भरपाई तो दूर रही, उनके चौथाई की भी क्षतिपूर्ति नहीं हो पाती।

इन बातों का मुख्य कारण है जंगलों की बुरी हजामत। नंगे वनविहीन क्षेत्रों में ही प्रायः बाढ़ का प्रकोप अधिक देखा गया है। इसलिए बाढ़ के उपचार के लिए जंगलों का सघन और तीव्र गति वाला विकास आवश्यक है। गंदे प्रदूषणयुक्त नालों का प्रवाह और मार्ग मोड़कर उन्हें नदियों में गिरने से बचाने के प्रयास भी करने होंगे और नदियों तथा बांधों से गाद या जमा अतिरिक्त मिट्टी को उलीचने की परियोजना को सही रूप में अमल में लाना होगा।

गंगा स्वच्छता कार्यक्रम तो पृथक् रूप से चल ही रहा है लेकिन इसके अलावा केन्द्रीय तथा राज्य प्रदूषण नियंत्रण बोर्डों द्वारा पांच नदियों के बेसिनों में प्रदूषण के स्रोतों और उनकी मात्रा की पहचान का कार्य प्रगति पर है। ये पांच नदियां हैं—दामोदर, सुवर्णरेखा, कृष्णा, ब्राह्मणी-वैतरणी और ब्रह्मपुत्र।

दामोदर और सुवर्णरिखा नदियों का अन्वेषण कार्य पूरा हो गया है और रिपोर्टों को अंतिम रूप दे दिया गया है। रिपोर्ट से पता लगा है कि दामोदर नदी का प्रदूषण मुख्य रूप से औद्योगिक स्रोतों से होता है लेकिन सुवर्णरिखा नदी का प्रदूषण लगभग पूरी तरह से औद्योगिक और खान संबंधी स्रोतों से ही होता है। इस प्रदूषण की रोकथाम और नियंत्रण संबंधी कार्यक्रम की योजना तैयार कर ली गई है। केन्द्रीय प्रदूषण नियंत्रण बोर्ड ने सम्बद्ध राज्य सरकारों और उनके बोर्डों को इस योजना के कार्यान्वयन और मौनीटरने की सलाह दी है।

आंध्र प्रदेश, कर्नाटक और महाराष्ट्र के राज्य प्रदूषण नियंत्रण बोर्डों द्वारा कृष्णा नदी के अन्वेषण का कार्य चल रहा है और पानी की गुणवता के मापन का कार्य आंध्र प्रदेश के 14 केन्द्रों में, कर्नाटक के 25 केन्द्रों में और महाराष्ट्र के 20 केन्द्रों में प्रगति पर है ताकि नदी के प्रदूषण में संबंधित आंकड़ों का संकलन, मिलान और समन्वय किया जा सके।

केन्द्रीय बोर्ड के पूर्वी और उत्तर-पूर्वी क्षेत्रीय कार्यालय, कोलकाता ने ब्राह्मणी-वैतरणी का बेसिनवार अन्वेषण आरंभ कर दिया है। पानी की गुणवता से संबंधित आंकड़ों को उड़ीसा के 14 केन्द्रों और बिहार के 4 केन्द्रों में एकत्रित किया जा रहा है। उड़ीसा राज्य बोर्ड राज्य में आंकड़ों के एकत्रीकरण का कार्य भी कर रहा है। ब्रह्मपुत्र बेसिन के अन्वेषण कार्य के लिए नदी के साथ-साथ 24 जल-गुणना क्रियामापन केन्द्रों को भी चुना गया है, और असम राज्य बोर्ड को भी अन्वेषण कार्य से सम्बद्ध रखा गया है।

झीलों में बढ़ता प्रदूषण

प्राकृतिक सौन्दर्य से प्रेरित होकर ही कवियों और साहित्यकारों ने साहित्य में आंखों की उपमा झीलों से दी होगी। कितनी महत्ता दी उन्होंने इन बेजान झीलों को कि इनकी तुलना जीवंत आंखों से की। रमणियों अथवा प्रेयसियों की नीली झीलों में बिम्ब-देखना और खो जाना सम्मोहन की प्राकृतिक क्रिया है। मनोरम नीली झीलें और सुन्दर आंखें अपने आकर्षण से सचमुच बांध लेती हैं। कहने का आशय यह है कि जिस तरह शरीर की सुन्दर आंख के आकर्षण का केन्द्र होती हैं उसी तरह पृथ्वी की काया में स्थित झीलें भी लोगों को अपनी गरिमामय छवि से लुभाकर उनमें खो जाने का सम्मोहन कर देती हैं। यह इसलिए कि प्राकृतिक के ऐसे स्थलों में एक प्रकार की शांतिदायिनी शक्ति होती है, जहां आदमी अपने सारे दुख, तनाव आदि भूल जाता है।

हमारे कृत्यों, अदूरदर्शिता और नासमझी का ही परिणाम है कि ये स्वच्छ निर्मल झीलें गंदला गई हैं और पारिस्थितिक असंतुलन के दुष्परिणामों से कराह रही हैं। अब तो इनकी दुर्दशा देखकर यह भी कहा जा सकता है कि ये मर रही हैं। आंखों की उपमा झीलों से की गई है तो यह भी कह सकते हैं कि जिस तरह एक उम्र पार करने के बाद शरीरक्रियात्मक गड़बड़ियों से आंखों की ज्योति धुंधली पड़ जाती है और उनमें मोतियाबिंद हो जाता है उसी तरह पर्यावरणी गड़बड़ियों से झीलें भी धुंधला गई हैं और प्रदूषण, जंगलों की कटाई, पानी की कमी, गाद भर जाने, खर-पतवार की अतिवृद्धि आदि के मैलेपन से उनका धौलापन खतम हो गया है और उनकी जलबिंदु राशि अपारदर्शी बन गई हैं।

झीलों की अपनी महत्ता है। पानी प्रदान करने के अलावा ये पर्यटकों के आकर्षक-केन्द्र भी हैं। प्राचीन मानसरोवर झील तो तीर्थस्थान का महत्त्व रखती है। इसी तरह कुछ कुंड धार्मिक महत्त्व के अलावा औषधि वाले महत्त्व के भी हैं। पुष्कर झील में स्नान करने का महात्मय बताया गया है। बम्बई वालों को झीलों से ही पानी मुहैया होता है। इसे भी खतरे की स्थिति में बताया जा रहा है।

झील की सरल परिभाषा इस प्रकार दे सकते हैं—अलोने सादे अथवा खारे पानी की वह खड़ी राशि, जो ताल, पोखर, कुंड और समुद्र के बीच के आकार की होती है और चारो ओर भूमि से घिरी होती है।

अधिकांश झीलें सादे या अलोने पानी की होती हैं किंतु कुछ तो ऐसी हैं जो महासागरों से भी अधिक खारी होती हैं। सभी जानते हैं कि खारी सांभर झील के अधिक खारेपन के कारण ही यहां से सांभर नमक प्राप्त किया जाता है। अनेक जलाशय ऐसे हैं जिन्हें भले ही सागर कहा जाता है लेकिन वास्तव में ये नमकीन पानी की झीलें हैं। इनके कुछ उदारहण हैं—मृत सागर, कैस्पियन सागर और अरब सागर। खारे पानी की सभी झीलें रेगिस्तानी या अर्धशुष्क जलवायु में पायी जाती हैं, जहां वाष्पन की दर बहुत अधिक होती है। पानी के बाहर की ओर प्रवाह न होने के कारण यहां नमक का विसर्जन व संग्रह होता जाता है और पानी की सांद्रता बढ़ती जाती है। स्थायी खारी झीलों का पानी उनके खारीपन की मात्रा और उनमें घुलने वाले लवणों के प्रकार के आधार पर भिन्न-भिन्न प्रकार का होता है।

सादी या अलोनी झीलों के पानी का संघटन भी उनके पानी के हिसाब से भिन्न-भिन्न होता है। आने वाले प्रवाह और बाहर निकलने वाले प्रवाह के बीच के संतुलन तथा झीलो में बहकर आने वाली सरिताओं के अनुसार ही इनमें घुले ठोस पदार्थों वाला संघटन बनता हे। चूने के पत्थर से सम्बद्ध अपवाह क्षेत्र वाल झीलों

में कैल्सियम कार्बोनेट और मैगनीशियम कार्बोनेट का अंश काफी अधिक होता है। सतही पानी की तरह झीलों के पानी में ऑक्सीजन आदि गैसें घुली होती हैं। कुछ विशेष स्थितियों में जैसे कि ज्वालामुखी क्षेत्रों की ज्वालामुख-झीलों के पानी में, गंधक अथवा अन्य गैसें विद्यमान हो सकती हैं जो पानी के रंग, स्वाद और रासायनिक अभिक्रिया को प्रभावित कर सकती हैं। इनकी यही रासायनिक इन्हें विशेष गुण प्रदान करती है।

ज्यादातर झीलें प्राकृतिक हैं और इनका अधिकांश भाग हिमानी उद्‌भव वाले गर्तों में स्थिर होता है। प्राकृतिक तथा मानव निर्मित दोनों प्रकार की झीलें पानी के भंडार, सरिताओं के प्रवाह के नियमन, नौचालन की अनुकूलनशीलता और मनोविनोद वाले आकर्षण के लिए आर्थिक दृष्टि से महत्त्वपूर्ण हैं। कुछ खारी झीलें खनिजों के स्रोतों के पहलू से भी महत्त्व की हैं।

अधिकांश झीलों का क्षेत्रफल लगभग 100 वर्गमील से कुछ कम ही होता है। लेकिन सुप्रसिद्ध 30से अधिक झीलों का क्षेत्रफल 1,500 वर्गमील से भी अधिक है। दुनिया में अलोने पानी की सबसे बड़ी झील लेक सुपीरियर (उत्तरी अमरीका) का क्षेत्रफल तो 31,180 वर्गमील है। उड़ीसा की चिलका झील भारत की एक प्रसिद्ध झील है, जहां से खाद्य सामग्री प्रचुर मात्रा में उपलब्ध होती है। पर्यटक दूर-दूर से इसकी शोभा निहारने, आनन्द मनाने और मनोविनोद के लिए आते हैं।

चिलका झील उड़ीसा राज्य के पुरी जिले में स्थित एशिया की सबसे बड़ी खारी झील है। नौ महत्त्वपूर्ण आर्द्र भूमि क्षेत्रों में इसकी गिनती है और 1972 से तो इसे अंतर्राष्ट्रीय स्तर का जल क्षेत्र माना गया है। अपने मूल रूप में तो इसका जल क्षेत्र 1165 वर्ग किलोमीटर तक फैला हुआ था, लेकिन पिछले कुछ दशकों से यह क्षेत्र केवल 900 वर्ग किलोमीटर तक ही सीमित रह गया है, जिसे अच्छी बात नहीं कहा जा सकता। पर्यावरणविदों के अनुसार यह झील मरणासन्न स्थिति में आ गई है इसलिए इसे खुशहाल और सामान्य बनाने के भरसक उपाय किए जाने चाहिए वरना यही हाल रहा तो विलोप निश्चित है। यहां वन्य जीव तथा जलीय प्राणी बहुतायत से पाए जाते हैं और इसकी विशेषता यह भी है कि यह विविध प्रकार की स्वदेशी तथा विदेशी प्रवासी चिड़ियों की प्यारी शरणस्थली है। प्रकृति से विरासत में मिले इन रमणीक स्थलों को बनाए रखने के लिए हमें कृतसंकल्प होना चाहिए ताकि ऐसे सौन्दर्यस्थल हमारी धरती पर स्वर्ग बिंदुओं की तरह चमकते रहें और हम ऐसे अनूठे जीवंत प्राकृतिक क्षेत्रों से वंचित न हो जाएं।

विनाश के कगार की तरफ बढ़ती झीलें

पर्यावरणी अध्ययन और सर्वेक्षण के अनुसार दुनिया की बड़ी और छोटी पचास हजार से अधिक झीलें या तो मृत हो चुकी हैं या मरने की प्रक्रिया में हैं। विज्ञान और पर्यावरण केन्द्र द्वारा प्रकाशित भारत का पर्यावरण 1984-85 की दूसरी नागरिक रिपोर्ट में बताया गया है कि भारत में नीलगिरि की कोडैकलान और मुकेर्ती झीलों को छोड़कर समुद्र की सत हसे 2,000 मीटर ऊपर वाली या इसके निकट स्थित 18 अन्य झीलें कुप्रभावित हो चुकी है।

खतरे की दशा वाली झीलों में ये शामिल हैं—उत्तर प्रदेश में नैनीताल और भीमताल, कश्मीर में डल और वूलर, राजस्थान में पुष्कर, मणिपुर में लोकटक, सिक्किम में खिचिपीरी और तमिलनाडु में उदगमंडलम।

पश्चिम की झीलें अम्ल वर्षा या तेजाबी बारिश से मारी जा रही हैं तो विकासमान देशों में इनके खतरे का कारण है इनकें पौधों की अंधाधुंध वृद्धि। रिपोर्ट के अनुसार इनमें पौधों की अधिक वृद्धि तथा प्रदूषण पीड़कनाशियों (पेस्टीसाइड) उत्सर्जन, गंदे पानी, उर्वरकों के अपवाह और खुले विष्ठा उत्सर्जन के कारण होता है। भारत में झीलें लगभग 2 लाख हेक्टेयर क्षेत्र को घेरे हुए हैं।

बड़े शहरों के नजदीक की लगभग हरएक झील नष्ट होने की दशा में है। अहमदाबाद की झील पूरी तरह से पौधों से भर चुकी है। हैदराबाद की प्रसिद्ध हुसैन सागर झील नष्ट होने की प्रक्रिया में है। यहां से मछलियों को बहुत बड़े पैमाने पर मारा जाता है।

ऑक्सीजन की कमी भी झील को 'मार' देती है और इसका प्रत्यक्ष प्रमाण कश्मीर की डल झील है। सामान्य झीलों के पानी में घुली ऑक्सीजन की मात्रा भिन्न-भिन्न होती है। पौधों से भरी झील में ऑक्सीजन का अंश सतह पर पर्याप्त होता है तो तली पर बहुत ही कम। कई झीलों में तो तली में ऑक्सीजन बिल्कुल होती ही नहीं; जैसे कि नैनीताल की झील में।

उपर्युक्त रिपोर्ट में बताया गया है कि अगर यही हालत रही, तो आने वाले 80 वर्षों में ही कश्मीर की डल और नगीन झीलें नष्ट हो जाएंगी। ये दोनों झीलें एक-दूसरे से जुड़ी हैं। डल झील के धीमे नाश के कारण हैं—झील के चारों ओर उद्यानों की स्थापना तथा वृक्षों का रोपण, खरपतवार की वृद्धि और अधिक आबादी का दबाव। वृक्षों का रोपण पहलगाम के काष्ठ-उद्योगों को बढ़ावा देने के लिए किया गया है। एक ओर की प्रगति दूसरी ओर मार कर देती है।

इस प्रसंग में सबसे अधिक चौंकाने वाले तथ्य हैं उद्योगों का तीव्र गति वाला विस्तार, झील के किनारों पर 'विलो' वृक्षों का रोपण करने वालों का अतिक्रमण और सामने वाले तट पर सड़क के निर्माण से झील के परिसंचरण में बाधा वाला परिवर्तन। झील को मल से बचाने के लिए श्रीनगर में नए मल-जल तंत्र का विकास किया जाना बहुत जरूरी है। अगर सही और कारगर उपाय नहीं किए गए, तो डल झील के अस्तित्व को खतरा बना ही हुआ है।

प्रसन्नता की बात है कि डल झील विकास परियोजना संबंधी कार्यक्रम में तेजी लाई जा रही है। जम्मू व कश्मीर सरकार 'हुडको' के सहयोग से घनात्मक प्रयासों में लगी है। इस परियोजना के तहज अन्य उपायों के अलावा वृत्ताकार सड़कों का निर्माण, खरपतवार की सफाई और मल-निपटाने पर बल दिया गया है। इन नियमित कार्यक्रमों से निश्चित रूप से डल झील का भविष्य सुरक्षित रह सकेगा। साथ हीं कराहती अन्य झीलों में सफाई अभियान वाले कार्यक्रम भी अपेक्षित हैं ताकि प्रकृति के ये आकर्षण-बिंदु हमारा मन मोहते रहें और प्रदूषण के कारण काले धब्बे बन कर न रहे जाएं।

भोजन श्रृंखला द्वारा प्रदूषण

सभी जानते हैं कि पेट भरने के लिए कई जुगतें सोची जाती हैं। छोटा कीड़ा भी अपना पेट भरना जानता है। पेट भरने के बाद ही और बातें सोची जाती हैं। भोजन शरीर में लिया और सोखा जाने वाला वह पोषणकारी पदार्थ है, जो शरीर की वृद्धि, मरम्मत, विभिन्न कार्यों और महत्वपूर्ण क्रियाओं के लिए परम आवश्यक है। इसके बिना जीव जिन्दा रह नहीं सकते।

स्मरण करा दें कि अधिकांश लोग खाने के लिए नहीं जीते लेनि हां जीने के लिए कुछ खाना जरूरी है। भोजन या खाद्य पदार्थों से ही जीवों को ऊर्जा (एनर्जी) मिलती है, जो शरीर की अनेक महत्त्वपूर्ण जैविक क्रियाओं के लिए आवश्यक है। इस ऊर्जा के बलबूते पर ही जीवों की जिन्दगी की गाड़ी चलती है।

आधाभूत रूप से संपूर्ण ऊर्जा का एकमात्र स्रोत सूर्य ही है। लेकिन हरे पौधे क पर्णहरित (क्लोरोफिल) में ही वह अद्भुत क्षमता है जो ऊर्जा को इस्तेमाल में लाए जाने लायक भोजन के रूप में बदल सकता है। भोजन के जटिल जाल के माध्यम से ही सभी जीवधारी एक-दूसरे पर आश्रित रहते हैं।

पोषण संबंधी प्रक्रियाओं की दृष्टि से प्राणियों और पौधों में भारी अंतर है। पौधे तो कुछ अकार्बनिक पदार्थों यानी पानी, लवणों आदि को ही ग्रहण करते हैं

लेकिन प्राणी अकार्बनिक प्रदार्थों के अलावा सरल अथवा जटिल कार्बनिक पदार्थों को भी खाते हैं। मानव क्या-क्या खा सकता है इसकी कोई सीमा ही नहीं है। प्रकृति में जीवों की भोजन-श्रृंखला को कई तरह से परिभाषित किया जा सकता है। जीवों के पहलू से भी और ऊर्जा के पहलू से भी। मोटे तौर पर इसे इस तरह समझा सकते हैं—भोजन-श्रृंखला एक समुदाय में भोजन करने की आदतों के पहलू से परस्पर संबंधित जीवों की वह श्रृंखला या क्रम है, जिसमें छोटा जीव उससे बड़े जीव द्वारा खाया जा सकता है और मंझला जीव उससे भी और बड़े जीव द्वारा। इस प्रसंग में पुरानी प्रसिद्ध कहावत से बात एकदम समझ में आ जाएगी। छोटी मछली को बड़ी मछली खाती है ।अेर बड़ी मछली को उससे भी और बड़ी मछली खा जाती है। सार रूप में यही भोजन श्रृंखला है।

इसे ऊर्जा के वैज्ञानिक दृष्टिकोण से संक्षेप में इस प्रकार परिभाषित कर सकते हैं—किसी पारिस्थितिक तंत्र में एक जीवधारी से दूसरे जीवधारी में खाद्य ऊर्जा का प्रवाह ही भोजन श्रृंखला है।

जीवधारियों की इस भोजन श्रृंखला में संबंधित जीवों की अनेक कड़ियां होती हैं। जाहिर है कि बीच में जितनी कम कड़ियां होंगी ऊर्जा का इस्तेमाल उतना ही अधिक होगा और इसके विपरीत जीवों की अधिक कड़ियां होने से श्वसन आदि अपचयी क्रियाओं के परिणामस्वरूप ऊर्जा की अधिक हानि होगी। भोजन श्रृंखला में ऊर्जा का यह प्रवाह रेखीय प्रकार से होता है यानी एक रेखा में चलता है। भोजन श्रृंखला के प्रत्येक चरण को ऊर्जा का स्तर कहा गया है।

भोजन श्रृंखला को आसानी से समझाने हेतु हम एक उदाहरण देंगे और वह जाना-पहचाना उदाहरण है—एक तालाब के पारितंत्र या पारिस्थितिक तंत्र (इकोसिस्टम) का। इसमें होने वाली भोजन श्रृंखला इस प्रकार चलती है—शैवाल या सेवार (एलगी)/पानी के छोटे कीट/छोटी मछली/बड़ी मछली/सारस, बगुला आदि मत्स्यभोजी पक्षी। इन सब जीवों से ही यह भोजन श्रृंखला पूरी होती है। शैवालों को पानी में रहने वाले छोटे कीट ख़ाते हैं, कीटों को छोटी मछलियां खाती हैं, छोटी मछलियों को बड़ी मछलियां खाती हैं और बड़ी मछलियों को सारस, बगुले आदि जलीय पक्षी। इस प्रकार हरे पौधे और अन्य सभी जीव एक श्रृंखला या कई कड़ियों द्वारा एक-दूसरे से जुड़े रहते हैं। इसी को भोजन श्रृंखला (फूड चेन) कहते हैं। इस श्रृंखला में एक जीव का दूसरे जीव पर प्रभाव पड़ता है।

पर्यावरण प्रदूषण के संदर्भ में इस अध्याय का उद्देश्य यही है कि लोगों को समझाया जाए कि पर्यावरण में यदि प्रदूषण होगा और एक जीव अगर प्रदूषित या

विषाक्त होगा तो जो दूसरा जीव उसे खाएगा वह भी विषाक्त बन जाएगा। फिर मानव भी तो शाक से लेकर मछली व अन्य प्रकार का मांस खाता है। वह सर्वभक्षी जो है, उसे जो कुछ भी रुचे उसे वह खा सकता है। इस तरह विषाक्त भोजन करने से वह प्रभावित होगा ही।

प्रकृति में खाद्य संतुलन

इस धरती पर केवल हरे पौधों में ही क्षमता है कि वे अपने भोजन का निर्माण स्वयं करते हैं। सबसे अधिक विकसित और सभ्य प्राणी मानव भी अपने भोजन का निर्माण स्वयं नहीं कर सकता, वह भी पौधों पर आश्रित है क्योंकि हमारा संपूर्ण भोजन यानी सारे खाद्य पदार्थ पौधों से ही प्राप्त होते हैं। मानव समेत सभी प्राणी भोजन के लिए प्रत्यक्ष या अप्रत्यक्ष रूप से हरे पौधों पर ही निर्भर हैं। हरा पौधा ही भोजन का मूलभूत आधार है।

सरल अकार्बनिक पदार्थों से भोजन बनाने वाले ये हरे पौधे विज्ञान की भाषा में प्राथमिक उत्पादक (प्रामरी प्रोड्यूसर) कहलाते हैं। भोजन श्रृंखला के मूल आधार ये ही हैं। पौधों पर पोषण प्राप्त करने वाले प्राणी (पादपभोजी) प्राथमिक उपभोक्ता (प्राइमरी कंजूमर) कहे जाते हे। और मांस खाने वाले प्राणी द्वितीयक उपभोक्ता (डीकम्पोजर) कहलाते हैं, जो मृत या सड़े-गले पौधों अथवा जानवरों पर क्रिया करके उन्हें छोटे-छोटे अवयवों में तोड़-फोड़कर उनके इन छोटे अवयवों को पौधों को मुहैया कराते हैं। इन उपभोक्ता अपघटनकारी जीवों के उदाहरण हैं जीवाणु (बैक्टीरिया), कवक (फंजाइ) और कुछ प्रोटोजोआ, जो सभी स्तरों पर अपघटन की क्रिया पूरी करते हैं और अवांछित मृत जीवों की सफाई भी करते हैं। ऐसा न होता तो यह धरती गंदगी से ही पटी रहती और फिर सोच लीजिए कि हमारी जिन्दगी कितनी दूभर होती।

पारिस्थितिक तंत्र तथा भोजन श्रृंखला के अध्ययन से हम यह परिणाम प्राप्त कर सकते हैं कि खाद्य-ऊर्जा का प्रवाह रेखीय प्रकार से होता है किन्तु पर्यावरण में विशेष पारिस्थितिक तंत्र में जीवों का यह आपसी संबंध कई तरह से हो सकता है। सामान्य से अलग अगर किसी तालाब के पारिस्थितिक तंत्र में बड़ी मछलियां न हुई तो बगुला या सारस ही छोटी मछली को खा सकता है। इसी तरह जंगल वाले किसी पारिस्थितिक तंत्र में अगर सबसे उत्तम कोटि के उपभोक्ता (जैसे शेर) द्वितीयक कोटि के उपभोक्ता खाने को नहीं मिलते, तो वे पहली कोटि के उपभोक्ताओं को खाने लगेंगे।

पारिस्थितिक तंत्र में खाद्य पदार्थों का जाल जितना बड़ा होगा पारिस्थितिक तंत्र उतना ही स्थायी होगा। उदारहण के लिए, किसी पारिस्थितिक तंत्र में अगर पहली कोटि के उपभोक्ताओं की किसी विशेष्ज्ञ जाति की (माना खरगोश की) संख्या में कमी होने लगती है, तो इसी कोटि के दूसरे उपभोक्ताओं की (माना चूहों की) संख्या में बढ़ोतरी होने लगती है। इसका परिणाम यह होता है कि दूसरी कोटि के उपभोक्ताओं के लिए भोजन की कमी नहीं होती और पारिस्थितिक तंत्र स्थायी बना रहता है।

पर्यावरण में जीवों के बने रहने के लिए पारिस्थितिक तंत्र में संतुलन रहना बहुत जरूरी है अन्यथा इसके और कई बुरे परिणाम देखने को मिलते हैं। अगर पारिस्थितिक तंत्र में पहली कोटि के उपभोक्ता नहीं होंगे तो मुमकिन है कि कुछ समय बाद हरे पौधों (उत्पादकों) की अधिक वृद्धि हो और घनी आबादी के कारण वे खुद ही नष्ट हो जाएं। इसी तरह दूसरी कोटि के उपभोक्ता का भावी जीवन भी पहली कोटि के उपभोक्ताओं तथा उत्पादकों से बहुत घनिष्ठ रूप से जुड़ा होता है। प्रकृति का यह खेल इस तरह अपने आप चलता रहता है।

विष का भोजन श्रृंखला द्वारा संचार

पारितंत्र (पारिस्थितिक तंत्र) में मानव की भूमिका बहुत महत्त्वपूर्ण है और आज के युग में तो और भी ज्यादा महत्त्वपूर्ण हो गई है। भोजन श्रृंखला को ध्यान में रखते हुए अगर हम पारिस्थितिक तंत्र में मानव का स्थान निर्धारित करें तो पाएंगे कि मानव का दर्जा पहली व दूसरी कोटि के उपभोक्ता का है। सभी जानते हैं कि मछली मांसाहारी मानवों का भोजन है, जो तालाब वाले पारिस्थितिक तंत्र में भोजन श्रृंखला की चोटी पर होती है। सबसे अधिक ऊर्जा प्राथमिक उत्पादकों यानी हरे पौधों में होती है, इसलिए साग-सब्जियों का आहार करने वाले लोग अधिक ऊर्जा लेते हैं। देखा जा रहा है कि लोग आजकल शाकभोजी अधिक होते जा रहे हैं। द्रष्टव्य है कि भीमकाय शक्तिशाली हाथी, अश्व-शक्ति तथा घुड़दौड़ के लिए प्रसिद्ध घोड़ा और चौकड़ी भरने के लिए मशहूर हिरन सब विशुद्ध शाकभोजी हैं। आधुनिक युग में मानव ने पर्यावरण से छेड़छाड़ की जिससे पारिस्थितिक संतुलन को भी आंच पहुंची है। उसकी यह छेड़छाड़ उसी को महंगी पड़ रही है और अगर सुधार न किया गया तो दिन-ब-दिन यह और महंगी पड़ सकती है। महंगी क्या जानलेवा भी हो सकती है। मानव की छेड़छाड़ से कई प्रकार के पारिसिथितक तंत्रों बहुत हानि पहुंची है। मानव अपने स्वार्थ के लिए आए दिन

जंगलों को काटता जा रहा है, जिससे केवल उत्पादन ही नहीं बल्कि सभी कोटि के उपभोक्ता भी नष्ट होते जा रहे हैं। इसका परिणाम यह हुआ है कि आज कई प्राणियों की संख्या में कमी आ गई हैं। पर्यावरण में जो प्राणी बच रहे हैं, उसका कारण यह है कि कुदरतन अभी उनका खाद्य जाल काफी बड़ा है और उस पर आंच नहीं आई है। पर आंच आते क्या देर लगती है। हमें याद रखना है कि पर्यावरण में सभी जीव जरूरी हैं।

मानव ने उद्योग स्थापित किए हैं, कारखाने, फैक्टरियां व मिलें खोली हैं जिनके कारण बुरी गैसें व अन्य हानिकारक पदार्थ मिल-जुलकर पर्यावरण को प्रदूषित तथा पारिस्थितिक तंत्र को असंतुलित कर देते हैं। यह एक भारी प्रदूषण श्रृंखला है। यहां पर इसका संकेत देने का मतलब यही है कि हम पर्यावरण संबंधी बातों पर ध्यान दें और पारिस्थितिक तंत्र को निर्मल व संतुलित बना कर रखें। तभी मानव सामान्य रूप में बना रह सकता है। प्रदूषण से पर्यावरण में विष का प्रवाह होता जाता है और यह विष भोजन-श्रृंखला में भी घुलता चला जाता है। इसको परिणाम भले ही तुरंत पता न चलें पर प्रतिक्रिया मंद रूप से चलती रहती है। ये प्रभाव एकदम नजर नहीं आते क्योंकि परिणाम दूरगामी होते हैं।

भूमि, जल अथवा वायु में प्रदूषणी विष घुलने-मिलने पर हरे पौधों तथा छोटे जंतुओं के माध्यम से बड़े प्राणियों तक और अंततः मानव तक पहुंच जाता है।

हानिकारक कीटों, फफूंदियों आदि के नाश के लिए भारी पैमाने पर रसायनों और गैसों का फुहारना एक नियम-सा बन गया है। पेड़ की छाल की दरार या जमीन के गड्ढों में रसायनों के भर जाने से विभिन्न पक्षियों की संख्या में कमी आ जाती है क्योंकि जमीन तथा पेड़ों पर चुगने वाली चिड़ियों का भोजन इन रसायनों से विषयुक्त बन जाता है। इसके परिणामस्वरूप अनेक हानिकारक कीटों को मारने वाले पक्षी यानी कीटशत्रु नष्ट हो जाते हैं। कीटों का शिकार करने वाले ये पक्षी या तो मर जाते हैं या रसायनों से विषैले बन जाते हैं। इन रसायनसिक्त पक्षियों को अन्य जानवर खाएंगे या खुद मानव ही खाएगा तो ये विष उसके शरीर में पहुंचेगें ही।

इस धरती के जटिल तंत्र में हरएक जीव के लिए विज्ञान की समस्या आड़े आ जाती है। इन सरिताओं में रसायन डालते हैं 'कैडिस फ्लाइस' मारने के लिए लेकिन मर जाती है सामन मछली झील, तालाबों आदि में हम मच्छर मारने के लिए रसायन डालते हैं लेकिन यह विष भोजन श्रृंखला द्वारा प्रवाहित होता हुआ उस क्षेत्र की चिड़ियों को मार डालता है। हम पेड़ों पर छिड़काव करते हैं, तो अगले वसंत

में कूकने वाले पक्षियों के मधुर संगीत के लिए तरस कर रह जाते हैं। यह इसलिए नहीं कि हमने पक्षियों पर प्रत्यक्ष रूप से छिड़काव किया बल्कि इसलिए किस यह विष पेड़ पत्ती/केंचुए/पक्षी चक्र के माध्यम से शनैः-शनैः आगे चलता रहा। ये सारी बातें घटने पर ही हमें वस्तुस्थिति का बोध कराती हैं। अब तो हमें संभलना चाहिए क्योंकि हमें काफी जानकारी हासिल हो चुकी है। फिर दोहरा दें कि अनेक रसायन या विष जीवों के शरीर में पहुंचकर हानि ही नहीं पहुंचाते बल्कि घातक भी साबित होते हैं। उदाहरण के लिए, भोजन श्रृंखला द्वारा पारा (मरकरी) मेथिल मरकरी तथा एल्किल यौगिकों के रूप में जीवों के शरीर में जमा होकर मात्रा में बढ़ता जाता है और फिर विषाक्तन करने की स्थिति में आ जाता है। इस तरह भोजन श्रृंखला द्वारा भी प्रदूषण-प्रवाह चलता रहता है।

प्रदूषण का पौधे मापन करते हैं

विज्ञान के युग में आज हर चीज मापी जा सकती है, इसलिए प्रदूषण का भी मापन किया जा सकता है। प्रदूषण मापने तथा इससे संबंधित अनुसंधानों की दिशा में अनेक संस्थाओं तथा विश्वविद्यालयों में कार्य चल रहा है और प्रयोगों तथा प्रेक्षणों के आधार पर लिए गए निष्कर्षों के अनुसार पुष्ट परिणाम प्राप्त भी हुए हैं। इनके आधार पर प्रदूषण का निवारण कर सकते हैं। इस गंभीर समस्या के समाधान के लिए हमें तन-मन से जुटना होगा ताकि हमारे पर्यावरण में प्रदूषण न फैले और उसे ज़हरीला होने से बचाया जा सके।

आप सुनकर चौकेंगे लेकिन यह सच है कि अपने देश में प्रदूषण के भौगोलिक वितरण तथा इसकी तीव्रता के निर्धारण के लिए बगीचों के छोटे-मोटे पौधों का इस्तेमाल किया जा रहा है और ये मामूली पौधे ही प्रयोगों के प्रदूषणमापी उपकरण हैं। इन्हीं को लेकर प्रदूषण संबंधी अनुसंधान कार्यों का तानाबाना बुना गया है। इसमें भारी-भरकम उपकरणों का प्रयोग नहीं किया जा रहा है। लेकिन हां, निष्ठावान वैज्ञानिकों के समय, ऊर्जा और सब्र की बड़ी भूमिका है।

विज्ञान, संस्थान, बम्बई के पारिस्थितिविज्ञान के प्रोफेसर एस.बी. चाफेकर और उनके दो सहयोगियों डॉ. आर.पी. शेटी और डॉ. डी. बी. बोरालकर ने पौधों पर औद्योगिक वायु प्रदूषकों के प्रभाव से संबंधित अनुसंधान किए। यह अनुसंधान कार्य निरंतर तीन साल तक चलता रहा। इसे विष्वविद्यालय अनुदान आयोग की निधि द्वारा प्रायोजित किया गया। इससे मम्बई में औद्योगिक प्रदूषण की मात्रा की सफलतापूर्वक निर्धारण किया गया है। प्रयोगों की लम्बी श्रृंखला के आधार पर इन

वैज्ञानिकों ने पाया कि पोलीथीन के प्याले, कांच की प्लेट, पोलीथीन बीकर सरीखी साधारण चीजों और मामूली पौधों को धूल-प्रदूषण के मापन और आकलन के लिए विश्वसनीय उपकरणों के रूप में इस्तेमाल किया जा सकता है।

अब बैलगाड़ी तांगे इक्के और साइकिल का जमाना तो रहा नहीं। सभी महानगरों की तरह बम्बई में भी चलने वाली मोटर-गाड़ियां और उद्योगों की क्रियाशीलता से शहर की हवा खराब हो जाती है। राष्ट्रीय पर्यावरण इंजीनियरी अनुसंधान संस्थान (नीरी) के अनुमान के अनुसार बहुत मुम्बई क्षेत्र के उद्योग प्रतिदिन वातावरण में एक हजार टन प्रदूषक पदार्थ उगलते हैं। इन प्रदूषक पदार्थों में कई हानिकारक तत्त्व और यौगिक शामिल हैं। इनमें कार्बन मोनोऑक्साइड का प्रतिशत 38.4, सल्फर डाइऑक्साइड का प्रतिशत 34.4 और शेष प्रतिशत होता है नाइट्रोजन के ऑक्साइडों तथा अमोनिया का। इन प्रयोगों से पौधे की जातियों और मुम्बई के आसपास की हवा की गुणता की आपसी क्रिया की जानकारी हासिल करने में बहुत मदद मिली है।

स्वच्छ पर्यावरण समिति के वैज्ञानिकों ने अपनी खोजों से चैम्बूर को नगर के अधिक प्रदूषित भागों में से एक पाया है। चैम्बूर मुम्बई नगर का पूर्वी बाहरी भाग है जहां 20 पी.पी.एम. (भाग प्रति दस लाख) अमोनिया मापी गई है। बम्बई के पर्यावरण में प्रति दिन विभिन्न स्रोतों से—जैसे कि शोधशालाओं, तापीय विद्युत केन्द्रों, रासायनिक उर्वरक संयंत्रों, कपड़ा मिलों आदि से—करीब 320 टन सल्फर डाइऑक्साइड गैस छोड़ी जाती है। इसका पर्यावरण पर निश्चित रूप से प्रभाव पड़ता है।

विशेष चिंता का विषय यह है कि सल्फर ऑक्साइडों और नाइट्रोजन ऑक्साइडों से अम्लीय वर्षा होती है, जो खेती की फसलों, जंगलों, मनुष्यों, अन्य सामान्य पदार्थों पर बुरा प्रभाव डालती है। वर्षा के पानी के खारेपन के पहलू से पाया गया कि मानसून के दौरान कोलाबा और तारापुर समान रूप से साफ व अप्रदूषित थे, बांद्रा और बोरीवली कुछ-कुछ प्रदूषित थे और चैम्बूर तथा ट्रौम्बे बहुत अधिक प्रदूषित थे। इस तरह नगर के अलग-अलग भागों के सर्वेक्षण और विश्लेषण से आपेक्षिक प्रदूषण का पता चला।

गंधक के दूसरे यौगिक हाइड्रोजन सल्फाइड की उत्पत्ति जैविक पदार्थों के सड़ने-गलने और मलजल से होती है। इसमें बहुत बुरी गंध होती है और नाक सड़ने लगती है। नाइट्रोजन डाइऑक्साइड स्वतः रेचन और तेजाब बनाने वाले उद्योगों से निकलता है। हाइड्रोजन फ्लोराइड फौस्फेटीय उर्वरक तैयार करने वाले

संयंत्रों से तथा कार्बन मोनोऑक्साइड पेट्रोलियम उद्योगों से निकलता है। इसी तरह क्लोरीन और अमोनिया गैसें सम्बद्ध उद्योग वाले स्थानों से आकस्मिक रिसाव से निकलती हैं। इन सब के मिश्रण का मिलाजुला प्रभाव कैसा होगा इसका अनुमान बखूबी लगाया जा सकता है।

इन वायु-प्रदूषक पदार्थों के प्रभाव भिन्न-भिन्न तरह से पड़ते हैं। इनमें से कुछ श्वसन संबंधी उत्तेजना करते हैं और उग्र अवस्था में तो फेफड़ों की रक्त संकुलता से मृत्यु तक हो सकती है। निरंतर वायु-प्रदूषण से मानव में जैवक्षमता की कमी हो जाती है। प्रदूषण पौधों को भी नहीं बख्शता, क्योंकि डॉ, चाफेकर और उनके सहयोगियों ने पता लगाया है कि ये वायु-प्रदूषक पौधों के हरे पदार्थ या पूर्णहरित (क्लोरोफिल) को नष्ट कर डालते हैं, प्रकाशसंश्लेषी प्रक्रिया में व्यवधान पैदा करते हैं और ऐसा होने पर पौधों में भोजन निर्माण की महत्त्वपूर्ण क्रिया में भारी कमी ला देते हैं। यह सारा नुकसान हमीं लोगों को भुगतना पड़ता है क्योंकि फसलों की उपज कम होगी तो हाय-तौबा हम ही तो करेंगे।

इन सब बातों की पुष्टि अलग से नियंत्रित दशाओं में पौधों को उगाकर और फिर कुछेक रसायनों से उनका संपर्क कराकर की गई। रसायनों का प्रयोग विभिन्न सांद्रताओं और विविध संयोजनों को लेकर किया गया। इससे पौधों पर उसी हिसाब से विशेष क्षति की पहचान की जा सकी। हमारे वैज्ञानिक हर तरह से पौधों में प्रदूषण को सही-सही मापने में सफल रहे हैं। यह हमारे वैज्ञानिकों की उपलब्धि है।

डॉ. चाफेकर ने विभिन्न प्रकार के पौधों को लेकर प्रयोग किए और परिणाम प्राप्त किए। उन्होंने अपने प्राणियों के लिए पौधों की चार जातियों को चुना। ये पौधे थे कोमेलाइना बेंगालेन्सिस (कनकौआ), क्रोटालेरिया जन्सिया (सनई), स्यामोप्सिस टेट्रागोनोलोबा (गौर) और पूसा नवबहार सूरजमुखी (हेलिएथस)। उन्होंने क्या किया कि इन पौधों को उचित आकार तक उगाकर इन्हें फिर शहर के स्वच्छ क्षेत्रों, सड़क के किनारों और औद्योगिक क्षेत्रों में ले जा कर चुने स्थलों पर प्रतिरोपित करके सुस्थापित किया।

चुने गए स्थानों में निम्नलिखित शामिल थे—स्वच्छ क्षेत्र में कोलाबा का हौलिडे कैम्प गार्डन, आंशिक रूप से स्वच्छ क्षेत्र में विज्ञान संस्थान का उद्यान तथा प्रदूषित क्षेत्रों में तिरापोरवाला अक्वेरियम के निकट वाला मरीन ड्राइव का समुद्रतटीय क्षेत्र, वोरली का सड़कों व उद्योगों वाला क्षेत्र, लोहा भवन की सड़कों वाला क्षेत्र, दक्षिणी मध्य मुम्बई का मोटर-गाड़ियों के भारी यातायात वाला क्षेत्र

तथा दादर टी.वी. लालबाग, चैम्बूर और माहुल के उद्योग-प्रदूषित क्षेत्र। इन क्षेत्रों में उपर्युक्त सभी पौधों को पनपने दिया गया और उन पर उनके पर्यावरण का प्रभाव पड़ने दिया गया।

इस तरह लगभग एक महीने की अवधि के बाद पौधों को प्रयोगशाला में प्रेक्षण और विश्लेषण के लिए लाया गया। वृद्धि संबंधी विशेषताओं, पर्णहरित, प्रोटीन-अंश तथा तनों के शुष्क भार वाले पहलू से पौधों का विश्लेषण किया गया। स्वच्छ क्षेत्रों और अन्य क्षेत्रों के पौधों के तनों की लम्बाई में सुस्पष्ट अंतर पाया गया क्योंकि स्वच्छ क्षेत्रों के पौधों के तने लम्बे थे और अन्य क्षेत्रों के पौधों के तने छोटे। कपड़े की मिलों और कोयला-गैस संयंत्रों की अधिकता वाले घने औद्योगिक क्षेत्रों में पौधों पर प्रतिकूल प्रभाव अधिक सुस्पष्ट था। सड़कों के किनारे वाले पौधे भी लम्बाई में कम रहे। प्रदूषित क्षेत्रों में पौधों के पर्णहरित, प्रोटीन-अंश तथा उपज पर बुरा प्रभाव पड़ा। प्रतिकूल दशाओं में पत्तियों की संख्या में भी कमी पाई गई। लालबाग क्षेत्र के अलावा सभी स्थानों पर पत्तियों की क्षति 58 प्रतिशत से कम रही लेकिन लालबाग के गैस कम्पनी वाले क्षेत्र में यह क्षति 60 प्रतिशत से अधिक रही, जिससे साबित होता है कि यह बहुत अधिक प्रदूषित क्षेत्र है।

प्रदूषित और अप्रदूषित क्षेत्रों के पौधों की आपस में हर तरह से तुलना की गई। नगर के स्वच्छ क्षेत्रों के पौधों और प्रदूषित क्षेत्रों के पौधों के विभिन्न मानों की प्रतिशत क्षति का तुलनात्मक अध्ययन किया गया। इन प्रतिशत मानों के औसत से 'वायु-प्रदूषण सूचक' का निर्धारण हुआ। खाद की किस्म, सिंचाई तथा विशिष्ट व्यवस्था रारीखे कुछ परिवर्तनशील कारक पौधों की वृद्धि पर अलग-अलग तरह से प्रभाव डाल सकते हैं पर वास्तविक रूप से देखे गए अंतरों की तुलना में ये नगण्य या काफी कम होते हैं।

पौधों को जब किसी वायु-प्रदूषक से क्षति पहुंचती है तो उनमें प्रायः उस प्रदूषक से जुड़े विशिष्ट लक्षण दिखलाई देने लगते हैं। इन लक्षणों से ही प्रदूषक के आक्रमण की पहचान होती है और प्रभावित पौधों पर ये विशेष लक्षणों वाले प्रयोग प्रदूषण का चिट्ठा बांचते हैं। होने वाली इस क्षति तथा पौधे पर विद्यमान विशेष लक्षण ही संवेदनशील पौधे की जाति को प्रदूषण मापने का साधन बनाते हैं। धीरे-धीरे भविष्य में बड़े पैमाने पर और बड़े क्षेत्रों में इस विधि को लागू करके और अधिक जानकारी प्राप्त की जा सकेगी। तभी हम पर्यावरण के सुधार वाली परियोजनाओं को कार्यान्वित कर सकते हैं।

धूल-प्रदूषण

अलग-अलग तरह से पत्तियों आदि पर धुल-प्रदूषण संबंधी प्रयोग भी किए गए हैं। द्रष्टव्य है कि धूल से पत्तियों की सतहें सन जाती हैं और उनके छिद्र या श्वासरंध्र ढक जाते हैं। इससे पौधों के क्रियाविज्ञान पर असर पड़ता है। इस प्रसंग में कांच-प्लेटों और पौलीथीन बीकरों से प्राप्त परिणामों की तुलना की गई। वैज्ञानिकों ने पाया कि कांच की प्लेटों को धूल ग्रहण के लिए सफलतापूर्वक इस्तेमाल किया जा सकता है क्योंकि बीकरों और प्लेटों में धूल पड़ने के मान लगभग एक-से रहे। वैसे वैज्ञानिकों का उद्देश्य यह भी था कि क्या पौधों को धूल-प्रदूषण का क्रियामापन करने के लिए इस्तेमाल में लाया जा सकता है। इस तरह भारत में पहली बार हमारे वैज्ञानिकों द्वारा कुछ पौधों को धूल-प्रदूषण मापने के लिए प्रयोग में लाया गया।

पौधों पर प्रयोग करने के लिए बगीचे के पौधों से पत्तियां एकत्रित की गई और फिर उन्हें अच्छी तरह धोकर छन्ने कागज पर भली-भांति सुखाया व साफ किया गया। फिर इन्हें क्षैतिज प्रकार से यानी पड़ी स्थिति में रख कर, नीचे की ओर गिरने वाली सीमेंट की धूल फुंकनी की सहायता से इन पर पड़ने दी गई। कुछ समय तक धूल को निरंतर पड़ने दिया गया। इसके बाद पत्तियों को सावधानी से एक बीकर में आसुत जल की धार से धोया गया। प्रयोगों से पाया गया कि नियंत्रण प्रयोगों की अपेक्षा सामान्य पत्तियों पर पड़ने वाली धूल कुछ ज्यादा थी और इनमें भी धूल की मात्रा में फर्क था। क्षेत्रीय दशाओं में भी ऐसे अंतर सुस्पष्ट प्रकार से पाए गए।

यद्यपि इन पौधों ने धूल पड़ने की सीमा को बतलाने का कार्य कर दिया पर इन परिणामों ने व्याख्या की वैधता की समस्या खड़ी कर दी यानी मात्रात्मक यथातथ्यता पर प्रश्न-चिह्न लगा दिया क्योंकि सड़कों के किनारे वाले चारों पौधों के परिणामों में बहुत अंतर था। इस अंतर के कारण वैज्ञानिक इस विविधता के कारणों के समाधान में जुट गए। उन्होंने थेस्पीसिया पौलूनिया, क्रोटन और निराबिलस जलापार नामक पौधों की जातियों का चुनाव किया। पौधों की पत्तियों की सतह पर धूल साफ करने के लिए उन्हें पानी से धोया गया। एक पौधे की छह पत्तियों का वज़न लेकर उन्हें एक धागे से बांधा गया और पड़े रूप में अच्छी तरह से समंजित करके लटकाया गया। तीन अन्य पत्तियां भी इसी तरह बांधी गयी लेकिी दूसरे धागे को इस तरह नीचे किया गया कि पत्तियां 120 डिग्री के कोण पर

रहें। अब फुंकनी की सहायता से हवा में मिली सीमेन्ट की धूल को पत्तियों पर पड़ने दिया गया।

छह पत्तियों में से तीन को अलग कर दिया गया और बाकी तीन पड़ी रखी गई पत्तियों को, दूसरा धागा निकाल कर, कुछ समय के लिए खड़ी स्थिति में रहने दिया गया। फिर 120 डिग्री के कोण पर रखी गई तीन पत्तियों को भी निकाल लिया गया। विभिन्न दशओं वाले विभिन्न पौधों द्वारा ग्रहण की गई धूल की मात्रा से जो परिणाम प्राप्त हुए उन्होंने विविधता और अंतरों के कारणों पर प्रकाश डाला।

अलग-अलग पौधों द्वारा उन पर पड़ी धूल को ग्रहण करने और उसको धारे रहने की क्षमता के अंतरों ने वैज्ञानिकों को पत्तियों की बाह्य त्वचा (एपिडर्मिस) की रचना संबंधी बारीकियों के अध्ययन के लिए प्रेरित किया। इस प्रकार के अध्ययन के बाद उन्होंने पाया कि मिराबिलिस ने अधिक मात्रा में धूल को ग्रहण किया क्योंकि उसकी पत्तियों में बाह्य त्वचीय रोम होने के कारण ग्रहण वाला क्षेत्र अधिक था। थेस्पीसिया ने धूल को अधिक मात्रा में धारण किया क्योंकि उसमें ताराकार रोम होते हैं जो पत्ती के पटल पर धूल के एक बार पड़ने पर उसे समेटे रखते हैं और बाहर नहीं निकलने देते। क्रोटन में धूल का धारण कम मात्रा में हुआ क्योंकि उसकी झुकी पत्तियों में मुलायम और चिकनी बाह्य होती है, जो धूल को अधिक धारण नहीं करती और फिसलने देती है।

इन सब बातों को देखकर वैज्ञानिकों ने अपने निष्कर्ष निकाले, जो अंतिम रूप से सही और मान्य हैं। उन्होंने पाया कि जिन पोधों में पत्तियां पर्णविन्यास के कारण स्पष्ट रूप से अलग रहती हैं, पड़ी स्थिति में खुली रहती हैं और धूल को धारण करने के लिए जिनमें बाह्य त्वचीय उद्वर्ध (बाहरी रचनाएं) होते हैं (भले ही उनका सतही क्षेत्र अधिक न हो), और साथ ही विभिन्न पर्यावरणी दशाओं में जिनकी पत्तियों की सिति बदलती नहीं तथा पानी की कमी की परेशानी नहीं होती—वे धूल-प्रदूषण के क्रियामापन के लिए सबसे उपयुक्त होती हैं।

अब प्रदूषण वाले कुछ पेड़ों की बात भी देखिए। इस संदर्भ में अध्ययन दल की रिपोर्ट से ज्ञात होता है कि सड़कों के किनारे के आम के पेड़ों को काफी अधिक क्षति पहुंची और पेड़ों की 30 प्रतिशत पत्तियां नष्ट हो गई। हिन्दुस्तान पेट्रोलियम रिफाइनरी के आसपास के क्षेत्रों में तो कुछ पेड़ पूरी तरह से नष्ट हो गए। इन वृक्षों में प्रदूषक पदार्थों की उपस्थिति से प्रकाश-संश्लेषण (भोजन निर्माण वाली क्रिया) में कमी हो जाने से पेड़ों की हवा को शुद्ध करने की क्रिया में भी

कमी आई यानी कार्बन डाइऑक्साइड सोखकर और साफ कर ऑक्सीजन देने की प्रक्रिया में। इसके परिणामस्वरूप क्या हुआ कि प्रदूषण के कुचक्र में खूब बढ़ोतरी हुई। जरा-सी बात से कहानी कहां से कहां जा पहुंचती है। एक तरफ की जरा-सी गड़बड़ी दूसरी ओर भारी उपद्रव मचा देती है जिसका कि पहले से कोई अनुमान ही नहीं होता। हकीकत बाद में पता चलती है जबकि कुछ घटित हो जाता है।

पश्चिमी जर्मनी के एक हाल के अध्ययन ने अम्ल वाले निक्षेपों को अम्लीय वर्षा (तेजाबी वर्षा) से सम्बद्ध पाया, जिसका कारण जंगलों की वृद्धि में कमी आना है। उधर दास्तान कुछ और ही है। जापान के अनुसंधानकर्त्ताओं ने धान के उत्पादन की कमी को सल्फर डाइऑक्साइड के वातावरणी स्तरों की वृद्धि से जोड़ा है। वैसे वायु-प्रदूषण के क्रियामापन के लिए विशेष रूप से आट्रिया में काफी सालों से चीड़ के पेड़ों का इस्तेमाल हो रहा है।

प्रदूषण के प्रसंग में इतना सब कुछ वर्णित करने और डॉ. चाफेकर के अनुसंधानों के बाद यही निष्कर्ष है कि अन्य अत्याधुनिक उपकरणों और यंत्रों के अभाव में व्यावहारिक रूप से आसपास के वातावरण के प्रदूषण को मापने के लिए पौधों को लेकर प्रयोग करके सही निष्कर्ष निकाले जा सकते हैं।

यह तो थी पौधों की बात लेकिन सोचिए कि रसायनों, गैसों और धूल का प्रदूषण प्राणियों से लेकर मानव नाम के विकसित प्राणी तक को प्रभावित करता है। जब पौधों और पेड़ों का यह हाल है तो संवेदनशील प्राणी मानव का क्या हाल होगा। उसमें अगर प्रदूषण का ग्रहण, धारण और प्रभाव होगा तो उसकी नियति क्या होगी? इन सब बातों से अनुमान लगाकर प्रदूषण का जायजा लिया जा सकता है कि अगर प्रदूषण निरंतर चलता रहा तो पर्यावरण का क्या होगा, हमारा क्या होगा?

गैस त्रासदी तथा चेर्नोबिल की प्रदूषणकारी दुर्घटनाएं

यूं तो दुनिया के हर देश में प्रदूषण वाली छिटपूट घटनाएं होती रहती हैं और उनके ब्योरे देने में कई पन्ने रंग जाएंगे, लेकिन भोपाल और चेर्नोबिल की प्रदूषणकारी दुर्घटनाएं क्रमशः देश और विदेश की इस प्रकार की दो महत्त्वपूर्ण प्रतिनिधि घटनाएं हैं। ये हमें सबक देने के लिए काफी से कहीं ज्यादा हैं। ये आकस्मिक दुर्घटनाएं प्रदूषण की नहीं बल्कि घातक प्रदूषण के भयानक उदाहरण हैं। इस अध्याय का उद्देश्य इन दुर्घटनाओं की कथा को सविस्तार दोहराना नहीं है बल्कि इनके माध्यम से घातक प्रदूषण का संकेत-भर देना है। इनको शामिल करने

पर ही प्रदूषण कथा पूरी हो पाएगी वरना वह अधूरी रहेगी। वैसे सभी इनसे परिचित हैं फिर भी सतही तौर से इन पर निगाह डालना मौजूं होगा।

आज के जीवन में गैस संयंत्र और परमाणु-बिजलीघर हमारे लिए बहुत उपयोगी हैं और इनसे हमारे रोजमर्रा के काम बड़े सस्ते में सध जाते हैं। पर परमाणु-संयंत्रों को रचनात्मक और ध्वंसात्मक दोनों दिशाओं में प्रयुक्त किया जा सकता है। परमाणु-संयंत्रों से बिजली सस्ती पड़ती है और इससे पूरा फायदा उठाया जा सकता है। लेकिन आकस्मिक रूप से इनमें दुर्घटनाएं हो जाएं तो क्या हो। यही भोपाल और चेर्नोबिल में हुआ। ये दुर्घटनाएं विश्वव्यापी समस्याएं पैदा कर रही हैं। वातावरण को किसी एक देश की सीमा में नहीं बांधा जा सकता भले ही कितना दबाव डाला जाए। गैस-संयंत्रों अथवा परमाणु-संयंत्रों में दुर्घटनाओं से होने वाला प्रदूषण चारों ओर व्याप्त होता जाएगा तो सभी को खतरा होना स्वाभाविक है।

भोपाल गैस त्रासदी

गैस दुर्घटना वाले प्रदूषण की बात छिड़ने पर अनायास ही भारत की भोपाल दुर्घटना का नाक सबसे ऊपर आ जाता है। अंतर्राष्ट्रीय स्तर पर इतिहास की यह बड़ी दर्दनाक दुर्घटना रही है जो 3 दिसम्बर, 1984 को घटित हुई थी। घातक गैस के रिसाव से हुए इस प्रदूषण से करीब ढाई हजार से ज्यादा लोग तो एकदम दम तोड़ गए थे और करीब डेढ़ लाख से अधिक लोगों पर इस कदर बुरा असर पड़ा कि उनका जीवन मुश्किल हो गया है। इनेक अलावा जो ढोर-डंगर, पक्षी वगैरह मरे और प्रभावित हुए उनका कोई हिसाब ही नहीं। यह इसलिए कि सारा ध्यान लोगों की तरफ ही रहा जिनसे कि अस्पताल भरे पड़े रहे।

यह बात नहीं कि ऐसी दुर्घटनाओं का प्रभाव थोड़ी देर के लिए ही हो, यह प्रभाव तो लम्बे समय तक पर्यावरण में भयानक रूप से धीमे ज़हर की तरह चलता रहता है और इसका सामान्य स्थिति पर आना आसान बात नहीं। दुर्घटना कैसे हुई, क्यों हुई, किसके द्वारा हुई, ये बातें तो अलग हैं, असली मुद्दरा तो परिणाम है कि गैस का रिसाव हुआ। घटना चाहे आकस्मिक रूप से हुई या किसी ने जानबूझकर की, पर पर्यावरण और लोगों पर उसका असर तो हुआ ही। असली बात यह है कि ऐसी गैस दुर्घटनाओं से मानव, पशुधन, प्राणियों, पेड़-पौधों वगैरह को भारी क्षति पहुंचती है। गैस से हवा, पानी, भूमि यानी कि सभी चीजें प्रदूषित हो जाती हैं। प्रदूषण की प्रक्रिया तेजी से शुरू हो जाती है। भोपाल के जलाशयों

पर इतना असर पड़ा है कि यहां मछली पालना मुश्किल हो गया है। मिट्टी तक प्रदूषित हो गई हैं।

यह गैस दुर्घटना भोपाल स्थित यूनियन कार्बोइड कारखाने में हुई। वैज्ञानिकों ने बताया कि रिसने वाली गैस 'मिथाईल आइसोसाइनेट' (मिक) थी। अभी तक गैस पीड़ित लोगों में इस विषैली गैस के असर के लक्षण प्रकट होते रहते हैं। डॉक्टरों ने इसके उपचार के लिए सोडियम थायोसल्फेट को उपयोगी पाया था। गैस के प्रभाव के जो लक्षण पाए गए उनमें प्रमुख हैं आंखों में जलन, पेशियों और पेट में दर्द, सांस लेने में परेशानी आदि। गैस पीड़ितों के खून तथा मूत्र के नमूनों के परीक्षण से पाया गया कि गैस के विघटन से उत्पन्न पदार्थों के कारण सायनाइड सरीखे यौगिक उनके शरीर मे बने।

आज देश के अनेक शहरों में कारखाने हैं जहां तरह-तरह की गैसों के बड़े भंडार रहते हैं। असावधानी से या आकस्मिक रूप से इनसे गैसों का रिसाव हो ही जाता है और पर्यावरण का प्रदूषण भी। यह इस कारण कि व्यापार और कमाई की रौ में सावधानियां नहीं बरती जातीं और नियमों को भी नजर अंदाज कर दिया जाता है। कारखाने में काम करने वाली हर इकाई का नैतिक दायित्व है कि वह इन बातों पर ध्यान दे और नागरिक भावना से कार्य करे। छोटी-छोटी बातों पर ध्यान दिया जाएं तो बड़ी बातें अपने आप ठीक हो जाए। कभी-कभी मामूली छोटी बातें ही दुर्घटना का कारण बन जाती हैं।

ऐसे युग में अब देश की उन्नति के लिए विभिन्न उद्योगों को तो ठप्प नहीं किया जा सकता इसलिए हमेशा मध्यम मार्ग अपना उत्तम रहता है। दुर्घटनाओं की रोकथाम की पूरी कोशिश रहनी चाहिए और दुर्घटना होने पर संभावित उपचार की विधियों की रूपरेखा पहले से तैयार रहनी चाहिए। दुर्घटनाओं से बचने के लिए रिसाव के संभावित स्रोतों की नियमित जांच और सुरक्षा उपायों पर पूरी तरह से ध्यान दिया जाना चाहिए। तभी विज्ञान के युग में समय से कदम ताल मिलाते हुए हम उपलब्धियों के साथ-साथ जानमाल को भी सुरक्षित रख सकते हैं।

चेर्नोबिल घटना

रूस के चेर्नोबिल परमाणु-बिजलीघर के हादसे से भी लोग वाकिफ होंगे। याद दिला दें कि चेर्नोबिल परमाणु-बिजलीघर की यह भयंकर दुर्घटना 26 अप्रैल, 1986 को हुई थी। चेर्नोबिल का कस्बा रूस के यूक्रेन राज्य की कीब से करीब डेढ़ सौ किलोमीटर दूर प्रित्यात नदी के किनारे स्थित है। इसी चेर्नोबिल के पास वाले

परमाणु-बिजलीघर की चार नम्बर परमाणु भट्ठी में विस्फोट होने के बाद आग लग गई। करीब तीन हफ्ते तक जोरों से आग की लपटें निकलती रही और चारों ओर के पर्यावरण को प्रदूषित करती रही। परमाणु-बिजलीघर से उत्पन्न रेडियोऐक्टिव विकिरण लगभग सोलह सौ किलोमीटर दूर तक पहुंचा और पोलैंड, स्वीडन, नार्वे, डेनमार्क और फिनलैंड आदि राज्यों तक के पर्यावरण में रेडियोऐक्टिविटी की भारी वृद्धि हो गई।

हर तरह की सुरक्षा और सावधानी के बावजूद भी दुर्घटनाएं तभी घटती हैं जबकि प्राकृतिक या मानवकृत कोई चूक हो जाती है। पर परमाणु-संयंत्रों की नाजुकमिजाज में तो जरा-सी खोट अनर्थ कर सकती है। कुछ साल पहले अमरीका के 'थ्री माइल द्वीप' में भी कुछ इसी तरह की परमाणु-संयंत्र संबंधी दुर्घटना हुई थी। लेकिन जीवन और पर्यावरण में घातक जहर घोलने वाली ऐसी घटनाएं बार-बार तो नहीं होनी चाहिए, और कारणों का पता लगाकर तथा सड़क लेकर इसके निर्धारण के त्रुटिहीन प्रयासों पर अनिवार्य रूप से ध्यान दिया जाना चाहिए।

चेर्नोबिल की दुर्घटना का मुख्य कारण था परमाणु-भट्ठी के केन्द्र का पिघल जाना (कोर मेल्ट डाउन)। इस केन्द्र से भट्ठी को सक्रिय करने वाला महत्त्वपूर्ण रेडियोऐक्टिव ईंधन एकत्रित रहता है और इसी की क्रियाशीलता से भट्ठी की सार्थकता है। यहां परमाणु-संयंत्र की रचना की तकनीकी बारीकियों में न जाकर हम मोटे तौर पर ही कुछ बातें बतलाएंगे क्योंकि हमारा उद्देश्य इसके परिमाणों से है। संयंत्र की क्रिया श्रृंखलाबद्ध अभिक्रिया होती है यानी इसमें विभिन्न कड़ियां होती हैं। जाने क्या हुआ कि ठंडा करने वाला पानी अधिक दाब पर भी भाप बन गया। इस तरह किसी गड़बड़ी से अचानक विस्फोट हो गया, ग्रेफाइट ने आग पकड़ ली और इसके परिणामस्वरूप रेडियोऐक्टिव पदार्थों की भाप विनाश के लिए उन्मुक्त हो गई। आग की भी नहीं बुझाया जा सकता था, जो एक कठिन समस्या की तरह खड़ी हो गई क्योंकि आसानी से पानी या अन्य किसी रसायन से आग बुझाने पर और ज्यादा भाप बनने का और रेडियोऐक्टिविटी के अधिक दूर तक फैलने का खतरा था।

दुर्घटना के कारण अनेक लोगों की मृत्यु हुई और आसपास के रहने वाले करीब एक लाख पैंतीस हजार लोगों को दूसरे दिन अन्य स्थायी स्थानों पर ले जाया गया। हजारों ढोर-डंगरों को भी ट्रकों में लाद कर अन्यत्र ले जाया गया। चमड़ी जले और रेडियोऐक्टिविटी से ग्रस्त हजारों लोगों की खास अस्पतालों में व्यवस्था की गई। चेर्नोबिल और पड़ोसी इलाकों के वातावरण में रेडियोऐक्टिविटी

दो हजार गुना बढ़ गई। रोकथाम और उपचार के लिए प्रिप्यात से ग्रस्त लोगों को पोटेशियम आयोडाइड की गोलिया दी गईं। यह इसलिए कि अवटु ग्रंथि (थाइरॉयड) के कैन्सार से बचाव हो सके। रेडियोऐक्टिविटी से प्रभावित लोगों में श्वेतरक्तता (रक्त कैन्सर या ल्यूकेमिया) की आशंका से अस्थि-मज्जा (बोन मैरो) प्रतिरोपण वाले ऑपरेशन किए गए। मतलब यह कि फैले प्रदूषण से लोगों को मौत के मुंह में जाने से बचाने की हरचंद कोशिशें की जाती रहीं। दुर्घटना तो हो गई थी पर पीड़ित लोगों को बचाने के लिए पूरी तवज्जह देना जरूरी था।

दुर्घटना के परिणामस्वरूप रेडियोऐक्टिविटी फैलाने वाले पदार्थ क्रिप्टोन, सीजियम, स्ट्रोंशियम, आयोडीन, रुदेनियम, प्लूटोनियम आदि वातावरण में व्याप्त हो गए। सीजियम हमारी पेशियों में, आयोडीन अवटु ग्रंथि (थाइरॉयड) में और स्ट्रोंशियम हड्डियों में जमा हो जाता है। ये पदार्थ लम्बे समय तक शरीर में बने रहते हैं और कैन्सर तथा आनुवंशिक रोग पैदा करते हैं। कहते हैं, इस रेडियोऐक्टिविटी से यूरोप के करीब साठ हजार किलोमीटर क्षेत्र पर प्रभाव पड़ा। यद्यपि यह रेडियोऐक्टिविटी हमारे देश में भी महसूस की गई पर उसका स्तर हानिकारक सीमा से नीचे था। यूरोप में इस प्रभाव के कारण खाद्य पदार्थों का संकट रहा और अनेक स्थानों पर ताजा दूध, मांस, सब्जियों को फेंकने का ही काम किया जाता रहा। झीलों की मछलियों, भेड़-बकरियों आदि में रेडियोऐक्टिविटी मापी गई। दूरस्थित स्कॉटलैंड, वेल्स में भेड़ों में रेडियोऐक्टिविटी इतनी बढ़ गई कि उन्हें मार कर जमीन में गाड़ दिया गया। डिब्बाबंद खाद्य पदार्थों के अलावा अन्य सभी खाद्य पदार्थ प्रदूषित पाए गए। इसलिए पहले से डिब्बाबंद चीजों के दाम बहुत अधिक बढ़ गए।

इस दुर्घटना के प्रदूषण से नदियों का पानी भी प्रभावित हो सकता है और यह प्रदूषण मिट्टी तथा वायु में लम्बे समय तक बना रह सकता है। यह भी सुझाया गया है कि प्रभावित व्यक्तियों को जीवन-पर्यंत चिकित्सीय पर्यवेक्षण में रखने की व्यवस्था रहे। एक विकट समस्या यह भी है कि परमाणु-भट्ठियों की राख का निपटान कैसे और कहां किया जाए क्योंकि वह भी रेडियोऐक्टिव होती हैं। यह भी अभी देखना है कि इसका शत-प्रतिशत हल क्या होता है क्योंकि भयंकर प्रदूषण के पहलू से यह बहुत बड़ा सिरदर्द है।

यही कह सकते हैं कि पहले तो ऐसी गतिविधियों पर अंकुश लगाकर रखा जाए या फिर हर तरह की सुविचारित त्रुटिहीन व्यवस्था रहे कि जरा-सी चूक की भी गुंजाइश न रहे। इन दो बड़ी दुर्घटनाओं के कारण लोगों को बहुत भुगतना पड़ा

है और भुगत रहे हैं। आंखें खोलने के लिए गलती से घटी ये घटनाएं काफी हैं। ईश्वर करे अब इस तरह की तीसरी दुर्घटना न हो।

भविष्य में पर्यावरण संकट

हर बात में समय पर चेता जाना अच्छा होता है। प्रदूषण के क्षेत्र में भी यही बात लागू होती है। प्रदूषण का अब तक काफी वर्णन हो चुका है। प्रदूषण की रोकथाम और नियंत्रण किया जाता रहा तो उचित है पर अगर प्रदूषण अबाध गति से ऐसा ही चलता रहा तो भगवान ही मालिक है। फिर जाने हमें, हमारे पशुओं, इस धरती के अन्य प्राणियों और पेड़-पौधों को भविष्य में न जाने किन-किन संकटों का सामना करना पड़े। उन भावी संकटों की कए तस्वीर अभी से खींची जा सकती है। बेहतर होगा कि उस भयावह स्थिति पर पहुंचने के पहले ही हम संभलकर अपने को उबार लें। मुहावरा भी है कि देर आय दुरुस्त आय। अतः हमें चेतना ही होगा वरना 2000 ई. तक,'सबके लिए स्वास्थ्यवाली' बात कहीं 'सबके लिए नकम' में न बदल जाए। इसे शायद अभी अतिरंजित समझा जाएगा क्योंकि यह चरम सीमा वाली कटु उक्ति है लेकिन मौके पर कड़वा बोलकर लोगों को एहसास कराना ठीक कदम होगा।

औद्योगिक क्रांति से हमारी जीवन शैली में बहुत बड़ा परिवर्तन आया है और इसके साथ ही हम बिना सोचे-समझे रसायनों और प्रदूषकों के प्रयोगकर्ता बन गए। इनके बारे में इसीलिए दोहराया जा रहा है, बार-बार कहा जा रहा है कि ये बातें सभी के दिल-दिमाग पर अच्छी तरह छा जाए।

रसायनों तथा गैसों के रिसाव की दुर्घटनाओं के परिणामों से हम परिचित हैं। छोटी-छोटी छिटपुट घनाएं भी इधर-उधर होती रहती हैं। हमें इनसे सबक लेना है। भोपाल तथा चेर्नोबिल की भीषण त्रासदियां हमारी आंखें खोलने के लिए काफी हैं।

हाल में लखनऊ में पानी को पीने के नाकाबिल करार कर दिया गया था क्योंकि एक फैक्टरी के विषैले पदार्थों को गोमती में विसर्जित कर दिया गया था। प्रदूषित पानी के साथ ऑक्सीजन की कमी से भारी संख्या में मछलियां मर गई थीं। इसीलिए दस दिन तक जिले में सक्षम अधिकारियों ने मछली की बिक्री पर पाबंदी लगा दी थी। दुनिया के हर देश में प्रदूषण संबंधी अनुसंधान चल रहे हैं और दुनिया को इनके परिणामों से अवगत कराया जा रहा है कि लोग इनसे सीख ले सकें। जर्मनी के वैज्ञानिकों ने पता लगाया है कि औद्योगीकृत देशों के पुरुषों के

वीर्य की गुणता में ह्रास हो रहा है। उनका विश्वास है कि ऐसा पर्यावरणी विषों और कार्बनिक फॉस्फेटों या भारी धातुओं के कारण हो रहा है। एक वैज्ञानिक के अनुसार पुरुष के शुक्राणु इन पर्यावरणी विषों के प्रति संवेदनशील होते हैं। उसने पाया कि यौवनारम्भ के दौरान विभिन्न विष के संपर्क से शुक्राणु कोशिकाओं की अपूरणीय क्षति से पीड़ित होने की संभावना रहती है।

वैज्ञानिक बतलाते हैं कि लगभग सभी बीमारियां पर्यावरण की बुरी दशाओं से होती हैं। पर्यावरण से हमारा घनिष्ठ और अनिवार्य संपर्क भोजन ग्रहण के माध्यम से होता है। यह हरएक का अनुभव है कि हम प्रतिदिन 1 या 2 किलोग्राम भोजन निगलते हैं जिससे हमें पोषण वाले अनिवार्य पोषक पदार्थ मिलते हैं और जो रक्त-धारा से होकर हमारे ऊतकों का निर्माण करते हैं। जैसा कि सभी जानते हैं भोजन हमें पौधों और प्राणियों से प्राप्त होता है और अगर यह प्रदूषित और विषैले बन जाएंगे तो हम कब तक अपनी खैर मना सकते हैं। सभी जीवधारी विविध क्रियाओं में चयापचयी वर्ज्य पदार्थ उत्पन्न करते हैं जो हवा, पानी या जमीन में विसर्जित कर दिए जाते हैं। इस तरह जिस पर्यावरण में हम रहते हैं उसके रसायनविज्ञान में हर जीवधारी का कुछ न कुछ योगदान अवश्य होता है। यह योगदान तो ठीक है लेकिन अगर ऋणात्मक योगदान है तो इसका कुप्रभाव अंततः मानव पर ही पड़ेगा।

पृथ्वी पर जीवन सूर्य से चल रहा है, यही ऊर्जा स्रोत है। सूर्य हमें दूर से ही दिख जाता है इसीलिए इसे प्रत्यक्ष देव कहा जाता है। पौधे जीवनदाता सूर्य से ऊर्जा लेते हैं। फिर प्राणी पौधों से प्राप्त भोजन द्वारा ऊर्जा प्राप्त करते हैं। पौधों अथवा पौधों के उत्पादकों का आहार करने वाले प्राणियों द्वारा खाए जाते हैं। सूक्ष्म जीवाणुओं तथा कवकों से लेकर कीटों तथा गीदड़, गिद्ध, जंगली कुत्ते सरीखे बड़े प्राणी प्राकृतिक मेहतर के रूप में धरती की गंदगी की सफाई करते हैं और पर्यावरण को सुथरा रखने में योग देते हैं। सूअर प्राणियों की विषवाली विष्ठा को खाकर उसे लाभदायक खाद में बदल देता है। इस तरह से प्राणी पिछले हजारों वर्षों से भूमि की उर्वरा शक्ति को बरकरार रखे हुए हैं और हमारे तथा पर्यावरण के मित्र के रूप में निःस्वार्थ भाव से काम करते हैं। पर्यावरण को प्राकृतिक और स्वच्छ बनाए रखने का जिम्मा मानो प्रकृति ने इन्हें ही दे रखा हो।

लेकिन हमारे खुद के क्रियाकलापों के अंतर्गत कीटनाशी तथा अनेक रासायनिक उर्वरक धीरे-धीरे भूमि को अनुर्वर बनाते जा रहे हैं। इन रसायनों ने तो सचमुच ही भूमि की प्राकृतिकता को नष्ट करके उसके रसायनविज्ञान में

ऋणात्मक परिवर्तन ला दिया है। कार्बनिक पीड़कनाशी हमारी क्रियाशीलता से भूमि, जल और वायु में व्यापक रूप से फैल गए हैं। ये पीड़कनाशी या तो क्लोरोनीकृत हाइड्रोकार्बन हैं (जैसे कि डी.डी.टी) या कार्बनिक फॉस्फोरस। यद्यपि दोनों प्रकार के रसायन जहरीले होते हैं, लेकिन क्लोरीनीकृत हाइड्रोकार्बनों का एक खतरनाक लक्षण और भी है कि ये बड़े लम्बे समय तक बने रहते हैं यानी नष्ट नहीं होते।

व्यापक रूप से इस्तेमाल में लाया जानेवाला सर्वप्रथम क्लोरीनीकृत हाइड्रोकार्बन डी.डी. टी रहा है और दूसरे महायुद्ध के बाद इसका प्रयोग धड़ले से होने लगा। घरों से लेकर खेतों आदि तक इसका खूब इस्तेमाल होता रहा। इस तरह ये रसायन पृथ्वी के जैविक, भूवैज्ञानिक और रासायनिक चक्रों के अभिन्न अंग ही बन गए। आज यह आलम है कि ये रसायन पूरे पारितंत्र (इकोसिस्टम) में विद्यमान हैं और गड़बड़ी पैदा कर रहे हैं।

डी.डी.टी के अवशिष्ट की कुछ मात्रा हवा, भूमि और मानवों तथा प्राणियों में पायी जा सकती है। मूल रूप से इसे जहां इस्तेमाल किया गया था उससे हजारों मीलों दूर भी पाया जा सकता है। इसे ध्रुवीय भालुओं के मांस तक में पाया गया है। इससे ज्ञात होता है कि प्रदूषण दूरदराज के ध्रुवों तक पहुंच गया है। कितने विस्मय वाली बात है, इसमें इतनी क्षमता है कि यह भूमि और पानी में जमा होता रहता है और लम्बे समय तक अपनी शक्ति को नहीं खोता। उदाहरण के लिए, एक दलदली द्वीप में मच्छरों के नाश के लिए लगातार बीस सालों तक डी.डी.टी छिड़का जाता रहा और बाद में बहा प्रति एकड़ बत्तीस पौंड डी.डी.टी बुरी तरह छाया हुआ है। अब इसे भले ही न छिड़का जाए पर तब भी यह बरसों तक हमारे साथ बना रहेगा। डी.डी.टी सरीखे कीटनाशी रसायन भोजन श्रृंखला द्वारा लम्बी अवधि तक जमा रहने और अपना अस्तित्व बनाए रखने की क्षमता रखते हैं। ऐसे स्थायित्व वाला गुण है इनका।

प्रदूषण संबंधी सर्वेक्षण लगभग हर जगह किया गया है। झीलों में भी रसायनो की उपस्थिति कूतने के प्रयास किए गए हैं। अध्ययन से ज्ञात हुआ है कि जिन झीलों में डी.डी.टी छिड़का गया था वहां पानी में विद्यमान मूल स्तर की अपेक्षा जलीय सूक्ष्म जीवों और प्लवकों (प्लैंक्टन) में यह 250 गुना अधि बढ़ गया है।

इन पौधों और प्लवकों को मछलियां खाती हैं। पहले की अपेक्षा मेढकों में इसकी सांद्रता दो हजार गुनी और सूर्यमीन (सन फिश) में बाहर हजार गुना अधिक

पाई गई है। पानी में डी.डी.टी की पहचान नहीं की जा सकी क्योंकि छिड़के जाने के बाद झील के जीवों द्वारा इसे पूरी तरह से आत्मसता कर लिया जाता है। डी.डी.टी के संतृप्त बिंदु तक जमा होने का मतलब है इसका घातक बन जाना। अतःजो हो चुका है उसको तो अनहुआ नहीं किया जा सकता, लेकिन आगे की गड़बड़ी और हद से बाहर होने वाली स्थिति से तो बचा जा सकता है। बात बेकाबू हो जाए इससे पहले उसे काबू में किया जा सकता है, और अपने लिए तो यह करना ही होगा।

यूं तो संपर्क द्वारा धीरे-धीरे आधुनिक मानव प्रतिकूल वातावरण में काफी अनुकूलिताओं और सहिष्णु बनता जाता है, फिर भी अनुकूलन और सहने की भी एक सीमा होती है जिसे देहली सीमा कहा जाता है। इस बिंदु तक तो वह किसी तरह झेल लेती है लेकिन निरंतर विषमता रहने पर और आगे अनुकूलित होना कठिन हो जाता है। प्रदूषण के प्रसंग में भी यही बात लागू होती है। इसी बूते पर मानव अब तक जूझ कर झेल सका है। क्रियात्मक दृष्टि से इस बात को मद्‌देनजर रखना बहुत जरूरी है।

भले ही डी.डी.टी को लेकर गहन प्रकार से अनुसंधान किए गए हैं पर यह भी कहेंगे कि अन्य क्लोरीनीकृत हाइड्रोकार्बन भी इतने ही खतरनाक हैं। इनकी अवघातक सान्द्रता भी अपना असर दिखलाती है। कहते हैं, इनके प्रभाव से पक्षी जनन करने में अक्षम हो जाते हैं। एक रोचक बात है कि इनके प्रभाव से अंडे देने की दर पर असर नहीं पड़ता लेकिन मर्त्यता दर बढ़ जाती है। अंडा देने के बाद भ्रूण या चूजा जब पीतक(जरदी) के उपयोग के लिए सोखता है तो यह प्रक्रिया घातक हो सकती है क्योंकि उसमें कीटनाशी रसायन जो होते हैं। चिड़ियों के अंडों, जिगर आदि में पहुंचकर ये रसायन एंजाइमों को प्रभावित कर विभिन्न हॉरमोनो को तोड़कर जनन में बाधा पहुंचाते तथा अन्य प्रभावित रोग उत्पन्न करते हैं।

कार्बनिक फॉस्फेट भी विषैले होते हैं लेकिन क्लोरीनीकृत हाइड्रोकार्बनों की तरह से ज्यादा समय तक नहीं बने रहते और न ही जमा होकर सान्द्र बनते हैं। लेकिन अन्य कीटनाशियों की तरह कार्बनिक फॉस्फेट भी बेझिचक जीवधारियों को मार डालते हैं। आकस्मिक रूप से फुहारने के दौरान इनसे संपर्क होने तथा इनसे भोजन का संदूषण होने यह रुधिर-प्रवाह में प्रवेश करने पर तंत्रिका-तंत्र (नर्वस सिस्टम) को प्रभावित करते हैं। देखिए कि इनकी पहुंच कहां से कहां होती है। मछलियां चूंकि भोजन श्रृंखला में बीच की कड़ी हैं, इसलिए ये भी भारी धातुओं, डी.डी.टी आदि से संदूषित होती हैं और फिर जाहिर है कि इनके उत्पाद भी

संदूषित होंगे। इनके उत्पाद अस्थि तेल (बोल ऑयल) को प्राणियों के चारे के लिए इस्तेमाल किया जाता है और हड्डियों से उर्वरक भी तैयार किए जाते हैं और इनसे होकर प्राणियों में और अंततः मानव में।

भारत में हाल में किए एक अध्ययन से माता के दूध में भी डी.डी.टी वगैरह के खतरनाक स्तरों का पता चला है। एक औसत भारतीय के शरीर के ऊतकों में डी.डी.टी तथा अन्य रसायनों के जमा होने का स्तर दुनिया में सबसे अधिक है। अपने देश में व्रत लेना सामान्य बात है। शरीर की वसा में डी.डी.टी इतना अधिक जमा हो जाता है कि आहार में कमी करना खतरनाक साबित होगा क्योंकि व्रत लेने का मतलब है खाली पेट में जमा डी.डी.टी का शरीर-तंत्र में मुक्त होना, जो कि विषम स्थिति हो सकती है। प्रवास करने वाले अनेक पक्षी लम्बी उड़ान के बाद असम झील में विश्राम करते हैं। यहां वे कुछ खाते-पीते नहीं और आत्महत्या कर लेते हैं। यह इसलिए कि लम्बी उड़ान के दौरान वसा की खपत की जाती रहती है और पक्षियों के शरीर-तंत्र में डी.डी.टी की सान्द्रता बहुत अधिक हो जाती है, इसलिए उनकी मृत्यु हो जाती है।

प्राणियों का मांस अनेक दवाओं और इंजेक्शनों से भी संदूषित हो जाता है। आज तो यह स्थिति आ गई है कि भैंस अगर दूध नहीं देती तो तुरंत एक इंजेक्शन लगाकर दूध दुह लिया जाता है। यह कई लोगों का प्रत्यक्ष अनुभव होगा। इन दवाओं में हॉरमोन, उद्दीपक (स्टिमुलेन्ट) और प्रतिजैविक (ऐन्टीबायोटिक) आदि आते हैं। ये दवाएं प्राणियों की अच्छी बढ़वार और संक्रामक रोगों से उनके बचाव के लिए दी जाती हैं। ऐसी परिस्थितियों में पाले जाने वाले प्राणियों का दूध पिए जाने पर अथवा ऐसे प्राणियों या मुर्गी आदि का गोश्त खाए जाने पर इन दवाओं के रसायन अपना असर दिखलाएंगे ही। ये रसायन कैन्सर, जन्मजात दोष अथवा अन्य कुप्रभाव उत्पन्न कर सकते हैं।

अपने देश के अधिकांश भागों में उद्योगों के बेकार गंदे पदार्थ नदियों आदि में छोड़ दिए जाते हैं जिससे पारिस्थितिक तबाही मच जाती है। महाराष्ट्र की काल नदी में इसी तरह निरंतर विसर्जित किए जाने वाले पदार्थों के कारण यह नदी विषैले पारे, सीसे और कैडमियम वगैरह के गंदे नाले में बदल दी गई है। इस कारण इस नदी के किनारे पर बसे कई गांव भयानक मिनामाता रोग के संसर्ग में आ जाते हैं, जिसके परिणामस्वरूप पागलपन, पेशियों में फड़कन, आक्षेप (दौरे), लकवा और अंधापन हो सकता है।

अनेक स्रोतों से प्राप्त मछलियों की करीब तीस जातियों के सर्वेक्षणात्मक

अध्ययन से इनकी हड्डियों और पेशियों में पारे की सान्द्रता 500 नेनोग्राम प्रति ग्राम से भी अधिक पाई गई। कर्नाटक के शिमोगा और चिकमंगूर क्षेत्र में केकड़े और मछली खाने वाले लोगों में स्थानिय प्रकार का संधिशोथ (आर्थ्राइटिस) यानी जोड़ों वाला रोग देखा गया है। इस ग्रस्त समुदाय के लोग बौनेपन समेत अंगों की जन्मजात असामान्यताओं से पीड़ित रहते हैं। अवटु ग्रंथि के अलावा इनमें लकवे, फेफड़ों के शोफ (इडीमा), अवटु ग्रंथि (थाइरॉयड ग्लैन्ड) के बढ़ने और यकृत् (जिगर) की दुष्क्रिया की भी रिपोर्ट मिली है। इसी तरह अन्य बीमारियों की भी पहचान की जा रही है।

रसायनों के दूरगामी प्रदूषण तथा खानपान, तंदुरुस्ती आदि पर पड़ते प्रभावों से चौंकते व चेतते हुए तथा मंडराते हुए संकटों से मुक्ति पाने के लिए दुनिया के अनेक देशों ने ऐसे संहारक रसायनो के इस्तेमाल पर पाबंदी लगा दी है। भारत में भी इनका इस्तेमाल भले ही हो रहा है लेकिन अब धीरे-धीरे अपने यहां भी कुछ पर रोक लग रही है। यदि प्रदूषण की रफ्तार में कमी न की गई तो न जाने ये रसायन अभी क्या-क्या नये गुल खिलाएं, क्या-क्या नये रोग पैदा करें और हमारे प्रतिरक्षा तंत्र की क्या-क्या गड़बड़ियां करें। ऐसी संकटपूर्ण स्थिति से बचने के लिए पहले ही क्यों न उसे नियंत्रण में कर लिया जाए। कहा भी गया है कि रोकथाम से सावधानी भली और उपचार से भली रोकथाम। अतः हमें इस दिशा में अपनी गतिविधियों पर अंकुश रखकर इस इक्कीसवीं सदी में इस धरती को प्रदूषणहीन बनाने के प्रयासों में जुट जाना होगा। तभी हम इन मंडराते संकटों से निजात पा सकते हैं।

प्रदूषण की रोकथाम

अनभिज्ञता से अनर्थ हो जाता है। इसलिए हर नागरिक हो अपने परिवेश की बातों की जानकारी होनी ही चाहिए ताकि वे नागरिक भावना से अपनी जिम्मेदारी निभा सकें और जानने पर कोताही न करें। पुस्तक के इतने अध्यायों को पढ़ने के बाद पाठकों को विदित हो गया होगा कि प्रदूषण आज का कितना महत्त्वपूर्ण और संकटकारी विषय है और इस पर ध्यान केन्द्रित करना वांछनीय है। बिगड़ी बात को ठीक करन में ही बुद्धिमानी है।

आज आबादी बढ़ती जा रही है, खासकर अपने देश में। इतने लोगों के द्वारा उत्पन्न की गई गंदगी, इतने लोगों के द्वारा उत्सर्जित मल पदार्थ, उद्योगों के अपशिष्ट पदार्थ, आए दिन इस्तेमाल में लाए जाने वाले रसायन, गैसें तथा

रेडियोऐक्टिव पदार्थ पर्यावरण का रसभंग और लयभंग कर रहे हैं तो पर्यावरण आखिर कब तक सही-सलामत रहेगा। इन बातों पर ठंडे दिमाग से विचार किया जाना अभीष्ट होगा। फिर प्रदूषण एक प्रकार का तो है नहीं—बारूद से लेकर परमाणु और नाभिकीय उत्पादों वाले अनेक रूपों में यह इस पावन वसुधा को मलिन कर रहा है, जिसमें रहने वाली सभी इकाइयां प्रभावित हो रही हैं।

प्रकृति में प्राकृतिक रूप से होने वाला प्रदूषण प्रकृति द्वारा स्वतः ही ठीक कर लिया जाता है। इसे प्रकृति अपनी जिम्मेदारी समझती है और उसकी अपनी कुसर्जना है जिससे एक बड़े कुचक्र की श्रृंखलाबद्ध शुरुआत हो जाती है। एक बार यह प्रदूषण-चक्र शुरू हुआ नहीं कि इसका दायरा बढ़ता ही जाता है। प्रदूषण होता रहा है, हो रहा है और होता रहेगा अगर इसको रोका नहीं गया। यह हमारी ही जिम्मेदारी है कि हम इसे रोकें बढ़ने न दें और पर्यावरण को निरापद बनाकर रखें।

सबसे पहले हमें अपने आवास पर और फिर पेड़-पौधों तथा प्राणियों स्थलों पर ध्यान देना होगा। जीवधारियों के आवास पर ध्यान दिया जाता रहेगा तो उनके अस्तित्व को खतरा नहीं रहेगा, न उन पर आंच आएगी और हम भी खुशहाल रहेंगे। हम भले ही कितने आधुनिक हो जाएं पर प्राकृतिक रूप में रहने पर ही हम शांति से रह सकते हैं और यदि कहें कि प्राकृतिक रूप में रहने के लिए हमें आदि मानव की तरह भी रहना पड़े तो इसमें बुराई क्या है।मौके पर आधुनिक और मौके पर आदिम बने रहने तथा अनुकूलित रहने पर ही संतुलन बनाकर रखा जा सकता है। आज का मानव इस दृष्टि से सर्वतोमुखी रहे तो वह पर्यावरण पर जोर डालकर अपने पैरों पर ही कुठाराघात करेगा। आज का जीवन इतना जटिल हो गया है कि एक जरा-सी गड़बड़ी सृष्टि के महातंत्र को विक्षुब्ध कर देती है और इसका फल सभी को भुगतना पड़ता है। इस मिलेजुले असर से कोई बच नहीं सकता और अपने को अलग करके बचना भी चाहे तो यह उसके बूते की बात नहीं। ऐसे में प्रकृति या पर्यावरण के सामने वह एक असहाय इकाई की तरह रोता-कलपता रहेगा। सारी बात समझने और उस पर अमल करने की है। सब कुछ कहने के बावजूद पिष्ट-पेषण इसलिए करना पड़ रहा है कि बार-बार कहने से बात को बल मिले। प्रकृति में कोई क्रिया होगी तो नियम के अनुसार उसकी प्रतिक्रिया होगी ही।

हर्ष का विषय है कि प्रदूषण नियंत्रण और पर्यावरण संतुलन वाले पहलुओं को देश में अब अपेक्षित गंभीरता से लिया गया है और केन्द्र सरकार तथा सभी राज्य सरकार इस तरह के कार्यकलापों में एकजूट होकर तत्परता से लगी है।

केन्द्रीय पर्यावरण तथा वन मंत्रालय ने सचमुच ही इन पर विशेष ध्यान दिया है। पुराने नियमों के बदले नए सटीक नियम तथा अधिनियम बनाए गए हैं कि उद्देश्यों की पूर्ति हो। पर्यावरण संतुलन के लिए पेड़ काटने पर कड़ी सजा और प्रत्येक स्वचल गाड़ी के लिए प्रदूषण नियंत्रक युक्तियों की अनिवार्यता इस दिशा में कारगर उपाय है। देश में इस निमित पर्यावरण संरक्षण, वन रक्षण और मोटर-गाड़ी आदि स्वचल वाहनों से संबंधित अधिनियम लागू किए गए हैं। पर्यावरण और प्रदूषण के संदर्भ में यह एक बिल्कुल नया अध्याय है। राष्ट्रीय स्तर पर विशद वन रोषण तथा प्रदूषण नियंत्रण कार्यक्रम संबंधी ठोस योजना लागू की जा रही है। अब यह भी व्यवस्था है कि हर कार, ट्रक, ट्रैक्टर, स्कूटर आदि में प्रदूषण नियंत्रक युक्तियों का होना अनिवार्य होगा और हर सर्विस-स्टेशन पर इन युक्तियों के जांच की सविधा भी उपलब्ध रहेगी।

वन रक्षण तथा प्रदूषण रोधी नियमों-अधिनियमों का उल्लंघन किए जाने पर कठोर दंड दिया जाएगा, जैसे कि गाड़ियों के लाइसेंस का रद्द किया जाना, भारी जुर्माना, कैद वगैरह। इसी तरह अवैध रूप से काटने पर छह महीने के कठोर कारावास के साथ भारी जुर्माना, ठेके का रद्द किया जाना आदि बातें शामिल हैं। पुराने वन रक्षण अधिनियम में भी परिवर्तन किया गया है।

वैसे तो स्वेच्छ का अनुशासन सबसे उत्तम होता है, फिर भी कानून का डर सबसे बड़ा डर होता है। देखा जाय तो हर अपराध के लिए कानून व्यवस्था जरूरी है। यूं तो भारत में पर्यावरण (रक्षण) अधिनियम 19 नवम्बर, 1986 से लागू कर दिया गया है पर इस प्रसंग में प्रदूषण मापन संबंधी बारीकियों का निर्धारण कुछ पेचीदगियां लिए हुए है। लेकिन तकनीकी विशेषज्ञता से इसका समाधान बखूबी हो जाएगा। पर्यावरण तथा प्रदूषण के क्षेत्र में अपराध करने वालों को सामान्य दंडनीय अपराधी समझा जाएगा, भले ही वे अन्य नागरिक कर्तव्यों का निर्वाह विवेक से भलीभांति कर रहे हों। इस अधिनियम के अधीन कड़ी सजा की व्यवस्था है, जैसे कि पांच साल तक की कैद और एक लाख रुपए तक का जुर्माना। मामले के संगीन होने पर सजा और जुर्माने में बढ़ोतरी भी की जा सकती है। ऐसे कड़े नियमों-अधिनियमों से ही लोगों, प्रदूषण फैलाने वालों, ठेकेदारों, उद्योग प्रतिष्ठानों पर नियंत्रण रखकर उनको संयमित, मर्यादित और व्यवस्थित रखा जा सकता है।

नयी योजना के तहत राज्यों में प्रदूषणरोधी बोर्डों का पुनर्गठन किया गया है और इन्हें सक्षम, प्रभावकारी तथा सफल बनाने के लिए इनमें तकनीकी विशेषज्ञों को भी किया गया है ताकि किसी तरह की अड़चन न रहे और मौके के

अनुसार हर तरह की बरीकी वाली तकनीकी सहायता उपलब्ध रहे।

जो औद्योगिक इकाइयां पर्यावरण संबंधी और प्रदूषणरोधी नियमों का पालन नहीं करेगी और लोगों, पशुओं, पौधों आदि के जीवन को खतरा पहुंचाएगी उनसे सख्ती से निपटा जाएगा और सजा के रूप में अपराध के अनुसार कुछ अवधि तक उनके लाइसेन्स को निलम्बित रखा जाएगा और इसके अलावा अन्य प्रकार के दंड भी दिए जाएंगे।

केन्द्रीय सरकार तथा राज्य सरकारों द्वारा उठाए जाने वाले ये कदम पर्यावरण और प्रदूषण नियंत्रण के क्षेत्र में निस्संदेह साधक साबित होंगे। इस तरह लोगों में अपने पर्यावरण के प्रति जागरूकता पैदा होने के साथ-साथ सम्बद्ध नियमों-अधिनियमों का डर भी बना रहेगा और इस दोहरे प्रकार की व्यवस्था से अच्छे परिणाम सामने आएगे। लुब्बे-लुआब यह है कि मतलब तो उद्देश्य की पूर्ति से है, चाहे वह किसी भी तरह से हो।

अधिक आबादी भी कई बुराइयों की जड़ है। आबादी को कम करने में प्रदूषण भी कई तरह से गुना कम हो जाएगा। अब हमें सच में प्रदूषण की रोकथाम और नियंत्रण पर जरूरत से ज्यादा ध्यान देना होगा। इस पुस्तक या उद्देश्य यही है कि प्रदूषण की विभीषिका आंककर हम प्रदूषण नियंत्रण की ओर उन्मुख हों। हम प्रदूषण नियंत्रण कार्य से अपने को सम्बद्ध कर लें और उसे अपने नैतिक दायित्व का हिस्सा बना लें। सबके सहयोग से आनन-फानन में प्रदूषण दूर किया जा सकता है। छोटी-छोटी बातों पर ध्यान देने से बड़ी बातें अपने आप संपन्न हो जाती हैं। अतः इन बातों को हम अपने स्वभाव में ढाल लें, अपनी आदत बना लें और दूसरों को भी प्रेरित करें।

कोरे सिद्धांत की बातों का व्यावहारिकता में कोई स्थान नहीं होता। आज के जीवन में रसायनों, गैसों आदि के इस्तेमाल से बचा नहीं जा सकता। लेकिन यह तो हो सकता है कि इनका कम से कम इस्तेमाल हो और वह भी केवल जरूरत पड़ने पर। इनका प्रयोग मर्यादित रूप से होना ही बेहतर होगा क्योंकि बिल्कुल प्राचीन युग में तो हम अब जा नहीं सकते। लेकिन कीटों, पीड़कों आदि के नियंत्रण के लिए पहले भौतिक, प्राकृतिक तथा जैविक साधनों का प्रयोग श्रेयस्कर होगा।

रासायनिक साधनों का प्रयोग मजबूरी में ही किया जाना चाहिए। मिसाल के तौर पर मच्छरादानी का इस्तेमाल, घरों में जालियों का प्रयोग, हाथ के पंखों से मक्खी-मच्छर मारना, चूहेदानी व बिल्लियों से चूहों का नाश, धूप-अगर के धुएं से

कीटों को भागाना, तालाबों में ऐसी मछलियां पालना जो मच्छरों के अंडों व डिम्भकों को खा जाती हैं, कीटों व कृमियों के नाश के लिए चिड़ियों को चारा देकर उनकी संख्या में बढ़ोतरी करना, जैविक खाद का इस्तेमाल आदि अनेक बातें हैं जो भौतिक, प्राकृतिक तथा जैविक साधनों के उदाहरण हैं। वातावरण को शुद्ध करने के लिए धूप व अगरबत्ती का धूमन और घरों में शुद्ध घी, जौ, तिल से हवन करना वातावरण को शुद्ध रखने की उत्कृष्ट विधियां हैं। वैसे आज इसका प्रचलन कम हो गया है पर घर में हवन करने से निश्चित रूप से कीटों व रोगाणुओं का नाश होता है। घरों को अन्दर और बाहर से चूने आदि की पुताई से भी स्वास्थ्यविज्ञान के पहलू से सफाई रहती है। ये तो कुछ संकेत हैं, सोच-विचार कर कुछ अन्य विधियां भी अपनाई जा सकती हैं। पाया गया कि गेंदे में मच्छरों के डिम्भकों को मारने का गुण होता है।

इधर केन्द्रीय सरकार और राज्य सरकारों ने प्रदूषण निवारण संबंधी कार्यक्रम में गहरी रुचि ली है और इसके तहत अनेक नियमों वाली आचार-संहिता तैयार की गई है। इससे निस्संदेह इस प्रसंग में आशातीत सफलता मिलेगी। अभी कुछ वर्ष पहले वाराणासी में नदी के किनारे घाटों तथा अन्य इलाकों में प्रदूषण की रोकथाम के लिए पुलिस के पर्यवेक्षण और निरीक्षण दस्ते का बंदोबस्त किया गया हे कि नदी में प्रदूषण करने वालों को आड़े हाथों लिया जा सके। यह सचमुच एक अच्छी शुरुआत है जिसके परिणाम अच्छे फल देंगे।

जंगलों को बचाने तथा लकड़ी की खपत को कम करने के लिए नदियों के किनारे विद्युत् शवदाह-गृहों की परियोजना से निश्चय ही पर्यावरण-संरक्षण तथा प्रदूषण-नियंत्रण की दिशा में अच्छे परिणाम प्राप्त होंगे। भारत सरीखे अधिक आबादी वाले देश में मुर्दों को जलाने के लिए अधिक से अधिक लकड़ी की जरूरत होती है और कभी-कभी तो लकड़ी की कमी से मुर्दो को आधा जलकारक ही नदी में विसर्जित कर दिया जाता है। बिजली से उन्हें जलाने पर यह समस्या नहीं होगी। लेनिक साथ ही अधजले मुर्दों का सफाया करने के लिए नदियों में कछुओं की ऐसी जातियों का प्रविष्ट किया जाना और पाला जाना भी प्रदूषण-नियंत्रण में योग देगा।

नवीन रचनात्मक परामर्श

परिस्थितिविज्ञानियों द्वारा भी इन मदों पर खोज और विचार करके अन्य विधियां सुझाई जा सकती हैं ताकि सामान्य नागरिक इनको अपना सकें। शोर

वाला प्रदूषण तेा हमारे ही हाथ में है। इसे तो हम स्वयं दूर कर सकते हैं और इस प्रसंग में अधिक क्या कहना। अन्य प्रतिबंधों तथा पाबंदियों की तरह प्रदूषण के संबंध में भी आचारसंहिता के तहत नियम बनाए जाने चाहिए और उन पर अमल न करने वालों को दंड दिया जाना चाहिए। पर्यावरण में गंदगी और प्रदूषण करने वालों को भी दंडित किया जाना चाहिए। अभी यह अटपटा लगता है लेकिन इस दिशा में कई नियम बनने ही चाहिए। रसायनों व गैसों के इस्तेमाल संबंधी निर्देश भी दिए जाने चाहिए ताकि लोग इनका अंधाधुंध इस्तेमाल न कर इनकी मर्यादित और इष्टतम मात्रा का ही प्रयोग करें। इससे भूमि, हवा और पानी में प्रदूषण अधिक नहीं होगा यानी वह सीमा का अतिक्रमण नहीं करेगा। घरों से लेकर फार्मों तक कितनी मात्रा में उर्वरकों और रसायनों का इस्तेमाल होना चाहिए इस बात से नागरिकों और किसानों को अच्छी तरह से अवगत कराया जाना चाहिए। वैसे पीड़क नियंत्रण के लिए पौधों वाले नये जैविक तथा प्राकृतिक रसायनों की खोज होनी चाहिए।

इस दिशा में खोज करके उनके परिणाम सबको सुलभ कराए जाने चाहिए। इस विषय में सरकारी ऐजेन्सियों, सम्बद्ध संस्थाओं और परिस्थितिविज्ञानियों द्वारा विचार-विमर्श के बाद उचित नियम बनाने के बाद उन्हें जनता में अच्छी तरह प्रचारित करना होगा। इस गंभीर समस्या पर अधिक ध्यान देकर प्रदूषण-नियंत्रण के लिए सामान्य नागरिकों को शिक्षित करना भी महत्त्वपूर्ण है। सभी नागरिकों के शिक्षित होने का मतलब होगा इस परियोजना का सुचारु रूप से चलना। पर्यावरण, प्रदूषण और परिस्थितिविज्ञान के संदर्भ में कुछ नारे और उक्तियां भी सोची जानी चाहिए। जिससे लोगों को रोजमर्रा के जीवन में इनका स्मरण होता रहे और जिन्हें वे अपनी जिन्दगी गें उतारते रहें। परमाणु-संयंत्र, नाभिकीय-संयंत्र, फैक्टरियां, मिलें आदि आबादी से दूर स्थापित होने चाहिए और कार्यकाताओं को मौके पर तत्काल ही रक्षी उपकरण व उपस्कर उपलब्ध रहने चाहिए। साथ ही उनके उपचारार्थ अस्पतालों में संगत एककों की भी पूर्व व्यवस्था होनी चाहिए कि विलम्ब न हो और बातों को नये सिरे से न सोचना पड़े। इस तरह पूर्वनियोजित तारतम्य, सामंजस्य और समन्वय रहना चाहिए कि कहीं भी कोई अड़चन, असुविधा और अनिष्ट होने की संभावना न रहे। अन्य अनेक उपायों और महत्त्वपूर्ण बिंदुओं को भी इस क्रियाविधि की रूपरेखा के अंतर्गत रखा जा सकता है जो कि संकटावस्था में सहायक हो सकते हैं।

मल, गंदगी, कूड़े-करकट और उद्योगों के अपशिष्ट पदार्थों का निपटान

सोच-समझकर उन्हे जलाकर व अन्य विधियों से नष्ट करके किया जाना चाहिए। इन्हें कभी भी नदियों, तालाबों तथा जल-संयंत्रों के संपर्क में नहीं आने देना चाहिए। गंद नालों का रुख मोड़कर उन्हें अलग प्रवाह दिया जाना चाहिए ताकि वे नदियों और जलतंत्रों से पृथक् रहें और उन्हें प्रदूषित न करें। नदियां और जल को गंदा करना पुरानी पारम्परिक भावना के अनुसार बुरा कार्य समझा जाना चाहिए। रसायनों से तो बुरा प्रभाव पड़ता ही है पर गंदगी, कूड़े-करकट और विष्ठा आदि के सड़ने-गलने से कुछ भयंकर रोगकारी जीवाणु तथा रोगाणु पनपते हैं जो पानी में मिलकर और मानव शरीर में पहुंचकर भयानक रोग फैलाते हैं।

आरोग्यशालाएं (सैनेटोरियम) तो आबादी से दूर ही रखी जाती हैं पर आजकल नर्सिंग होम आबादी के बीच भी खोले जा रहे हैं, जो कि अच्छी बात नहीं है। आबादी की बढ़ोतरी के कारण होने वाले स्थान की कमी से भवनों की घिचपिच हो रही है। इससे पार्कों और खुले स्थलों की कमी के साथ-साथ दूषित हवा को साफ करने वाले पेड़-पौधों के लिए जगह बच ही नहीं पाती जबकि पेड़-पौधों वाले स्थल शहरों के फेफड़ों का कार्य करते हुए वायु-प्रदूषण को दूर करते हैं। प्रदूषण को कम नहीं किया गया तो इक्कीसवीं सदी में कहीं यह नौबत न आ जाए कि हमें प्रदूषण-रक्षी मास्क पहनकर चलना पड़े।

अस्पतालों में सभी वार्डों की दूषित हवा रोगाणुओं को इधर-उधर फैलाती है। इसलिए हवा की स्वच्छता के लिए अस्पतालों के इर्द-गिर्द और बीच-बीच में खूब पेड़-पौधे रहने चाहिए। अस्पतालों में नियमित रूप से विसंक्रमण की प्रक्रिया चलती रहनी चाहिए। कुछ वर्ष पहले एक महानगर के चार अस्पतालों में पैदा हुए अस्सी बच्चे बेचारे सामोनेला न्यूपोर्ट के संक्रमण से बच नहीं सके। यह संक्रमण उन्हें अस्पताल में ही हुआ। डॉक्टरों की चिकित्सा और दवा रोगियों को ठीक करती है तो अस्पतालों का वायु-प्रदूषण रोग फैलाकर अनिष्ट करता है। इसलिए अस्पताल के मल, कूड़े-करकट, पट्टियों, रूई, फर्शों की गंदगी, रोगियों व मृतकों के गंदे कपड़ों, प्रयोगों वाले मृत जानवरों आदि को यूं ही कूड़ेदान में या बाहर नहीं फेंक देना चाहिए बल्कि उन्हें एक निश्चित स्थान पर अच्छी तरह जलाकर फिर विसंक्रमित कर दिया जाना चाहिए। इससे रोगकारी प्रदूषण फैलेगा नहीं। विश्व स्वास्थ्य संगठन ने भी एक लेख में अपनी बात इस तरह से कहीं है—"जिन अस्पतालों में ऐंटीबायोटिक दवाएं बहुत अधिक इस्तेमाल होती हैं, वहां के वातावरण में इन दवाओं के प्रतिरोधी जीवाणु मेजों में बने रहते हैं और नष्ट नहीं होते।" कुछ अस्पतालों में एक सामान्य संक्रमण स्यूडोमोनास एरुजिनोसा नामक

जीव के कारण होता है। यह अधिकांश ऐंटीबायोटिक औषधियों का प्रतिरोधी होता है और इन दवाओं के प्रभाव से शनैः-शनैः प्रतिरक्षित या रोधक्षम (इम्यून) बन जाता है। फिर विसंक्रामक तरलों से भी इसका बाल-बांका नहीं होता और अस्पतालों का जानलेवा सिरदर्द बन जाता है। कहने का मतलब यह है कि अन्य स्थानों की तरह अस्पतालों में भी मर्यादा का निर्वाह होना चाहिए।

हमें ताजमहल सरीखी अपनी ऐतिहासिक इमारतों को भी वायु-प्रदूषण तथा रासायनिक-प्रदूषण से बचाना है ताकि उनको क्षति न पहुंचे और वे सुरक्षित रह सकें। परमाणु-भट्ठियों की राख तथा रेडियोसक्रिय बचे-खुचे पदार्थों को ठिकाने लगाने और इनके निपटान की समस्या भी गंभीर समस्या है। इनके यूं ही इधर-उधर डालने से खतरा बना रहेगा इसलिए इन्हें बंद सुरक्षित कनस्तरों में ठीक से ठिकाने लगाने की जुगत भी सोचनी होगी कि हमारी पृथ्वी निरापद बनी रहे। सरकारी तौर पर इन सब बातों को बतलाने और दोहराने का उद्देश्य यही है कि प्रदूषण की रोकथाम और नियंत्रण को आज के जीवन में सर्वोपरि माना जाना चाहिए। प्रदूषण-नियंत्रण में सरकारी संस्थाओं से लेकर मामूली नागरिक तक का योगदान अपेक्षित है। तभी पर्यावरण में एक अच्छे सरल समीकरण की स्थापना से प्रदूषण के भूत को नेस्तनाबूद करते हुए उससे मुक्ति पायी जा सकती है, वरना क्या होगा कि मामूली से मामूली प्रकार का प्रदूषण धीरे-धीरे विराट और भयंकर रूप लेकर हमारी जिन्दगी दूभर करते हुए हरदम हमारी जान के पीछे पड़ा रहेगा। लेकिन सच कहें तो यह प्रदूषण हमारी जिन्दगी को लीलता और सालता रहेगा और आखिरकार हमारी जान लेता रहेगा और हम निरुपाय तथा मजबूर बनकर अपनी जान यूं ही गंवाते रहेंगे। मरते भी रहेंगे और अधमरे भी बने रहेंगे। कल्पना कर लीजिए कि कैसी होगी वह भावी विषम जिन्दगी।

12

प्रदूषण : एक भयंकर पर्यावरण संकट

समस्त जीवधारियों के प्राणों का वायु एवं जल में वास है तथा इनकी सभी क्रियाएं जल तथा वायु पर ही निर्भर करती हैं। क्योंकि मानव के तमाम क्रिया-कलापों के द्वारा प्रकृति के यही दोनों तत्त्व जल एवं वायु अत्यधिक प्रभावित होते हैं। वर्ज्य पदार्थों के छोड़ने पर वायुमण्डल अशुद्ध होता है और जल तथा वायु में पर्यावरणीय प्रदूषण उत्पन्न हो जाता है। पर्यावरण की तमाम समस्याओं में से केवल प्रदूषण ही एक ऐसी विराट समस्या है, जिसका निदान यदि तुरन्त न किया गया तो यह सम्पूर्ण पर्यावरण ढांचे को बिगाड़कर रख देगी। जरूरत से अधिक प्राकृतिक संसाधनों जल तथा वायु इत्यादि के दोहन से पर्यावरण में असन्तुलन तथा प्रदूषण संकट उत्पन्न हो जाया करते हैं।

पिछले कुछ वर्षों में इस प्रदूषण के तत्काल प्रभावों से तेजाब की वर्षा ग्रीन हाउस प्रभाव, ओजोन परत का क्षरण तथा महामारी इत्यादि अनेक घटनाएं पर्यावरणीय प्रदूषण के कारण ही उत्पन्न हुई थीं।

श्वास के तमाम रोग, पेचिस, हैजा, पीलिया, टी.वी. इत्यादि भयंकर रोग तमाम वायु तथा जल-प्रदूषण के कारण ही फैलते हैं। दिल्ली, कोलकाता, कानपुर इत्यादि भारत के ऐसे ही प्रदूषण से ग्रसित महानगर हैं, जहां ये नित्य नयी बीमारियां आये दिन उत्पन्न होती हैं। क्योंकि यहां झुग्गी-झोंपड़पट्टी में रहने वाले लोग अल्प जीवन-सुविधाओं के साथ जीवन-यापन में लगे रहते हैं। स्वच्छ वायु तथा पेय जल का संकट होने के कारण प्रदूषण संकट हमेशा गहराया होता है। भूमि भी यहां कम पड़ने लगी है, लोग घनी आबादी में रहने को मजबूर रहते हैं।

आजीविका के सीमित साधनों के रहते बहुत अच्छी मेडिकल सुविधाएं भी यहां आम आदमी को ठीक से मुहैया नहीं हो पातीं जिससे अशुद्ध जल तथा वायु का सेवन करना पड़ता है, जो कि पर्यावरणीय प्रदूषण के कारक बनते हैं।

धरती,अम्बर, बस्ती तथा जंगल- इन सभी में प्राकृतिक सुषमा वास्तव में निराली और अनुपम है, किन्तु इन्सान की फितरत इसे प्रत्येक स्थान पर गन्दा करने, दोहन करने में लगी हुई है। पृथ्वी के 3/4 भाग में जो जल ही जल है। किन्तु स्थल में करीब 24-25 कि.मी.की ऊंचाई तक तो जीवन है। और इसमें भी 15 कि.मी. की ऊंचाई तक विभिन्न प्रकार की गैसें होती हैं। इस पट्टी को टोपो स्फियर पट्टी कहते हैं। इस पट्टी में आसमान के न जाने कितने रूप हमें देखने को मिलते हैं। कोई रबर जलाकर आसमान में गन्द भर देता है, तो कोई विषैली गैसें खुले आसमान में फैलने देता है। यह सब गन्दगी हमारे ही देश में सम्भव है जबकि अमेरिका जैसे देशों में ऐसा नहीं होता। वहां जमीन पर केले के छिलके या मुट्ठी भर गन्दगी फेंकना तो दूर की बात है, चलती कार से भी रद्दी कागज या खाली लिफाफा फेंक दिया तो 250 डालर का जुर्माना तुरन्त हो जाएगा। जुर्माना भरें या जेल जाएं, यहा आपकी मर्जी पर है। किन्तु राम कृष्ण के इस देश में हर व्यक्ति आजाद होकर अपनी पारम्परिक स्वच्छता को भूल बैठा है और पर्यावरणीय प्रदूषण के प्रति चेतनाविहीन है।

उत्तरी अमेरिका को सोटा स्टेट को शहरों में तो रत्ती भी भी धूल या मिट्टी देखने को नहीं मिलती बल्कि बच्चों के खेलने के लिए वहां रुपये खर्च करके बाहर से मिट्टी मंगाई जाती है। वहां अलग से सैण्ड बॉक्स बनाकर मिट्टी स्टोर की जाती है।

जल या वायु का प्रदूषण ही काफी नहीं है, यहां के हमारे नदी, तालाब और झरने भी प्रदूषण से सुरक्षित नहीं रहे। आप कभी बनारस शहर में जाकर प्रदूषण का नजारा देखिए। हमारी सबसे पवित्र नदी गंगा में सैकड़ों गन्दे नाले गिरकर इसके स्वच्छ पानी को गन्दा करने में जुटे हैं। गन्दे नाले ही क्यों, फैक्ट्रियों के सीवर पाइप, कारखानों के उच्छिष्ट अवशिष्ट दूषित पदार्थ और न जाने कितने भयानक रासायनिक तत्त्व बहकर गंगा के पवित्र जल को दूषित कर रहे हैं। यहां तक कि वहां स्नान करने वालों के शरीर के साथ पानी में बहे जाते मुर्दा मानव-शरीर भी अक्सर टकराते रहते हैं। भारत की सबसे पवित्र नदी का जब यह हाल है तो हमारे बेचारे कुओं, तालाबों तथा झीलों का क्या हाल होगा। नैनीताल की पवित्र झीन में देखें तो पोलिथिन की खाली थैलियां, सूखे फूल, गन्दे कपड़ों

तथा तैरते कूड़ा कर्कट ने झील के पानी को ही आच्छादित कर दिया है।

आधुनिकीकरण औद्योगिकीकरण तथा भोग विलास सम्बंधी आवश्यकताओं की पूर्ति हेतु हम सब कुछ भूलकर पर्यावरण को प्रदूषित करने में लग गये हैं। नई बस्तियां बसाई जा रही है। नये शहर बस रहे हैं, जगंल कट रहे हैं। जनसंख्या बढ़ रही है। बढ़ती जनसंख्या के लिए साधनों की पूर्ति कठिन होती जा रही है। हालांकि जनसंख्या के एक बड़े हिस्से के बाद कुछ हिस्सा पूर्ण शाकाहारी न होकर मछली इत्यादि का सेवन भी बड़ी तादाद में करने लगा है। जिससे कि खाद्यान्न संतुलन बना हुआ है। यदि मछलियां न रही होतीं तो यह विस्फोटक जनसंख्या खाद्यान्नों की क्या हालत बनाती, यह सोचकर ही कलेजा मुंह को आनें लगता है।

हरित क्रांति के नाम पर जिस तरह रेगिस्तान को उलट-पुलट किया जा रहा है, इसमें भी पर्यावरणीय प्रदूषण की नई समस्याएं जन्म लेंगी। एक ओर तो हम जंगल धड़ाधड़ काटते जा रहे हैं तथा दूसरी ओर रेगिस्तान को उलट-पलट कर जंगल लगाने की बात करते हैं। अब न जाने यह कैसी दिल्लगी है।

समुद्र तट की धरती को काम में लाने के लिए हम सागर तटों को पाटने का प्रयास कर रहे हैं। इससे जो उपजाऊ जमीन हमें सागरों से विरासत में मिली है, उसे भी हम बस्ती बसाने के चक्कर में उजाड़ देते हैं।

वातानुकूलता हमारा बेहद महंगा शौक बन चुका है। सर्दियों में हमें गर्मी चाहिए और गर्मियों में सर्दी चाहिए, सूखे दिनों में बरसात और बरसात में सूखा चाहिए, अर्थात् प्रकृति के विरूद्ध कार्य करना हमारा परम ध्येय बन चुका है। इससे प्रकृति कर संतुलन बिगड़ रहा है। इन सब क्रिया-कलापों का कुप्रभाव सीधा-साधा बिजली घरों पर पड़ता है।

स्कूटरों, मोटर कारों तथा बसों से निकलता विषैला धुआं हमारे समस्त वायुमण्डलीय आवरण में निरन्तर प्रदूषण फैलाता जा रहा है। रासायनिक तत्त्वों, कीटनाशक दवाओं, धातु उत्पादक संस्थानों, स्टील तथा लोहे के कारखानों तथा तेल शोधक रिफाइनरियों से, खेतों और जंगलों को जलाने से वायुमण्डल में कार्बनडाई आक्साइड, नाइट्रोजन आक्साइड, जानलेवा कार्बन, मोनो-आक्साइड, कोबाल्ट आर्सेनिक और रेडियोधर्मी गैसों की भयंकर भरमार हमारे वायुमण्डलीय आवरण को निरन्तर प्रदूषित कर रही है।

दूसरे विश्व युद्ध के दौरान जिस तरह रूस तथा अमेरिका में अणु शक्ति का इस्तेमाल खुले वातावरण में खुलकर किया, उससे प्रदूषण कितना विषैला हो गया था कि जीना तो दूर, मरना भी दूभर हो गया था। चरागाहों में विषैला घास चरने

मात्र से मवेशी तथा उनके दूध को पीने वाले जीव भी जीवन तथा मृत्यु के बीच झूलने लगे थे। अन्ततोगत्वा अणु-विस्फोटों पर अन्तरराष्ट्रीय स्तर पर रोक लगानी ही पड़ी। खाद्य-पदार्थों में मिलावट इत्यादि से हमारे देश में कई बार मृत्यु का नंगा-नाच हम लोग देखने पर मजबूर हो चुके हैं। दवाइयों में नकली दवाइयों का निर्माण तो हमारे देश में विश्व में प्रथम नम्बर पर है। जिसके कारण असंख्य मौतें हो चुकी हैं।

अब संक्षेप में यदि यह कहा जाए कि हम आधुनिकता से नाता तोड़कर रहें तो अनुचित ही होगा। आधुनिकता तो आज की आवश्यकता बन चुकी है। बेरोजगारी को समाप्त करने के लिए नये उद्योगों का लगाना भी आवश्यक है। बढ़ती जनसंख्या को ठीक से बसाने के लिए नई बस्तियों का निर्माण भी जरूरी है। लेकिन जरूरत है सुधार की। जीवन के प्रत्येक कदम पर हमें सुधार करने चाहिए। गन्दगी और शवों को खुले में न फेंकें। कारखानों की चिमनियों को ऊंचर करके नये उपकरण लगाएं ताकि उसका धुआं बस्तियों में न फैले।

हम आधुनिक वैज्ञानिक उपकरण तथा तरीके अपनाएं ताकि पर्यावरणीय प्रदूषण की रोकथाम ठीक से हो सके।

निष्कर्ष के तौर पर यह कदम सर्वथा उचित है कि आज पर्यावरणीय प्रदूषण का संकट गहराता जा रहा है। जरूरत है इसे रोकने की, सुधारने की। क्योंकि ''पर्यावरणीय प्रदूषण हमारी भूमि, हमारे जल तथा वायु आवरण एवं जैविक आवरण में वह अनचाहा परिवर्तन है, जिससे समस्त मानव-जीवन खतरे में पड़ सकता है। अतः इसको सुधारना आज की नितान्त आवश्यकता है।''

पर्यावरण प्रदूषण कई प्रकार से हमारे आवरणों को प्रदूषित करता है, अतः इसे ठीक से समझाने के लिए हमें वैज्ञानिक तरीके से अलग-अलग प्रकार से अध्ययन करना चाहिए, जैसे वायु-प्रदूषण, जल-प्रदूषण, जैव-प्रदूषण, स्थल-प्रदूषण इत्यादि। पर्यावरण प्रदूषण की क्रमशः निम्न श्रेणियां हो सकती हैं–

1. जल-प्रदूषण
2. वायु-प्रदूषण
3. स्थल-प्रदूषण
4. ध्वनि-प्रदूषण
5. सांस्कृतिक-प्रदूषण
6. पर्यटन स्थल-प्रदूषण
7. वाहन-प्रदूषण

जल प्रदूषण

हमारे जीवन में जल का महत्त्व इतना अधिक है कि कुछ लोग कहते हैं—'जल ही जीवन है।' इसी भावना से प्रेरित होकर हमारे देश में सदा से ही नदियों को माता कहकर पुकारा जाता है, किन्तु आज इसी पवित्र जल को हम लोग गन्दा हो जाने पर चिन्तित दिखाई नहीं देते। जल आज भयंकर रूप से प्रदूषित हो रहा है। यह तो सर्वविदित सत्य है कि पृथ्वी के लगभग 71% भाग में जल है तथा शेष 29% भाग स्थल भाग है, जिसमें हम लोग रहते हैं, जीवन है। मानव करीब-करीब अपना सारा जीवन स्थल भाग में ही बिताते हैं। शेष 71% जल भाग की मनुष्य आम तौर पर कोई चिन्ता नहीं करते। आंकड़ों के मुताबिक पृथ्वी की सतह पर 129.6 करोड़ घन मीटर पानी है और उसके वायुमण्डल में लगभग 12600 घन किलोमीटर जल वाष्प के रूप में है। किन्तु यहां सारा जल उपयोग में लाने के लायक नहीं होता। पृथ्वी की सतह पर पाया जाने वाला पानी लगभग 97% खारा होता है। क्योंकि यह जल समुद्रों में होता है। केवल 0.6% जल को ही विभिन्न स्रोत से मीठे पेय जल के रूप में उपयोग में लाया जा सकता है अथवा नहाने, सफाई या उद्योगों के उपयोग में लाया जा सकता है।

वर्षा ही जल का मुख्य स्रोत तो होता है। विडम्बना यह भी है कि अधिक वर्षा की स्थिति में वर्षा का यही जल बाढ़ की स्थिति भी उत्पन्न कर देता है। प्राचीन काल में कई बार जल-प्लावन ही सृष्टि के विनाश का कारण भी बना है।

एक स्वस्थ मानव शरीर के लिए लगभग 2.5 लीटर पानी पीने की आवश्यकता होती है। जिस प्रकार सांस लेने वाली वायु सुगमता से हर जगह उपलब्ध हो जाती है, इसी प्रकार से जल हर जगह सम्भव नहीं होता है। यह भी सत्य है कि जल का तीसरा बड़ा भाग ध्रुवीय प्रदेशों में बर्फ के रूप में फैला पड़ा है।

प्राचीन काल से जब से मनुष्य ने बस्तियों में रहना सीखा, उसने तमाम बस्तियां लगभग तालाबों या कुओं के पास अथवा नदियों-झीलों के पास बसाई थीं। नदियों के नाम पर सभ्यताएं भी विकसित हुईं, बल्कि कई सभ्यताओं को नदियों के नाम से जाना जाता है। जैसे सिन्धु घाटी की सभ्यता इत्यादि।

जल के इतने अधिक उपयोगी होने पर इसमें प्रदूषण बड़ी तेजी से बढ़ रहा है। जल मानव का जीवन है, सभी जानते हैं। किन्तु फिर भी जल का सर्वाधिक दुरुपयोग आज का मानव ही अधिक कर रहा है। इसके महत्त्व को न समझकर निरन्तर इसे प्रदूषित करने में लगा रहता है।

जल का प्रदूषण

जल को प्रायः हम उसके गुण के आधार पर ही परिभाषित करते आये हैं। जैसे पीने वाला जल, नहाने वाला जल, सिंचाई वाला जल, कपड़ा धोने वाला जल, इस प्रकार किसी भी प्राकृतिक जल में यदि कोई बाह्य अवांच्छित पदार्थ का समावेश हो जाता है, तो इस समावेश से जल की गुणवत्ता में जो कमी आ जाती है, उसे जल का प्रदूषित होना करते हैं। जल के प्रदूषित होने में उसके अपने रासायनिक और जैविक गुण भी होते हैं।

जल-प्रदूषण आम तौर पर निम्न तीन प्रकार का होता है–

1. भौतिक प्रदूषण, 2. रासायनिक प्रदूषण, 3. जैविक प्रदूषण

1. भौतिक प्रदूषण

पानी में भौतिक प्रदूषण से अभिप्राय उसके रंग, गंध तथा ऊष्मीय गुणों में हुए बदलाव से है। प्रदूषित जल का रंग काला, गहरा, हरा अथवा दुर्गन्ध वाला हो जाता है या फिर बहुत गर्म अथवा ठण्डा हो जाता है। मरे हुए पशु, सड़ी गली वनस्पतियां अथवा सूर्य के ताप इत्यादि के कारण जल में भौतिक प्रदूषण व्याप्त हो जाता है। कई बार जल उपयोग में लाने लायक भी नहीं रहता।

2. रासायनिक प्रदूषण

जल में कई बार रासायनिक पदार्थों के घुलने से प्रदूषित होकर जल में परिवर्तन आ जाता है। जैसे कि फैक्ट्रियों से निकले रासायनिक तत्त्वों वाले उच्छिष्ट युक्त पानी, तेजाब से साफ की गई संडारा का बदबूदार पानी-सीवर के माध्यम से नालों से होकर नदियों में जा मिलने से इत्यादि। दिल्ली में यमुना का जल इसी प्रकार प्रदूषित होकर गन्दा हो गया है।

3. जैविक प्रदूषण

जल में कई बार सूक्ष्म जीवों की उपस्थिति भी जल-प्रदूषण का कारण बन जाती है। पानी गें पाये जाने वाले तिषाक्त हरे, पीले, कीड़े भी इसी प्रदूषण में वृद्धि करते हैं। मरे हुए पशुओं के मृत शरीर जब कभी पानी में फेंक दिये जाते हैं तो सड़ गलकर उनमें कीटाणु तथा कीड़े पैदा हो जाते हैं। वे संड़ाध मारने लगते हैं और पानी प्रदूषित होकर उपयोग के काबिल नहीं रह पाता।

जल प्रदूषण के मुख्य कारण

जल जहां अद्‌भुत घुलनशीलता रखने वाला द्रव पदार्थ है,जो हमें तथा पेड़-पौधों और जीव-जन्तुओं को जीवन प्रदान करता है, वहीं पर यह अपने में कई प्रकार के घुलनशील जहरीले पदार्थों को भी घोल लेता है, जिससे जल प्रदूषित होकर पीने योग्य नहीं रहता। मुख्य रूप से जल-प्रदूषण के कारण निम्न प्रकार से हैं–

1. घरेलू कूड़ा-कचरा

ज़ल में खाना पकाने, नहाने, इत्यादि कपड़े धोने, फल-सब्जियों इत्यादि के सड़ने तथा साबुन इत्यादि के घोल तथा अन्य सफाई, पोंछा इत्यादि लगाने से जो गन्दा पदार्थ निकलता है, अन्ततः वह कूड़ादान से होकर पानी में जाकर मिल जाने से जल को गन्दा कर देता है, जिससे जल प्रदूषित होकर पीने के लिए अयोग्य हो जाता है।

2. सीवेज तथा नालियां

कस्बों तथा शहरों में आधुनिकता की देन सीवेज सिस्टम तथा नालियों में प्रवाहित होने वाली गन्दगी नालों में चली जाती है। ये नाले नदियों में जाकर गिरते हैं तथा नदियों के पानी को अपवित्र तथा गन्दा कर देते हैं, जैसे बनारस के पास बहने वाला गंगा का पवित्र पानी भी गन्दा हो जाता है। कार्बनिक पदार्थों की मात्रा अधिक होने से इस जल में बैक्टीरिया, गन्दे कीड़े, वायरस, काई और शैवाल जैसे सूक्ष्म जीव उत्पन्न होकर जल को प्रदूषित करते हैं तथा जल को रोगों का कारण बना डालते हैं।

3. उद्योगों से निकलने वाले प्रदूषित पदार्थ

उद्योग संयंत्रों से निकलने वाले उच्छिष्ट तथा हानिकारक अपशिष्ट पदार्थ आजकल नदियों में सीधे छोड़ दिये जाते हैं जो पानी को गन्दा एवं प्रदूषित करते हैं। जैसे–कानपुर में कपड़ा तथा चमड़ा मिलों का गन्छा पानी गंगा की धारा में बहकर निकलता है। बनारस में छोटे-छोटे कुटीर उद्योगों का मैलयुक्त गन्दा पानी भी गंगा की जलराशि में मिलकर उसे गन्दा करता है। उत्तर भारत में भी कई जगह गन्ना मिलों से निकला हुआ मैला तथा गन्दा पानी निकलकर नदियों में जाकर मिल जाता है तथा जल स्रोतों को प्रदूषित कर डालता है।

जैविक कारण

जल में जब हानिकारक एवं रोगकारक जीवाणु अर्थात् सूक्ष्म जीव मिल जाते हैं, तो वे जल को प्रदूषित कर डालते हैं, पीने के अयोग्य बना देते हैं। मानव या अन्य जीव-जन्तु जब ऐसे प्रदूषित जल को पी लेता है तो तमाम पेट के रोग हो जाते हैं। कई बार तो दस्त अथवा पेचिस भी लग जाते हैं।

5. कृषि बहिःस्राव

आज विज्ञान का युग है। खेती भी उन्नत तरीकों से की जाने लगी है। अधिक फसल पैदावारी के लिए तरह-तरह के रसायन, खाद, कीटनाशक पदार्थों का उपयोग कृषि में होने लगा जो पानी के साथ बहकर जलाशयों कुओं इत्यादि जलस्रोतों में पहुंचकर जल को हानिकारक बना देते हैं।

6. तैलीय कारण

नदियों की अपेक्षा समुद्रों में यह प्रदूषण अधिक पाया जाता है क्योंकि समुद्रों में तेल-वाहक जहाजों से तेल का रिसाव हो जाता है अथवा जलयानों के दुर्घटना ग्रस्त हो जाने से उसमें भरा तेल समस्त समुद्र के पानी में विलीन हो जाता है। कई बार समुद्र तट पर बने तेल कूपों से भी लीकेज होकर तेल समुद्री जल में पहुंचकर प्रदूषण फैलाता है। अभी कुछ दिन पूर्व किसी जलयान के दुर्घटनाग्रस्त होने से उसमें भरा समस्त तेल पानी की सतह पर फैल गया था और पानी में रहने वाले बहुत से पक्षी तथा जीव-जन्तु मर गये थे।

7. रेडियोधर्मिता सम्बन्धी कारण

कई बार जल में किसी परमाणु बम का विस्फोट किया जाता है, तो ये विषाक्त अणु वायुमण्डल में दूर दूर फैल जाते हैं तथा फिर पृथ्वी पर बने कुओं जलाशयों या अन्य जलस्रोतों में गिरकर उस जल को प्रदूषित कर डालते हैं।

8. जल की बहाव क्षमता

जल घुलनशील होने के कारण साथ-साथ अद्भुत बहाव क्षमता का गुण भी रखता है। अपने बहाव के साथ बहुत सारे गन्दे, अपशिष्ट पदार्थ भी बहाकर ले जाता है और इस प्रकार स्वच्छ जलस्रोतों में गिरकर उस जलराशि को प्रदूषित कर डालता है।

जल में यदि निम्न रासायनिक यौगिक उपस्थित हों तो वह पीने के लिए अयोग्य हो जाता है।

रासायनिक यौगिक	मात्रा (मि.ग्रा. ली.)
आर्सेनिक	0.05
बेरियम	1.0
कैडमियम	0.01
क्रोमियम	0.05
साइनाइड	0.02
लैड	0.05
सेलेनियम	0.01
सिलिका	0.05

दिल्ली के कुओं के एक सर्वेक्षण के दौरान यह पाया गया कि करीब 600 कुओं में से केवल दस कुओं का पानी ही पीने के योग्य है, शेष 590 कुओं का पानी हानिकारक है। पंजाब तथा हरियाणा के अनेक जिलों में कुओं के जल में फ्लोराइड की मात्रा अधिक होने से पीने के योग्य पानी नहीं है ।

जल प्रदूषण से हानियां

कई तरह से उच्छिष्ट, अपशिष्ट तथा गन्दे पदार्थों के जल में घुल जाने से जल अपवित्र होकर हानिकारक बन जाता है। जिनका प्रभाव मनुष्य जीव-जन्तुओं तथा पेड़-पौधों पर पड़ता है।

मनुष्यों का स्वास्थ्य खराब हो जाता है। कई संक्रामक रोगों से ग्रसित हो जाते हैं। जीव-जन्तु जैसे मछली इत्यादि समुद्र जल में तैलीय प्रदूषण के कारण मरने लगती हैं तथा पेड़-पौधे सूख जाते हैं।

भारत में जल-प्रदूषण संकट

वैज्ञानिक सर्वेक्षण के अनुसार हमारे देश मे कुल पेय जल का लगभग 70% भाग प्रदूषणयुक्त है। स्वतंत्र प्राप्ति के बाद जिस तेजी से हमारे देश में औद्योगिकीकरण हुआ है, रासायनिक तथा वैज्ञानिक तरीकों से उन्नत खेती की जाने लगी है अथवा परिवहन के साधनों का उपयोग बढ़ा है, उसका दुष्प्रभव जल के प्राकृतिक स्रोतों

पर अवश्य पड़ा है। हमारे देश की सभी नदियों का जल गन्दा हो चुका है।

भारत में जल-प्रदूषण संकट का आकलन करने के लिए राष्ट्रीय पर्यावरण अभियांत्रिकी शोध-संस्थान, नागपुर तथा सफाई तथा जन स्वास्थ्य के अखिल भारतीय संस्थान कोलकाता द्वारा समय-समय पर सर्वेक्षण किये जाते हैं। जिनसे पता चला है कि कुछ नदियों का जल तो बिल्कुल ही गम्भीर रूप से प्रदूषित हो चुका है जैसे पश्चिम बंगाल की दामोदर नदी।

इस नदी के जल में साइनाइट फिनायल, अमोनिया इत्यादि विषैले यौगिक अधिक मात्रा में उपस्थित रहते हैं। अनुमान के आधार पर इस नदी में प्रतिदिन 1,60,000 घन मीटर अपशिष्ट जल उद्योगों से छोड़ा जाता है, जो भंयकर प्रदूषण को जन्म देता है। हुगली नदी तो हमारे यहां की सबसे प्रदूषित नदी मानी जाती है। विश्व की प्रदूषित नदियो में इसकी गिनती प्रथम स्थान पर की जाती है। क्योंकि इस नदी के किनारे बहुत सारे कागज उद्योग, जूट मिल, रेयोन संयंत्र इत्यादि हैं। कोलकाता का बहुत सारा मल पदार्थ भी इसमें प्रतिदिन आकर गिरता है।

दिल्ली के पास गुजरने वाली यमुना नदी में लगभग 40 कि.मी.तक अनुपचारित मल बहाया जाता है। इसमें 17 गन्दे नालों का जल आकर गिरता है। इसका पानी प्रदूषित हो गया है अनुमान है कि यदि समय रहते इसका उपचार न किया गया तो इलाहाबाद तक यमुना का जल प्रदूषित होकर गन्दा नाला बन जाने की पूरी-पूरी सम्भावना है।

हमारी सबसे पवित्र नदी गंगा भी प्रदूषण संकट से बुरी तरह ग्रसित है। स्थान स्थान पर शहरों के गन्दे नाले इसमें आकर मिलते हैं। वाराणसी तथा कानपुर के पास बहने वाले गंगा के प्रवहमान पानी में प्रदूषण की मात्रा अत्यधिक है। बनारस में मल-प्रवाह तथा मृत शवों के बहाने की प्रथा भी प्रदूषण का एक बड़ा कारण है, इससे जैविक प्रदूषण फैलता है।

चम्बल भी यमुना की ही एक प्रबल सहायक नदी और राजस्थान की बड़ी नदी है। किन्तु इसके जल में भी कोटा के नजदीक बहुत बड़ी मात्रा में उद्योगों का गन्दा पानी छोड़ा जाता है। चम्बल का जल अब पीने के अनुकूल नहीं रह गया है।

जेहलम नदी श्रीनगर के साथ से गुजरती है, किन्तु श्रीनगर शहर का 51000 कि० लीटर मल इसमें प्रतिदिन आकर गिरता है, जिससे यह नदी एक गटर का रूप धारण करती जा रही है।

देश की अन्य नदियां भी इसी प्रकार कहीं न कहीं प्रत्येक स्थान पर प्रदूषण

से ग्रसित होकर गन्दी हो रही हैं। भारी मात्रा में मल-जल का नदियों में छोड़ा जाना उद्योगों के अपशिष्ट पदार्थ का गिरना, प्रदूषण का भयंकर कारण बनता जा रहा है। जिससे जैविक प्रदूषण बढ़ रहा है और प्रदूषण का भयंकर संकट मुंह बाये सामने खड़ा हुआ है।

हमारे देश में जल की कमी होने लगी है। शुद्ध पेय जल की समस्या दिन-प्रतिदिन बढ़ती जा रही है। इसलिए प्रदूषण निवारण शीघ्र होना ही चाहिए।

अमेरिका की इन्टरनेशनल फूड पोलिसी रिसर्च इंस्टीट्यूट की नई रिपोर्ट के मुताबिक भारत के लगभग 3120 शहरों में से मात्र 8 शहरों में सीवरेज की समुचित व्यवस्था है तथा लगभग 200 शहरों में आंशिक रूप से है। शेष सभी शहरों का मल-जल सीधा नदियों में छोड़ दिया जाता है। जिससे नदियों का जल प्रदूषित होकर पीने के लिए अयोग्य होता जा रहा है। दिल्ली की यमुना नदी इसका ज्वलन्त उदाहरण है, जिसमें रोजाना 190 लाख लीटर मल-जल प्रतिदिन यमुना की जलधारा में गिरकर उसे प्रदूषित कर रहा है।

भारत के अधिकांश शहरों में पीने का जल ऐसी नदियों से सप्लाई किया जाता है, जिनमें मल जल गिरता है। एक तो उन नदियों में पानी की कमी होती है, दूसरी ओर प्रदूषित मल-जल गिरकर पेय जल की सप्लाई में बाधक बन जाता है।

हालांकि भारत में जल की शुद्धि हेतु कई प्रकार की योजनाएं आजकल क्रियान्वित हो रही हैं, किन्तु रफ्तार बहुत धीमी है। आवश्यकता है इस रफ्तार को और तीव्र करने की। ताकि पेय जल की सप्लाई में दिक्कत पेश न आए।

निष्कर्षतः यदि यह कहा जाए कि पानी में बहकर आने वाली गन्दगी, कारखानों के उच्छिष्ट, उपशिष्ट पदार्थ रासायनिक प्रदूषण बढ़ाने वाले पदार्थ समस्या का निराकरण सम्भव हो सकता है, अन्यथा प्रदूषण रूपी यह घोर राक्षस पर्यावरण एवं प्रकृति को नष्ट-भ्रष्ट करके जीवन का सुख-चैन छीन लेगा। भारत में प्रदूषण रूपी गन्दगी जल को विषैला बनाने में लगी हुई है। उत्तर प्रदेश, बंगाल, बिहार तथा आंध्र का एक बड़ा भू-भाग जन-जीवन तथा पर्य़ावरण मण्डल प्रदूषण की लपेट में आ चुका है। दिल्ली, कोलकाता, और मुम्बई जैसे महानगरों में भी जल प्रदूषण की समस्या मुंह बाये सामने आ खड़ी हुई है।

वायु प्रदूषण

सभी जीवधारियों को जीवित रहने के लिए सर्वाधिक जरूरत वायु की होती है। जीव श्वसन क्रिया द्वारा जीवित रहने कि लिए वायु मण्डल में से आक्सीजन गैस का उपयोग करते हैं और कार्बनडाई आक्साइड छोड़ते हैं। वायु के बिना जीवन सम्भव ही नहीं होता वरन् वायु-विहीन वातावरण में कुछ ही मिनटों में प्राणी की मृत्यु हो जाती है।

यूं तो पृथ्वी पर वायु की कोई कमी नहीं है। क्योंकि पृथ्वी की सतह से करीब 300 कि.मी. ऊंचाई तक वायु की एक छतरी बनी हुई है और इसमें भी 15 कि.मी. की ऊंचाई तक सबसे आधिक प्राण वायु बनी हुई है। वायुमण्डल का यही भाग प्रत्येक जीवधारी के लिए महत्त्वपूर्ण है। एक सामान्य मनुष्य दिन में औसतन 22000 बार सांस लेता और करीब 16 किलो वायु का उपभोग करता है। जाहिर है कि वायु हमारे जीवन के लिए कितनी महत्त्वपूर्ण है। और तब भी मनुष्य इस वायु मण्डल में नित्यप्रति जहरीले पदार्थों को जलाकर धूल तथा रासायनिक कणों को वायुमण्डल में उड़ाकर हमारे वायुमण्डल को प्रदूषित करता रहता है।

वायु के 80% भाग में नाइट्रोजन तथा शेष 20% में ऑक्सीजन की मात्रा होती है बहुत थोड़ी मात्रा में कार्बनडाई ऑक्साइड, हीलियम इत्यादि जैसी गैसें भी होती हैं। हमारे भोजन, पेड़-पौधे तथा पशुओं के चारे इत्यादि के लिए नाइट्रोजन गैस की आवश्यकता होती है। जब हम सांस लेते हैं तो हम ऑक्सीजन ही लेते हैं जो हमें वायुमण्डल में व पेड़-पौध के द्वारा प्राप्त होती हैं। और जो हम कार्बनडाई ऑक्साइड छोड़ते हैं, वह पेड़-पौधे ग्रहण करते हैं। प्रकृति का यह चक्र नियमित रूप से चलता रहता है, तब तो ठीक रहता है, किन्तु जब प्रदूषण के द्वारा इस चक्र में व्यवधान पड़ जाता है, तो वायु प्रदूषण संकट सामने आ उपस्थित होता है।

औद्योगिकीकरण की प्रगति के कारण हरे-भरे जंगलों की अन्धाधुध कटाई हो रही है। जिससे वायुमण्डल का संतुलन खराब होता है। इसके अतिरिक्त दूसरे उद्योगों द्वारा दूषित गैसें, विषैले पदार्थ, धुआं और धूल वायु मण्डल में छोड़ते रहने के कारण हमारा यह स्वच्छ वायुमण्डल प्रदूषित हो गया है। विशेषकर महानगरों के आस-पास यह समस्या अधिक गम्भीर है।

जब कभी भी बाहरी तत्त्वों की मिलावट वायु मण्डल में अधिक हो जाती है, तो वह मानव तथा हमारे पर्यावरण के लिए हानिकारक हो जाती है। तब इसे हम

वायु मण्डल का प्रदूषण कहते हैं।

इस प्रदूषण के कारण ही भोपान गैस काण्ड जैसी भीषण दुर्घटनाएं भी घटित हो जाती हैं। सभी जानते हैं कि 1984 में 2 और 3 दिसम्बर की मध्य रात्रि में अचानक भोपाल स्थित यूनियन कार्बाइड लिमिटेड के कारखाने से फारूजीन तथा मिथिल आइसोसायनेट गैसों का रिसाव होने लगा, तब वायुमण्डल बिल्कुल साफ था, इसलिए दोनों ही गैसें वायुमण्डल में आसानी से धुल गईं और इन गैसों के कारण सोये हुए व्यक्ति मरने लगे। जिनके ऊपर इन गैसों का कम प्रभाव था, उनको उल्टी आने लगी, जी मितलाने लगा। लोग उठकर भागने लगे, किन्तु सुबह होते-होते वहां लाशों के अम्बार लग गये थे, मनुष्यों के अलावा गाय,भैंस, कुत्ते, गधे तथा अन्य पशु-पक्षियों के मृत शरीर बड़ी मात्रा में जहां-तहां पूरे शहर में पड़े मिले। यह सब जहरीली गैसों के वायुमण्डल में मिल जाने पर घटित हुआ। कितना प्रदूषित किया था इन गैसों के रिसाब ने जिसमें हजारों लोग मृत्यु का ग्रास बन गये थे।

वायु प्रदूषण पदार्थ

वायुमण्डल में केवल कारखानों का धुआं का गैसों का रिसाव ही प्रदूषण नहीं फैलाते जबकि अन्य पदार्थ भी होते हैं। जहरीले प्रदूषक पदार्थ वायुमण्डल में फैलाकर वायुमण्डल को प्रदूषित करते हैं। इनका विवरण निम्न प्रकार से है–

1. एरोसोल

ये वे ठोस कण होते हैं जो वायुजनित होते हैं तथा जिनका आकार बहुत ही सूक्ष्म होता है। हवा में तैरते रहते हैं और वायु को प्रदूषित करते हैं।

2. धूल कण

धूल के छोटे-छोटे कण पैरों से लगकर अथवा वायु के कारण वायुमण्डल में ऊपर चढ़ जाते हैं तथा धीरे-धीरे पृथ्वी की गुरुत्वाकर्षवा शक्ति से प्रभावित होकर नीचे की ओर उड़ते रहते हैं तथा हमारी श्वसन क्रिया में किसी सीमा तक रुकावट पैदा करते हैं।

3. काजल

कार्बनिक पदार्थ अथवा कोयले के जलाने से कई प्रकार के रासायनिक कण

हवा में मिल जाते हैं तथा वायुमण्डल को प्रदूषित करते रहते हैं। इन्हें काजल कहते हैं।

4. धुआं

कार्बनिक पदार्थों के जलने तथा छोटे-छोटे कणों से वायुमण्डल में धुएं के बादल बनने शुरू होते जाते हैं जो वायुमण्डल को प्रदूषित करते हैं।

5. वाष्प

द्रव तथा ठोस पदार्थों की गैस अवस्था वाष्प कहलाती है।

6. कोहरा

यह द्रव कणों से निमित होकर वायु में विलय होने से बनता है तथा वायुमण्डल में पृथ्वी की सतह तक नीचे आ जाता है। इसमें कई बार दिखाई देना भी दूभर हो जाता है तथा ठण्ड भी अधिक बढ़ाता है।

7. फ्लाई ऐश

जंगलों में लकड़ी के जलने तथा अन्य ईंधन के जलने से राख के छोटे-छोटे कण वायुमण्डल में पाये जाते हैं। ये कण फ्लाई ऐश कहलाते हैं तथा वायुमण्डल को प्रदूषित करते हैं।

वायु प्रदूषण के स्रोत

वायु मण्डल में पनप रहे प्रदूषण के मुख्यतया दो स्रोत होते हैं, जिनसे प्रदूषण फैलता है। इसमें प्रथम तो प्रकृति से होने वाले प्रदूषण स्रोत हैं तथा द्वितीय मानव द्वारा उत्पन्न वायुमण्डल प्रदूषण स्रोत हैं। इनका विवरण इस प्रकार है—

1. प्राकृतिक प्रदूषण स्रोत

वायुमण्डल में प्रदूषण के ये स्रोत प्रकृतिजन्य होते हैं, जैसे जंगलों में आग लगने के कारण उत्पन्न धुआं तथा राख, ज्वालामुखी इत्यादि से निकली आग, विषैला गैस अथवा धुंध या कोहरा इत्यादि से उत्पन्न प्रदूषण प्रकृतिजन्य होते हैं।

2. मानव द्वारा उत्पन्न प्रदूषण स्रोत

आज मानव अपनी अवांछित गतिविधियों से वायुमण्डल को प्रदूषित करता है। ये क्रियाएं विभिन्न तरह की होती हैं जैसे दहन क्रियाएं, रासायनिक क्रियाएं

तथा औद्योगिक क्रियाएं अथवा कृषि कार्यों द्वारा होती हैं। उद्योगों द्वारा उच्छिष्ट गैसों तथा पदार्थों के वायुमण्डल में छोड़ने से, जंगलों तथा ईंधन को जलाने से राख धुआं तथा धूल के कण इत्यादि का वायुमण्डल में फैल जाना मानव-प्रदूषण स्रोत होते हैं। वायुमण्डल में व्यापत प्रदूषण कारकों का बहुत ही दूषित प्रभाव मानव तथा पेड़-पौधों के जीवन पर पड़ता है। कई प्रकार की रासायनिक क्रियाएं भी वायुमण्डल प्रदूषण को और अधिक विषैला बना देती हैं।

मुख्यतया इन प्रदूषणों का वायुमण्डलीय पर्यावरण में निम्न प्रभाव होता है–

(i) वायुमण्डलीय पर्यावरण के साथ रासायनिक प्रभाव : वायु में अनेक गैसें होती हैं, जो आपस में रासायनिक क्रिया द्वारा एरोसोल नामक बड़े-बड़े प्रदूषण के कण बना लेती हैं जो धीरे-धीरे जमीन पर गिरते रहते हैं। वायु में उपस्थित सल्फाइड आक्साइड गैस ऑक्सीजन से रासायनिक क्रिया करके नमी की उपस्थिति में सल्फयूरिक अम्ल बना लेते हैं। प्रदूषण की मात्रा बढ़ने पर यह स्थिति खतरनाक बन जाती है तथा अमल बूंदों के रूप में नीचे गिरने लगता है, जिसे तेजाबी वर्षा (Acid Rain) कहते हैं।

(ii) पृथ्वी की सतह से क्रिया : उद्योगों का धुआं तथा धूल के कण इत्यादि वायुमण्डल से धीरे-धीरे पृथ्वी की गुरुत्वाकर्षण शक्ति से प्रभावित होकर नीचे गिरने लगते हैं। यह धूल पेड़-पौधों के पत्तों पर गीली होकर जम जाती हैं और नमी की उपस्थिति में पेड़-पौधों द्वारा ये धूल कण शोषित होते रहते हैं तथा इस प्रकार वनस्पति जीवन पर प्रतिकूल प्रभाव डालकर उन्हें नष्ट भी कर डालते हैं।

(iii) प्रकाश रासायनिक धुध : वायुमण्डल में कई बार औद्योगिक प्रदूषण के कारण हाइड्रो कार्बन का स्तर बढ़ जाने से प्रकाश की उपस्थिति तथा हवा के स्थिर हो जाने के कारण कई बार सांयकाल में डूबते सूर्य की लालिमा बहुत देर तक लाल प्रकाश के रूप में दिखाई देती रहती है, जो अप्राकृतिक लगती है, किन्तु यह घटना प्रकाश रासायनिक धुंध के कारण होती है।

वायु प्रदूषण के दुष्प्रभाव हमारे पर्यावरणीय संतुलन पर बुरा प्रभाव डालते हैं। इनसे हमारा पर्यावरणीय स्वास्थ्य एवं तंत्र प्रभावित होता है। कुछ मुख्य प्रदूषण स्रोत निम्न हैं, जो लगातार वायुमण्डल को प्रभावित करते हैं।

(i) मोटर वाहन : डीजल तथा पेट्रोल से चलने वाले वाहन वायुमण्डल में धूल तथा धुएं के बारीक कण छोड़ते रहते हैं। घना काला और दुर्गन्धमय धुआं अक्सर पुराने वाहन वातावरण में छोड़ते रहते हैं, जिनका बुरा प्रभाव वायुमण्डल में पड़ता है।

(ii) हानिकारक गैसें : वायुमण्डल में कार्बनडाई ऑक्साइड गैसों का बनना, सल्फर डाई आक्साइड गैस का रिसाव, फारूजीन गैस तथा हाइड्रोक्लोरिक गैस का वायुमण्डल में अधिक पाया जाना अथवा इनकी मात्रा का बढ़ना मानव तथा पेड़-पौधों दोनों के जीवन के लिए हानिकारक होता है तथा वायुमण्डलीय वातावरण में इन गैसों का प्रभाव पड़ता है।

वायुमण्डल पर वायु प्रदूषण के क्या-क्या दुष्प्रभाव होते हैं। इनकी विवेचना निम्न प्रकार से ही जा सकती है–

1. दृश्यता का प्रभावित होना

जब धूल, धुन्ध, कोहरा तथा राख के कण वायुमण्डल में फैल जाते हैं, तो दृश्यता में कमी आ जाती है। दिल्ली, कोलकाता तथा कानपुर ऐसे ही कुछ शहर हैं, जहां शाम के समय दिखाई देना दूभर हो जाता है और कई बार तो दृश्यता की इस कमी की वजह से गम्भीर दुर्घटनाएं भी घटित हो जाती हैं।

2. मौसम तथा जलवायु पर प्रभाव

वायुमण्डल में बढ़ते प्रदूषण की वजह से कार्बनडाई ऑक्साइड की मात्रा दिन-प्रतिदिन बढ़ने लगती है और यह बढ़कर लगभग 2% की मात्रा तक पहुंच चुकी है। इससे मौसम में गर्मी आ जाती है और वायुमण्डल का तापमान लगभग 1॰ तक बढ़ गया है। CO_2 की मात्रा बढ़ने पर तापमान बढ़ता है। यह खतरनाक तथ्य है। क्योंकि वैज्ञानिकों के अनुसार यदि पृथ्वी का तापमान मौजूदा तापमान से बढ़कर 3.5॰ मात्रा तक बढ़ जाएगा तो समुद्र का जल-स्तर लगभग 100 मी. तक ऊपर उठ जाएगा क्योंकि ध्रुवों पर हिमखण्ड पिघलकर समुद्र में मिलेंगे और यदि ऐसा हुआ तो जल प्रलय की स्थिति उत्पन्न हो जाएगी।

3. ग्रीन हाउस पर प्रभाव

गैस का तापमान बढ़ने पर वायुमान मण्डल की ऊपरी पर्त में जाकर कार्बनडाई आक्साइड फैल ज़ाती है। जिसकी वजह से सूर्य की गर्मी का विकिरण वातावरण के बाहर नहीं हो पाता तथा पृथ्वी की सतह गर्म हो जाती है। इस गर्मी से पेड़-पौधे, जीव-जन्त, तथा फसलें प्रभावित होती हैं। वातावरण में कार्बनडाई ऑक्साइड की मात्रा बढ़ने पर पृथ्वी में 'ग्रीन हाउस प्रभाव' भी देखा गया है।

4. ओजोन मण्डल पर प्रभाव

हमारे वायुमण्डल में समताप मण्डल की बाहरी पर्त ओजोन गैस से बनी है। यह एक ऐसी पर्त है, जो सूर्य की तेज किरणों को पृथ्वी पर सीधे नहीं आने देती तथा पराबैंगनी किरणों के दुष्प्रभाव से पृथ्वी को सुरक्षित रखती है। किन्तु प्रदूषण होने के कारण ओजोन पर्त की मोटाई कम होती जा रही है। पर्यावरणीय प्रदूषण के रहते यि ओजोन पर्त पतली हो जाने से पृथ्वी पर उगे पेड़-पौधे जल जाएंगे तथा गर्मी की मात्रा बढ़ जाने से मनुष्यों में सूर्य कह पराबैंगनी किरणों के दुष्प्रभाव से त्वचा कैंसर जैसी भयंकर जानलेवा बीमारियां पनप सकती हैं।

5. वर्षा की अनियमितता का दुष्प्रभाव

पर्यावरण-असंतुलन तथा वायु-प्रदूषण के कारण वर्षा की नियमितता पर दुष्प्रभाव पड़ता है। क्योंकि अरब सागर में कई वर्षों से वायु दाब न होने से मासून नहीं आ पाता है, जिसकी वजह से वर्षा अथवा वर्षा की अनियमितता का दोष आ जाता है।

हमारे देश भारत में ईंधन की दुरुपयोगिता के कारण भी वायुमण्डल में प्रदूषण की मात्रा में वृद्धि होती है। व्यावसायिक तथा गैर व्यावसायिक दोनों ही प्रकार के ईंधन जलने पर वायुमण्डल में कई तरह के धूल तथा राख कण इत्यादि फैलकर हमारे वायुमण्डलीय पर्यावरण को प्रदूषित करते रहते हैं। परम्परागत ईंधन से वायुमण्डल प्रदूषण अधिक होता रहता है। अतः समय रहते ही इस समस्या का निवारण होना चाहिए, वरना यह हमारा वायुमण्डल पर्यावरण को और अधिक प्रदूषित करता रहेगा।

स्थल प्रदूषण

स्थल अर्थात् भू-भाग का प्रदूषण शैल तथा मृदा तत्त्वों से फैले प्रदूषण से होता है। पृथ्वी के तीन भागों में जल है तथा एक चौथाई भाग ही स्थल है, जिस पर जीवन होता है। जनसंख्या में हो रही निरन्तर वृद्धि से इसी स्थल भाग की कृषि आवास, खनन, उद्योग, आवागमन तथा यातायात इत्यादि कार्यों में उपयोग में लाया जाता है, इसलिए इस भाग को बचाये रखना तथा इसे उपयोगी बनाये रखना मनुष्य मात्र का कर्त्तव्य होता है। किन्तु कितने मनुष्य इस बात की चिन्ता करते हैं। बहुत कम लोग हैं जो इस भाग को सुरक्षित रखने की सोच रखते हैं, किन्तु शेष सभी इसको

प्रदूषित करने में लगे रहते हैं, तभी स्थल-प्रदूषण की स्थिति आज बन गई है।

गांवों में पशुओं का गोबर व मूत्र यूं ही फेंक देने से भूमि पर प्रदूषण बढ़ता है किन्तु यही गोबर अथवा मूत्र खेतों में यदि डाल दिया जाए तो बहुत बढ़िया खाद तैयार हो जाती है, जो भूमि की उर्वरा शक्ति को बढ़ाती है। भूमि पर फैलने वाला प्रदूषण केवल भूमि तक ही सीमित नहीं रहता। बल्कि पहले पशुओं अथवा जीव-जन्तुओं में फैलता है। फिर मानव में फैलता है। इसलिए भूमि के प्रदूषण को तुरन्त खत्म करना आवश्यक है।

शहरों तथा कस्बों में नगरपालिकाओं तथा घरों से निकले हुए कूड़े-कर्कट को बिना शोधित किये हुए फेंक दिया जाता है, जिससे बदबू फैलती है, गन्दगी का ढेर लग जाता है और स्थलीय प्रदूषण की मात्रा भी बढ़ जाती है। भूमि की उर्वरा शक्ति भी कम हो जाती है, कारण भूमि के बहुत सारे उपजाऊ तत्त्व भी नष्ट हो जाते हैं।

भूमि पर प्रदूषण फैलने से जीव-जन्तुओं तथा पेड़-पौधों को बड़ी हानि पहुंचती है। कई बार तो भूमि पर कूड़े-कर्कट तथा उपशिष्ट पदार्थों के ढेर लग जाते हैं जिससे मृदा प्रदूषण हो जाता है।

हमारा स्थलीय प्रदूषण आजकल क्यूं बढ़ रहा है, अथवा पृथ्वी के बहूमूल्य मृदा संसाधन क्यों नष्ट हो रहे हैं– यह बात किसी से छिपी नहीं है। मुख्यतया ये कारण इस प्रकार हैं–

स्थल प्रदूषण के प्रकार एवं कारण

स्थल प्रदूषण के कारण हमारा भू-संसाधन प्रतिदिन नष्ट हो रहा है। प्रदूषण चाहे जल से हो अथवा वायु से, उसका प्रभाव भूमि पर अवश्य पड़ता है। अतः भू-प्रदूषण का ख्याल हमेशा बना रहना चाहिए। मुख्य रूप से हमारा भू-संसाधन निम्न दो प्रकार से नष्ट हो रहा है।

1. त्याज्य एवं अपशिष्ट पदार्थों के द्वारा
2. भूमि-क्षरण के द्वारा

आधुनिक नई विज्ञान एवं प्रगति की ओर अंधाधुंध दौड़ लगाने की होड़ में हम लोगों ने अपना सुख-चैन तो खोया ही है, साथ में भूमि की उपजाऊ शक्ति को भी बड़ा नुकसान पहुंचाया है। नई जीवन-शैली तथा औद्योगिक प्रगति के कारण मनुष्यों के रहन-सहन तथा स्वास्थ्य में बहुत परिवर्तन इन दिनों आया है। लोग रातोंरात करोड़पति बनने के होड़ में एक-दूसरे की लाशों के ऊपर से जाकर

भी तरक्की पसन्द करते हैं। उपयोग की वस्तुएं बार-बार उपयोग में लाई जाने लगी हैं, बल्कि अब वे सब उपयोग की बस्तुएं ही बनकर रह गई हैं। प्रकृति के साथ खिलवाड़ होने लगा है। वन काटे जाने लगे हैं। पृथ्वी के ऊपर पेड़-पौधों के कम रह जाने से वर्षा इत्यादि के समय मिट्टी का क्षरण भी होता है। बहुत सारी कीमती मिट्टी आजकल पानी के साथ बह जाती है, जिससे उपजाऊपन में प्रतिदिन कमी आती जा रही है।

1. त्याज्य एवं अपशिष्ट पदार्थों के कारण (Waste Pollution)

स्थल प्रदूषण अधिकतर त्याज्य एवं अपशिष्ट अर्थात् वर्ज्य पदार्थों के जहां-तहां फेंक देने से हो रहा है। ये अपशिष्ट पदार्थ एवं प्रदूषण के स्रोत निम्न हैं–

(i) घरेलू कूड़ा-कचरा : घरों में सफाई करने पर कूड़ा-कचरा, रद्दी कागज के टुकड़े, पत्तियां, सूखे तथा बासी फूल-फल इत्यादि प्रतिदिन सड़कों, गलियों अथवा रास्तों पर फेंक दिये जाते हैं, जिसमें एक बड़े कूड़ा का ढेर लग जाता है। इस ढेर में पशु या फिर सुअर इत्यादि घूम-घूमकर गन्दगी को इधर-उधर चारों ओर फैला देते हैं, जिससे बहुत बड़ी प्रदूषण की समस्या खड़ी हो जाती है।

(ii) नगर पालिकाओं द्वारा फेंके गये अपशिष्ट पदार्थ : शहरों में नगरपालिकाएं गालियों का कूड़ा-कर्कट कूड़ेदानों में इकट्ठा करती हैं, जहां से सुअर तथा आवारा घूमने वाले पशु इस कूड़ा-कर्कट को फैला डालते हैं। जिससे भूमि प्रदूषण की स्थिति पैदा होती है। इसके अतिरिक्त शहर की गन्दी नालियों से निकाली गई गाद, मलमूत्र, सब्जी मण्डियों में पड़े सड़े-गले फल-सब्जियां तथा शहरों से निकाला गया ठोस अपशिष्ट पदार्थ शहर के बाहर खुले में डाल दिया जाता है। उसे भी सुअर तथा अन्य जानवर आसपास के पूरे भू-क्षेत्र में फैलाते रहते हैं। इन सबसे स्थल प्रदूषण की स्थिति पैदा होती है।

(iii) उद्योगों से निकला अपशिष्ट पदार्थ : आधुनिक औद्योगिक क्रांति से उद्योग धंधों से जल तथा वायु-प्रदूषण तो पहले बढ़ ही रहा है, किन्तु उद्योगों के आस-पास के भू-क्षेत्र में इससे प्रदूषण में वृद्धि हो रही है। उद्योगों से अपशिष्ट पदार्थ ठोस तथा तरल दोनों अवस्था में निकलते रहते हैं, जिसमें अनके विषैले रसायन भी होते हैं, जो भूमि की उर्वरा शक्ति को नष्ट करते हैं तथा पेड़-पौधों एवं वनस्पतियों को भारी नुकसान पहुंचाते हैं। कपड़े तथा गन्ने की मिलों से निकलने वाले रासायनिक पदार्थ छोटे-छोटे धागे, लवण और अम्लयुक्त पदार्थ निकलते हैं,

जो भूमि की उर्वरा शक्ति को नष्ट करते ही हैं, साथ में भयंकर स्थल प्रदूषण को बढ़ावा भी देते हैं।

iv) कृषि से निकलने वाले अपशिष्ट : खेती-बाड़ी करने से फसली पौधों की पत्तियां, डण्ठल, घास-फूस, अनाज के छिलके-भूसी इत्यादि गांवों में जगह-जगह पड़े रहते हैं। इनसे गांव की शोभ तो नष्ट ही होती है, साथ में भूमि की उर्वरा शक्ति भी नष्ट हो जाती है। क्योंकि फसल उगाते समय तरह-तरह की कीटनाशक दवाइयां, कवकनाशी इत्यादि रसायनों के अधिक प्रयोक से भूमि की उर्वरा शक्ति कमजोर हो जाती है, जिससे भू-प्रदूषण की स्थिति पैदा होती है।

2. भूमि क्षरण के द्वारा

अत्यधिक वर्षा के कारण पानी का बहाव जब अपने साथ मिट्टी को बहाकर एक स्थान से अन्य स्थान पर ले जाता है तो वहां भूमि में कटाव की स्थिति उत्पन्न हो जाती है, जिसे भूमिक्षरण कहते हैं। यह भू-क्षरण तेज वर्षा, पानी के तेज बहाव, तेज हवा जैसी प्राकृतिक शक्तियों के कारण होता है, इससे भी स्थल प्रदूषण की स्थिति बन जाती है। कारण कि उपजाऊ मिट्टी की परत एक स्थान से उड़कर अथवा बहकर अन्यत्र स्थानों पर हवा-नदियों इत्यादि में चली जाती है, जिसका वहां कुछ उपयोग नहीं होने पाता।

भूमि-क्षरण भी मुख्यतया चार प्रकार का होता है।

(i) पर्तदार भूमि क्षरण : पानी बरसने अथवा बहने के कारण भूमि की ऊपरी पर्त बहकर पानी के साथ चली जाती है, किन्तु सतह समान रखती है और भूमि में किसी प्रकार का कटाव पैदा नहीं होता, इस प्रकार के क्षरण को पर्तदार भूमि क्षरण कहते हैं। बालू मिट्टी में इसी प्रकार का भूमि क्षरण पाया जाता है।

(ii) रिल भूमि क्षरण : जब पानी के बहुत तेज बहाव से भूमि की ऊपरी मिट्टी बह जाती है और उसकी सतह पर कटाव के निशान बन जाते हैं तथा छोटे-छोटे गड्ढे बन जाते हैं तो इस भूमि क्षरण को रिल भूमि क्षरण कहते हैं।

(iii) नालिका भूमि क्षरण : यह भूमि क्षरण पर्वतीय ढलानी क्षेत्रों में पाया जाता है। जब पानी की कई तेज धाराएं मिलकर मिट्टी को बहा ले जाती हैं, सतह पर तब 'V' के आकार में नालिका के निशान बन जाते हैं, यही नालिका भूमि-क्षरण की स्थिति होती है।

(iv) नदी तटों का भूमि-क्षरण : बड़ी-बड़ी नदियों तथा नालों के किनारे की

उपजाऊ मिट्टी बहकर पानी की तेज धारा के साथ नदी में चली जाती है तब वहां भूमि कट-कटकर नालों से बह जाया करती हैं। इस क्षरण को नदी तट का भूमि क्षरण कहते हैं। ऐसी स्थिति में वहां की मिट्टी हटकर दूसरे स्थानों में चली जाती है।

कुल मिलाकर कोई भी भूमि-क्षरण स्थल पर्यावरण के लिए हितकारी नहीं होता बल्कि प्रदूषणकारी ही होता है। कई बार ऐसी स्थिति में एक स्थल की उपजाऊ मिट्टी दूसरे स्थान में जाकर अपनी उर्वरा शक्ति भी खो दिया करती है।

भूमि प्रदूषण से भयंकर हानियां सम्भावित हो जाती है। भू-प्रदूषण से पर्यावरण गन्दा व बदबूदार हो जाता है।

ध्वनि प्रदूषण

मानव के स्वास्थ्य खान-पान, रहन-सहन तथा वेशभूषा इत्यादि पर प्राकृतिक पर्यावरण का बहुत अधिक प्रभाव होता है, क्योंकि मानव प्रकृति के संग ही रहता रहा है और विकसित हुआ है। प्रकृति मनुष्य से सब कुछ करा सकती है और मनुष्य प्रकृति के विरूद्ध कुछ भी नहीं कर सकता, किन्तु फिर भी आज का मनुष्य प्रकृति के प्रति बहुत ही कम संवेदनशील होकर रह गया है। यह भी सत्य है कि जब-जब मनुष्य प्रकृति के विरुद्ध गया है या जाने की कोशिश भी की है, तो उसने सदा मुंह की ही खायी है। प्रकृति पर पूर्णतः विजयी बनकर कभी रह नहीं पाया वह।

प्रकृति के संतुलन-चक्र को मनुष्य ने एक बार नहीं सौ बार असंतुलित करने की कोशिश की है, किन्तु फिर भी काफी कुछ हासिल कर लेने के बाद भी वह हमेशा प्रकृति की हार ही मानता आया है।

पर्यावरण में ध्वनि-प्रदूषण आज एक गहन समस्या बन चुकी है, वातावरण में अनचाहे ढंग से छोड़ी गई अवांछनीय 'आवाज' ध्वनि व धुन, जो मानव के स्वास्थ्य पर प्रतिकूल प्रभाव छोड़ती हैं, इसे ही ध्वनि प्रदूषण कहते हैं।

आजकल जिस तेजी से जनसंख्या में बढ़ोत्तरी हुई है, उसी के अनुसार आये दिन नित नई बस्तियों बसती जा रही हैं। इमारतें बनती जा रही हैं। शहरों में सीमेंट और कंकरीट के जंगल उग आये हैं। उनमें रेलवे स्टेशन, सिनेमा घर, बाजार, कारखानें, मंदिर, बस स्टैण्ड इत्यादि एक-दूसरे से बिलकुछ सटे हुए हैं। इसका सबसे बुरा परिणाम तो यह हुआ कि मोटर गाड़ियों का शोर, मशीन, तथा

कल-कारखानों का शोर, स्पीकरों की कर्णभेदी आवाजें, रेल गाड़ियों की सीटियां और सिनेमा घरों का शोरगुल भरा वातावरण, कुल मिलाकर इतना ध्वनि प्रदूषण हुआ है कि इसमें अनेक हानिकारक प्रभाव मानव तथा अन्य जीव-जन्तुओं के स्वास्थ्य पर पड़ने लगे हैं। ढोल, बाजे बारातों की शोरपूर्ण ध्वनियां भी कानों के पर्दे तक फाड़ देती हैं। यह सब ध्वनि प्रदूषण ही होता है।

जीवन में 75 डेसिबल से अधिक ध्वनि कानों के लिए हानिकारक होती है। 130 डेसीबल ध्वनि पर मनुष्य पागल होने लगता है।

जर्मनी के मशहूर वैज्ञानिक डॉ. जानसन ने अपने अनुसंधान के विषय 'शोर व मानव-शरीर पर उनके प्रभाव' में बतलाया है कि ध्वनि-प्रदूषण के कारण मानव-शरीर पर हानिकारक प्रभाव पड़ते हैं। कई बार अधिक अवांछनीय ध्वनि के कारण मानव-रक्तशिराएं अवरूद्ध हो जाती हैं और सूक्ष्म शिराओं में रक्त का संचार मन्द पड़ जाता है। रक्त शिराएं संकुचित हो जाती हैं तथा शरीर पर घातक प्रभाव छोड़ती हैं।

मुम्बई के 'स्टाक एक्सचेंज' में इतना अधिक शोर होता है कि कई बार लोग पागलों की तरह व्यवहार करने लग जाते हैं। आवश्यकता से अधिक ध्वनि-प्रदूषण मानव को पागल होने की स्थिति में पहुंचा देता है।

ध्वनि-प्रदूषण का सबसे प्रतिकूल प्रभाव यह भी पड़ता है कि कानों की श्रवण शक्ति भी चली जाती है। कपड़े बनाने वाले शेड में ध्वनि इतनी अधिक होती है कि वहां काम करने वाले व्यक्ति कुछ ही दिनों में बहरे होने लगते हैं। अपनी श्रवण-शक्ति खोने लगते हैं।

ध्वनि-प्रदूषण के मुख्यतया निम्न कारण यानी स्रोत होते हैं–

1. प्राकृतिक स्रोत

यह ध्वनि अथवा शोर कुदरती तौर पर प्रदूषण फैलाते हैं– जैसे बादलों का गड़गड़ाना, बिजली की कड़क, भूकम्प एवं ज्वालामुखी की अवांछित ध्वनियां होती हैं, जो मानव-जीवन और वातावरण पर गलत प्रभाव छोड़ती हैं।

2. कृत्रिम स्रोत

आज शहरीकरण तथा औद्योगिकीकरण की ध्वनियां शोर का भीषण रूप धारण करती जा रही हैं। ये अवांछित ध्वनियां व शोरगुल वाला वातावरण मानव के स्वास्थ्य पर बहुत ही बुरा असर डालते हैं। इसके निम्न तीन कारण होते हैं–

(i) उद्योग-धन्धे तथा मशीनों की ध्वनियां

(ii) परिवहन के साधनों का शोर

(iii) मनोरंजन के साधन व अन्य सामाजिक-सांस्कृतिक क्रियाओं द्वारा।

ध्वनि प्रदूषण का प्रतिकूल प्रभाव मानव के शारीरिक एवं मानसिक दोनों ही प्रकार के क्रिया-कलापों पर पड़ता है।

ध्वनि-प्रदूषण के दुष्प्रभाव

डॉ. लिम्पस कॉम्ब नामक एक वैज्ञानिक ने 3000 स्कूली छात्रों पर सर्वेक्षण करने के पश्चात् यह पाया कि जो बच्चे तेज पॉप म्यूजिक के अधिक शौकीन थे उनकी श्रवण-शक्ति अन्य बच्चों की अपेक्षा बहुत कम हो चुकी थी। उनकी श्रवण-शक्ति 65 वर्ष के बूढ़ों के बराबर हो गई थी। ध्वनि-प्रदूषण के दुष्प्रभाव कभी-कभी मनुष्य को स्थाई रूप से बहरा भी बना देते हैं। ध्वनि-प्रदूषण के निम्न दो तरह के दुष्प्रभाव होते हैं–

1. अस्थाई दुष्प्रभाव,
2. स्थाई दुष्प्रभाव

अचानक कोई बम फट जाए अथवा बहुत अधिक ध्वनि व शोरगुल एकाएक सुनाई दे जाए तो कुछ दिनों तक कान सुन्न हो जाते हैं। यह अस्थाई दुष्प्रभाव होता है, फिर धीरे-धीरे सामान्य हो जाता है।

किन्तु कई दिनों तक शोरगुल पूर्ण वातावरण में लगातार रहने अथवा काम करने से कई बार स्थाई रूप से श्रवण-शक्ति खत्म हो जाया करती है। यह स्थाई दुष्प्रभाव होता है।

ध्वनि-प्रदूषण के 'मनोवैज्ञानिक दुष्प्रभाव' भी होते हैं। लगातार ध्वनि-प्रदूषण से मानव की नींद कम आने लगती है। श्रवण-शक्ति प्रभावित हो जाती है। याद कम रहने लगता है। रक्तचाप बढ़ने लगती है, विक्षिप्तता बढ़ने लगती है।

आज ध्वनि-प्रदूषण से पूरा विश्व आतंकित है। लोग शोरगुल वातावरण से घबराकर शान्त वातावरण की ओर भागने लगे हैं किन्तु खेद की बात है कि हमारे देश में इस ध्वनि -प्रदूषण की ओर अभी समुचित ध्यान नहीं दिया जा रहा है और यह राक्षस दिन-प्रतिदिन अपना आकार-प्रकार फैलाता जा रहा है। इससे बचने का उपाय शीघ्र खोजने की आवश्यकता है।

सांस्कृतिक प्रदूषण

'संस्कृति' एक बहुत ही व्यापक एवं विस्तृत शब्द है जिसका अर्थ है–कुछ श्रेष्ठ बनना, परिष्कृत करना, परिमार्जित करना इत्यादि। इसमें पैतृक विशेषताएं, निपुणताएं, श्रेष्ठताएं, कलागतप्रियता, देश, जाति और धर्म के प्रति प्रियता, अच्छी आदतें, धर्म और विशेष गुणों का संचयन आदि से है। संस्कृति शब्द का प्रयोग सामाजिक और मानवीय संचेतनाओं और मानवीय गुणों का अन्तर्बाह्य रूप से उन्नति के क्रम-विकास से है। किसी देश की संस्कृति उस देश का गौरव हुआ करती है। देश की चेष्टता तथा कला-गत गुणों का अनुमान उस देश की संस्कृति से ही लगाया जाता है। इसे अंग्रेजी में 'कल्चर' (Culture) कहते हैं। जिसका अर्थ होता है पैदा करना अथवा सुधार करना। कितने खेद की बात है आज के प्रगतिवादी युग में अपनी संस्कृति जो कि बहुत महत्त्वपूर्ण होती है, उपेक्षित दृष्टि से देखी जाने लगी है। जल तथा वायु मण्डलों में ही प्रदूषण की स्थिति उत्पन्न नहीं हुई, बल्कि हमारी भारतीय संस्कृति भी आधुनिक पाश्चात्य रंग प्रभाव के कारण प्रदूषित होती जा रही है।

अपनी संस्कृति में जल को 'वरूण देवता' अग्नि को 'अग्निदेव', वायु को 'वायुदेव', नदियों को 'माता', पृथ्वी और गो को 'माता' कहकर पुकारने वाले हम भारतीय अब प्रकृति के इन्हीं तत्त्व एवं जीवों की दुर्दशा करने लगे हैं। नदियों में गन्दगी डालकर, गौ को प्रताड़ित करके भूखा मरने पर मजबूर करके, वायुमण्डल में उच्छिष्ट विषैले पदार्थ छोड़कर, जीवन मूल्यों की अवहेलना करके, धर्म-ग्रन्थों तथा धार्मिक मानदण्डों को अपमानित करके हम आये दिन अपनी ही संस्कृति को प्रदूषित करने में लगे हुए हैं।

पर्यावरणीय शुद्धि ने हमारी संस्कृति को अनेक युगों से अब तक शुद्ध बनाये रखा है। किन्तु अब स्थिति बदलाव की हो चुकी है। अपनी प्राचीन 'संस्कृति' की धज्जियां उड़ाने में लगे हुए हैं।

'मनुष्य प्रकृति की श्रेष्ठतम कृति है'– यह एक मान्यता सदा से चलती आ रही है। इसलिए यह समझा जाता है कि मानव प्रकृति का पोषक रहा होगा, किन्तु यह बात पूर्णतया सत्य नहीं है। मानव ही है, जिसने नदियों में बेशुमार गन्दगी डाल दी। हरे-भरे वनों को काटकर जंगल खाली कर दिये। सुरम्य पर्वत घाटियों, जलाशयों, झीलों में प्रदूषण की स्थिति पनपा दी है। पर्यटन-स्थलों की प्राकृतिक और मनोहर छटा का हनन करके उसे असुन्दर बनाया है। गद्य-कला, साहित्य और

संगीत का मतवाला यह मानव ध्वनि-प्रदूषण फैलाकर शान्त प्राकृतिक वातावरण में शोरगुल भरा वातावरण उत्पन्न कर रहा है। आज भारतीय संस्कृति के बीज-मंत्र, यज्ञ, सूर्य, अग्नि, जल, वायु, तुलसी आदि की उपासना सब समाप्तप्राय ही हो चली है किन्तु पर्यावरणीय शुद्धि के लिए ये सभी तत्त्व आवश्यक माने गये हैं, अतः इन तत्त्वों में आया प्रदूषण संस्कृति का प्रदूषण होता है, इसका तुरन्त निराकरण भी होना चाहिए। अन्यथा हमारी संस्कृति प्रदूषणयुक्त होकर बेकार हो जाएगी।

सांस्कृतिक प्रदूषण के स्रोत अथवा कारण

हमारी भारतीय संस्कृति अत्यन्त प्राचीन और प्रकृतिपोषक रही है। हम स्वयं प्रकृति-पूजक रहे हैं, जिसमें अग्नि, इन्द्र, वरुण, सोम, उषा विशिष्ट रहे हैं, किन्तु आज हमारी ये सांस्कृतिक धरोहर हम भूलने लगे हैं और आधुनिक भोग-विलासी जीवन जीने के आदी होकर संस्कृति-प्रदूषण फैला रहे हैं। सांस्कृतिक प्रदूषण के मुख्यतया निम्न स्रोत अथवा कारण होते हैं–

1. जीवन में धन का अभाव

मानव-जीवन में प्रायः धनाभाव खटकता ही रहता है और धन कमाने की चेष्टा में मानव अपनी संस्कृति और प्रकृति दोनों के प्रति लापरवाह हो चला है। नदियों और झीलों में मछली के बीज डालकर उन्हें गन्दा करने लगा है। नारियल इत्यादि फलदार वृक्षों की कटाई करके धरा को वृक्षहीन करने में लगा है। अतः धनाभाव भी सांस्कृतिक प्रदूषण का एक कारण बनता है।

2. सुख-सुविधाओं से अधिक लगाव

आज का मानव भोगी-विलासी तथा अधिक सुख-सुविधाओं का आदी हो चला है। वह पेड़-पौधों तथा वनों को काटकर अपने लिए अधिक सुख और सुविधाएं एकत्र करने में लगा हुआ है। इससे नदी-तालाबों का इस्तेमाल व्यापारिक रूप से होने लगा है। जहां-तहां नदियों, झरनों, तालाबों इत्यादि शुद्ध पानी में तरह-तरह के रसायन तैल तथा अन्य सौन्दर्य प्रसाधन तत्त्व इनमें घुल रहे हैं, जिससे इनका पानी अशुद्ध हो रहा है। अतः सांस्कृतिक प्रदूषण में सुख-सुविधाओं का अधिक होना हानिकारक होता है।

3. आधुनिक विकसित जीवन-शैली

आज की आधुनिक विकसित जीवन-शैली भी बहुत हद तक सांस्कृतिक प्रदूषण को बढ़ावा देती है। पुराने रश्मों-रिवाज का इतना फैशनयुक्त आधुनिक परिधान, खुले-अंग, वस्त्र, शर्म-ओ-हया में आती गिरावट से आज की दुनिया में सांस्कृतिक प्रदूषण बढ़ा है। लोग पुरानी संस्कृति व गौरव को भूलने लगे हैं। लोग अपने कल्चर, अपने त्योहारों का महत्त्व कम आंकने लगे हैं और आधुनिक डिस्को, हल्ला, रम्भा और न जाने कितनी आलतू-फालतू कल्चर के पक्षधी होने लगे हैं। भाई-चारे और बन्धुत्व की भावना कम होती जा रही है। यह सब सांस्कृतिक प्रदूषण में वृद्धि करके देश की सभ्य कल्चर को जंगली रूप देने लगे हैं।

भारतीय जीवन पर सांस्कृतिक प्रदूषण का प्रभाव

हमारी संस्कृमि आरम्भ से ही यज्ञ व आत्म-चिन्तन की परिचायक रही है। हमारे धर्म-ग्रंथ, वेद-उपनिषदों में प्रकृति को मां का दर्जा प्राप्त है। जन्मभूमि को जननी समान माना है। पहले लोग यज्ञ इसीलिए करते थे कि सम्पूर्ण वायुमण्डल, हमारा पर्यावरण शुद्ध रहे। प्रकृति की गोद हरी-भरी रहे, तब सब ठीक था, किन्तु अब सांस्कृतिक प्रदूषण हमारे देश में पैर पसारने लगा है, इसका हमारे भारतीय जीवन पर बहुत बुरा असर पड़ा है। मुख्यतया यह असर निम्न तथ्यों से दृष्टिगोचर होता है—

1. वायुमण्डल की शुद्धता पर प्रभाव

सांस्कृतिक प्रदूषण के कारण भारतीय वायुमण्डल प्रदूषित होने लगा है। इसकी शुद्धता में कमी आ रही है। क्योंकि पहले हमारे देश में यज्ञ-हवन इत्यादि नित्य-प्रति होते रहने से वायुमण्डल बिल्कुल शुद्ध व प्रदूषण युक्त रहता था किन्तु अब इसके विपरीत सिगरेटों का धुआं, शराब की बदबू, प्लास्टिक व रबर इत्यादि के जलने से उत्पन्न होती है। विषैली गैसों से हमारा वायुमण्डल प्रदूषित होता जा रहा है। इसका जन-मानस के स्वास्थ्य पर भी बुरा प्रभाव पड़ता है।

2. हिंसक प्रवृत्ति का प्रादुर्भाव

सांस्कृतिक प्रदूषण फैलने से हिंसक प्रवृत्ति का प्रादुर्भाव उत्पन्न हुआ है। महाभारत काल मे भगवान कृष्ण ने गीता ज्ञान में कहा था कि सबसे उत्तम यज्ञ वह है, जिसमें किसी भी प्रकार की हिंसा नहीं होती। हवन में लकड़ियां सूखी

उपयोग करने का तात्पर्य भी यही होता था कि उसमें किसी प्रकार के जीव-जन्तु न हों। इस प्रकार के उपदेशों से मनुष्य अहिंसावादी और परोपकारी बनकर अपना जीवन श्रेष्ठता से व्यतीत करते थे। किन्तु अब किसी प्रकार का कोई बन्धन न होने से हिंसक प्रवृत्ति फिर से जाग उठी है। भेड़-बकरियां, गाय इत्यादि का मांस-भक्षण लोग करने लगे हैं। वास्तव में यह सांस्कृतिक प्रदूषण फैलने से हिंसक प्रवृत्ति लोगों में पनपने लगी है।

3. कर्म के प्रति अनासक्ति भाव

हमारे प्राचीन धर्म-ग्रंथों में कर्म की महत्ता को प्रधानता दी गई है। कर्म ही जीवन है और कर्म से ही मनुष्य स्वर्ग और नरक का अधिकारी बनता है। यही भाव हमारे वेद-उपनिषद अभी तक व्यक्त करते आये हैं। किन्तु आधुनिक अर्थ-प्रधान युग की संस्कृति में यह भाव विलुप्त होता जा रहा है। कर्म के प्रति अनासक्ति का भाव फैलता जा रहा है। लूट-खसोट की नीति लोगों को सुखकर लगने लगती है। धार्मिक स्थल, धार्मिक वन, धार्मिक नदियां इत्यादि सभी को प्रदूषण की गहरी खाई में धकेला जा रहा है। लोग पवित्र स्थानों को खुले आम गन्दा करने में बिल्कुल नहीं झिझकते हैं। कहने का तात्पर्य है कि हम अपने कर्त्तव्य भावना के मूल तत्त्व से विमुख होने लगे हैं और इसका प्रत्यक्ष कारण सांस्कृतिक प्रदूषण ही है, अन्य कोई नहीं।

4. बन्धुत्व भावना व आपसी स्नेह का कम होना

सांस्कृतिक प्रदूषण का सबसे बुरा प्रभाव आपसी भाई-चारे की भावना पर पड़ता है। लोग अपनी स्वार्थ-पूर्ति भावना में इतने आकण्ठ डूब चुके हैं कि वे आपसी बन्धुत्व भावना का ध्यान ही नहीं करते हैं। सबका उद्देश्य अर्थ-कमाना व अधिक से अधिक सुख-सुविधाओं का जुटाना मात्र रह गया है। लाशों के ढेर पर चढ़कर यदि किसी की स्वार्थ-साधना की पूर्ति होती है तो बेझिझक ऐसा कर डालता है। संस्कृति एकता को पहले बनाये रखती थी। किन्तु आज पाश्चात्य सभ्यता की चकाचौंध ने यह भावना समाप्त कर डाली है।

5. प्रकृति से दूर-भाव का जागृत होना

हमारे भारत को पूरे विश्व में प्रकृति-पूजक देश कहकर सम्बोधित किया है। भारत वैसे भी कृषि-प्रधान देश होने के नाते प्रकृति का पूजक ही रहा है। यहां

आरम्भ से ही सूर्य-पूजा और देवी-पूजा होती थी। भारत में नदियों को मां का दर्जा दिया गया है। यहां हरे-भरे वन, नदी पहाड़, बड़े-बड़े पुल, स्तूप, भवन-निर्माण इत्यादि कलाओं का खूब विकास एवं निर्माण कार्य किया गया है, किन्तु सब कुछ प्रकृति को सामने रखकर किया गया। लेकिन आजकल तालाबों को स्वच्छ रखना, नदियों को स्वच्छ रखना, कुण्ड बनवाना, पेड़ लगवाना, पेड़ों को पानी देना, सूर्य को अर्घ्य देना, इत्यादि कार्यों में लोगों की रुचि कम होती जा रही है जिसके कारण हम प्रकृति से निरन्तर दूर होते जा रहे हैं।

भारत का धर्म-दर्शन, कल्चर, यहां के त्योहार इत्यादि सब प्रकृति के अनुसार ही रहे हैं। अतः इनमें प्रदूषण फैलना नहीं चाहिए, यहां की संस्कृति और सभ्यता को प्रदूषण से बचाये रखने के लिए हमें भरसक प्रयास करने चाहिए, अन्यथा इसके परिणाम बड़े घातक सिद्ध हो सकते हैं।

भारतीय संस्कृति भारतीय जनमानस की पोषक है। इसे प्रदूषण से सर्वदा बचाना चाहिए तथा आये दिन बढ़ते जा रहे सांस्कृतिक प्रदूषण को रोकने के प्रयास होने चाहिए। यही प्रासंगिक है और कालजयी भी।

पर्यटन स्थल प्रदूषण

भारत में पिछले वर्षों से जनसंख्या वृद्धि में काफी बढोत्तरी हुई है और बढ़ती हुई जनसंख्या का प्रभाव प्रकृति और पर्यावरण पर विशेष पड़ता है। ज्यों-ज्यों विकास का प्रादुर्भाव हुआ, आवागमन के साधनों में भी उन्नति आई है। नित नये वाहनों का उत्पादन बढ़ता जा रहा है और मानव एक स्थान से अन्य स्थानों पर अब पहले की अपेक्षा अधिक तेजी और शीघ्र पहुंचने लगा है। देश की अर्थ-व्यवस्था में सुधार आने के कारनण मनुष्य की अपनी आय बढ़ती गई और अब मनुष्य प्रकृति की सुरम्य वादियों में भ्रमण भी करने लगा है। शिक्षा तथा संस्कृति में सुधार हो जाने पर एक स्थान से दूसरे स्थानों पर लोगों की आवा-जाही बढ़ने लगी है। अब इन सब बातों से यह बात तो समझ में आ ही जाती है कि मनुष्य अब प्रकृति के उन पर्यटन स्थलों पर भी अच्छी तरह पहुंचने लगा है, जहां पहले जाना भी दूभर हुआ करता था। इसका एक बड़ा नुकसान जो देखने में आया, वह यह है कि अब मनुष्य उन पर्यटन-स्थलों को प्रदूषित करने लगा है, जहां पर पहले पहुंचना ही मुश्किल होता था।

पर्यटन-स्थलों पर लोग अपना नाम गोद देते हैं, जिसकी वजह से उनकी सुन्दरता बिगड़ती है। लानों व हरे-भरे प्रकृति के सुन्दर स्थलों पर कूड़ा-कर्कट,

कागज, शराब की खाली बोतलें, प्लास्टिक की थैलियां, रद्दी कागज इत्यादि जहां-तहां फेंक देते हैं जो सड़-गलकर बदबू फैलाने लगते हैं। पर्यटन स्थलों पर कूड़ा-कर्कट के ढेर लग जाते हैं। इस प्रकार पर्यटक ही पर्यटन-स्थलों को प्रदूषित कर डालते हैं।

पर्यटन स्थलों की भव्य इमारतों के आस-पास कोयला इत्यादि जलाने से भी इमारतों का रंग काला पड़ जाता है। सफेद-संगमरमर का पत्थर भी काला पड़ने लगता है। पेट्रोल के धुआं से भी पर्यटन-स्थलों की भव्यता को नुकसान पहुंचता है। अनेक प्रकार के कल-कारखानों, होटल, दुकानों इत्यादि में जलने वाले गैस, चूल्हे जलने से उत्पन्न होने वाली सल्फर-डाई-आक्साइड तथा कार्बन-डाई-आक्साइड गैस तथा धूल-धुएं के महीन कण संगमरमर जैसे भव्य पत्थर को भी प्रदूषणयुक्त करके उसके रूप-रंग को भारी नुकसान पहुंचाते हैं। इसे ही पर्यटन स्थलों का प्रदूषण कहा जाता है।

भारत के प्रमुख पर्यटन स्थल और उन पर प्रदूषण का प्रभाव

यूं तो भारत देश ही संसार का पर्यटन स्थल देश है, क्योंकि दुनिया ने इसे 'सोने की चिड़िया' और 'पृथ्वी पर स्वर्ग' की संज्ञा दी है। ऐसी दशा में भारत के पर्यटन स्थलों का पूरा विवरण देना एक नितान्त मुश्किल कार्य है। कई ग्रंथ लिख लिये जाएंगे तो भी भारतीय पर्यटन-स्थलों का विवरण पूरा न हो सकेगा। तो भी कुछेक महत्त्वपूर्ण पर्यटन स्थल और उन पर बढ़ते प्रदूषण का प्रभाव निम्नानुसार है–

1. दिल्ली के पर्यटन स्थल

दिल्ली एक ऐतिहासिक महानगर है। इसमें लाल किला, पाण्डवों का प्राचीन किला, कुतुब मीनार, चिड़ियाघर, जन्तर-मन्तर आदि सभी पर्यटन-स्थल आजकल प्रदूषण के प्रभाव में हैं। लालकिले की प्राचीरें वहां आस-पास के उड़ते धूल, धुआं और मिट्टी के कणों, नमी इत्यादि के कारण धीरे-धीरे प्रदूषण की चपेट में आती जा रही हैं। चिड़ियाघर और पाण्डवों का प्राचीन किला पर्यटकों के खाने-पीने के बाद फेंके गये उच्छिष्ट तथा पोलिथिन की थैलियों और कागज के टुकड़ों की भरमार से अपनी सुन्दरता खोता जा रहा है। वहां के लान खराब हो रहे हैं। पेट्रोल के उड़ते धुएं तथा धूल कणों से वहां के हरे-भरे वृक्षों के पत्ते मैले होते जा रहे हैं। पेड़ सूख रहे हैं। सिगरेटों के जलते टुकड़े पग-पग पर फेंक दिए जाते हैं। जन्तर-मन्तर पर आये दिन धरने-प्रदर्शनी के कारण लोगों द्वारा गन्दा किया जाता है।

2. आगरा और फतेहपुर सीकरी के स्मारक स्थलों पर प्रदूषण का प्रभाव

आगरा में दुनिया के सात आश्चर्यों में एक आश्चर्य 'ताजमहल' भी आज प्रदूषण की चपेट में है। ताजमहल के आस-पास अन्य स्मारक स्थल भी हैं, जिन पर प्रदूषण का बुरा प्रभाव पड़ रहा है। ताजमहल के नजदीक ही 10 मेगावाट के दो बिजलीघर, 300 से अधिक धातु गलाने के कारखाने, रेलवे के शंटिग यार्ड, दुकानों तथा होटलों में जलने वाले चूल्हों इत्यादि से उत्पन्न कार्बन-डाई-आक्साइड तथा सल्फर-डाई-आक्साइड, कार्बन तथा कालिख के महीन कण, राख, धुआं, सब कुछ 'ताजमहल' की अपूर्व सुन्दरता, संगमरमर की मूर्तियां तथा धवल पत्थरों की चमकती-दमकती छवि को खराब कर रहे हैं।

ताजमहल को पूर्णतया संगमरमर के पत्थरों से बना होने के कारण मुख्यतः कोयले के जलने से उत्पन्न धुआं, गैस तथा पेट्रोलियम पदार्थ के जलने से उत्पन्न गैसों के कारण अधिक नुकसान पहुंचता है।

इसी प्रकार फतेहपुर सीकरी का स्मारक (जो दुनिया की चौदहवीं आश्चर्यजनक वस्तु है), सिकन्दरा में अकबर का मकबरा, आगरा का किला इत्यादि सभी पर प्रदूषण का प्रभाव है और इससे इन स्मारकों की भव्यता को नुकसान पहुंच रहा है।

3. मथुरा-वृन्दावन के मन्दिरों पर प्रदूषण का प्रभाव

मथुरा, वृन्दावन ही क्या, सम्पूर्ण ब्रजमण्डल ही मन्दिरों से भरा पड़ा है। द्वापर में भगवान कृष्ण का यह रासमण्डल स्थल पृथ्वी का आकर्षण और प्रकृति का सुरम्य स्थल रहा है, किन्तु धीरे-धीरे प्रदूषण के कारण आज अपनी अनुपम छटा खोता जा रहा है। मथुरा के तेल शोधक कारखाने का धुआं समस्त मन्दिरों को नुकसान पहुंचा रहा है। यहां के प्राकृतिक कुंज उजड़ते जा रहे हैं। मथुरा-आगरा रोड पर धूल और धुएं से परिपूर्ण वातावरण बना होता है, जिसका नुकसान यहां के प्राकृतिक स्थलों एवं पर्यटन स्थलों पर बुरा पड़ता है।

4. जगन्नाथ पुरी के कोणार्क मन्दिर पर प्रदूषण का प्रभाव

इस मन्दिर को सूर्य मन्दिर भी कहा जाता है। किसी जमाने में यह मन्दिर एक अद्वितीय कला का नमूना तथा विदेशी शैलानियों का प्रमुख आकर्षण स्थल रहा है। आज भी लोगों में इसकी भव्यता एवं कलात्मकता का आकर्षण कम नहीं हुआ, बल्कि ज्यों का त्यों बना हुआ है। किन्तु अफसोस कि यह भी गन्दगी और प्रदूषण के प्रभाव में है। इसका पत्थर काला पड़ता जा रहा है। समुद्र तट के

आस-पास मछली-पालन तथा गन्दगी भरे वातावरण तथा गन्दगी भरे वातावरण का प्रभाव इस पर भी पड़ने लगा है। पर्यावरणीय प्रदूषण के प्रभाव के कारण इसके पत्थरों पर काई, कालापन आता जा रहा है जिससे मन्दिर का पत्थर क्षयता को प्राप्त होता नजर आने लगा है।

ऐसे ही दक्षिण भारत के मन्दिर, पर्यटन-स्थल, कश्मीर की भव्य वादियां, डल झील तथा गोवा का बुटेनीकला गार्डन, मैसूर का राज पैलेस—सभी पर्यटन स्थलों पर पर्यावरणीय प्रदूषण का प्रभाव स्पष्ट देखा जा सकता है। वह दिन दूर नहीं जब यह प्रदूषण रूपी राक्षस भारतीय पर्यटन-स्थलों की भव्यता, उनकी सुन्दरता इत्यादि को निगल जाएगा।

तेलशोधक कारखाने और लगाये जा सकते हैं। उद्योग-कारखाने कहीं अन्यत्र भी आरम्भ किये जा सकते हैं, किन्तु पर्यटन स्थल (ताजमहल जैसे) दुबारा नहीं वन सकते, अतः इन पर होने वाले प्रदूषण को पनपने नहीं देना चाहिए और इसे फौरन रोक देना चाहिए। पर्यटन स्थल हमारी संस्कृति की प्राचीन धरोहर हैं, अतः इनको पर्यावरणीय प्रदूषण से बचाना हमारा प्रथम लक्ष्य रहा है।

वाहन प्रदूषण

पिछले वर्षों में विश्व में जनसंख्या की दर में तेजी से वृद्धि हुई है। भारत की जनसंख्या 1 अरब 20 करोड़ तक पहुंच गई है। इस बढ़ी हुई जनसंख्या के लिए आवास, वाहन सम्बन्धी सुख-सुविधाओं में भी वृद्धि की दर बढ़ी है। हालांकि भूमि उतनी ही है, किन्तु आवासों में निर्माण कार्य बहुतायत से हुए हैं। महानगरों की जनसंख्या में तो यह वृद्धि और भी अधिक हुई है, कारण अन्य प्रान्तों से भी रोजगार की खोज में आये लोग इन नगरों में स्थाई अथवा अस्थाई रूप से बस गये हैं। अब उनकों अपनी फैक्ट्री, दुकानों, दफ्तरों तक पहुंचने के लिए वाहनों की आवश्यकता बढ़ी है। महानगरों की बसें इस बढ़ती जनसंख्या के आवागमन के लिए पर्याप्त नहीं रह गई हैं। लोगों ने अपने निजी-वाहनों का इस्तेमाल करना अधिक आरम्भ कर दिया है। सड़कों पर विभिन्न वाहनों का अब रेला का रेला चलता दिखाई देता है। भीड़-भाड़ और तंग इलाकों में घण्टों तक जाम लग जाता है। इस प्रकार के जामों में वाहन तो धीरे-धीरे रेंग रहे होते हैं। अथवा एक ही स्थान पर खड़े रहते हैं, किन्तु उनके इंजन स्टार्ट रहेत हैं और उनमें से बड़ी मात्रा में पेट्रोल, डीजल इत्यादि का धुआं निकलता रहता है, जिससे वायुमण्डल में ऑक्सीजन की कमी हो जाती है। और धुआं, कार्बन-डाई-आक्साइड तथा कार्बनिक

प्रदूषण के कण सर्वत्र फैलते रहते हैं, जो सम्पूर्ण वायुमण्डल को गन्दा करते हैं। वाहनों से फैलने वाले इसी प्रदूषण को वाहल प्रदूषण कहते हैं।

वाहन-प्रदूषण के कारण

वाहन प्रदूषण फैलाते हैं, यह बात तो निस्सन्देह ठीक है, किन्तु वाहनों से फैलने वाले प्रदूषण के भी कुछेक कारण होते हैं, जो मुख्यतया निम्न प्रकार से हैं–

1. वाहनों का माडल पुराना होना

अधिकतर वाहन अधिक पुराने ही सड़कों पर चल रहे होते हैं। उनके माडल 10 वर्षों से भी अधिक पुराने होने के कारण वे प्रदूषण में वृद्धि करते हैं। विदेशों में माडल की समय सीमा तय है। एक निश्चित समय सीमा के पश्चात् वाहन चाहे अच्छी कण्डीशन में भी हो तो भी उसे स्क्रेप कर दिया जाता है, किन्तु हमारे देश में ऐसा नहीं है। कुछ महानगरों में अवश्य आजकल यह समय सीमा तय हो गई है, किन्तु वहां भी इसका पालन सख्ती से नहीं हो पा रहा है। वाहनों का अधिक पुराना माडल प्रदूषण अधिक छोड़ता है। उसके धुएं में कार्बन-डाई-आक्साइड ही मात्रा अधिक पाई जाती है।

2. रख-रखाव की कमी

वाहनों को सही ढंग से न रखना भी प्रदूषणकारक होता है। मोटर-गाड़ियों का रख-रखाव उसमें तेल, पानी, हवा की सही प्रक्रिया इत्यादि में कमी होना प्रदूषण को बढ़ावा देना है। 'लोहे पर लोहा चलता है' यह कहावत मशहूर है अतः इस लोहे की सही ढंग से मरम्मत करते रहने से टूट-फूट में कमी आती है, जिसका सीधा असर वाहनों के इंजिन पर पड़ता है। अच्छे रख-रखाब की वजह से वाहनों में तेल इत्यादि की खपत भी कम होती है और धुआं भी अधिक नहीं छोड़ते।

3. यातायात मार्गों का सही न होना

जिन रास्तों पर अधिक वाहनों का आना-जाना लगा होता है, यदि वह मार्ग ठीक नहीं होता, गड्ढे वाला, टूटा-फूटा, तंग या घुमावदार होता है तो वाहनों को उस रास्ते से गुजरने में अधिक समय लगता है, जाम लगता है तो भी अधिक समय लगता है, तो ऐसे मार्गों पर यातायात जाम हो जाता है। वाहलों के इंजिन तो स्टार्ट रहते हैं, किन्तु वाहन चल नहीं रहे होते हैं। इस प्रकार खड़े-खड़े वाहन धुआं

अधिक छोड़ते हैं। नगरों तथा महानगरों में ऐसी स्थिति आम होती है। अतः वहां प्रदूषण अधिक होता है।

4. आवश्यकता से अधिक वाहनों का होना

भारत तेजी से विकास की ओर अग्रसर है। यहां प्रतिव्यक्ति औसत आय में बहुत अधिक वृद्धि इन दिनों हुई है, जिसकी वजह से लगभग प्रत्येक व्यक्ति अपना स्वयं का वाहन खरीदने में लगा है। फलस्वरूप वाहनों में आशातीत वृद्धि इन दिनों हुई है। अधिक वाहनों का होना भी प्रदूषण संकट को बढ़ावा देता है।

वाहन प्रदूषण के अन्य बहुत सारे कारण भी हैं, किन्तु मुख्यतया उपर्युक्त ही हैं। वाहनों का धुआं दैनिक जीवन में मनुष्य के स्वास्थ्य और पर्यावरण को बहुत नुकसान पहुंचा रहा है। सायंकाल के समय वाहनों से प्रदूषण इस कदर महानगरों में बढ़ जाता है कि इस प्रदूषण में सांस लेना मानों 100 सिगरेट पी लेने के बराबर होता है। कई बार यह प्रदूषण भयानक बीमारियां उत्पन्न करके जानलेवा भी सिद्ध हो जाता है। मानव चक्षु ज्योति इस प्रदूषण से निरन्तर कम होती जा रही है। वाहनों के धुएं से सड़क के किनारे के पेड़-पौधे तथा पत्तियां काली पड़ जाती हैं और बहुत बार तो जलकर सूखकर नीचे गिर जाती हैं। वाहन प्रदूषण प्रकृति की सुन्दर हरियालीयुक्त सौन्दर्य-छटा को नुकसान पहुंचाकर कालिमायुक्त बना डालता है।

वाहनों से उत्पन्न प्रदूषण पर्यावरण में नुकसान पहुंचाता है तथा वायुमण्डल में प्रवेश करके उसे अशुद्ध बना डालता है। पर्यावरण तथा वायुमण्डल की शुद्धता बनाये रखने के लिए वाहन प्रदूषण पर नियन्त्रण करना अतिआवश्यक है अतः इसे कम करने की सोच प्रत्येक व्यक्ति को करनी चाहिए।

13

पर्यावरण संरक्षण : समाधान

भारत में पर्यावरण प्रदूषण के विकट संकट को मद्देनजर रखते हुए प्राकृतिक संसाधनों के संरक्षण की जरूरत महसूस की गई तथा पहली बार चौथी पंचवर्षीय योजना के प्रथम चरण में पर्यावरण संरक्षण की ओर ध्यान देकर कार्य शुरू किया गया। 1972 में विज्ञान तथा टेक्नोलाजी विभाग के तहत राष्ट्रीय पर्यावरण आयोजन एवं समन्वय समिति (N.C.E.P.C.) का गठन किया गया। जनवरी 1980 में एक और समिति का गठन पुनः किया गया ताकि पर्यावरण संरक्षण के कार्यों में अधिक तेजी से विकास कार्य आरम्भ किये जा सकें। 1985 में इसी समिति की सिफारिशों पर अलग से एक मन्त्रालय 'पर्यावरण एवं वन मन्त्रालय' की स्थापना की गई। तत्पश्चात् इसी मन्त्रालय की ओर से राज्यों में अनेक विभाग तथा नियन्त्रण बोर्ड भारतीय वन संरक्षक समितियों का गठन करके पर्यावरणीय संरक्षण सम्बन्धी अनेक विकास कार्यों का शुभारम्भ किया गया।

अत्यधिक जनसंख्या वृद्धि से प्राकृतिक संसाधनों का, जो अनावश्यक दृष्टि से जोरों से दोहन होने लगा था, उसको नियन्त्रित करके इन संसाधनों के दोहन पर रूकावट लगाई गई, ताकि प्राकृतिक संसाधनों का आपसी ताल-मेल एवं सन्तुलन बना रह सके।

संसाधनों के आधार पर पर्यावरण संरक्षण की जो विधि अपनाई गई, उसका अध्ययन हम यहां निम्न दो श्रेणियों में विभक्त करके कर सकते हैं–

1. भौतिक प्राकृतिक संसाधनों का संरक्षण।
2. जैविक संसाधनों का संरक्षण।

भौतिक प्राकृतिक संसाधनों में मुख्यतया वायुमण्डल, स्थल मण्डल, जल मण्डल आता है, किन्तु जैविक संसाधनों के संरक्षण की हम बात करते हैं तो इन संसाधनों में अनेक जीव-जन्तु, पेड़-पौधे इत्यादि आते हैं। हम इन संसाधनों का संरक्षण क्रमशः इस प्रकार करते हैं–

भौतिक प्राकृतिक संसाधनों का संरक्षण

एक देश के प्राकृतिक संसाधनों का उस देश के विकास में बड़ा मुख्य स्थान होता है। ये भौतिक प्राकृतिक संसाधन ही किसी देश के आर्थिक जीवन की रूपरेखा निर्धारित करते हैं। जैसे कि इंग्लैड और अमेरिका आज औद्योगिक क्षेत्र में अपनी समुद्रीय स्थिति, समशीतोष्ण जलवायु, कोयले, लोहे, इत्यादि के पर्याप्त भण्डार होने के कारण ही विश्व में सबसे आगे हैं। अमेरिका भी कृषि-प्रधान देश के रूप में जाना जाता है।

लेकिन प्रश्न तो यह है कि आज के युग में इन्हीं प्राकृतिक संसाधनों की अवहेलना हुई है जिससे पर्यावरण को खतरा पैदा होने लगा है। बढ़ती जनसंख्या दर संसाधनों के सन्तुलन पर बुरा असर डालती है। आज विज्ञान का युग है। मनुष्य ने विज्ञान के सहारे आज इतनी उन्नति कर ली है कि अब वह प्रकृति को वश में करने में लगा हुआ है। प्राकृतिक संसाधनों का वह अपनी बुद्धि-कौशल से अधिक से अधिक दोहन करने में लगा हुआ है। जीवन को और अधिक आरामदेह बनाने के लिए मशीनों के प्रयोग तथा ऊर्जा की खपत अधिक होने लगी है। फलस्वरूप प्राकृतिक संसाधन समाप्त भी हो रहे हैं तथा उनका प्राकृतिक परिवेश भी बिगड़ता जा रहा है। दूसरे शब्दों में पर्यावरण संकट उत्पन्न हो गया है।

अतः आज के दौर में भौतिक, प्राकृतिक संसाधनों का संरक्षण करना अब अति आवश्यक हो गया है। इस सम्बन्ध में निम्न कार्य किये गये हैं–

1. पानी एवं जलाशयों का संरक्षण

हमारे देश में जनसंख्या में हुई आशातीत वृद्धि से पानी की कमी हो गई है। कुल वर्षा का 10% भाग तो हमारे देश में ही खत्म कर लिया जाता है, शेष जल पृथ्वी की सतह से नीचे चला जाता है, जिसका उपयोग नलकूपों द्वारा पानी बाहर निकालकर कर लिया जाता है। प्रति वर्ष भारत में करीब 16,900 ट्यूबवेल नये लग जाते हैं, जिनको वजह से पानी का स्तर कम होने लगा है। तालाब तथा झीलें सूखने लगी हैं। अतः आवश्यकता है कि अब जल तथा जलाशयों जैसे प्राकृतिक

संसाधनों का समुचित संरक्षण होना चाहिए। इस सम्बन्ध में कुछ सुझाव इस प्रकार हैं--

(i) तालाबों एवं झीलों की सफाई : तालाब तथा झील बढ़ती जनसंख्या के उपयोग से निरन्तर सूखने लगे हैं, उनमें जल-स्तर कम हो जाने पर नीचे गाद इत्यादि जम जाती हैं। कई बार जलकुम्भी नामक एक पौधा बड़ी मात्रा में स्वतः उत्पन्न हो जाता है, जो पानी को अधिक सोखता है, अतः ऐसे पौधे तथा खरपतवार इत्यादि को निकालाकर झीलों तथा तालाबों का सफाई की जानी चाहिए, ताकि उनमें गहराई करके साफ पानी को अधिक स्टोर किया जा सके।

(ii) बांधों का निर्माण : भारतीय धरातल विविधता से परिपूर्ण है। कहीं मैदानी, कहीं पठारी तथा कहीं पहाड़ियों और घाटियों से भरी है। अतः पहाड़ी ढलानों पर, घाटियों की तलहटी में बांध बनाकर वर्षा का पानी संग्रह किया जाना चाहिए। प्राचीन समय में अंग्रेजों ने अपने शासन काल में भारत के सूखाग्रस्त इलाकों में जल आपूर्ति के संसाधन जुटाये थे। आज भी इसी प्रकार बांधों का निर्माण करके वर्षा के जल का संरक्षण करना आवश्यक है।

(iii) नदियों का उद्धार : हमारे देश में नदियों को माता कहकर पुकार गया है, उनको आदर दिया गया है, किन्तु फिर भी दुनिया भर की गन्दगी नदियों में गिराई जाती है। फलस्वरूप नदियों का पानी प्रदूषित हो रहा है। गंगा हमारे देश की पवित्र नदी है, किन्तु कोलकाता और बनारस जैसे नगरों के तमाम गन्दे नाले इसमें गिराये जाते हैं, जिससे गंगा के पानी में प्रदूषण की मात्रा बढ़ गई है। पूर्व प्रधानमन्त्री स्वर्गीय श्री राजीव गांधी द्वारा इस समस्या का समाधान करने के प्रयत्न किये गये थे। अब यमुना नदी के उद्धार की योजना भी बनाई गई है। यह कार्य और अधिक सफलतापूर्वक किया जाना चाहिए ताकि प्रदूषण पर काबू पाया जा सके।

(iv) पानी का भण्डारण : पहाड़ों पर से बहकर आते पानी को कुण्डों द्वारा अथवा बड़े-बड़े जलाशय बनाकर वर्षा के पानी का भण्डारण करना चाहिए। यह भण्डार किया गया पानी छोटी-छोटी नहरों द्वारा सिंचाई के काम आ सकता है। सूखे क्षेत्रों में हरियाली ला सकता है, यह रोका गया बरसाती पानी है। अतः इसको समुचित उपयोग में लाना चाहिए।

वैसे सरकार ने 1987 में एक राष्ट्रीय जल नीति बनाकर जल सम्बन्धी सुधार कार्य किये हैं। इस नीति के मुख्य उद्देश्य हैं–

1. सारे देश में पानी की खपत समान रूप से क्रियान्वित करना तथा नियन्त्रित करना।

2. सूखा व बाढ़ की विभीषिका को कम करना।

3. सिंचाई, जल, विद्युत तथा पेयजल सम्बन्धी परियोजनाओं को बनाना तथा क्रियान्वित करना।

4. पानी की गुणवत्ता में सुधार लाना तथा पेयजल को स्वच्छ बनाना।

5. जलविद्युत तथा नौ-परिवहन की व्यवस्था सुचारू रूप से करना इत्यादि।

(v) भूमि संसाधनों का संरक्षण : बढ़ती हुई जनसंख्या के अप्रत्याशित दबाव के कारण भूमि के अपघटन, विकास कार्यों में कमी, औद्योगिक क्षेत्रों के पिछड़ेपन जैसी कमियों को देखते हुए भूमि संसाधनों का संरक्षण करना चाहिए। सरकार ने पिछली पंचबर्षीय योजनाओं के तहत यद्यपि बहुतेरे विकास कार्य किये हैं, किन्तु फिर भी ये कार्य पर्याप्त नहीं कहे जा सकते। 1972 में भूमि के समुचित उपयोग के बारे में एक राष्ट्रीय नीति बनाई गई। देश में सर्वेक्षण के आधार पर पाया गया कि कुल 3290 लाख हे. भू-भग का लगभग 1750 लाख हे. भू-भाग से वनों का आवरण समाप्त हो रहा है, जिसको तुरन्त रोकने की आवश्यकता है।

बढ़ती जनसंख्या के भरण-पोषण के लिए कृषि अति आवश्यक है, इसलिए वनों को नष्ट करके भूमि को कृषि के योग्य बनाया जाना भी आवश्यक है, किन्तु हमारी वन-सम्पदा को नुकसान पहुंचा कर नहीं।

सन् 1974 में राष्ट्रीय स्तर पर यथोचित संस्थाओं का गठन करने का निर्णय लिया गया। इसका उद्देश्य भूमि-सुधार एवं वन-सम्पदा संरक्षण से है। भूमि अपघटन को रोककर इस पर हो रही असन्तुलित खनन पर नियन्त्रण करना भी इन समितियों का मुख्य उद्देश्य रखा गया है।

(vi) मरुस्थलीकरण पर नियन्त्रण : पिछले कुछ वर्षों से भारत के साथ-साथ विश्व में भी भू-संसाधनों का क्षरण बहुत तेजी से हुआ है। भारत में तो लगभग कुल भू-भाग का 50% भाग अब कृषि योग्य नहीं रह गया है। भू-संसाधनों का क्षरण जिस तेजी से हुआ है, उसमें मरुस्थलों का भी बहुत बड़ा हाथ है। शुष्क अथवा अर्द्धशुष्क भू-भागों में भू तत्त्व अपघटित होकर कम हो जाते हैं, यह प्रक्रिया ही मरुस्थलीकरण कहलाती है। भारतीय भू-भाग का लगभग 77% भू-भग कम वर्षा वाला होने के कारण शुष्क क्षेत्र कहलाता है। हालांकि अब नहरों द्वारा इस क्षेत्र में काफी सिंचाई के संसाधनों का विकास किया गया है, परन्तु अभी भी पर्याप्त नहीं है। अभी हाल में कुछ वर्षों पूर्व हमारे देश में एक राष्ट्रीय का

योजना (National Action Programme) तैयार किया गया है। जिनमें निम्न कार्य योजना तैयार की गई हैं :–

1. बाढ़ नियन्त्रणार्थ नदी, नालों में जलआगम योजना के अन्तर्गत छोटे बांधों का निर्माण करना।
2. भूमि संरक्षण कार्य, विशेषता बाढ़ प्रभावित क्षेत्रों में।
3. भू एवं मृदा का उपयोग तथा सर्वेक्षण।
4. शुष्क क्षेत्रों का समुचित प्रबन्ध।
5. सूखे क्षेत्रों में विकास कार्य।
6. मरुस्थलीय क्षेत्रों में विकास कार्य।
7. अनाज तथा तिलहन उत्पादन को बढ़ाना।
8. खनन, दलहन तथा मरुस्थलीय क्षेत्रों में भूमि-सुधार कार्य।
9. वन संरक्षण कार्य।
10. सामाजिक विकास एवं भूमि-सुधार के अन्य कार्यक्रम तैयार करना।

भारत के शुष्क क्षेत्र

थार, दकन का पठार तथा पश्चिम के मैदान भारत के शुष्क क्षेत्र हैं, जिसमें अक्सर बहुत कम वर्षा होती है।

पर्यावरण के संरक्षण के लिए बहुत आवश्यक है कि सर्वप्रथम भूमि सम्बन्धी सुधार-कार्य किये जाएं, मरुस्थलीय नियन्त्रण कार्य किये जाएं, वनों का संरक्षण किया जाए तथा भूतत्त्व का विकास किया जाए। इसी प्रकार के उद्यम ये भौतिक एवं प्राकृतिक संसाधनों का संरक्षण सम्भव हो पाएगा।

जैविक संसाधनों का संरक्षण

भारत देश जैविक सम्पदा की दृष्टि से एक साधन-सम्पन्न देश है। अफ्रीका के पश्चात् संसार में भारत का स्थान दूसरा है। यहां पर लगभग 50 हजार प्रकार के पेड़-पौध्यों पाये जाते हैं तथा करीब 80 हजार प्रकार के जन्तुओं की प्रजातियां हैं। यहां पर उत्तर में हिमालय की गगनचुम्बी चोटियां हैं तो दक्षिण में नम दल-दल वाले मैदान। पूर्व में ऊंचें प्रदेश हैं तथा पश्चिम में विस्तृत रूप से फैला हुआ प्राणी जगत एवं वनस्पतियां तथा जड़ी-बूटियां। किन्तु धीरे-धीरे हमारे यहां प्रजातियों के लुप्त होने का कारण पर्यावरण में फैलता प्रदूषण ही है। आज मनुष्य द्वारा की गई हानिकारक गति-विधियों से वन, वनस्पतियों तथा जीव-जन्तुओं को बहुत अधिक नुकसान पहुंच रहा है।

आज आवश्यकता इस बात की है कि प्रजातियों को पहचानकर उनको संरक्षित किया जाए, ताकि प्रजातियां फिर से लुप्त न हो सकें, जैसे कि डायनासोर जैसे विशालकाय जन्तु लुप्त हो गये थे। यह जैविक संरक्षण निम्न दो प्रकार से किया जा सकता हैः–

1. जीव-जन्तुओं को उनके स्व-स्थान यानी उनके अपने स्थानों पर ही स्वाभाविक वास तथा संरक्षण किया जाये।

2. जीव-जन्तुओं को, जहां उनका विकास नहीं हो पा रहा है वहां से उन्हें बाहर निकालकर दूसरे स्थान पर ले जाया जाए जो अधिक सुरक्षित है, वहीं पर उनका संरक्षण सम्भव किया जा सके।

जैविक सम्पदा किसी देश के लिए बड़ा महत्त्व रखती है विशेष कर भारत जैसे कृषि-प्रधान देश के लिए तो यह परम महत्त्व रखती है, अतः इस सम्पदा का समुचित संरक्षण होना चाहिए, ताकि पर्यावरणीय सन्तुलन बना रहे।

जैविक संसाधनों के संरक्षण के प्रयासों को निम्न तीन भागों में वर्गीकरण करके अध्ययन किया जा सकता हैः–

1. वन जैव संरक्षण
2. पादप जन्तु संरक्षण
3. वन संरक्षण

1. वन्य जैव संरक्षण

भारत एशिया का एक बड़ा उपमहाद्वीप भू-भाग है, जहां वन्य जन्तुओं की लगभग 80 हजार प्रजातियों के प्रकार दर्शाये जा सकते हैं–

क्रमाक	प्रजातियां	प्रकार
1.	स्तनधारी	500
2.	पक्षी	2,000
3.	सरीसृप	400
4.	मछलियां	2,000
5.	कीट एवं पतंगें	60,000
6.	सीप, शंख, जीव-जन्तु	4,000

इन दुर्लभ प्रजातियों के जीव-जन्तुओं का मारकर उनके सींग, उनकी खाल तथा हड्डियों इत्यादि को अन्तरराष्ट्रीय बाजार में बेचकर डालने के लिए बुरी तरह से नष्ट किया जाता है, जिससे कुछ दुर्लभ प्रजातियां कई स्थानों से लुप्त हो रही हैं, उनका अस्तित्व खतरे में पड़ गया है। शेर, चीते, हाथी, तेन्दुए तथा बारासिंगा हिरण इत्यादि जीव-जन्तुओं का अस्तित्व मिटता जा रहा है। आवश्यकता है इन दुर्लभ जानवरों को संरक्षण प्रदान किया जाए। एक अनुमान के आधार पर यह माना गया है कि हमारे यहां प्रत्येक वर्ष कस्तूरी के लिए 20,000 कस्तूरी मृगों की हत्या कर दी जाती है जिसकी वजह से कस्तूरी मृग धीरे-धीरे लुप्त होते जा रहे हैं।

हाथी दांत का उपयोग बहुत सारे कार्यों में किया जाता है, इसलिए प्रति वर्ष अवैध रूप से करीब 500 हाथी मौत के घाट उतार दिये जाते हैं। इनके अतिरिक्त बाघों, गैंडों के दांत और खाल का भी अवैध व्यापार किया जाता है। सरकार इस व्यापार को रोकने का भरसक प्रयत्न कर रही है, तो भी चोरी-छिपे यह व्यापार अवैध रूप से चल रहा है।

भारत में वन्य जीव संरक्षण के अनेक उपाय किये गये हैं। राष्ट्रीय संरक्षण नीति 1992 में स्पष्ट कहा गया है कि हम अपने वन्य जीव संरक्षण पर विशेष ध्यान दें। संरक्षण के प्रति जागरूकता इस बात से स्पष्ट होती है कि पर्यावरण के विद्वान डॉ.टी.एन.खुश्भू ने सर्वेक्षण विभाग की सहायता से प्रत्येक राज्य में कुछ पशु-पक्षियों की सूची भी बनाई है। कुछ प्रान्तों ने अपने राजकीय प्राणी भी घोषित किये हैं। इनमें से कुछ इस प्रकार हैं–

क्र.	राज्य	राजकीय पशु	राजकीय पक्षी
1.	बिहार	रीछ	नक्ता
2.	गुजरात	गिरि सिंह	हंसादर
3.	हरियाणा	नीलगाय	काला तीतर
4.	हिमाचल प्रदेश	कस्तूरी मृग	मोनल विजन
5.	महाराष्ट्र	गौर	धूसर वनमुर्गी
6.	नागालेण्ड	बादली तेंदुआ	दुकुल
7.	पंजाब	कृष्णसार	नीलकंठ
8.	राजस्थान	भारतीय कुरंग/चिंकारा	गोंडावन/सोन चिड़िया
9.	मध्य प्रदेश	ब्रान्डेरी बारह सिंगा	दूधराज
10.	दिल्ली	हनुमान लंगूर	धूसर तीतर

वन्य जैव संरक्षण की कुछ योजनाओं का भी निर्माण किया गया है, जैसे—

1. बाघ संरक्षण योजना

देश में चूंकि बाघों की संख्या लगातार कम हो रही है इसके लिए बाघों के संरक्षण की एक परियोजना भारत सरकार ने चालू की है। यह योजना 1973 में टाइगर रिजर्व के नाम से प्रारम्भ की गई है। इस समय तक यह योजना करीब 15 राज्यों में कार्य कर रही है। इसका मुख्य उद्देश्य बाघों की संख्या में वृद्धि करना है।

2. हाथी संरक्षण योजना

वनों के कम हो जाने से हाथी बस्ती में पहुंचकर मनुष्यों तथा खेती को नुकसान पहुंचाने लगे हैं, इसलिए सरकार ने नये वन लगाकर तथा हाथियों के चारे इत्यादि की कई जगह व्यवस्था की है। 1972 में 'हाथी संरक्षण परियोजना' प्रारम्भ की गई है। हाथियों की सुरक्षा उनके आवास की व्यवस्था, मानव के साथ चल रहे हाथियों के संघर्ष को कम करना तथा हाथियों का पर्याप्त संरक्षण करना है।

3. शेर संरक्षण परियोजना

शेरों के संरक्षण के लिए पशु विहार तथा राष्ट्रीय पार्क (National Park) की व्यवस्था की गई है। इन परियोजनाओं से शेरों की संख्या में वृद्धि भी हुई है।

4. घड़ियाल संरक्षण परियोजना

सरकार ने 1975 में F.A.O.(Food and Agriculture) की संस्तुति के आधार पर एक योजना क्रोकोडायल ब्रीडिंग तथा मैनेजमेंट प्रोजेक्ट की स्थापना की है। 1981 तक 1000 घड़ियाल पैदा करके लक्ष्य की प्राप्ति भी कर ली गई है।

5. कछुआ संरक्षण योजना

समुद्री तथा तालाबी कछुओं के संरक्षण के लिए भी सरकार ने बहुत सारी योजना चालू की हैं। इन योजनाओं में कछुओं की मृत्यु दर को रोकना, उनको पर्याप्त संरक्षण प्रदान करना इनके मुख्य उद्देश्य हैं।

उपर्युक्त योजनाओं के अतिरिक्त सरकार ने बहुत सारे उद्यानों, जूलोजिक पार्कों इत्यादि की व्यवस्था भी की है, ताकि वन्य प्राणियों को पर्याप्त संरक्षण मिले उनकी विलुप्त होती जा रही बहुत सारी प्रजातियों के लिए ढेर सारे संरक्षण किये हैं ताकि पर्यावरण संतुलन बना रह सके।

पादप जन्तु संरक्षण

समूची मानव सभ्यता की विकास यात्रा में पेड़-पौधे, वनस्पतियों एवं वनों का आरम्भ से योगदान रहा है। भारतीय संस्कृति में तो वैदिक काल से ही वनस्पतियों की मंगल कामना की गई है। वास्तव में देखा जाए तो भारतीय 'संस्कृति में प्रारम्भ से ही पर्यावरण के संरक्षण मन्त्र छिपे हैं। क्योंकि वनस्पतियों से ही हमें जीवन में औषधियां एवं स्वास्थ्य नसीब होता है। हमारे प्राचीन ऋषि-मुनियों ने पीपल के पेड़ के नीचे बैठकर तपस्याएं की हैं, अध्यात्म ज्ञान प्राप्त किया है। हमारे पूर्वजों ने अनेक फलदार पेड़ लगाकर वृक्षों को संरक्षण प्रदान किया है। क्योंकि वृक्षों के हमारे जीवन में अनेक वैज्ञानिक महत्त्व भी हैं, जिनका विवरण इस प्रकार है–

1. इमारती लकड़ी का प्राप्त होना

हमारा समाज पेड़-पौधों और वनस्पति जगत की पूजा-पाठ सदियों से इसी लिए करता आया है कि इससे हमें अनेक लाभ मिलते हैं। प्रत्येक वृक्ष 40 वर्षों बाद हमें इमारती लकड़ी प्रदान करता है। बड़ी-बड़ी इमारतें पुल तथा डैम इत्यादि के निर्माण कार्य में लकड़ी वृक्षों से ही प्राप्त होती है।

2. ईंधन का प्राप्त होना

वृक्षों तथा वनों से हमें लकड़ी के रूप में भरपूर मात्रा में ईंधन प्राप्त होता है। जो लाने के कार्य में उपयोग होता है। कोयला भी वृक्षों के तनों इत्यादि के बहुत समय तक पृथ्वी में दबे रहने के कारण ही बनता है।

3. जड़ी-बूटियां, लाख-मोम इत्यादि का प्राप्त होना

वृक्षों एवं वनों से ढेर सारा मोम, लाख तथा रबर इत्यादि हमें प्राप्त होता है। पेड़-पौधों से कई बनी जड़ी-बूटियां मिलती हैं, जिनका उपयोग मानव समाज की स्वास्थ्य रक्षा में उपयुक्त होता है।

4. शुद्ध स्वरूप वायु का प्राप्त होना

सर्वोपरि बात तो यह है कि पेड़-पौधे कार्बनडाई आक्साइड लेकर स्वयं आक्सीजन छोड़ते हैं, जो मानव श्वसन-क्रिया द्वारा ग्रहण करते हैं। पेड़-पौधे ही पर्यावरण सन्तुलन को बनाये रखने में समाज की मदद करते हैं।

इसके अतिरिक्त भी वृक्षों से अनेक लाभ हमें निरन्तर प्राप्त होते रहते हैं। हरी-भरी छाया, हरियानी, फूल तथा फल इत्यादि। वातावरण में नमी बनाये रखने में वृक्ष मददगार साबित होते हैं। भूमि को संरक्षण भी वृक्ष ही प्रदान करते हैं। अतः ऐसे लाभकारी वृक्षों एवं वनों का संरक्षण करना हमारा सामाजिक व आर्थिक कर्त्तव्य बन जाता है। वनस्पतियों की कुछ दुर्लभ प्रजातियां जो धीरे-धीरे लुप्त हो रही हैं, उनका संरक्षण करना हमारी नैतिक जिम्मेदारी बन जाती है। भारत सरकार ने संरक्षण से सम्बन्धित निम्न उपाय किये हैं, ताकि पेड़-पौधों तथा वनस्पतियों की प्रजातियां सुरक्षित रह सकें—

(i) **जीन बैंक :** हमारे देश में एक धान को ही लीजिए, जिसकी लगभग 15000 तक की प्रजातियां (व्यावसायिक व जंगली मिलाकर) पाई जाती हैं। सबके अलग-अलग गुण हैं, स्वाद हैं। कोई पहाड़ों की ढलानों पर पाई जाती हैं तो कोई मैदानी इलाकों में। इन सबके जीन लेकर वैज्ञानिकों की इस टीम के द्वारा एक जीन बैंक की स्थापना भारत सरकार ने की है। स्थानीय किसानों की मदद भी इस कार्य में ली गई है।

(ii) संकटग्रस्त पौधों के लिए जर्म प्लाज्म बैंक : ऐसे पेड़-पौधे जो समाप्त-प्राय हैं अथवा लुप्त होने के संकट काल से गुजर रहे हैं, उनकी सूची बनाकर उनके जर्म प्लाज्म को सुरक्षित व संरक्षित करने के लिए ऐसे बैंकों की स्थापना की गयी है जो पौधों के संरक्षण की भूमिका में बहुत ही लाभदायक हैं।

(iii) पादप अभयारण्यों की स्थापना : जो वनस्पतियां दिनोंदिन लुप्त होती जा रही हैं, उनकी सुरक्षा हेतु सरकार ने कई स्थानों पर 'पार्क स्थलों' तथा 'सेक्चुअरी' की स्थापना की है।

(iv) कोशिकाएं व ऊतक संवर्धन : जिन पौधों के बीज कठिनाई से बनते हैं या नहीं बनते, उनकी प्रजातियां तेजी से विलुप्त होती जा रही हैं। अतः उसका एक वैज्ञानिक हल निकाला गया है कि ऐसे पौधों की कोशिकाएं तथा ऊतक काटकर एक टेस्ट ट्यूब में रख लेते हैं, फिर उसे वैसी ही खुराक हार्मोन व बिटामिन देकर तथा खनिजों की आवश्यकता सन्तुलित मात्रा प्रदान करके उनकी सहायता से नये पौधे तैयार कर लिये जाते हैं। पूरे संसार में आजकल यह विधि अधिक लोकप्रिय हो रही है।

वन संरक्षण तथा प्रबन्धन का बहुत कार्य इन दिनों हमारे देश में हुआ है। कई तरह से कानून तथा दण्ड विधान भी बनाये गये हैं, तो भी अभी इस क्षेत्र में संरक्षण सम्बन्धी अनेक कार्य और किये जाने की आवश्यकता है।

3. वन संरक्षण

यद्यपि मानव-समाज के लिए वन अनेक प्रकार से लाभप्रद एवं सुखकर हैं, तो भी आज के आधुनिक युग में निरन्तर बढ़ते औद्योगिकीकरण, शहरीकरण तथा बढ़ती जनसंख्या के दबाव के कारण वनों का लगातार विनाश होने लगा है। वनों के इस विनाश के कारण ही पर्यावरण का क्षरण होने लगा है। वनों पर चरागाहों में पालतू जानवरों का दबाव, जलाने वाले ईंधन रूपी लकड़ी का दबाव, औद्योगिक उत्पादनों हेतु दोहन तथा अन्य कई दबावों के कारण वन संकट की हालत से गुजर रहे हैं। यदि समय रहते वनों के इन संकटों को मुक्त करके संरक्षण न दिया गया तो पर्यावरणीय सन्तुलन के बिगड़ने का खतरा पैदा हो सकता है।

भारत सरकार ने स्वतन्त्रता प्राप्ति के पश्चात् इस क्षेत्र में यद्यपि कुछ कार्य अवश्य किए हैं, किन्तु वे संरक्षण आज अभी पर्याप्त नहीं हैं। सुझाव के तौर पर वनों के संरक्षण के लिए निम्न प्रयास किये जा सकते हैं–

1. वन उत्पादन की वर्तमान आवश्यकताओं की वैकल्पिक पूर्ति की जा सकती है। ईंधन वाली लकड़ी के स्थान पर कोयला तथा गैस, वायुगैस जैसे साधन अपनाए जा सकते हैं।

2. वृक्षारोपण अधिक से अधिक होना चाहिए। जितने पेड़ काटे गये हैं, अथवा काटे जाते हैं, उनके बदले अधिक पेड़ और लगाने चाहिए।

3. वनों में होने वाली उपज को बढ़ाना चाहिए तथा कमजोर पेड़ों के साथ अन्य मजबूत पेड़ और लगाने चाहिए।

4. वन-प्रबन्धन में समुचित विकास कार्य किये जाने चाहिए। जितने पेड़ काटे जाएं उससे अधिक पेड़ नये लगाने चाहिए तथा वनों के संरक्षण, प्रबन्धन की उचित देख-रेख होनी चाहिए।

1986 में भारत सरकार ने वनों के संरक्षण हेतु 'भारतीय वन अनुसंधान तथा वन शिक्षा परिषद' (Indian Council of Forest Research and Education) की स्थापना देहरादून में की है, जिसकी देख-रेख में अनेक वन संरक्षण योजनाएं चल रही हैं।

वनों के विकास, संवर्धन, शोध तथा परीक्षण सम्बन्धी अनेक क्रियाकलापों द्वारा उक्त परिषद कार्यरत है। इस परिषद के कार्यों से वनों के संरक्षण तथा संवर्धन में बहुत अच्छी प्रगति सामने आई है।

वन हमारे मित्र हैं, और इनकी देख-रेख हमें अधिक से अधिक करनी चाहिए।

4. वायु प्रदूषण : समाधान

जीवित रहने कि लिए इस संसार में सबसे अधिक वायु की आवश्यकता होती है। वायु का शुद्ध होना अनिवार्य होता है, किन्तु सर्वाधिक प्रदूषण भी वायु मण्डल में ही नजर आता है। यह पिछले अध्यायों में अध्ययन कर चुके हैं। अब वायु प्रदूषण को खत्म करने के लिए क्या-क्या समाधान होने चाहिए, इन सब बातों का जिक्र यहां करते हैं।

शहरों में वायु प्रदूषण अधिकांश मोटर वाहनों के माध्यम से होता है तथा अब थोड़ा प्रदूषण तेजी से हो रहे औद्योगिकीकरण की वजह से होता है। अतः सर्वप्रथम मोटर वाहनों से होने वाले प्रदूषण को निम्न विधि द्वारा नियन्त्रित किया जा सकता है–

1. ऐसे वाहनों का निर्माण किया जाये जो पेट्रोल-डीजल की अपेक्षा बिजली द्वारा चालित हो, क्योंकि बिजली में प्रदूषण जल्दी नहीं होता।

2. मोटर वाहनों की देख-रेख समय पर होती रहनी चाहिए तथा इंजनों की मरम्मत छठीक समय पर नियमित रूप से कराते रहने चाहिए, ताकि प्रदूषण कम से कम हो।

3. जले हुए ईंधन के बाहर निकलने की व्यवस्था पर्याप्त मात्रा में होनी चाहिए ताकि ईंधन में प्रदूषण की मात्रा कम से कम हो।

औद्योगिक वायु प्रदूषण को नियन्त्रित करने के लिए निम्न उपाय किये जाने चाहिए–

1. औद्योगिक वायु प्रदूषणों में अधिकतर प्रदूषणों को छानकर अलग किया जा सकता है। छन्नों का प्रयोग करके ठोस अलग किये जा सकते हैं तथा द्रव अलग।

2. कुछ वायु प्रदूषणों को चक्रवात उपकरणों के माध्यम से ठोस व भारी पदार्थों को चक्रदार रास्ते से टब के नीचे निःस्पन्दित कर देते हैं। बाद में इन प्रदूषणों को टोंटी के सहारे निकाल लिया जाता है।

3. कुछ वायु प्रदूषणों को अलग-अलग विलायकों में घोलकर प्रक्रम से छान लेते हैं और फिर वायु प्रदूषणों को अलग कर दिया जाता है, फिर बाद में उनका निस्तारण कर दिया जाता है।

4. कुछ वायु प्रदूषक विषैली गैस कुछ ठोस पदार्थों की सतह पर शोषित हो जाती हैं और जब ये सतहें यदि छिद्रित अर्थात् छिद्र वाली होती हैं तो यह

अधिशोषित बढ़ जाता है।

5. कुछ वायु प्रदूषण का रूप बदलकर भी वायु प्रदूषण की समस्या का निराकरण किया जा सकता है। जो हानिकारक प्रदूषण होते हैं, उनको अहानिकारक रूप में तब्दील कर दिया जाता है। इनमें से कुछ वायु-प्रदूषकों का प्रयोग दहन करके भी किया जा सकता है। कभी-कभी ऐसा करने से उनमें से काम के पदार्थ निकल आते हैं, जिनका दाम भी अच्छा मिल जाता है। कच्चे माल के साथ छोटे-छोटे प्रयोग करके रूप के परिवर्तन द्वारा ऊंचा मूल्य प्राप्त किया जा सकता है, यानि की आम के आम और गुठली के दाम वाल कहावत ठीक चरितार्थ होती है।

वायुमण्डल को शुद्ध रखने के लिए यह आवश्यक है कि महानगरों में वाहनों से उत्पन्न प्रदूषण र अंकुश लगाना चाहिए। उद्योग-धन्धों के प्रदूषकों को रूप परिवर्तन करके ही विसर्जित किया जाये। कार्बनडाई आक्साइड की मात्रा की वृद्धि को संकुचित करें। श्वसन वायु वृद्धि की व्यवस्था करें। वायुमण्डल को शुद्ध रखें तथा प्राणवायु संचरण की समुचित व्यवस्था की जाए।

हमारी पृथ्वी से 15 कि.मी. की ऊंचाई तक एक ओजोन परत है। यह हल्के नीले रंग की गैस है। इस परत में प्रदूषणभारी तत्त्व बढ़ने से मानवता को खतरा उत्पन्न हो सकता है। अतः हमें विशेष रूप से वायुमण्डल की इस 'ओजोन परत' की रखवाली करनी चाहिए। घातक गैसों से इस परत को बचाने के लिए वायु प्रदूषण को समूल नष्ट कर देना चाहिए। यही इस समाज और मानव विकास में सहायक सिद्ध है।

वायु प्रदूषण की सही रोकथाम के लिए सर्वप्रथम हमें निम्न तथ्यों का पता लगाना होगा—

1. प्रदूषित वायु के नमूने

वायु प्रदूषण को समाप्त करने से पूर्व इस बात का पता लगाना आवश्यक है कि प्रदूषण कितना है और किस प्रकार का है। इसके लिए बेहतर यही होता है कि पहले प्रदूषित वायु के नमूने एकत्र कर लिये जाएं। ताकि कारण पता चलने के बाद उनकी समुचित रोकथाम की जा सके।

2. प्रदूषक स्रोत के बारे में जानकारी

प्रदूषण स्रोतों का पता लगाना भी आवश्यक होता है। प्रदूषण की पूर्ण

रूपेण रोकथाम के लिए। उद्योगों इत्यादि से जो भी प्रदूषक बाहर निकलते हैं, उनको एकत्र करके उनके नमूने लिए जाएं तथा उनमें से विभिन्न कारकों को पृथक्-पृथक करके इन प्रदूषणों का निराकरण किया जाए।

3. प्रदूषण कारकों का मापन

विभिन्न प्रदूषण कारकों को अलग-अलग श्रेणियों में बांटकार यह देखा जाये कि वायु मण्डल में कौन-कौन से प्रदूषक हैं तथा उनकी विद्यमान मात्रा कितनी है, इस तथ्य का पता लगाना अत्यन्त आवश्यक हो जाता है। इसके बाद विभिन्न प्रदूषकों का विश्लेषण करके उनका निराकरण किया जाए, तभी वायुमण्डल शुद्ध हो सकेगा।

हालांकि वायु प्रदूषकों के मापन तथा विश्लेषण की कई पद्धतियां प्रचलित हैं, तो भी सब प्रकार से रसायन पद्धति तथा भौतिक पद्धति सबसे अधिक महत्त्वपूर्ण हैं।

वायु प्रदूषकों पर नियन्त्रण करने के पश्चात् ही वायु प्रदूषण की मात्रा में कमी की जा सकती है। तभी वायुमण्डल में पुनः शुद्धता व्याप्त हो पाएगी, अन्यथा नहीं।

प्रकृति के साथ मेलजोल के द्वारा पारिस्थतिकी का बचाव

हम पर्यावरण को सन्तुलित बनाए रखने में प्राचीनकाल से सचेत रहते आए हैं। भौतिकवादी संस्कृति के प्रभाव ने एवं भारतीय समाज के बीच स्थापित सामंजस्य को विकृत कर दिया है। इससे यह 21वीं शताब्दी हमारे जीवन के लिए जंजाल बनकर हमें कष्ट दे सकती है।

अतः हमें बड़ी सावधानी के साथ प्राकृतिक-सौन्दर्य के संरक्षण की वृत्ति का विकास करना होगा तभी हम उसका आनन्द ले पाएँगे और प्रकृति के साथ पुनः सामंजस्यपूर्ण सम्बन्धों को स्थापित करने का सफल प्रयत्न कर सकेंगे। इसके लिए चिन्ता, निदान और उपचार हेतु प्राकृतिक संसाधनों पर बढ़ते हुए दुष्प्रभावों से उन्हें बचाने का हरसम्भव प्रयास करना आज भी आवश्यक है। इनका पुनर्नवीकरण करने हेतु देशव्यापी योजना को त्वरित गति से क्रियान्वित रूप प्रदान करने से ही हमें कच्चे माल की आवश्यकता कम रहेगी। नागरिकों से उत्पन्न मल-पदार्थों को संसाधित करने की पर्यावरणीय क्षमता प्रकृति का एक बहुत ही मूल्यवान साधन बन सकता है, जबकि आज तक हम इसे नष्ट करते आए हैं।

देश के नागरिकों के सामाजिक, आर्थिक एवं व्यक्तिगत जीवन की स्थिति का उन्नयन करने के लिए आवश्यक है कि पर्यावरण को सुरक्षित रखने के सभी प्रकार के प्रयत्न किए जाने चाहिए। देश के नागरिक तभी खुश एवं विभिन्न प्राकृतिक विपदाओं से सहज ही निजात पाकर अपने जीवन को इसके दुष्प्रभावों से सुरक्षित रखने में सफल हो सकते हैं जब हम प्रकृति के प्रत्येक घटक से भावात्मक सहसम्बन्ध स्थापित करने की चेष्टा करेंगे। आज देश में अधिकतम नागरिकों के लिए उपयुक्त आवासीय व्यवस्था का अभाव है; स्वास्थ्य-रक्षा, शिक्षा और संस्कृति की प्रगति एवं आर्थिक असमानता ने पर्यावरण की समस्या के समाधान में बाधाएँ उत्पन्न की हैं। अतः बदलते हुए परिवेश में आर्थिक टेक्नोलॉजी, सामाजिक और व्यक्तिगत जीवन पर पर्यावरण एवं वैज्ञानिक दुष्प्रभावों को रोकना सरकारी एवं गैर-सरकारी स्तर पर अत्यावश्यक है। आज देश में औद्योगिक और कृषि क्षेत्रों में होने वाले नुकसान से देशवासियों की सुरक्षा करनी होगी। प्राकृतिक संसाधनों एवं देशवासियों के रहन-सहन की प्राकृतिक स्थिति को अर्थव्यवस्था से अलग सोचने की वृत्ति पर अंकुश लगाने में कोताही करने से हमारा भविष्य अंधकारमय बन सकता है।

निजी-स्वार्थों के वशीभूत होकर कुछ मुट्ठीभर लोगों का अधिकाधिक देशवासियों के व्यक्तिगत एवं सामाजिक जीवन पर विभिन्न प्रकार से कुठाराघात करना कहाँ तक औचित्य रखता है? देश के किसी भी भाग में किसी भी तरह से उत्पन्न प्रदूषण, जैसे—महासागरों एवं वायुमण्डल आदि में, देशवासियों के लिए खतरनाक सिद्ध हो रहे हैं। अतः ऐसे प्रदूषण से प्रभावित होने वाले नागरिकों को प्रदूषण फैलाने वाली इकाई से 'क्षतिपूर्ति प्रणाली' प्रारम्भ करने की आवश्यकता है। प्राकृतिक संसाधनों के परम्परागत विधि से दोहन की बजाय प्रदूषणरहित प्रणालियों में परिवर्तन से पारिस्थितिकी पर प्रतिकूल प्रभाव नहीं पड़ सकता। आज देश में खनिज पदार्थों का अविवेकपूर्ण ढँग से दोहन हो रहा है, जबकि दोहन नागरिकों की आवश्कताओं की पूर्ति करने तक ही सीमित रखने से नागरिकों का प्रदूषण से बचाव सम्भव है।

यदि हम प्रकृति एवं विभिन्न उद्योगों के बीच सामंजस्यपूर्ण सहसम्बन्ध स्थापित नहीं कर पाएँगे तो फिर हमारे देशवासियों को सही रूप में खुशहाल देखने की आकाँक्षा कोरी कल्पना की बनकर रह जाएगी। अतः उत्पादन वृद्धि को सरकार, समाज द्वारा तभी स्वीकृति प्रदान की जाए जब प्राकृतिक दशाओं का विध्वंस करने की कोई सम्भावनाएँ प्रकट नहीं होती हों।

आज कस्बों, नगरों एवं महानगरों के आस-पास उर्वर कृषि भूमि पर बड़ी-बड़ी औद्योगिक इकाइयाँ धड़ल्ले-से स्थापित हो रही हैं। नए-नए नगरों का निर्माण भी कृषि भूमि पर गैर-कानूनी ढंग से बहुतायत से होता जा रहा है। सामाजिक, आर्थिक प्रगति की दृष्टि से पर्यावरणीय-सुरक्षा को प्रमुखता देते हुए विकास-योजनाओं को क्रियान्वित रूप प्रदान करना अन्ततोगत्वा देशवासियों के हित में सिद्ध हो सकता है।

देश में वर्षा के वितरण में काफी ज्यादा असमानता है। रेगिस्तान में वर्षा सिर्फ 16 से.मी. होती है। वहाँ जलाशयों, बावडियों व कुण्डों के धराशायी हो जाने से रेगिस्तान में जल-आपूर्ति के स्रोत अक्सर समाप्त होने के कगार पर हैं जिससे ग्रामीण महिलाओं को दूर-दराज से पीने के लिए पानी लाना कम कष्टदायक नहीं है। भारतीय संस्कृति में केवल स्वयं के विकास की सोच को निम्न-श्रेणी का माना है। अतः पर्यावरण से जुड़ी सारी समस्याओं के लिए समाज के हित की दृष्टि में रखते हुए सामाजिक मूल्यों को पुनः स्थापित करना वाँछित है। पश्चिम की सभ्यता के आधार पर देशवासियों में समाज के हित को सर्वोपरिता न देने की वृत्ति विकसित हो रही है। ऐसी वृत्ति न तो पारिस्थितिक-तन्त्र के लिए उपादेय है और न हमारे सांस्कृतिक मूल्यों के लिए।

विकसित देशों में जिन औद्योगिक संयन्त्रों या तकनीक को पर्यावरण की दृष्टि से सही नहीं समझा जाता, उन्हें भारतीय उद्योगपति प्राप्त करने को तत्पर रहते हैं। औद्योगिक घरानों की सस्ती एवं प्रदूषण फैलाने वाले संयंत्रों को आयात करने जैसी वृत्ति पर्यावरण को नुकसान पहुँचाने के अतिरिक्त कर ही क्या सकती है? सरकार तथा औद्योगिक घरानों का सामाजिक, सांस्कृतिक, राजनैतिक, राष्ट्रीय तथा नैतिक कर्त्तव्य है कि ये प्रदूषणरहित टेक्नोलॉजी का ही उपयोग कर देश के पारिस्थितिक-सन्तुलन को बनाए रखने में अपनी भूमिका अदा करें। यह भी देश के नागरिकों का कर्त्तव्य है कि प्रकृति के प्रति मर्यादा की अभिवृत्ति का विकास करें।

देश-विदेश के उन्हीं वैज्ञानिकों साधनों और तकनीकों का उपयोजन हम करें जो हमारे देश में अपशिष्ट पदार्थों का विसर्जन न होने दें एवं पारिस्थतिकी को सन्तुलित बनाए रख सकें, जिससे सम्भावित पारिस्थितिक-दुष्प्रभावों से नागरिकों को सहज की सुरक्षित रखा जा सके। अन्यथा वर्तमान शताब्दी में विभिन्न प्रकार की जानलेवा बीमारियों की गिरफ्त में आ जाने को हमें मजबूर होना ही पड़ेगा। अभी भी समय है, पर्यावरण को सुरक्षित रखने का, अन्यथा भयंकर प्राकृतिक

विनाशलीला का ताण्डव-नृत्य देखने को हमें मजबूर होना पड़ेगा।

प्रकृति का ऐसा ताण्डव-नृत्य महाविनाश और प्रलय के अतिरिक्त भला और क्या हो सकता है? अतः प्रकृति के साथ सौहार्द्रपूर्ण सामंजस्य अविलम्ब स्थापित करना ही भारतीयों के हित में है।

मनुष्य को जिन्दा रहने के लिए शुद्ध वायु अत्यन्त आवश्यक है। सड़कों पर धुआँ छोड़ते व कोलाहल मचाते वाहन पूरे वातावरण को प्रदूषित कर देते हैं। वायु प्रदूषण के दुष्प्रभाव से 60,000 भारतीय हर वर्ष काल के गाल में चले जाते हैं। वायु प्रदूषण फैलाने वाले प्रमुख कारक बढ़ती जनसंख्या की जरूरत की पूर्ति करने वाले यातायात के साधनों में द्रुत गति से हो रही वृद्धि है। आज बैलगाड़ी, घोड़ा-गाड़ी, ऊँट, साईकल व पैदल चलकर एक स्थान से दूसरे स्थान पर जाने का वक्त प्रायः समाप्त हो रहा है। कोलकाता व देहली की घोड़ा-गाड़ी यातायात के लिए आज देखने को ही नहीं मिलती। आज उनका स्थान नए वाहनों ने ले लिया है। हम मन-ही-मन में खुशी महसूस करने लगे कि सस्ते व कम समय में गंतव्य स्थान पर पहुँचने में विज्ञान द्वारा तैयार से यातायात के साधन हमारे लिए अच्छे उपहार सिद्ध होंगे। लेकिन यह उपहार ही जानलेवा बनता जा रहा है। काफी ज्यादा जनसंख्या के कारण बढ़ते वाहनों की संख्या से विषाक्त गैसें, कार्बन के कण एवं धुआँ आदि से वातावरण पूर्णतः प्रदूषित हो रहा है। आज महानगरों में तो क्या छोटे-छोटे कस्बों में वाहनों को नए यातायात के साधनों के रूप में प्रयुक्त करते हैं। आज मोटरसाइकिल, स्कूटर, बस, कार, ट्रक, ट्रैक्टर यातायात के लिए दृष्टिगोचर हो रहे हैं। इन वाहनों द्वारा वायुमण्डल में सल्फर-डाई-ऑक्साइड, कार्बन-मोनो-ऑक्साइड जैसी जहरीली गैसों को धुएँ के रूप में छोड़ने से सारा वातावरण प्रदूषणयुक्त हो रहा है।

वाहनों द्वारा 85 प्रतिशत पेट्रोलचालित वाहनों से तथा 15 प्रतिशत डीजल-चलित वाहनों से वायु प्रदूषण होता है। डीजल के वाहनों में एक्जास्ट में कार्बन-मोनो-ऑक्साइड की मात्रा सबसे कम होती है। यही स्थिति आसपास व समुद्रों में चलने वाले जहाजों की है। समय-चक्र में परिवर्तन इतना द्रुतगति से आया है कि आज सामान्य से-सामान्य व्यक्ति पैदल व साईकिल की बजाय किसी-न-किसी तरह के यातायात के साधनों के माध्यम से ही गंतव्य स्थान पर पहुँचने में विश्वास करता है। जनसंख्या के अनुपात में साधनों में भी द्रुतगति से वृद्धि का होना स्वाभाविक ही है।

भारत के बीस महानगर ऐसे हैं जो जनसंख्या-वृद्धि की पूर्ति के लिए प्रयुक्त

किए गए वाहनों से वायु प्रदूषण की चपेट में आ चुके हैं। देश के इन महानगरों की हवा में तैरते कणदार प्रदूषक पदार्थों की मात्रा विश्व संगठन के मापदण्डों से करीब-करीब दुगनी पाई गई है। देश की राजधानी दिल्ली को वायु प्रदूषण फैलाने वाले महानगरों में विश्व का तीसरा महानगर माना जाने लगा है। आज सिर्फ दिल्ली में 30 लाख वाहन सड़कों पर दिन-रात दौड़ रहे हैं। कारण कि दिल्ली में प्रतिदिन 5 लाख टन निकासी होती है। यह काम कोई 25 लाख वाहन मिलकर करते हैं, जिसमें 9 लाख ट्रक व बसें भी शामिल हैं। वाहनों से प्रदूषण फैलाने वाला तीसरा महानगर बंगलौर है। यहाँ दस लाख वाहन हैं तथा प्रतिदिन 250 नए वाहनों की वृद्धि होती है। बंगलौर में प्रतिदिन 650 टन प्रदूषित वायु छोड़ते हैं तथा अन्य वाहन मिलकर 500 टन। यातायात के द्वारा छोड़ा जा रहा यह जहरीला धुआँ प्राणवायु को गायब करता जा रहा है। पेड़-पौधे तो क्या सड़कों के आस-पास के मकान इन वाहनों द्वारा छोड़े गए धुएँ से काले रंग के परिलक्षित हो रहे हैं। वाहनों द्वारा निकलने वाला धुआँ व गैसें श्वास के साथ मिलकर व्यक्तिगत स्वास्थ्य पर विपरीत प्रभाव डाल रहे हैं। आज बड़े शहरों में प्रति व्यक्ति को प्रतिदिन सोलह किलो ऑक्सीजन इन वाहनों के कारण प्राप्त नहीं होती जो हर एक व्यक्ति के लिए आवश्यक होती है। विज्ञान द्वारा इन्सान को प्रदत्त वाहनों का उपहार जबर्दस्त परेशानी में डालने जैसा साबित हो रहा है। आज पारिस्थितिकीय तन्त्र में असन्तुलन का सड़कों पर दौड़ते पेट्रोल व डीजल के वाहनों के तेज शोर, गगन-मण्डल में धुएँ का एक छाता-सा फैलाता हुआ दृश्य, हमारे लिए बेचैनी पैदा करता ही जा रहा है।

पर्यावरण को असन्तुलित करने में वाहनों से निकलने वाले अलग-अलग प्रकार के गैसीय पदार्थ जिम्मेदार हैं। नगरों व महानगरों में चारों तरफ धुएँ के बादल परिलक्षित होते हैं। इसका प्रमुख कारण यह होता है कि वायुमण्डल में पाई जाने वाी गैसों के निश्चित अनुपात को वाहनों से निकलने वाला धुआँ–कार्बन-डाइ-ऑक्साइड गैसें वातावरण में मिश्रित होकर इनके पूर्व से मौजूद प्रतिशत में वृद्धि कर देते हैं। जनसंख्या की वृद्धि और दूरदराज में स्थित कार्यस्थल पर पहुँचने की ताबड़तोड़ के समाधान हेतु अत्यधिक वाहनों को प्रयुक्त करने के अलावा कोई विकल्प दृष्टिगोचर नहीं होता। जिन-जिन नगरों और महानगरों में जनसंख्या में वृद्धि हुई है, वहाँ पेट्रोल व डीजल से चलने वाले वाहनों की संख्या में भी अत्यधिक वृद्धि हुई है। जहाँ-जहाँ वाहनों की संख्या में वृद्धि हुई है, उक्त स्थानों पर वायुमण्डल में कार्बन-डाई-ऑक्साइड 0.03 प्रतिशत से ज्यादा व्याप्त

होती है और ऑक्सीजन की मात्रा जो 21 प्रतिशत होनी चाहिए, उसमें कमी का होना भी प्रायः निश्चितत है। वायुमण्डल में पाई जाने वाली गैसों के एक निश्चित अनुपात में असन्तुलन के कारण आँखों में जलन, खाँसी जैसी शिकायतें आम आदमी को होने लगती हैं। कोलकाता के बड़ा बाजार के आलू पोस्ता क्षेत्र में ट्रांसपोर्टर्स व वाहनों का जमघट रहता है। यदि हम वहाँ मात्र 15-20 मिनट खड़े रह जाएँ तो आँखों में जलन होने लगती है। इसके विपरीत कोलकाता के क्रिकेट के खेल मैदान अथवा 'रेस्कोर्स' मैदान के आस-पास 15-20 मिनट खड़े हो जाएँ तो आँखों में जलन जैसी शिकायत नहीं होती। दिल्ली के आई. टी. ओ., धौला कुआँ, करौल बाग, चाँदनी चौक के चौराहों पर 15-20 मिनट कार्यालय जाने अथवा कार्यालय से छूटने के समय बस के इन्तजार की खातिर खड़े रह जाना पड़े तो ऐसा महसूस होने लगेगा कि आँखें जल रही हैं, जी मिचला रहा है और सिर दर्द की प्रारम्भिक प्रक्रिया प्रारम्भ हो जाती है। इन सबका कारण भी स्पष्ट है कि वहाँ आने व जाने वाले वाहनों की संख्या अपेक्षाकृत अधिक है और हर वाहन कार्बन-डाई-ऑक्साइड और कार्बन-मोनो-ऑक्साइड धुएँ के रूप में छोड़ना जा रहा है। यही वजह है कि महानगरों में रहने वालों को सिरदर्द व गैस की शिकायत छोटे शहरों एवं गाँवों की तुलना में अत्यधिक होती है। वाहनों की तीव्र गति से वृद्धि से वायु व ध्वनि प्रदूषण दिन-प्रतिदिन बढ़ता जा रहा है, जो निश्चय ही हमारे लिए गम्भीर चिन्ता का विषय है। नगरों और महानगरों में ही नहीं, बल्कि छोटे-बड़े कस्बों तक में सुबह-शाम सैर-सपाटे के लिए शुद्ध वातावरण में जीवन का आनन्द नहीं ले सकते। सर्वप्रथम कोलकाता, चैन्नई, अहमदाबाद, देहली व बंगलौर के निवासियों को घर से कम-से-कम दस-पन्द्रह किलोमीटर दूर जाने पर शुद्ध पर्यावरण वाला अच्छा पार्क मुश्किल से प्रातःकालीन सैर के लिए उपलब्ध हो पाता है। परंतु उस अच्छे पार्क की सैर करने से पूर्व तो इन्हीं वाहनों द्वारा छोड़े गए कार्बन-डाई-ऑक्साइड, कार्बन-मोनो-ऑक्साइड के धुएँ एवं वाहनों के कर्णभेदी शोर को पार करना ही एक मजबूरी होती है। छोटे-बड़े कस्बों तक में बालक-बालिकाओं के लिए स्वच्छ एवं शुद्ध वातावरणमय खेल-कूद के मैदान तक उपलब्ध नहीं होते। आखिर बच्चे-बच्चियाँ, युवक-युवतियाँ, बड़े-बुजुर्गों को इन वाहनों से निकलने वाले प्रदूषित धुएँ से निजात कब और कैसे प्राप्त हो? इस प्रश्न का सही प्रतिउत्तर हम सबके पास हैं—वायुमण्डल में वाहनों के साधनों से उत्पन्न होने वाली गैसों और पेट्रोल से प्रज्वलित होने के कारण गैसों पर कठोरता से नियन्त्रण किया जाए। यह नियन्त्रण साझे में वाहनों के उपयोग से तथा वाहनों की संख्या में कमी करके तथा

संचालित हो रहे प्रत्येक नगर एवं महानगर में सभी तरह के भारी वाहनों के प्रवेश को वर्जित करते हुए बालक-बालिकाओं, वृद्धजनों के लिए प्रातःकालीन एवं सायँकालीन सैर-सपाटे के लिए उपयुक्त ढँग से तैयार किया जाना पर्यावरण एवं नागरिकों के व्यक्तिगत स्वास्थ्य की दृष्टि से उपादेय साबित हो सकता है। अमेरिका एवं इंग्लैण्ड की तरह कम लैण्ड वाले पेट्रोल का वाहनों की ऊर्जा के लिए उपयोग करने हेतु सफल प्रयत्न वाँछित है।

नगरों व महानगरों में वाहनों का आना-जाना सामान्यतः दो-तीन घण्टे छोड़ रात-दिन होता रहता है। ऐसी दशा में ध्वनि-विस्तारक यन्त्र रात्रि में नागरिकों की निद्रा को विचलित कर सकता है। अतः अमेरिका, जापान एवं इंग्लैण्ड आदि देशों की तर्ज पर भारत में भी ऐसा प्रावधान हो कि वाहनों के ध्वनि-विस्तारक यन्त्रों का रात्रि में प्रयोग करने पर दण्ड देने या भारी जुर्माना लगाने की प्रक्रिया को अविलम्ब एवं प्रभावी ढँग से शुरू किए जाने से आम नागरिक वाहनों में लगे ध्वनि-विस्तारक यन्त्रों से होने वाली दिक्कतों से निजात महसूस कर सकते हैं।

जनसंख्या विस्फोट का ही प्रतिफल है—वाहनों में वृद्धि; और वाहनों में वृद्धि से वायु व शोर प्रदूषण का विकास। अतः जनसंख्या पर नियन्त्रण करने हेतु जन-जागरण प्रभावी ढंग से प्रारम्भ करने की जरूरत है। वाहनों के रख-रखाव हेतु निर्मित नियमों को कठोरता से क्रियान्वित रूप दिया जाए। प्रदूषण की समस्या पर जब विश्व के सर्वाधिक प्रदूषित शहर सैनफ्रांसिस्को में 1989-91 यानि केवल दो वर्षों में काबू पा लिया गया, फिर भला हम इस प्रदूषण के भूत को क्यों नहीं भगा सकते? दृढ़ इच्छाशक्ति हममें होना जरूरी है। कैलिफोर्निया में विद्युत चालित कार से वायु प्रदूषण को रोकने की तजबीज, हमारे लिए प्रेरणा का स्रोत क्यों नहीं बन सकती? स्वीडन की तर्ज पर सप्ताह में एक रोज वाहनों को गैरेज से निकालने को प्रतिबंधित करके भी वायु व ध्वनि प्रदूषण पर काफी हद तक काबू पाया जा सकता है। भारत में बनने वाली सारी कारों में कटेलिटिक कन्वर्टर फिट करने सम्बन्धी कानून अप्रैल, 1995 में बनाया गया। कन्वर्टर 90 प्रतिशत कार्बन-मोनो-ऑक्साइड तथा 60 प्रतिशत हाइड्रोकार्बन को कम करने में सक्षम है।

जनसंख्या विस्फोट के कारण यातायात के द्वारा वाहनों से फैलने वाले प्रदूषण के प्रति गम्भीर रूप से चिन्ता करते हुए इस सम्बन्ध में निर्मित कानूनों को कठोरता से लागू करने की इच्छाशक्ति से हम प्रदूषित हो रहे वातावरण को सुरक्षित रखने में सफल हो सकते हैं।

पर्यावरण का समन्वित प्रयास से संरक्षण

पर्यावरण का प्रदूषण इस शताब्दी की सबसे मानवीय त्रासदी है। यह त्रासदी दो रूपों में हमारे सामने आती है—प्रकृति से कटाव और भौतिकता के चक्कर या आवश्यकताओं की पूर्ति के नाम पर प्रकृति के साथ खिलवाड़। कुदरत को ये दोनों बातें रास नहीं आती। प्रकृति से कटना इन्सान के लिए भारी पड़ जाता है। चारों ओर फैला हुआ प्रदूषण अनेक व्याधियों को जन्म देता है, अनेक समस्याएँ खड़ी करता है और यहाँ तक कि इन्सान के अस्तित्व के सामने भी एक प्रश्नवाचक चिन्ह खड़ा कर देता है। सभ्यता का जो संस्करण हमने बीसवीं शताब्दी में देखा है वह हमें विनाश के कगार पर ला रहा है। कुदरत का प्रकोप भूकम्प, अकाल, बाढ़, जन-हानि, रोगग्रस्तता, अपंगता और भूमि के कटाव आदि के रूप में सामने आता जा रहा है। न हवा शुद्ध रही है और न जल, मृदा की उर्वरा शक्ति जवाब देने लगी है, आसमान खाली बादलों की नुमायश बनकर रह गया है; कार्बन-डाई-ऑक्साइड के कारण चारों तरफ गर्मी बढ़ती जा रही है; धुएँ ने वातावरण का हुलिया बिगाड़ कर रख दिया है; वनों के व्यापक विनाश ने वर्षा के क्रम को अस्त-व्यस्त कर दिया है। उपजाऊ मिट्टी को नहीं रोक पाने के कारण उसे नदियों के साथ बह जाने की खुली छूट दे दी गई है। कीटनाशकों के अँधा-धुँध छिड़काव ने फसलों और वायुमण्डल दोनों में जहर घोलना शुरू कर दिया है। ऐसे में इन्सान के लिए पहली जरूरत यह है कि किसी तरह से इस प्रदूषण को रोका जाए।

सामूहिक कोशिशों की जरूरत :

अब तो ऐसी स्थिति आ गई है कि छिट-पुट उपायों से या अलग-थलग तरीकों से कुछ भी होने वाला नहीं है। पर्य्यावरण का संरक्षण करना है जो सबको आगे आना होगा—मिल-जुलकर समन्वित प्रयास करने होंगे—कन्धे से कन्धा मिलाकर लक्ष्यबद्ध रूप से काम करना होगा तभी बचाव सम्भव है। घर को, परिवार को, विद्यालय को और समुदाय को, सबको एक-दूसरे का सहयोग करना होगा; सरकारी और गैर-सरकारी संगठनों, स्वैच्छिक संस्थाओं, ग्राम सभाओं औह माहल्ला समितियों को आपस में हाथ मिलाना होगा; संचार साधनों और औद्योगिक इकाइयों को अपनी-अपनी भूमिकाएँ अदा करनी होंगी। किसानों, वनवासियों, मजदूरों, विद्यार्थियों और गृहिणियों को भी पूरे दमखम के साथ इस अनुष्ठान में

सम्मिलित होना होगा। पर्यावरण को बचाने का मतलब है स्वयं इन्सान को बचाना, जीव-जगत् को बचाना और समूची सृष्टि को बचाना। भूगोल जब खतरे में होता है तो इतिहास भी उसकी चपेट में आए बिना नहीं रह सकता। ऐसे में कला, संस्कृति और साहित्य सब संकट की सीमा में आ जाते हैं। समन्वित प्रयासों का मतलब है कि सब अपने-अपने स्तर पर एक ही दिशा में लक्ष्यबद्ध होकर काम करें और एक-दूसरे के साथ सहयोग करें। हमें अब देखना है कि यह सब कैसे हो सकता है।

परिवार की भूमिका

यदि किसी की पर्यावरण संरक्षण के लिए प्राथमिक भूमिका हो सकती है तो वह परिवार की है। बच्चों के लिए तो वह चेतना की पहली पाठशाला है, संस्कारों की पौधशाला है। यहीं से स्वच्छता के संस्कार पैदा होते हैं। घर-घर यदि साफ रहें, गन्दगी न रहे, इधर-उधर कीचड़ न फैले; घर के कूड़े-करकट का अस्त-व्यस्त रूप से नालियों में न फेंका जाए; मल-मूत्र को गलियों में न बहाया जाए; पशुओं के स्थान की साफ-सफाई रखी जाए; जल को शुद्ध रखने के उपाय किए जाएँ, गीले उपलों या लकड़ियों के धुएँ आँखों को खराब न होने दिया जाए; मिट्टी के मिजाज को न बिगाड़ा जाए, विलासिता वाली उपभोक्ता सामग्रियों की भरमार न की जाए और वाहनों के द्वारा वातावरण को धुएँ और गैस से न भरा जाए तो पर्यावरण काफी हद तक सुरक्षित रह सकता है। आज देश में सौ करोड़ की जनसंख्या है। यह जनसंख्या परिवारों की ही तो देन है। जनसंख्या पर अंकुश रखना भी प्रकारान्तर से पर्यावरण के संरक्षण में मदद देना है। परिवार छोटे-छोटे उद्यान लगाएँ, गृह-वाटिकाएँ पनपाएँ, जल कुण्डों की सफाई करें, वृक्षों के साथ पूजा वाला भाव रखें और पशुओं को स्वस्थ रखने के उपाय करते रहें तो क्या कुछ नहीं हो सकता? आज जब पूरा देश पर्यावरण प्रदूषण की चपेट में है तो देश के लगभग अठारह करोड़ परिवार अपने दायित्व से विमुख कैसे हो सकते हैं? उन्हें तो समन्वित प्रयासों में सहयोग देना ही होगा।

विद्यालयों एवं महाविद्यालयों की भूमिका

विद्यालयों एवं महाविद्यालयों की पर्यावरण संरक्षण में महती भूमिका है। विद्यालयों से ही तो सामुदायिक जीवन की शुरूआत होती है। हमारे राज्य में ऐसे अनेक स्थान हैं जहाँ विद्यालयों एवं महाविद्यालयों ने वृक्षारोपण के क्षेत्र में

कमाल की सफलता हासिल की है। वन विभाग से पौधे लाना, ग्राम पंचायतों, नगरपालिकाओं या नगर विकास न्यासों से ट्री-गार्ड प्राप्त करना; बच्चे-बच्चे से पौधे लगवाकर उनमें रख-रखाव की भावना भरना; तरह-तरह के कूड़ा-करकट या कीचड़ हटाना; डी.डी.टी. का छिड़काव करना; कुओं के पानी में ब्लीचिंग पाउडर डालना, पक्षियों के अण्डों, घोंसलों आदि का वर्गीकरण करना; पशु-पक्षियों के बारे में ज्यादा-से-ज्यादा जानकारी प्राप्त करना, विभिन्न रोगों के कारण, निदान और उपचार के चार्ट्स बनाना, धुएँ और गैसों से होने वाली हानियों का विवरण रखना आदि ऐसी अनेक बातें हैं जो शिक्षण संस्थाओं में सिखाई जा सकती हैं। बच्चों को बताया जाना चाहिए कि पशु-पक्षियों की रक्षा के लिए दिलीप या शिवि ने क्या किया; सड़कों पर छायादार पेड़ लगाने के लिए अशोक ने क्या किया; गाँधी ने क्या किया। शिक्षण संस्थाएँ चाहें तो पर्यावरण संरक्षण के लिए बहुत कुछ कर सकती हैं। इसमें बालचर, एन.सी.सी के कैडट्स और राष्ट्रीय सेवा योजना के स्वयंसेवक बहुत मददगार हो सकते हैं।

लोगों के बीच जागरण में संचार साधनों की भूमिका

विज्ञान की पदचाप समय को भी तो सुननी ही पड़ती है। विज्ञान ने अनर्थ भी बहुत किया है तो इन्सान के हित के लिए भी वह पीछे नहीं रहा। भोपाल और चेरनोबिल की त्रासदियाँ इसी विज्ञान के अनर्थ की पटकथाएँ हैं। ताबड़-तोड़ उत्पादन के नाम पर फैक्टरियाँ लगाने और कागज को बनाने के लिए वनों का विनाश करने का जुर्म भी इस विज्ञान पर आता है। रासायनिक खाद एवं कीटनाशकों के जहरीले तत्त्व भी हमें इसी विज्ञान ने दिए हैं चाहे उसके पीछे लक्ष्य अनाज के ज्यादा उत्पादन का ही क्यों न रहा हो। पर सच बात तो यह है कि ये सारे उदाहरण विज्ञान के दुरुपयोग के हैं। हमारे पास आज जो संचार साधनों का जाल-सा उपलब्ध है वह इन्सान के जागरण का एक महान माध्यम बन सकता है। गाँव-गाँव और घर-घर में समाचार पत्र-पत्रिकाएँ, आकाशवाणी और दूरदर्शन चेतना फैला सकते हैं कि पर्यावरण का संरक्षण करना हमारे स्वयं के हित में है; जनसंख्या को घटना आज की प्राथमिक आवश्यकता है; वनों और वन्य-पशुओं की रक्षा करना हमारा दायित्व है, रोगों को रोकना हमारे अपने हाथ में है; जलवायु को शुद्ध रखना हमारे लिए जरूरी है। ये संचार साधन हमें, धूल, धूसर, धुएँ और गैस के खतरों के प्रति सचेत कर सकते हैं, स्वस्थ रहने के तरीके बता सकते हैं, वाहनों को प्रदूषणरहित बनाए रखने की जानकारी दे सकते हैं; भूमि दलदली अथवा

लवणीय क्यों बनती है—यह समझा सकते हैं; शोर के स्वास्थ्य पर पड़ने वाले कुप्रभावों को रेखांकित कर सकते हैं और जलाशयों को शुद्ध रखने के तरीकों से अवगत करा सकते हैं। कुल मिलाकर ये संचार साधन चमत्कारिक प्रभाव पैदा कर सकते हैं।

ठोस अभियान की जरूरत

अपने-आप में शरीर एक सुगठित इकाई है। यों देखा जाए तो आँख, नाक, कान मुँह, हाथ, पाँव और त्वचा के अलग-अलग काम हो सकते हैं पर शरीर के समग्र स्वास्थ्य के लिए सभी इन्द्रियों को मिल-जुलकर काम करना पड़ता है। यही स्थिति सरकारी विभागों की भी है। किसी देश की जैसी अर्थनीति होगी अन्य सारी गतिविधियाँ को उसी के अनुसार प्राथमिकता मिलेगी। कृषिनीति के अनुसार ही वन नीति का निर्माण होगा। प्रदूषण का भी उत्पादन के साधनो में वृद्धि के साथ सवाल उठेगा। खाद्यान्नों की उपज कीटनाशकों की तथा रासायनिक खाद की समस्या लेकर आएगी। जनसंख्या के विस्फोट के साथ स्वास्थ्य की समस्याएँ भी आएँगी। पर्यावरण का प्रश्न तो इन सबसे जुड़ा हुआ है। एक अलग विभाग बना देने का अर्थ यह नहीं है कि शेष सारे विभाग इस केन्द्रीय प्रश्न पर अपनी जिम्मेदारी से प्रमुख हो जाएँ। खाद्य विभाग हो या कृषि विभाग, वन विभाग हो या स्वास्थ्य विभाग; वित्त विभाग हो या सामुदायिक कल्याण विभाग सबको पर्यावरण के प्रश्न पर समन्वित प्रयास करने ही होंगे और कोई चारा नहीं है।

उद्योगों द्वारा फैलाया जाने वाला प्रदूषण :

यह सही है कि आज के भौतिक युग में उपभोक्ता वस्तुओं का ताबड़तोड़ उत्पादन किया जा रहा है। पूरा विश्व एक बाजार बन चुका है। बाजारू दृष्टिकोण ने व्यक्ति के सोच की भी दूषित कर दिया। यही कारण है कि मुनाफे के लिए वह किसी भी हद तक जा सकता है। चाहे फिर उससे सार्वजनिक रूप में कितना ही अनर्थ क्यों न हो जाए। सरकार का दायित्व है कि देश की आवश्यकता के अनुसार उद्योगों का विकास भले ही करे पर प्रदूषण के उपशमन के लिए कारगर उपाय काम में ले। पुराने उद्योगों पर इस बात के लिए दबाव डाला जाए कि वे प्रदूषण-नियंत्रक-यन्त्र लगाएँ। नये उद्योगों को लगाने से पहले इस बात का मुकम्मिल व्यवस्था की जाए कि कहीं उनके कारण वन-विनाश तो नहीं हो रहा है; वन्य-पशुओं की प्रजातियाँ समाप्त तो नहीं हो रही है, उनके स्वतन्त्र विचरण में

बाधा तो नहीं आ रही है, जहरीली गैसों के निकास से जन-स्वास्थ्य पर बुरा प्रभाव तो नहीं पड़ रहा है और कहीं ये उद्योग कच्ची बस्तियों के काफी नजदीक तो नहीं है। लघु उद्योगों को वित्तीय सहायता भी दी जा सकती है ताकि वे आपस में संकुल बनाकर प्रदूषण नियन्त्रण के यन्त्र लगा सकें। नदियों को साफ रखने के लिए जरूरी है कि उनमें अपशिष्ट जल का बहाव रोका जाए, अधजले शवों, अस्थियों, भस्म और माँसपिण्डों को न बहाया जाए तथा कूड़ा-कचरा न डाला जाए।

पंचायती राज एवं पर्यावरण-संरक्षण

ग्राम पंचायतें व नगरपालिकाएँ लोकतन्त्रीय शासन व्यवस्था की प्राथमिक इकाइयाँ हैं। वृक्षारोपण, वन-सम्वर्द्धन, कृषि विकास, जन-स्वास्थ्य, रोग नियन्त्रण, जल-मल का निष्पादन, सड़कों व नालियों की सफाई, कुओं का रख-रखाव आदि कई बातें उनके कार्यक्षेत्र में आती हैं। गाँवों में बायोगैस की इकाइयाँ स्थापित करना; ऊर्जा के गैर-परम्परागत साधनों को उपयोग में लाना, गन्दे पानी की निकासी की व्यवस्था करना, समय-समय पर मिट्टी का परीक्षण करवाना, पशुओं की चिकित्सा की देखभाल करना, आवारा पशुओं को अलग स्थान पर रखना; वनों की कटाई पर प्रतिबन्ध लगाना, ईंधन के वैकल्पिक साधनों का विकास करना; प्रदूषण का स्रोत पर ही निवारण कर देना; सड़े-गले फलों व सब्जियों को बेचे जाने से रोकना, टीकाकरण का अभियान चलाना, कीटनाशकों के ज्यादा उपयोग के विरुद्ध लोगों को चेतावनी देना, मृदा संरक्षण के उपाय करना, वनों और अभयारण्यों की सुरक्षा पर जोर देना, हरित पट्टियाँ बनाना ज्यादा शोर-गुल वाले लाउडस्पीकरों आदि का नियमन करना आदि कार्य यदि समय रहते किए जाएँ तो पर्यावरण का संरक्षण सम्भव है। मूल बात यह है कि ये सारे काम अलग-अलग दायित्व मानकर न किए जाएँ, तथा सभी स्तरों पर समन्वित प्रयास हों ताकि लक्ष्यबद्ध व चरणबद्ध काम सम्भव हो सके।

सौर ऊर्जा तथा पर्यावरण सन्तुलन

देश के पारिस्थितिक तन्त्र में ताप की अत्याधिक वृद्धि से असन्तुलन होना सम्भव है। अतः ताप को सन्तुलन बनाये रखना आवश्यक है। ऐसे तो मेघावरण का नियमन, प्रकाशानुपात, सौर-विकिरण को रोकने हेतु वायुमण्डल की ऊपरी परतों में प्रविष्ट कर देना एवं महासागरों की धाराओं के मार्ग में परिवर्तन करने से वायुमण्डल या पृथ्वी-की सतह की दशाओं में अल्पकालिक फेरबदल तो किया जा

सकता है, जैसे–10 लाख टन गंधक विसर्जित करने से अम्ल की सूक्ष्म बूँदों की रचना करके बहुत कुछ परिवर्तन करने में हम सफल हो सकते हैं लेकिन जलवायु में इस विधि के परिवर्तन काफी महँगे सौदे हैं।

अच्छा है कि विभिन्न पास-पड़ौस के देशों के परस्पर सहयोग से इसे क्रियान्वित रूप सहज ही दिया जा सकता है। ताप में असन्तुलन के बने रहने की स्थिति में पारिस्थितिकतन्त्र का सन्तुलित होना सम्भव नहीं हो सकता।

विभिन्न नदी-योजनाओं के द्वारा देश के अधिकाधिक भाग में नदियों के जल से सिंचाई करने की भरपूर कोशिश प्रथम पंचवर्षीय योजना के नियोजकों द्वारा आज तक की जाती रही है। इससे जल-सन्तुलन में परिवर्तन हो रहा है, जो परोक्ष व अपरोक्ष रूप से जलवायु पर नकारात्मक प्रभाव डाल रहा है। ऐसे तो नदियों के जल से सिंचाई होने की प्रक्रिया से वाष्पीकरण में वृद्धि होगी और वायुमण्डलीय ऊर्जा-सन्तुलन के तत्त्वों का पुनर्वितरण भी सम्भव हो सकता है। लेकिन अनभिप्रेत प्रभाव की उपस्थिति के कारण स्वतःस्पूर्त क्रिया-प्रतिक्रियाओं को उत्पन्न करने वाली स्थितियों द्वारा इन्सान व जीव-जन्तुओं के लिए सबसे खतरनाक स्थिति भी पैदा कर सकने की प्रबल सम्भावना बन सकती है। ओजोन परत के छेद को बड़ा करने में अन्य देशों की भाँति भारतीय समाज भी विषैली गैसें वायुमण्डल में ज्यादा छोड़कर उस पर दुष्प्रभाव डाल रहा है। यदि ओजोन की परत में छेद का व्यास बढ़ता जायेगा ता ध्रुव-महासागर की बर्फ की परत को भी नष्ट होना पड़ेगा, जिससे वायुमण्डलीय परिसंचरण में ऐसे परिवर्तन होने की सम्भावनाओं से इन्कार नहीं किया जा सकता। आने वाली कई सदियों तक उस परत की पुनर्रचना सामान्यतः असम्भव प्रतीत होती है। ऐसी विकट स्थिति का सामना करते हुए विश्व के अन्य देशों की तरह हम भारतीयों को भी इनके दुष्प्रभावों को भोगना पड़ेगा।

अतः रेफ्रिजरेटर सरीखे अन्य विषैली गैसों को वायुमण्डल में छोड़ने वाले संयंत्रों का उपयोग बन्द कर देने अथवा धीरे-धीरे कम करने की वृत्ति को विकसित करने से इस महान समस्या से निजात मिल सकती है। प्राकृतिक पर्यावरण की स्थानीय, प्रादेशिक व राष्ट्रीय स्तर पर भूमण्डलीय पैमाने पर पुनर्रचना करने की योजना का निर्माण करने से ही भावी सदी के भारत में विभिन्न प्रदूषणों के दुष्प्रभावों का ज्ञान प्रदान कर देशवासियों के अवबोधित करवाने से इससे बचने के लिए सचेत रहने हेतु आगाह कर सकते हैं।

विभिन्न वस्तुओं की उपयोगिता के समाप्त हो जाने पर उनकी पुनर्उपयोगिता

पर देशवासियों का काफी कम रहा है।

यदि उपयोगिता के उपरान्त उसे पुनः उपयोग चक्र में डालकर नये पदार्थ की रचना नहीं की जाती है तो नई वस्तुओं के निर्माण में अतिरिक्त संसाधनों तथा शारीरिक श्रम को प्राप्त करने की चेष्टा के कारण विभिन्न प्रकार के प्रदूषणों की गति में वृद्धि का होना स्वाभाविक है। उपयोगिता खत्म होने वाले पदार्थों का अन्य पदार्थ के रूप में पुनः उपयोग करना आज देश की माँग है जो अत्यन्त वाँछित है। उपयोगिता की दृष्टि से बहुत से व्यर्थ पदार्थों का उर्वरकों के रूप में भी इस्तेमाल किया जा सकता है।

विज्ञान व टेक्नोलॉजी द्वारा नये-नये पदार्थों की रचना एवं प्रकृति में पुनर्वितरण मनोवृत्ति से प्राकृतिक व्यवस्था में परिवर्तन करने की क्षमता व दक्षता से भारत-भूमि पर असन्तुलन बढ़ने लगा है। अतः देश की धरती पर पारिस्थितिक सन्तुलन बनाए रखने हेतु पारिस्थितिक श्रृंखला की पुनर्रचना करने के सिद्धान्तों को प्राथमिकता से अपनाए जाने पर पारिस्थितिक प्रणालियों में प्राकृतिक व कृत्रिम मिली-जुली श्रृंखलाओं की रचना का होना सम्भव हो सकेगा। प्राकृतिक व कृत्रिम श्रृंखलाओं की रचना करने से देश में अगली सी में पर्यावरण की स्थिति उत्साहवर्द्धक बनी रह सकती है।

विश्व के विकसित राष्ट्रों ने जिस प्रकार वैज्ञानिकों की अन्तरिक्ष उड़ानों की सहायता से पृथ्वी के विभिन्न घटकों एवं उनकी जीवन-प्रक्रिया के बारे में घट रही पेचीदगियों का विश्लेषण करके अपने देशवासियों को सन्तुलित पर्यावरण में रखने हेतु सृजनात्मक सुझाव देने की क्रिया को निरन्तर बनाए रखने में बहुत-से अनावश्यक दुष्प्रभावों से छुटकारा मिलना सम्भव हुआ है। ठीक इसी प्रकार भारत को भी अन्तरिक्ष उड़ानों का सहारा लेना चाहिए, जो उपादेय हो सकता है।

देश के भू-वैज्ञानिकों द्वारा देश के सम्मुख आने वाली वर्तमान एवं भविष्य की पर्यावरणीय समस्या का पूर्व-अनुमान नहीं होने से भयंकर क्षति हो सकती है। ऐसी भू-वैज्ञानिकों की अभिवृत्ति के निरन्तर बने रहने, सरकारी तन्त्र की प्रदूषण-उन्मूलन के प्रति दृढ़ इच्छाशक्ति के न होने तथा समाज द्वारा विभिन्न समस्याओं के निदान एवं उपचार हेतु सहयोगी अभिरुचि प्रदर्शित नहीं करने के परिणामों का प्रतिफल होगा कि मजबूर होकर हमें भविष्य में सम्भावित कष्टों से जूझना पड़ सकता है।

यदि वैज्ञानिक, समाज व सरकार अपनी पर्यावरण संरक्षण की मनोवृत्ति को हृदय से विकसित करने की अभी से रुचि जाग्रत कर लेते हैं तो देश के सामने

आने वाली विभिन्न पर्यावरणीय समस्याओं का समाधान करने में हमें सफलता मिल सकती है। लेकिन उसका दूसरा पहलू यह है कि हमारी तृष्णा में वृद्धि से हमारी अगली शताब्दी आवश्यक रूप से अँधे-अँधेरे में रहने को हमें मजबूर भी कर सकती है।

कृत्रिम पर्यावरण के दुष्कर परिणाम

देश में विभिन्न वस्तुओं के नए-नए उत्पादन हेतु काम में ली जाने वाली तकनीकी प्रगति और उनको अधिकाधिक उपयोग में लाने वाली भीड़ में भारतीय नागरिक भी अन्य देशों की भाँति एक नए कृत्रिम पर्यावरण के विभिन्न तत्त्वों तथा जैव-टेक्नीक मण्डल के सम्पर्क में आने लगा है। हमारे द्वारा भी जैव-मण्डल के परिवर्तन के लिए कार्य किये जाने का निश्चय करना ही कृत्रिम पर्यावरण का द्योतक है। आज हम जैव-मण्डल की सुरक्षा हेतु अत्यधिक चिन्तित नहीं है। आज देश में विद्युत इंजीनियरिंग के उत्तरोत्तर प्रगति की ओर अग्रसर होने के फलस्वरूप देश के नागरिक अपने निवास-स्थानों की जलवायु को परिवर्तित करने में सफल हो रहे हैं। देश के जिन क्षेत्रों में अत्यधिक गर्मी पड़ती है वहाँ के लोग अपना उक्त समय ठण्डे फ्लैटों, ठण्डे जल तथा एयरकन्डीशन्ड परिवहन में यात्रा करने जैसी क्रियाएँ कर कृत्रिम पर्यावरण को प्रारम्भ करने तथा वहाँ समय व्यतीत करने में नहीं चुकते। आज नगरों व महानगरों के पार्कों को प्राकृतिक वन-क्षेत्र के रूप में विकसित करने में सरकार व समाज दोनों दिल खोलकर खर्च करने में किसी भी प्रकार की कोताही प्रदर्शित नहीं करते। आज वन्य जीवों के लिए कृत्रिम स्थल की स्थापना, नदियों से निकलने वाली नहरों के आस-पास पार्क-निर्माण, रेगिस्तानी क्षेत्र को हरा-भरा कर वहाँ के निवासियों को नूतन पर्यावरण देने के सफल प्रयत्न को हमारी सरकार द्वारा कृत्रिम पर्यावरण की श्रेणी में ही समझा जाना चाहिए। दलदलों में खेती करवाने के लिए कृषि-भूमि तथा समुद्रतट को आवास योग्य बना दिए जाने जैसे अनेकानेक उदाहरण है, जो देश में बनावटी पर्यावरण बनाने को प्रयासरत हैं। लेकिन पलट कर भौतिकवादी संस्कृति की ओर आकर्षित भारतीयों से प्रश्न किया जा सकता है कि प्राकृतिक पर्यावरण को आखिर असन्तुलित किया किसने? क्या भारतीय समाज ने प्राकृतिक संसाधनों का लोलुपतापूर्ण ढँग से दोहन नहीं किया है? कार्बन-डाई-ऑक्साइड, कार्बन-मोनो ऑक्साइड, औद्योगिक धुआँ, परमाणु, चिमनियों के धुएँ और अम्लीय वर्षा से प्रेम अपने व्यक्तिगत स्वार्थ हेतु हमने ही तो किया है। प्रकृति की ममताममयी कोख की लज्जित करके उसके

शृंगार को विध्वंस करने वाले हम ही तो हैं। भौतिकवादी संस्कृति के प्रभाव ने देश में आनन्द लेने योग्य मातृ-भूमि को केवल भूमि समझ धन बटोरने के योग्य तो हम बनाते गये, परन्तु हम सही आनन्द को प्राप्त करने की योग्यता को प्रायः समाप्त कर चुके हैं। प्राकृतिक पर्यावरण समाप्त कर कृत्रिम-पर्यावरण कैसा? हमने जीभ के स्वाद के लिए या चमड़ी प्राप्त करने के लिए या केवल बहादुरी सिद्ध करने के लिए ही प्राकृतिक वातावरण में रहने वाले वन्य-जीवों को मारा है। आज उन्हें मजबूरी में कृत्रिम बाड़ों या निर्धारित सीमा में रहने को मजबूर किया है। प्रकृति के पाँचों तत्त्व—पृथ्वी, जल, अग्नि, आकाश एवं वायु—को प्रदूषित करने का उत्तरदायित्व वहन करने में संकोच व मजबूरी से हमें कृत्रिम पर्यावरण निर्मित करने की उत्प्रेरणा प्राप्त हुई है। हमने 20वीं सदी के समाप्त होने तक ऐसी वृत्ति विकसित नहीं की थी कि पशु-पक्षी, पेड़-पौधे भी मनुष्य के समान आदर प्राप्त करने के अधिकारी हैं। आज कृत्रिम विकसित नहीं की है कि पशु-पक्षी, पेड़-पौधे भी मनुष्य के समान आदर प्राप्त करने के अधिकारी हैं। आज कृत्रिम पर्यावरण आने वाली सदी के लिए दुष्कर परिणाम भोगने को मजबूर करने जैसी व्यवस्था के रूप में उभर कर आएगा।

औद्योगिक परिवर्तन में क्रान्तिकारी प्रगति से पहले देश में पर्यावरण असन्तुलन की इतनी समस्या नहीं थी, जितनी राष्ट्रीय स्तर पर आर्थिक प्रबन्धकीय व्यवस्था को अपनाने के उपरान्त हुई है। वर्तमान सदी में प्राकृतिक क्रिया व प्रतिक्रिया परोक्ष व अपरोक्ष रूप से राष्ट्रीय स्तर पर प्रभावित करती है। सामान्यतः अनुमान है कि उद्यमों की योजना का पर्यावरण सुरक्षा के लिए खर्च कुल निर्माण व्यय का केवल 5 से 20 प्रतिशत तक होता है।

उद्योगपति उद्यमों के निर्माण में तो व्यय कर देते हैं परन्तु प्रदूषण करने रोकने हेतु किए जाने वाले व्यय को अपव्यय समझ कर अपशिष्ट के ट्रीटमेन्ट प्लांट नहीं लगाते। अतः सरकार का कर्त्तव्य है कि इस प्रसंग में संसद द्वारा निर्मित कानूनों की कड़ाई से अनुपालन करवाए। देश में औद्योगिक व घरेलू अपशिष्टों, तेल और गैस, खनिज एवं मिट्टी और पानी के विविध रूपों में प्रविष्ट होने आदि की कार्य पद्धति सिर्फ स्थानीय रूप से दुष्प्रभाव नहीं डाल रही है, अपितु समस्त राष्ट्र को 'मानव निर्मित प्रदूषण' के भोग भोगने को मजबूर कर रही है। पहले तो हमने रासायनिक पदार्थ एवं रासायनिक यौगिकों को उपयोग में लाने का अप्रत्यक्ष रूप से दबाव बढ़ाया, नए-नए अपशिष्टों के आनुवांशिक एवं विषाक्तता जैसे दुष्प्रभाव को भोगने की स्थिति पैदा करने वाले अतर्कसंगत ढँग से प्राकृतिक

संसाधनों का काफी ज्यादा दोहन किया।

प्रदूषण के जनक पूँजीपतियों द्वारा मगरमच्छ के आँसू बहाने जैसे व्यवहार का दूसरा नाम 'कृत्रिम पर्यावरण' की परिणति कहें तो अतिशयोक्ति नहीं होगी। 20वीं सदी का भारतीय समाज नए रासायनिक पदार्थों व ऊर्जा के विभिन्न भौतिक विंकिरण से आनुवांशिक एलर्जी-जन्य, श्वास-तन्त्रीय एवं कैसन जैसी व्याधियों को भुगत चुका है। ये व्याधियाँ कालान्तर में अपेक्षाकृत अधिक भयंकर रूप को प्रदर्शित करने के मूड में हैं। अतः भारतीयों को उनका विश्लेषण, निदान एवं कारगर ढँग से विभिन्न व्याधियों से होने वाले भयंकर दुष्परिणामों से बचने हेतु ऐसे त्वरित कार्यक्रम बनाने के लिए अभी से कमर कस लेनी चाहिए। यदि हम प्राकृतिक संसाधनों के उपयोग को युक्तियुक्त बनाने तथा पुनर्नविकरण, भूमि, जल-स्रोतों की शुद्धता एवं संरक्षण के प्रति अभी से सचेत नहीं हुए तो वर्तमान सदी के लिए समस्याओं का अम्बार लग जाएगा। सरकार और स्वयंसेवी संस्थाओं के संयुक्त तत्त्वाधान में कस्बों, नगरों एवं महानगरों के आस-पास 'हरे क्षेत्र' निर्मित करने की जरूरत है। घट रहे वनो के विस्तार एवं राष्ट्रीय पार्कों के प्रभावी संरक्षण, वनस्पति और वन्य-जीवों को पूर्ण संरक्षण देने से प्राकृतिक विपदाओं से कुछ राहत मिल सकती है—21वीं सदी के भारतीयों को।

भारत कृषिप्रधान देश है अतः उसकी सिंचाई व्यवस्था को ऐसे तरीके से नियोजित किया जाए कि सारे देश के कृषक नदियों के जल का अधिकतम उपयोग कर सकें। देश में वैज्ञानिक ढंग से हो रही खेती व रासायनिक खाद से भू-क्षरण में वृद्धि हो रही है। अतः जमीन के सतही जल को धारण करने की क्षमता में पुनःवृद्धि करने के लिए प्रभावी योजना बनाई जानी चाहिए। रासायनिक पदार्थों के कृषि-क्षेत्र में सम्भावित रिसाव को बन्द करना भी वांछित है। देश की समस्त नदियों, हिन्द महासागर, बंगाल की खाड़ी आदि में मत्सय साधनों की सुरक्षा को सुनिश्चित करने की जरूरत है। सरकार ने डीजल से चलने वाले परिवहनों को गैस चालित बनाने की छूट केन्द्र प्रदान कर दी है। अतः गाड़ियों के उत्पादकों से सिर्फ ऐसे वाहनों का निर्माण हो जो प्रदूषण नहीं फैलाते हों, उनको सरकारी व गैर-सरकारी स्तर पर ऐसा करने हेतु दबाव को बढ़ाएँ ताकि प्रदूषण रूपी राक्षस से बचाव हो सके।

फसलों में उत्पन्न होने वाली बीमारियों तथा कीट-पतंगों को नष्ट करने के लिए जैविक साधनों का उपयोग करने हेतु प्रोत्साहित किया जाना लाभदायक है। ऐसे उद्योगों की देश में कमी नहीं है जहाँ अपशिष्ट के संग्रह के लिए भूमि के बहुत

बड़े क्षेत्र को ऐसे ही बेकार रखना पड़ता है। उद्योगों के विकास के साथ-साथ वन लगाने तथा पौधारोपण से आर्द्रता की हानि कम हो जाएगी। आज देश की जरूरत है कि हम समस्त प्राकृतिक साधनों का विवेकसम्मत ढँग से उपयोग करें ताकि पर्यावरण सुरक्षित बना रह सके। अपशिष्टरहित टेक्नोलॉजी को उपयोग में लेना पर्यावरण की दृष्टि से उपयोगी रहेगा। बादलों का रचना या उनका विसरण करके दिन के समय उस क्षेत्र के वातावरण में प्रविष्ट होने वाले ताप को घटाया या बढ़ाया जा सकता है या रात के समय पृथ्वी से विकीर्ण होने वाली गर्मी को मेघावरण की रचना अथवा विसरण के करके भी घटाया या बढ़ाया जा सकता है। मौसम-परिवर्तन पर्यावरण-सन्तुलन में सहायक सिद्ध हो सकता है।

राष्ट्रीय, प्रान्तीय एवं जिला स्तर पर पर्यावरण सुरक्षा हेतु परिवीक्षण समितियाँ हैं। वे अपन उत्तरदायित्वों का दृढ़ता से निर्वाह करते हुए विभिन्न प्रकार के प्रदूषणों पर नियन्त्रण करने की प्रबल इच्छा-शक्ति को बनाएँ। देश के संचार साधनों एवं सार्वजनिक संगठनों द्वारा संयुक्त रूप से प्रदूषण रूपी राक्षस को समाप्त करने के लिए प्रयत्न किए जाने से 21वीं सदी में भारतीयों को काफी राहत मिल सकती है। वैज्ञानिकों, भूमि-सुधारकों तथा कृषि रसायनज्ञों से देश आकाँक्षा रखता है कि वे अपने समस्त क्रियाकलापों का निष्पादन 'पर्यावरण सुरक्षा' को केन्द्र बिन्दु से रखकर ही करें। भारतीय समाज की प्राकृतिक संसाधनों की आवश्यकता को पूरा करने, उसकी पुनर्पूर्ति करते हुए, जैव-मण्डल को नुकसान न पहुँचाते हुए प्रकृति दोहन को पूर्णतः विवेकसम्मत करने से ही हमारी अगली सदी के नागरिकों को पर्यावरणीय दुष्प्रभावों से काफी निजात मिल सकती है।

जीवमण्डल को प्रदूषणों से किस प्रकार छुटकारा संभव है?

जिस समस्या ने आज अपना विकराल मुख फैलाया है, वह है—'प्रदूषण'। धरती पर रहने वाले जीय मात्र के लिए अच्छा, स्वच्छ और प्रदूषणरहित पर्यावरण नहीं होगा, तब तक हम गुणवत्ता वाला जीवन जीने की कल्पना नहीं कर सकते। जीवमण्डल, जो धरती पर स्थित है, उसे पूर्व की भाँति सुखी एवं आनन्दमय देखना चाहते हैं, क्योंकि प्रदूषित वातावरण का मनुष्य जीवधारियों, वनस्पति-जगत् एवं विभिन्न प्राकृतिक क्षेत्रों पर दुष्प्रभाव पड़ता है। इस प्रकार पारिस्थितिकीय तन्त्र को सन्तुलित बनाये रखने की आज परम आवश्यकता है। क्योंकि जीवमण्डल एक ऐसा बड़ा परितन्त्र है, जिसमें अलग-अलग पारिस्थितिकीय तन्त्र सम्मिलित हैं और जो पूरे अथवा अलग-अलग सभी को व्यवस्थित रखता है। इसके तहत अजैविक घटक-वायु, जल, भूमि, वन और सौर ऊर्जा आदि तथा जैविक घटक—वनस्पति,

वन-प्राणी तथा पशु-दोनों की पारस्परिक संक्रियाओं पर आधारित है। ये सभी एक-दूसरे पर निर्भर हैं। जैविक व आणविक घटकों में जब तक पारस्परिक सक्रियता निरन्तर अबाध रूप से क्रियाशील रहती है, तब तक जीवमण्डल पर शुद्ध पर्यावरण का बना रहना आसान है। इसके लिए आवश्यक है कि अजैविक पदार्थ, उत्पादक, उपभोक्ता और विघटक भी यथावत् बने रहें, सौर ऊर्जा प्राप्त होती रहे, भोजन शृंखला की नियमित क्रियाशीलता हो तथा प्रकृति में आवश्यक तत्त्वों की उपलब्धि व्यवस्थित रूप में हो। प्रकृति का कर्त्तव्य है कि हमारे लिए जीवमण्डल के जैविक व अजैविक शुद्ध पर्यावरण धरती पर रहने वाले सभी घटकों को प्राप्त हो सके तथा विभिन्न तरह के प्रदूषणों से होने वाले दुष्प्रभावों से जीवमण्डल को निजात मिल सके। वन्य-प्राणियों की सुरक्षा में वन-सुरक्षा तथा वन्य-जीवों की सुरक्षा में मानव की सुरक्षा निहित है।

वायु, जल, ऊर्जा, भूमि, वनस्पति, जीवाश्म, पृथ्वी का ताप, ईंधन, खनिज, जन्तु एवं सूक्ष्म जीव आदि की ज्यादा या कम उपलब्धता ही जीवमण्डल की प्रदूषित करती है। अतः इनकी सुरक्षा एवं संरक्षण हेतु पारिस्थितिकीय सन्तुलन को बनाये रखना अति आवश्यक है। इनका सीमित उपयोग करें, इन्हें प्रदूषित होने से बचाया जाए ताकि मनुष्य पर प्रतिकूल प्रभाव न पड़े। यदि हम इन्हें प्रदूषित कर देते हैं तो जीवमण्डल में स्थित जीवाश्म, वनस्पति एवं अन्य घटकों में गुणवत्ता का जीवन नहीं रह सकता।

प्राकृतिक संसाधनों का उपयोग ऐसे तरीके से करें जिससे पर्यावरण विकृत न हो, पुनजीर्वित संसाधनों का उपयोग ऐसे ढँग से हो जिससे वे पुनः उत्पन्न हो सके तथा पुनजीर्वित न होने वाले संसाधनों का बुद्धिमत्तापूर्ण, विवेकसम्मत और आवश्यक आवश्यकता तक ही उपयोग किया जाए ताकि वह आगे काफी समय तक हमारी सेवा कर सकें। संसाधनों को स्वार्थपूर्ति में नष्ट करने का अधिकार सिर्फ मनुष्य को ही नहीं है बल्कि उस पर परोक्ष व अपरोक्ष रूप से पूरे जीवमण्डल में स्थित समस्त जीवों व वनस्पति को अधिकार प्रकृति ने दिए हैं।

जीवमण्डल के लोगों को सिर्फ 250-300 किलोमीटर की ऊँचाई तक का वायुमण्डल प्रभावित करता है। इसमें प्रमुखतः ऑक्सीजन, नाइट्रोजन और कार्बन-डाई-ऑक्साइड गैसों से हमारा सम्बन्ध है। इन सब गैसों के निर्धारित प्रतिशत बने रहने से ही पारिस्थितिकीय तन्त्र सन्तुलित बना रहता है।

वायुमण्डल में प्रदूषण होने के दो कारण हैं–(1) प्राकृतिक एवं (2) मानव प्रदत्त। प्राकृतिक प्रदूषण को तो प्रकृति स्वयं अनुकूल बना देती है, जबकि उद्योगों

तथा स्वचलित वाहनों से फैलने वाला प्रदूषण जीवमण्डल पर दुष्प्रभाव डालता है। वायु प्रदूषण एक गम्भीर संकट है, जिससे बहुत सावधानी व गम्भीरता से बचाव की परम आवश्यकता है।

हर वस्तु जल से ही उत्पन्न हुई है और प्रत्येक वस्तु जल के द्वारा ही जीवित है। जीवमण्डल के प्राणी व पौधों की संरचना में जल का एक बड़ा भाग है। जल का पृथ्वी की सतह का 94 प्रतिशत भाग महासागर व समुद्र में है। हमारे लिए 6 प्रतिशत पीने योग्य पानी है। वह भी उद्योगों से निकलने वाले अपशिष्ट जल एवं गैसों से प्रदूषित हो रहा है। जल को प्रदूषित करने वाले तत्त्वहैं–मनुष्य के कृत्यों की गन्दगी, औद्योगिक तापीय प्रदूषण, खनिज तेल एवं शवों को जल में प्रवाहित करना आदि कृत्य हैं जिनसे जल पीने योग्य नहीं रहता, जिसके फलस्वरूप पेचिस, अतिसार, जुकाम, श्वांस, लकवा, मोतीझरा, हैजा, चर्मरोग, अन्धापन, कृमि, नारू, पीलिया, रति रोग, शोथ तथा अन्य पेट के रोग होने की सम्भावनाएँ रहती हैं। अतः जल को निथार कर, उबालकर स्रावण विधि, फिटकरी डालकर अथवा क्लोरीन की टिकिया डालकर उपयोग वांछित है।

शुद्ध जल ही मानव तथा उससे सभी सम्बन्धित पर्यावरणीय घटकों को नया जीवन दे सकेगा। सिंगापुर और चीन की तरह भारत में जल-मल से बायोगैस व खाद बनाने तथा जापान की भाँति औद्योगिक इकाइयों को जल का पुनर्प्रयोग अनिवार्य कर दिया जाता है तो मल सफाई, खेती में अधिक उत्पादन तथा ऊर्जा और स्वच्छ पीने योग्य पानी उपलब्ध हो सकता है।

जीवमण्डल के सभी पशु-पक्षी, जीव-जन्तु एवं मनुष्य स्थलमण्डल पर रहते हैं, जो पूरी पृथ्वी का 3/10 भाग है। पीने का स्वच्छ जल, भूमि अन्न, प्रकृति के लिए घने वृक्ष उपलब्ध करवाने का आधार है। जनसंख्या विस्फोट के कारण अधिक अन्न पूर्ति हेतु कृषि क्षेत्र में वृद्धि हेतु वन क्षेत्रों को काटकर खेती करना प्रारम्भ कर दिया है। मवेशी जंगलों की तरफ बढ़ने लगे, जिससे प्राकृतिक सम्पदा में कमी होने लगी है और पर्यावरण असन्तुलित परिलक्षित होने लगा है। भूमि-क्षरण तथा भूमि प्रदूषण ने धरती को दूषित किया है। भूमि प्रदूषण के कारण हैं–घरेलू अपशिष्ट, औद्योगिक अपशिष्ट, नगरपालिका अपशिष्ट तथा कृषि अपशिष्ट आदि। महत्त्वपूर्ण प्राकृतिक साधनों को प्रदूषित करने से जीवमण्डल में स्थित वन, वन-जीव, वनस्पति आदि सभी असहाय स्थिति में आ रहे हैं।

अतः प्रत्येक नागरिक को देश के वर्तमान एवं भविष्य के लिए उसे प्रदूषित होने से बचाना वांछित है। इसके लिए भू-क्षरण को रोकने के लिए अधिकाधिक

वन-क्षेत्रों को संरक्षण देना होगा अन्यथा इथोपिया द्वारा धरती के बेतहाशा उपयोग से जीवमण्डल के जीव-जन्तुओं एवं मनुष्य में भूखमरी फैलेगी और वनस्पति-जगत् पर भी दुष्प्रभाव पड़ेगा। अतः जीवमण्डल को पूर्व की तरह स्वच्छ एवं सन्तुलित बनाये रखना हमारा पुनीत कर्त्तव्य है।

वन, पेड़-पौधों, वनस्पति तथा जीव-जन्तुओं के लिए ऐसे स्थल हैं जो प्राकृतिक संसाधनों के महत्त्वपूर्ण घटक के रूप में हैं तथा जिन पर मनुष्य व पशु दोनों का अस्तित्व टिका हुआ है। यह जीव-जन्तुओं एवं पशु-पक्षियों का आश्रय-स्थल है। ये वन-जीव, शेर और बाघ जो जीव विज्ञान के पिरामिड के शिखर पर हैं, उन्हें आश्रय देकर पर्यावरण सन्तुलन की भूमिका निर्वाह करने में सहायक बनते है। वन नष्ट होते हैं तो जल नष्ट होता है, मत्स्य और जंगली पशु-पक्षी नष्ट होते हैं, धरती की उर्वरता विदा हो जाती है, जिससे बाढ़, सूखा, अकाल और महामारी जैसी विभीषिका जीवमण्डल में स्थित सभी घटकों पर प्रतिकूल प्रभाव डालती है। ये घटक उद्योगों से होने वाले प्रदूषण को रोकते हैं। लेकिन जनसंख्या वृद्धि एवं औद्योगीकरण से जिस अनुपात में वनों का विनाश हुआ, उस अनुपात में वृक्षारोपण नहीं हुआ। अतः हमें पड़ों की कटाई को रोकना होगा। ईंधन के रूप में सौर ऊर्जा का उपयोग हो तथा पशु-धन की चराई के लिए 'गोचर-भूमि' पद्धति को अपनाया जाए। अब जो वृक्ष लगे हों, सड़क के किनारे हों या गाँव के बीच में, उनकी रक्षा करें। ये प्रकाश संश्लेषण क्रिया से वायुमण्डल में छोड़ी जाने वाली कार्बन-डाई-ऑक्साइड को ग्रहण कर जीवमण्डल में ऑक्सीजन देते हैं जिससे गैसों का प्राकृतिक सन्तुलन बना रहता है। वनों की रक्षा से जीवमण्डल की रक्षा का संकल्प सभी भारतीयों को हृदय से लेने की आवश्यकता है—यदि हम शुद्ध पर्यावरण चाहते हैं। भारत सर्वाधिक वन्य-जीवों की विविधता और प्रचुरता वाला देश है, जहाँ वन्यों-जीवों की कई प्रजातियाँ समाप्त हो गई हैं अनेक जातियाँ लुप्तप्राय होने की स्थिति में हैं। शिकार, जनसंख्या विस्फोट एवं वनरक्षकों की अक्षमता के फलस्वरूप वन-विनाश हुआ है, जिससे जैविक नियन्त्रण का विकृत स्वरूप बन रहा है। वन-जीवों की सुरक्षा के अनेक महत्त्वपूर्ण कारण हैं, जैसे—ये जंगल की सघनता व हरीतिमा बनाये रखते हैं, शुद्ध पर्यावरण के सूचक के रूप में, स्वच्छ पर्यावरण प्रदान करते हैं और ये जैविक नियन्त्रण को बनाये रखते हैं। उदाहरण के रूप में चीन और हॉलैण्ड ने गौरैयाओं को फसल का दुश्मन समझकर यह प्रजाति समाप्त कर दी, परन्तु गौरैया की अनुपस्थिति में फसलों को नुकसान पहुँचाने वाले कीड़ों की भरमार हो गई और रसायनों के छिड़काव व उपयोग से

जीवमण्डल के सभी तत्त्व प्रदूषण से घिर गये। पक्षियों की हृदय-धड़कन जीव-जन्तुओं से अधिक होने के कारण ये धरती पर व्याप्त प्रदूषण को अधिक ग्रहण करते हुए स्वच्छता को बनाने में सहायक होते हैं। जीव-जन्तु व पक्षी-जगत् प्रकृति में सन्तुलन बनाये रखते हुए जीवमण्डल के पर्यावरण को शुद्ध बनाये रखते हैं।

असंतुलित पर्यावरण हेतु कारण एवं समाधान

बढ़ती जनसंख्या के साथ लोगों में व्यक्तिगत सार्वजनिक स्वास्थ्य के प्रति सचेत न होने तथा लोगों की बढ़ती आवश्यकताओं के कारण बिगड़ता पर्यावरण-सन्तुलन ही आज के जमाने में आमतौर से पूरी दुनिया और खासतौर से हमारे देश की जनता की स्वास्थ्य सम्बन्धी दुर्दशा का सबसे प्रमुख कारण हैं। प्रतिदिन हम प्राणदायिनी वायु, पवित्र जल को विषैला बना रहे हैं। अपने देश और समस्त दुनिया के लोगों की स्वास्थ्य सम्बन्धी समस्या का प्रमुख कारण लोगों का सचेत न होना, जनसंख्या में वृद्धि, भोग की संस्कृति को स्वीकारना एवं पर्यावरण को प्रदूषित करना ही है। अतः समाधान करने के लिए हमें शहरों से गाँवों तक महानगरों से पिछड़े हुए वनवासियों तक सबको स्वास्थ्य के प्रति जागरूक करना जरूरी है। आज की व्यक्तिगत एवं सार्वजनिक स्वास्थ्य की आवश्यकता, आने वाली पीढ़ियों की स्वास्थ्य-सुरक्षा एवं सुख-शान्ति के लिए आवश्यक है। व्यक्तिगत तथा सामूहिक स्वास्थ्य के निर्धारण के प्रमुख कारक मानवीय जीव-विज्ञान, जीवन के तौर-तरीके, आर्थिक स्तर, पर्यावरण एवं स्वास्थ्य सेवाएँ आदि हैं। इनमें से किसी भी कारक में त्रुटि या असन्तुलन हो जाता है अथवा परोक्ष एवं अपरोक्ष रूप से हमारे खाने-पीने की इन्हीं वस्तुओं को विषाक्त होने से नहीं रोक पाते हैं तो ये प्रदूषित खाद्य हमारे स्वास्थ्य पर प्रतिकूल प्रभाव डाले बगैर नहीं रह सकते। यदि देशवासी स्वस्थ नहीं होंगे तो वे परिवार, समाज तथा राष्ट्र की सेवा करने में सक्षम कैसे हो सकते हैं?

शरीर का बल ही मन का तेज बन सकता है। स्वस्थ रहने का मुख्य उद्देश्य निरोगता तथा रोगरहित जीवन की अपेक्षा शारीरिक, बौद्धिक तथा आध्यात्मिक सम्भावनाओं के उच्च आदर्शों में समन्वित होना अधिक है। परन्तु दुर्भाग्य है कि बाल अवस्था, किशोरावस्था एवं युवावस्था में शारीरिक स्वास्थ्य स्तरानुरूप नहीं होगा तो उसमे निपुणता, मानसिक सजगता, नेतृत्व की क्षमता, आज्ञाकारिता, विजय के समय विनम्रता तथा पराजय के समय मानसिक सन्तुलन बनाये रखने में वे अक्षम सिद्ध होते हैं। स्वास्थ्य स्तरानुरूप न होने से समाज की आकाँक्षाओं

के अनुरूप वांछित गुणों एवे अभिवृत्तियों का विकास नहीं हो पाता। जिसके फलस्वरूप विभिन्न शारीरिक एवं मानसिक विकृतियाँ व्यक्ति में दृष्टिगोचर होने लगती हैं। हम अस्वस्थता की स्थिति में विभिन्न उपचार करवाने का प्रयत्न तो करते हैं परन्तु हमने कभी यह नहीं सोचा कि स्वास्थ्य में—शारीरिक स्वास्थ्य एवं मानसिक स्वास्थ्य—दोनों सम्मिलित हैं तथा इन दोनों प्रकार के स्वास्थ्य के अन्तर्गत इनकी पारस्परिक अन्तनिर्भरता समाविष्ट है। हम दोनों प्रकार से स्वस्थ रहने का विश्लेषण करते हैं तो स्पष्ट निदान निकलता है कि भौतिक वातावरण को संतुलित रखने से ही मानसिक संतुलन बना रह सकता है। अतः विश्लेषणात्मक अध्ययन एवं तर्क के आधार पर निर्विवाद रूप से कह सकते हैं कि हमारे देशवासियों का अस्वस्थ होने का मुख्य कारण भौतिक पर्यावरण में अस्वच्छता है। इससे ही असन्तुलन पैदा होता है। असुरक्षित पेयजल, दूषित मिट्टी, प्रदूषित वायु, मानव मल-मूत्र व कचने का अस्वच्छ तरीके से निष्पादन, बदतर निवास व्यवस्था, कीड़े-मच्छर आदि से पर्यावरण प्रदूषित हो जाता है जिससे व्यक्तिगत एवं जन-स्वास्थ्य पर प्रतिकूल प्रभाव पड़ता है। आज शहरों में ही नहीं बल्कि छोटे-छोटे कस्बों में भी वायु प्रदूषण एवं शोर प्रदूषण गम्भीर चिन्तनीय विषय बन गया है। इसके लिए सामाजिक एवं आर्थिक स्थिति भी कम जिम्मेदार नहीं है। भारत में ऊँची मृत्युदर, शिशु मृत्युदर, स्वास्थ्य निम्न स्तर का होना, निश्चित रूप से प्राकृतिक संसाधनों में तालमेल न होने की स्थिति में पर्यावरण असन्तुलन का होना मुख्य कारण है। अतः हमें व्यक्तिगत एवं सार्वजनिक स्वास्थ्य को ठीक बनाये रखने के लिए विभिन्न बीमारियों को होने से पूर्व रोकने हेतु विशेष ध्यान देना चाहिए ताकि ज्यादा उम्र तक स्वस्थ जीवन जी कर समाज के लिए शरीर व मस्तिष्क का प्रभावशाली प्रयोग करते हुए उपादय नामक के रूप में समाज की सेवा करने का सफल प्रयास किया जा सके।

अगर मनुष्य को शारीरिक क्षमता से स्वस्थ एवं ठीक बनाये रखना है तो उसके आसपास के सजीव व निर्जीव पर्यावरण को सन्तुलित रखना आवश्यक है। भौतिक, जैविक एवं सामाजिक एवं आर्थिक पर्यावरण को शुद्ध रखना नितान्त आवश्यक है।

विभिन्न तरह से पर्यावरण के प्रदूषित हो जाने से स्वास्थ्य की समस्या विकट हो जाती हैं। मुख्यतः वायु, जल, शोर मचाना, कचरा एवं मल-मूत्र ऐसे कारक हैं जिनके प्रदूषित हो जाने से पर्यावरण-असन्तुलन हो जाता है जो स्वास्थ्य-सुरक्षा के लिए समस्या का रूप धारण कर लेता है।

(1) जल--बीमारियों का विकासशील देशों में व्यापक कारण असुरक्षित पेयजल है। अगर सुरक्षित पेयजल की आपूर्ति होना सम्भव हो जाये तो हमारे देश की लगभग 50 प्रतिशत बीमारियाँ स्वतः ही कम हो जायेंगी। इसीलिए प्रदूषित जल से स्वास्थ्य पर होने वाले खतरे को ध्यान में रखकर अन्तर्राष्ट्रीय संस्थाओं ने 1980-90 के दशक को 'अन्तर्राष्ट्रीय जल-स्वास्थ्य दशक' की घोषणा की थीं विश्व स्वास्थ्य संगठन ने 1990 तक सबके लिए सुरक्षित जल पूर्ति का लक्ष्य निर्धारित किया।

लेकिन दुर्भाग्य है कि विकासशील देशों में, विशेष रूप से भारत जैसे देश में जहाँ जनसंख्या का विस्फोट हो रहा है, वहाँ प्रदूषित जल ही पीने को मजबूर होना पड़ता है। सुरक्षित एवं शुद्ध जल-आपूर्ति के अभाव में हानिकारक रोगात्मक जीवों से मुक्त होना मुश्किल प्रतीत हो रहा है। शुद्ध जल-आपूर्ति के लिए हमें रासायनिक पदार्थों से मुक्त जल को घरेलू उपयोग-योग्य समझ कर उपयोग करना चाहिए। यूनीसेफ ने अवगत कराया है कि सिर्फ 57 प्रतिशत भारतीयों को सुरक्षित पेयजल आपूर्ति हो पाई है। यद्यपि शहरी क्षेत्रों में 76 प्रतिशत तथा ग्रामीण क्षेत्रों में 50 प्रतिशत से भी कम जनसंख्या को शुद्ध पेयजल आपूर्ति होती है। पीने के पानी के अलावा प्रति व्यक्ति को प्रतिदिन 140 से 190 लीटर पानी की आवश्यकता रहती है।

शुद्ध जल-आपूर्ति के अभाव में प्रदूषित जल पीने से पोलियो, यकृत शोथ, पेचिश, मियादी बुखार, अतिसार, मोतीझरा, अमीवायासिस, गोलद्रमि, सूत्र त्रमि तथा नारू रोग जैसी जानलेवा बीमारियाँ होने की सम्भावनाएँ बन जाती हैं। पानी को घरेलू स्तर पर उबालकर, कलोरीन टेबलेट डालकर तथा छलनी से छानकर पीने योग्य बनाकर स्वास्थ्य की रक्षा की जा सकती है।

(2) वायु--जब बाहरी पदार्थों का संतुलित पर्यावरण में अतिरेक होता है तो वायु प्रदूषित हो जाती है जो स्वास्थ्य पर प्रतिकूल प्रभाव डालती है। घरों में वायु प्रदूषित कोयले, लकड़ी एवं मिट्टी के तेल के जलने से हो जाता है। औद्योगिक कल-कारखानों एवं विभिन्न उघोगों --तेल शोधक, रासायनिक उद्योग, उर्वरक कारखानों में भी पर्यावरण अशुद्ध होता है। शहरों, कस्बों एंव ग्रामीण क्षेत्रों में विभिन्न तरह के वाहनों एवं रेलगाड़ियों से भी प्रदूषण में वृद्धि होती है। राष्ट्रीय एवं अन्तर्राष्ट्रीय स्तर पर आणविक विस्फोट भी वायु को प्रदूषित कर स्वास्थ्य को असुरक्षित बना देते हैं।

जन-स्वास्थ्य पर वायु प्रदूषण से पर्यावरण पर पड़ने वाले दुष्प्रभाव से

दुष्प्रभाव पड़ता है जिससे मानव की श्वसन प्रणाली पर तो प्रतिकूल असर पड़ता ही है। साथ-ही-साथ तीव्र श्वसन शोथ, घुटन, पुराना श्वसनी शोथ,कैंसर जैसी जानलेवा बीमारियों से ग्रस्त होने की संभावनाएँ बढ़ जाती हैं। दूसरी तरफ वनस्पति एवं पशु-जीवन की विनाशलीला भी प्रारम्भ हो जाती है जिससे कालान्तर में वायुमण्डल में ऑक्सीजन की कमी होने से फैलने वाली बीमारियाँ भी बढ़ जाती हैं।

अतः हम वायु प्रदूषण को रोककर संतुलित पर्यावरण को बनाये रखकर ही स्वास्थ्य को ठीक बनाये रख सकते हैं। इसके लिए हमें चाहिए कि हम वायु-प्रदूषण के उद्‌गम स्थलों पर नियंत्रण करने का सफल प्रयास करें।

(3) ध्वनि (शोर)—गलत समय पर, गलत स्थानों पर, गलत ढँग से होने वाली आवाज को शोर प्रदूषण कहते हैं। सामान्यतः घरेलू ट्रांजिस्टर, टीवी, रेडियो एवं सड़कों पर लगे वाहनों तथा रेलगाड़ियों की आवाज एवं हवाई जहाज की कर्णभेदी आवाजों से भी ध्वनि का प्रदूषण होता है। धड़धड़ाती रेलों, चीखते इंजन, दीपावली के पटाखे, शादियों के जुलूस, लाउडस्पीकरों की कर्णभेदी आवाजें और सार्वजनिक सभाओं में दिए जाने वाले भाषणों का शोर वातावरण को नीरस और उबाऊ बनाते हैं। घरों का शोर, सड़कों का शोर, दफ्तरों और कारखानों का शोर हमें घेर कर हमारे स्वास्थ्य पर दुष्प्रभाव डालते हैं। बेचारे कानों को शोर का शिकार होना पड़ता है। हवा में तैरता हुआ शोर-प्रदूषण सीधे कानों पर प्रहार करता है। अन्त में होता यह है कि या तो हम शोर के वातावरण से अपने-आपको बचाए या फिर शोर का शिकार होते-होते बहरे हो जाने के लिए अपने-आपको तैयार रखे। ज्यादा शोर के मध्य काम करने से हृदय रोग, शरीर मे शारीरिक परिवर्तन जैसे रक्तचाप का बढ़ना, शारीरिक शिथिलता, वाक-शक्ति को नुकसान आदि अनेक रोग हमें घेर लेते हैं।

इस प्रकार घर, सड़कों एवं कारखानों से उत्पन्न होने वाले शोर पर नियन्त्रण करने से ही विभिन्न प्रकार से पड़ने वाले दुष्प्रभावों से हम छुटकारा पा सकते हैं घरों के निर्माण कार्यों से होने वाले शोर का नियन्त्रण भी हमें करना चाहिए जैसे निर्माण कार्यों में उपयोग किए जाने वाले यन्त्र ऐसे हों जो ध्वनि प्रदूषण करते ही न हों। यदि आवश्यकता पड़े तो साउंड-एब्जार्बिंग सिस्टम प्रयोग में लाया जा सकता है।

वातावरण में शोर की ज्यादा मात्रा होने से स्वास्थ्य पर दुष्प्रभाव पड़ता है तो हमें शहर के भीतरी भागों में भारी वाहनों के आवागमन पर प्रतिबन्ध लगाना

चाहिए। परीक्षा के दिनों में ध्वनि विस्तारकों पर रोग लगाई जाती है।

उसी प्रकार चिकित्सालय और विद्यालयों के आस-पास ध्वनि-विस्तारक पर रोक से मानसिक स्वास्थ्य पर प्रतिकूल प्रभाव नहीं पड़ेगा। वृक्षारोपण पर अधिक-से-अधिक बल देने से ध्वनि अवशोषित होती है और वृक्षों से प्राप्त होने वाली प्राण-वायु भी प्रचुर मात्रा में प्राप्त होने का क्रम निरन्तर बने रहने से स्वास्थ्य पर प्रतिकूल प्रभाव नहीं पड़ेगा। ऐसे तो प्राकृतिक आवाजें भी तेज हो सकती हैं, जैसाकि बादलों की गड़गड़ाहट या बिजली की कौंध के बाद की तेज ध्वनि, लेकिन वे अल्पकालीन होती हैं।

(4) घर—अच्छे स्वच्छ कस्बों को भी बढ़ती हुई आबादी के दबाव ने अव्यवस्थित बस्तियों का निर्माण कर प्रदूषित वातावरण बनाने में कसर नहीं छोड़ी है। नगरों तथा महानगरों में तो इन गन्दी बस्तियों में मनुष्य कुलबुलाते कीड़ों की तरह जीवन-बसर कर रहे हैं। अतः हमें चाहिए कि पर्यावरण को सन्तुलित रखते हुए स्वास्थ्य को सुरक्षित रखने हेतु मकान खुले स्थान पर ही बनायें चाहे शहरी क्षेत्र हो या ग्रामीण क्षेत्र। मकान की फर्श की सतह कड़ी होनी चाहिए। ऐसे मकान निर्मित किए जाए, जिसमें 100 वर्ग फीट प्रति व्यक्ति फर्श स्थान निर्धारित हो। मकान में दरवाजे एवं खिड़कियाँ प्रचुर मात्रा में हों ताकि शुद्ध वायु का आवागमन हो सके।

मकान में ज्यादा व्यक्तियों के होने से जब विभिन्न प्रकार से स्वास्थ्य पर प्रतिकूल प्रभाव पड़ता है तो अच्छा यह है कि मकान के कमरे व्यक्तियों की संख्या के अनुरूप ही हों। जैसे यदि परिवार में 2, 3, 5, 7, 10 व्यक्ति हों तो क्रमशः 1, 2, 3, 4, 5 कमरों की आवश्यकता रहेगी।

मल-मूत्र का निस्तारण—भारत में मल ढोने की परम्परा-प्रथा और सामाजिक समानता-दोनों में विरोधाभास की स्थिति है। देश में तीन राज्यों के अतिरिक्त पूरे देश में मल होने की व्यवस्था परम्परागत है। मल ढोने वाले इससे छुटकारा पाना चाहते हैं। समय-समय पर सरकार भी इस आशय की घोषणाएँ करती आ रही है। वर्तमान बजट में लगभग 150 करोड़ रुपयों का प्रावधान रखा गया है ताकि मल-मूत्र के निपटाने की परम्परागत विधि से छुटकारा मिल सके और आदर्श प्रणाली कायम हो सके। विकसित देशों में इसके लिए अत्यधिक सचेतता विद्यमान है क्योंकि अनुचित विधि से मानव मल-मूत्र के निस्तारण से विभिन्न प्रकार की बीमारियाँ फैलने की सम्भावनाएँ प्रबल हो सकती हैं, जैसे—मियादी बुखार, मोतीझरा, अतिसार, पेचिश, क्रमिया जैसे गोलकृमि एवं अंकुश कृमि, पोलियो, विषाणु यकृत

शोथ आदि।

आज के युग में शुद्ध पर्यावरण बहुत जरूरी है और इसके लिए हमें किसी की राह देखने की आवश्यकता नहीं है, अपितु स्वयं से ही शुरूआत करनी है।

कचरे का निपटारा—घरों, कारखानों एवं विभिन्न स्थानों से हम कचरे को जहाँ चाहें फेंक देते हैं जो हमारे लिए विभिन्न बीमारियों का कारण बन जाता है। अतः हमें चाहिए कि स्वायत्त शासन संस्थाओं द्वारा निर्धारित स्थान पर ही कचरा फेंके। कचरे का निपटारा हमें उन्हें जलाकर, पाटकर, नियमित रूप से उंडेलकर या उसे कम्पोस्ट-खाद के रूप में परिवर्तन करने जैसे उपायों को काम में लेना चाहिए, जिससे हमारे लिए बीमारियों के सम्भावित खतरे स्वतः ही टल जाएँ।

14

ओजोन परत की सुरक्षा आवश्यक

उत्तरी एवं दक्षिणी गोलार्द्ध के ऊपर ओजोन परत की मोटाई घट रही है। इससे पराबैंगनी किरणों का आना प्रारम्भ हो गया है जो तापमान में वृद्धि जा रही हैं। ओजोन परत का क्षय होने की सम्भावनाएँ ही हमारी पर्यावरण सम्बन्धी समस्याओं की महानतम जड़ है। यह समस्या मनुष्य की इच्छाओं, तृष्णाओं एवं ऐशो-आराम का जीवन जीने की मनोवृत्ति में कपड़ा एवं मकान जैसी आवश्यकताओं की परोक्ष एवं अपरोक्ष रूप से प्राकृतिक संसाधनों से पूर्ति सम्भव है। परंतु मनुष्य की लालचभरी आँख की तृप्ति कभी हो ही नहीं सकती। एक वस्तु की प्राप्ति से दूसरी की तृष्णा जाग्रत होने की वृत्ति का कोई अन्त नहीं होता। रंग-बिरंगे कपड़ों एवं फैशन के व्यामोह में मनुष्य विभिन्न प्रकार के कृत्रिम रंजक पदार्थों का निर्माण करता है।

विशालकाय कारखानों की स्थापना भी इसीलिए करता है। इन उद्योगों से प्रतिदिन टनों अग्राह्य एवं प्रदूषक पदार्थ प्रकृति में ठोस, द्रव एवं गैस के रूप में उत्सर्जित होते हैं।

कुदरत पर आज का मानव विश्वास नहीं करता। उसकी इच्छा-शक्ति बनी रहती है कि वह जीवन को सुरक्षित रखने और स्वास्थ्य की रक्षा हेतु विभिन्न प्राकर की औषधियों का निर्माण करे। अपने औषधियों का आविष्कार किया है तथा कालान्तर में करता रहेगा, ऐसी सम्भावनाएँ है।

इस रक्षात्मक जीवनशैली के लिए हजारों टन रासायनिक औषधियों का निर्माण हो रहा है। औषधि निर्माण में संलग्न कारखाने प्रदूषित पदार्थों का उत्सर्जन

करते हैं। देश की सुरक्षा के लिए विभिन्न हथियारों व अन्य गोला-बारूद का निर्माण हो रहा है। हमें पफ (प्लास्टिक फोम), स्प्रे-क्लीनरों (फव्वारेनुमा सफाई कारक), हेयर स्प्रे, परफ्यूम, दर्द-निवारक स्प्रे जैसी वस्तुओं का इस्तेमाल करने की मानसिकता का अविलम्ब परित्याग करना होगा। हाइड्रोकार्बन्स (प्रोपेन या ब्यूटेन) का प्रयोग इनके स्थान पर कर सकते हैं जो ओजोन परत को नुकसान नहीं पहुँचाते। यह सारी भौतिकवादी संस्कृति हमें प्रदूषण-भरा संसार दे रही है।

इन सबसे सुरक्षा प्राप्त करने का एक ही उपाय है कि हम भारतीय सांस्कृतिक मूल्यों को दृढ़ता से अपनाएँ। तपवृत्ति जीवन, सहिष्णुता, सादे रहन-सहन की परम्परागत मनोवृत्ति को हृदयंगम करने का संकल्प लेने की जरूरत है। यही मनोवृत्ति हमें 'ग्रीन हाऊस गैसों' के प्रतिकूल प्रभाव से बचा सकती है। मात्र विज्ञान एवं टैक्नोलॉजी द्वारा ओजोन परत पर सम्भावित होने वाले छिद्र की समस्या का समाधान सम्भव नहीं हो सकता।

वैज्ञानिक ओजोन की परत में बने छिद्रों को भरने हेतु ओजोन गैस निर्माण की अनुशंसा करते हैं। लेकिन ये गारण्टी नहीं देते कि ओजोन कारखानों से पर्यावरण की कोई अन्य समस्या खड़ी नहीं होगी। इसके लिए मनुष्य मात्र को स्वार्थ, ऐशो-आराम तथा तृष्णा की मनोवृत्ति त्यागकर 'सर्वहिताय-सर्वसुखाय' के लक्ष्य को प्राप्त करने का उपागम करना चाहिए। अमेरिका तथा यूरोपीय समुदाय के देशों द्वारा तथा विश्व के अन्य विकासशील देशों द्वारा ब्राजील में यह वचन दिया गया कि वे कार्बन-डाई-ऑक्साइड के उत्सर्जन में कमी करेंगे। जर्मनी ने कार्बन गैसों में 25.30 प्रतिशत कमी की घोषणा की। यूरोपीय देशों ने 60 प्रतिशत कमी करने का वचन दिया। परंतु दुर्भाग्य है कि उन देशों ने कमी करने की समय सीमा निर्धारित नहीं की थी।

सन् 1987 में मांट्रियल प्रोट्रोकाल समझौते के अनुसार 1999 तक सी. एफ. सी. एस. का औद्योगिक प्रयोग 1986 के मुकाबले 50 प्रतिशत कम करने की घोषणा की लेकिन कालान्तर में समय सीमा 1986 के बजाय 2000 रखी गई थी। परंतु आर्थिक देशों के सम्मुख लगातार बढ़ती माँग को देखते ये घोषणाएँ निरर्थक ही सिद्ध होने वाली हैं, ऐसा प्रतीत हो रहा है। विकास की अन्धी दौड़ में भौतिकवादी इन्सान दूसरों के सुख की परवाह नहीं कर रहा है, जब तक हम सी. एफ. सी. एस. गैस के उद्योगों में हो रहे प्रयोग से निर्मित वस्तुओं का उपयोग न करने का संकल्प हृदय से न ले लें। ऊर्जा विकल्प एयर कन्डीशनरों, फ्रिज व अन्य सी. एफ. सी. एस. उपलब्ध न होने की वजह से ये ओजोन की परत पर निरन्तर

प्रतिकूल प्रभाव डालती रहेंगी। प्रौद्योगिकियों के माध्यम से हानिकारक गैसों के उत्सर्जन में कमी व्रत एवं संकल्प से ही सम्भव है। कानून एवं प्रशासन में कमी आने को नहीं है। वाहनों द्वारा कम धुआँ छोड़ने जैसी मशीनों का आविष्कार एवं उपयोग भी उपादेय साबित हो सकता है। कूड़े-कचरे से खाद-निर्माण परम्परागत ढँग से किया जा सकता है। नये ऊर्जा-स्रोतों, जैसे—सौर ऊर्जा व पवन ऊर्जा का अधिकाधिक उपयोग होने से 'ग्रीन हाऊस गैसों' के उत्पादन में वृद्धि नहीं होगी।

'रिसाइक्लिंग' पद्धति से बेकार वस्तुओं को उपयोगों बनाये ताकि कल-कारखानों में निर्मित नई वस्तुओं से उत्पन्न होने वाली प्रदूषण में कमी आ सके। कुल मिलाकर उद्योगपतियों व उपभोक्ताओं को दृढ़ संकल्प लेना होगा कि, वे इकॉनामी एवं इकॉलाजी के सन्तुलन को बनाये रखने में परोक्ष व अपरोक्ष रूप से सक्रिय रहेंगे। अन्यथा वायुमण्डल व धरती को उसके पुराने स्वरूप में लाना इन्सान के बूते की बात नहीं रहेगी। संकल्प एवं व्रत समय रहते ले लिया तो 'ग्रीन हाऊस गैसों' को कम किया जा सकेगा जो मानवमात्र के लिए खुशहाली का सन्देश साबित हो सकता है। सर्वहिताय-सर्वसुखाय का हृदय से संकल्प, मनोवृत्ति में परिवर्तन लाने से सफल हो सकता है।

प्लास्टिक की थैलियाँ पर्यावरण के लिए मीठा जहर

स्वप्न में भी हमने कल्पना नहीं की होगी कि जिन प्लास्टिक की थैलियों में हम मिष्ठान ला रहे हैं उनके साथ पॉली विन्यास क्लोराइड भी घर में ला रहे हैं, जो धीरे-धीरे विष फैला देगी। जब हम सामग्री क्रय हेतु जब हम बाजार में जाते हैं तो हाथ में थैला या झोला अथवा अन्य कोई वस्तु नहीं होती जिसमें सामान भरकर लाया जाएँ। प्लास्टिक व सिन्थेटिक की बनी थैलियों में भरकर हम सामान ले आते हैं। आज दही, दूध, मिठाइयाँ, अण्डे, फल, माँस, मछलियाँ, सब्जी तथा विभिन्न तरह के खाद्य पदार्थ इन्हीं प्लास्टिक की थैलियों में उपलब्ध हैं। विद्यार्थी अपनी पाठ्य पुस्तकें व अभ्यास पुस्तकें थैलियों में क्रय करके लाते हैं। ये प्लास्टिक की थैलियाँ और उनका अन्तिम निस्तारण विश्व भर के वैज्ञानिकों एवं पर्यावरणविदों के सम्मुख महानतम समस्या है। आसानी से यह प्लास्टिक नष्ट नहीं होता। इसको पचाना तो मिट्टी के लिए भी टेढ़ा कार्य है।

जैविक गतिविधियों से भी यह अपने आप घुल-मिलकर मिट्टी नहीं बन पाती। यह स्वास्थ्य के लिए भी हानिकारक है। यह जल निकास को बन्द कर देती है। दुकानों, घरों, सार्वजनिक स्थलों, बाग-बगीचों, पर्यटन स्थलों पर नालियों में

फँसकर ऊपर तैरती हुई दृष्टिगोचर होती हैं। एक स्थान से दूसरे स्थान पर हवा में उड़कर जानलेवा भी बनती जा रही है। इसके अवरोध में नालियाँ व जल-आपूर्ति के नल भी प्रभावित होते हैं, कभी-कभी तो गैस भी उत्पन्न कर देती हैं, जिससे पाईप·लाईने अस्त-व्यस्त हो जाती हैं, फट जाती हैं। पतंगे अब तो उड़ाने वाले भी कागज की पतंग के स्थान पर प्लास्टिक से बनी पतंगों को क्रय करते समय अपेक्षाकृत ज्यादा प्राथमिकता देते हैं। यह समस्या सिर्फ अविकसित देशों की हो, ऐसी बात नहीं अपितु यूरोप के विकसित देश तथा अमेरिका तक में प्लास्टिक की थैलियों को नष्ट करने की समस्या बनी हुई है। प्लास्टिक पानी में न तो गलता है और न ही सड़ता है।

पर्यटन स्थलों व पहाड़ियों पर पर्यटक लोग विभिन्न प्रकार के सामान से भरकर ये थैलियाँ ले जाते हैं। वे सामान को समाप्त करने के उपरान्त थैलियों को ऐसे ही फेंक देते हैं। पहाडों पर स्थित सभी पर्यटन स्थलों पर बुरी तरह यह समस्या बनी हुई है कारण कि फेंक देने के उपरान्त भी वे ऐसे ही बनी रहती हैं और हवा में उड़ती रहती हैं। इनको कबाड़ी व मैला इकट्ठा करने वाले भी हेय दृष्टि से देखते हैं। रद्दी समेटने वाले बच्चे भी इसे नहीं उठाते। इनको पुनः ढालकर किसी अन्य काम में नहीं लिया जा सकता कारण कि प्लास्टिक की थैलियाँ घटिया क्वालिटी से तैयार की जाती हैं। ये प्लास्टिक·चूरे के पाँचवें ग्रेड से निर्मित की जाती हैं। इसीलिए इनका पुनः उपयोग नहीं हो सकता। ये टाक्सिक (विषाक्त) पदार्थ से तैयार होती हैं। यह जल को प्रदूषित कर देता है तथा इससे पेट की बीमारियाँ फैल जाने के खतरे भी हैं। यह पॉली विन्यास क्लोराइड से बनता है जो कालान्तर में विष फैलाता है। सामान्यतः घरों में थैलियाँ उड़ती नजर आती हैं। दिल्ली में पाँच सितारा होटल, तीन सितारा होटल एवं सामान्य रेस्तरां से क्रमशः 800, 600 200 किलोग्राम प्लास्टिक की थैलियाँ प्रतिदिन निकलती हैं।

अमेरिकी स्वायत्त शासन संस्थानों ने प्लास्टिक की थैलियों को नष्ट करने हेतु विभिन्न वैज्ञानिकों तथा व्यापारिक संस्थानों से टेण्डर आमन्त्रित किए। लेकिन आश्चर्य तो उस वक्त हुआ कि किसी वैज्ञानिक तथा व्यापारिक संस्थान ने इसके लिए किसी भी तरह की प्रौद्योगिकी एवं रसायन विकसित नहीं किया है, जिससे उन्हें नष्ट किया जा सके।

निरन्तर प्रयत्नशील रहने के उपरान्त भी प्लास्टिक को नष्ट करने की प्रविधि हासिल करने में वैज्ञानिक सफल नहीं हुए हैं। थैलियों पर प्रतिबन्ध लगाया है। ठीक इसी तरह केन्द्र व राज्यों की सरकारों को पतली प्लास्टिक को थैलियों

के उपयोग पर कानूनी रूप से प्रतिबन्ध लगा देना चाहिए, जिससे स्वास्थ्य एवं पर्यावरणीय पर दुष्प्रभाव न पड़ सके।

देश के विभिन्न भागों में प्लास्टिक की थैलियों को पाबन्द करने हेतु चेतना जाग्रत हो रही है। यह सड़ने व गलने पर नष्ट नहीं होता। यह पर्यावरण को अत्यधिक नुकसान पहुँचाने के साथ-साथ पशुधन द्वारा गलियों में अज्ञानतावश निगल लिए जाने से पशुओं के गम्भीर जानलेवा बीमारियों से ग्रसित होने के तथ्य एवं सत्य प्रकाश में आ रहे हैं। शहरों, कस्बों एवं महानगरों के नाले प्लास्टिक के कारण अवरुद्ध होने से प्रदूषण फैल रहा है। नदियाँ, तालाब व झीलें, प्रदूषित होने के सबसे बड़े कारणों में यह प्लास्टिक भी है। खास तौर से रंगीन पॉलीथीन तथा कैरीबैग को प्रयोग में लाने व सार्वजनिक स्थलों पर फेंक देने की घटना तो बहुत ही गम्भीर समस्या है। सफेद कैरीबैग व थैलियाँ जिनमें दूध या अन्य खाने का सामान, मिष्ठान्न भण्डार वाले पैकिंग के रूप में उपयोग में लाते हैं, वे अपेक्षाकृत कम नुकसानदायक होती हैं। सफेद प्लास्टिक की थैलियाँ सबसे सुधरा हुआ रूप है। इसके विपरीत रंगीन पॉलीथीन बैग सबसे निकृष्ट श्रेणी का होता है। रंगीन प्लास्टिक की थैलियों के निर्माण में काम में लिए जाने वाले केमिकल मानव शरीर में कैंसर जैसे भयंकर रोग उत्पन्न कर सकते हैं। हलवाई यदि गर्म मिठाइयों अथवा गर्म खाद्यान्न वस्तु को रंगीन प्लास्टिक की थैली में पैक करके ग्राहक को देते हैं तो क्रय करनेवाले उक्त वस्तुओं के उपयोग से दस्त जैसी व्याधियाँ से ग्रसित होकर निर्जल डिहाइड्रेशन बीमारी की चपेट में आ सकते हैं। इन्सान तो क्या, रंगीन प्लास्टिक की थैलियाँ वर्षा के पानी के साथ बहकर भूमिकी उर्वरा शक्ति को कम कर देने में सक्षम हैं।

मृदा-प्रदूषण के अन्य कारकों में पॉलीथीन की थैलियाँ भी बहुत हानिकारक पार्ट अदा करती हैं।

पर्यटन नगरों में पर्यटकों द्वारा इन रंगीन थैलियों के कचरे से लगे ढेर द्वारा उस क्षेत्र में वर्षभर हरे-भरे रहने वाले पेड़ों पर भी सुखापन आने लगा है। इससे स्पष्ट है कि यह पारिस्थितिक-तन्त्र को असन्तुलित तो कर ही देते हैं, साथ-ही-साथ सम्बद्ध क्षेत्र में नैसर्गिक रूप से पलने वाले जीव-जन्तुओं और जैविक सम्पदा को भी नष्ट करने में कोई कसर नहीं छोड़ते।

प्लास्टिक कचरे के दुष्प्रभावों के प्रति आज देश के विभिन्न भागों में नागरिक जाग्रत होकर इसके इस्तेमाल पर प्रतिबन्ध लगाने हेतु आन्दोलनरत हैं। देश के सभी राज्यों को भी हिमाचल प्रदेश की भाँति रंगीन पॉलीथीन तथा

कैरी-बैग के उपयोग करने पर एक महीने की सजा देने का अधिनियम कड़ाई से लागू करना परम आवश्यक है क्योंकि यह व्यक्तिगत एवं सार्वजनिक स्वास्थ्य के दृष्टिकोण में हानिकारक है। ऐसे तो राजस्थान सरकार ने भी प्लास्टिक की थैलियों के उपयोग पर प्रतिबन्ध लगाया है।

परम्परागत काम में लिए जाने वाले कागज, कपड़े और जूट की थैलियों को पुनः शुरू कर देना चाहिए। यदि हमें प्लास्टिक की थैलियों से ही प्रेम हो गया है तो केन्द्रीय कंदमूल शोध संस्थान द्वारा बताया गया है कि केरल के टोपियों का कंद के स्टार्च पर आधारित प्लास्टिक है, जो आम प्लास्टिक की अपेक्षा थोड़ा-सा महँगा जरूर है लेकिन जिसका उपयोग किए जाने से पर्यावरणीय एवं स्वास्थ्य सम्बन्धी दुष्प्रभावों से निजात मिल सकती है।

15

पर्यारण की रक्षा के लिए भारत द्वारा उठाए गए कदम

पर्यावरण की जोखिम को विश्व के स्टॉकहोम सम्मेलन में पहचाना गया और गम्भीरता से इसकी सुरक्षा से प्रयास त्वरित गति से प्रारम्भ किए गए क्योंकि पर्यावरण को किसी भी कीमत पर बचाए रखना है। इस सम्मेलन में यह महसूस किया गया है कि सुरक्षित पर्यावरण व्यक्ति-विकास की हथेली की जीवन रेखा है और कोई भी समझदार व्यक्ति कम-से-कम अपनी जीवन रेखा के साथ मजाक नहीं कर सकता। केवल उस सम्मेलन का भारत सक्रिय प्रतिभागी ही नहीं था बल्कि रियो-डि-जेनेरो में प्रधानमंत्री ने पुनः पर्यावरण संरक्षण हेतु आयोजित सम्मेलन में सक्रिय भागीदारी की। स्टॉकहोम सम्मेलन में स्वयं तत्कालीन प्रधानमंत्री श्रीमती इन्दिरा गांधी ने तथा तत्कालीन प्रधानमंत्री रियो-डि-जेनेरो में स्वयं ने भागीदारी करके वहाँ पर यह जताया कि भारत के शीर्ष नेता भी पर्यावरण को विश्व की एक गम्भीर एवं शीर्ष समस्या मान रहे हैं। स्टॉकहोम सम्मेलन रियो-डि-जेनेरो में भाग लेने वाले में भारत के प्रधानमंत्री एकमात्र राज्याध्यक्ष थे। इससे स्पष्ट है कि भारत के दिल और दिमाग में पर्यावरण संरक्षण हेतु कितनी जबर्दस्त ललक है।

चिंता की लकीरें—तब से गंगा में जाने कितना पानी बह चुका है। 1972 की तुलना में 2000 के बाद का परिदृश्य काफी बदला-बदला-सा है। प्रदूषण को आज तो कई विश्व संगठन पर्यावरण अपनी मुख्य चिन्ता मानने लगे हैं। इनमें संयुक्त राष्ट्र पर्यावरण कार्यक्रम, खाद्य एवं कृषि संगठन और विश्व मौसम विज्ञान संगठन आदि प्रमुख हैं। अन्य देशों की तरह भारत के ललाट पर भी इस बात को

लेकर सलवटें हैं कि धरती बेइन्तहा गर्म हो रही है, ओजोन की पर्त पतली पड़ती जा रही है, अम्लीय वर्षा और समुद्री प्रदूषण भयावह रूप धारण कर रहे हैं तथा जैवीय सम्पदा संकट के कगार पर पहुँचती जा रही है।

पृथ्वी का गर्म मिजाज—जहाँ व्यक्ति का गर्म मिजाज उसे नुकसान पहुँचाता है वहाँ दूसरों के लिए भी परेशानी खड़ी कर सकता है पर उस समय क्या होगा जब भूमण्डल का मिजाज ही गर्म होने लगेगा। भूमण्डल को गुस्सा दिलाने (गर्म करने) का पाप विकसित देश कर रहे हैं तथा उसका परिणाम विकासशील देशों का भुगतना पड़ रहा है। ग्रीनहाउस गैसों का असीमित निष्क्रमण संसार भर की चिन्ताओं के केन्द्र में है। वे यदि इन चिन्ताओं को मिटाने के आर्थिक उपाय करने लगेंगे तो उनकी रीढ़ की हड्डी ही चटक जाएगी। इतने अधिक उपचारात्मक संसाधन कहाँ से लाएँगे? विकसित देशों के खजाने तो ठसाठस भरे पड़े हैं। पर बिचारे विकासशील देशों के पास न तो ऐसी उन्नत प्रौद्योगिकी है और न धन की छूट कि वे प्रदूषण के शमन के उपाय कर सकें। साथ ही उनके लिए विकास के रथ की परिक्रमा को रोकना भी कतई हितकर नहीं है। विकास को रोकने का मतलब है शनी की साढ़े साती को न्यौतना। उधर प्रदूषण के साथ विकास करना भी कोढ़ में खाज की तरह कष्टप्रद है। वे करें तो क्या करें क्या आर्थिक बदलता जलवायु भी इन देशों की पीड़ा में इजाफा कर रहा है।

यदि सतह ऊँची होती रही तो?—स्वभाव से समुद्र गम्भीर माना जाता है पर समय-असमय रौद्र रूप धारण कर यह इंसान को बताता रहता है कि उसकी शान्ति का बेवजह फायदा नहीं उठाया जाए। गर्म होती हुई धरती और ग्रीनहाउस गैसों का प्रभाव आखिर कभी तो समुद्र में खलबली मचाएगा। तब एक ऐसा उफान आ सकता है जो समुद्र की सतह को ऊँचा उठाता जाए। कल्पना करें कि यदि समुद्री किनारे पर बसे हुए नगरों में पाँच-पाँच मीटर पानी चढ़ जाए तब क्या होगा? होने को क्या है? हजारों-लाखों इंसानों को जलसमाधि लेनी होगी। दो गज का इंसान भी 5-6 गज वाले पानी की ऊँचाई को कहाँ लगेगा? आखिर उसे ऊँचे-ऊँचे भवन भी कब तक बचाएँगे? भवनों की बात एक बार छोड़ भी दें पर झुग्गी-झोंपड़ियों में रहने वालों और एक दिन में सिर्फ एक बार खाना खाने वाले गरीबों का क्या होगा? मनु ने तो हिमगिरि के उत्तुंग-शिखर पर शिला की शीतल छाँह में बैठे-बैठे प्राण-रक्षा कर ली थी पर गरीबों में कितने मनु हो सकते हैं।

बंजर सपनों का पसारा—जंगलों के बीच में से होकर जाती हुई चौड़ी-चौड़ी सड़कें और वनों के मध्य स्थापित धुएँदार चिमनियों के कारखाने प्रकृति को चिढ़ाते

हुए-से प्रतीत होते हैं पर उनको यह पता नहीं कि यह चिढ़कर उनको बड़ी भारी पड़ेगी। वृक्षविहीन बंजर जमीन का फैलाव बंजर सपनों के पसारे जैसा है। सर्वनाश के इस सत्य को विकासशील देशों ने पहचान लिया है और वे इसे मिटाने में लगे हुए हैं। वनों की क्षीण काया अब उन्हें अच्छी नहीं लगती। फिर से जंगल घनें हों इसके लिए दो बातें आवश्यक हैं—एक तो, विकसित देश इसके लिए आर्थिक और प्रौद्योगिकी की सहायता दें तथा दूसरे, विकासशील देशों की वनों के संदर्भ में प्रमुखता को छीनने का प्रयास नहीं करें। वन प्रत्येक देश की अपनी सम्पत्ति है, अन्तर्राष्ट्रीयता वे किसी भी दशा में अपने वनों को दूसरों के सुपुर्द नहीं कर सकते। आवश्यकता इस बात की है कि विकसित देश मास्टर या मोनिटर की भूमिका में न रहें अपितु पर्यावरण सम्बन्धी अपनी अद्यतन जानकारी एवं पुष्ट प्रौद्योगिकी को अव्यावसायिक आधार एवं सुविधाजनक शर्तों पर साधन नहीं हैं कि वे अधुनातन प्रौद्योगिकी को प्राप्त कर सकें। प्रौद्योगिकी का सहज एवं अप्रतिबंधित प्रवाह आज की आवश्यकता है। इसे अब झुठलाया नहीं जा सकता।

इकॉलाजी एवं इकॉनामी की कहानी जुड़वाँ बहनों की—पर्यावरण की रक्षा और विकास की इच्छा—इन दोनों का जन्म एक ही कोख से हुआ है। भाग्यरेखाएँ भी दोनों की समान हैं। इनमें से पहले यदि बीमार पड़ जाए तो दूसरी को भी बीमार पड़ना पड़ता है। विकासशील देशों की कुछ निश्चित प्राथमिकताएँ हैं—भोजन, आवास, शिक्षा और स्वास्थ्य की प्राथमिकताएँ। पर्यावरण के साथ सन्तुलन बैठा कर ही लाया यह विकास जा सकता है। यही कारण है कि ये देश ऐसी विधियाँ अपनाना चाहते हैं जो पर्यावरण को मैगी का संदेश पहुँचा सकें। परंतु साथ ही इन्हें आज की उन्नत प्रौद्योगिकी की भी आवश्यकता है कारण कि दुनिया के साथ कदम मिलाकर चले बिना गुजारा भी तो नहीं होता। विकास की दौड़ में वे पहले ही काफी पिछड़ चुके हैं। अब और ज्यादा पिछड़ना केवल आत्मघाती ही सिद्ध हो सकता है।

भारत के प्रयत्न—तीसरी दुनिया का भारत एक अग्रणी देश है। पर्यावरण सुरक्षा और संवर्द्धन के लिए उसकी प्रतिबद्धता भी जगजाहिर है। उसने पर्यावरण प्रदूषण के प्रति अपनी चिन्ताओं को अनेक तरीकों से रेखांकित किया है। जून, 1990 में चुने हुए विकासशील देशों का सम्मेलन भारत में हुआ था। इसका मुख्य विषय था—पर्यावरण एवं विकास। भारत ने 1991 में दक्षिण एशियाई क्षेत्रीय सहयोग संगठन का एक और सम्मेलन बुलाकर पर्यावरण की समस्याओं पर गम्भीर चिन्तन का अवसर जुटाया। इसी महीने 26 से 29 अप्रैल, 1992 तक विकासशील

देशों के मंत्रियों का एक सम्मेलन क्वालालम्पुर में फिर हुआ ताकि आगे आने वाले संयुक्त राष्ट्र पर्यावरण विकास सम्मेलन के लिए विचार-साम्यता को एक पुष्ट धरातल मिल सके।

क्वालालम्पुर सम्मेलन—विश्व साझेदारी का प्रारंभ—भारत के तत्कालीन पर्यावरण एवं वन मंत्री श्री कमलनाथ ने क्वालालम्पुर सम्मेलन में अपने प्रभावी व्यक्तित्व की अमिट छाप छोड़ी। उनके शब्दों को यदि यहाँ उद्धृत किया जाए तो एक वाक्य में कहा जा सकता है कि इस सम्मेलन में होने वाले निर्णय वास्तव में धरती के भविष्य का निर्धारण करेंगे।

श्री कमलनाथ ने कहा—"यह संसार धनवान और गरीब देशों के बीच में बँटा हुआ है। ये धनवान देश वे हैं जिन्होंने भौतिक सुख-सुविधाओं के वर्तमान स्तर को पाने के लिए इस धरती की सम्पदा का लापरवाही से शोषण किया है। आज भी ये देश एक ऐसे जीवन स्तर को बनाये रखने के लिए धरती के संसाधनों का बेरहमी से शोषण कर रहे हैं जिसे स्पष्ट रूप से फिजूलखर्ची का जीवन कहा जा सकता है।

"विकास हम भी करना चाहते हैं लेकिन उस रास्ते का अनुसरण नहीं करना चाहते जो विकसित देशों ने अपनाया है। प्रकृति अपने निर्बाध शोषण को कभी भी स्वीकार नहीं कर सकती।"

यह भी त्रासदी का एक स्वरूप है—भारत सरकार ने स्पष्ट कहा—"भारत पर्यावरण की सुरक्षा की अपनी जिम्मेदारी से पूरी तरह वाकिफ है और उसे विश्वास है कि दुनिया के देश की भी वैसी ही जिम्मेदारी है। एक अन्यायपूर्ण अन्तर्राष्ट्रीय आर्थिक व्यवस्था को वैसी ही अन्यायपूर्ण पर्यावरणीय व्यवस्था से नहीं बदला जा सकता। आज दुनिया की 20 प्रतिशत जनसंख्या विश्व के 80 प्रतिशत संसाधनों का उपभोग करती है दक्षिणी एशिया का एक निवासी जितनी ऊर्जा का उपभोग करता है उससे 36 गुना अधिक ऊर्जा की खपत उत्तरी अमेरिका के एक निवासी द्वारा की जाती है। विकसित देशों में कुछ ऐसे नगर भी हैं जिन्हें अपने जीवन स्तर को बनाए रखने के लिए सम्पूर्ण भारत में खर्च की जाने वाली ऊर्जा से भी अधिक ऊर्जा की जरूरत होती है।"

एक पुरजोर वाणी क्वालालम्पुर सम्मेलन में गूँजती रही और उसका मुख्य स्वर यही था कि हमें विकास की गुणवत्ता का इस तरह अभिनवन करना चाहिए जिससे यह पर्यावरण को असंशोधनीय क्षति न पहुँचा सके और साथ ही यह भी सुनिश्चित हो कि दुनिया की जनसंख्या को सम्मान जीवन स्तर का लाभ मिल सके।

पारदर्शी जिम्मेदारी एवं विश्वसनीयता—सभी देशों की पर्यावरण को बचाने की जिम्मेदारी सभी देशों की है पर इस जिम्मेदारी में लुका-छिपी नहीं होनी चाहिए। जिम्मेदारी पारदर्शी हो तथा उसकी विश्वसनीयता भी बनी रहे तभी एक-दूसरे से मिलकर काम किया जा सकता है। इस विश्व-साझेदारी का आधार सारी चिन्ताओं को होना चाहिए न कि दान-प्रकृति का। श्री कमलनाथ ने सम्मेलन में दी गई अपनी तकरीर में कहा—"मुझे इस बात का भरोसा है कि यदि एक सच्ची समस्याओं के समाधान अपने आप होते चले जाएँगे। इस सम्मेलन को विश्व सहभागिता के तत्त्वों पर सहमत होना चाहिए।

ऐसे भारत की दृष्टि में चार तत्त्व हैं—

2. भेदभाव से विलगाव—इस बात पर सहभागिता का मुख्य जोर इस बात पर होना चाहिए कि सभी राष्ट्रों की चिन्ताओं पर समान रूप से महत्त्व दिया जाए। एजेण्डा-21 के कार्यक्रमों में इसके क्षेत्र को तय करते समय कोई भेदभाव नहीं किया जा सकता और न यह भेदभाव नहीं किया जा सकता और न यह भेदभाव विकास एवं पर्यावरण के बीच अथवा विश्वव्यापी एवं स्थानीय चिन्ताओं के मध्य में किया जा सकता है। एक क्षेत्र का कार्य निश्चित रूप से दूसरे क्षेत्र के लक्ष्यों को मजबूत करता है। उदाहरण के तौर पर वनों के संरक्षण, प्रबन्धन एवं विकास हेतु जरूरी है कि गरीबी समाप्त हो तथा ग्रामीण समुदाय को पर्याप्त ईंधन एवं चारे की उपलब्धि सुनिश्चित की जाए। भारत में हमारे प्रयासों ने यह सिद्ध कर दिया है कि इन दोनों को अलग-अलग रखने का कोई भी प्रयास न केवल कृत्रिम होगा अपितु असफल भी होगा। इससे न तो ग्रामीण सम्पन्नता आएगी और न वनों का पुनरुद्धार ही हो सकेगा।

1. पर्यावरण के समूचे विकास की बात—इस विश्व-सहभागिता का लक्ष्य सिर्फ प्रदूषण को रोकने तक ही सीमित नहीं रहना चाहिए अपितु धरती को फिर से हरी-भरी करने के लिए एक विराट कार्यक्रम के जरिये समूचे पर्यावरण ने पुनः विकास पर ध्यान दिया जाना चाहिए। एजेण्डा-21 में इस कार्यक्रम को सर्वोच्च प्राथमिकता दी जानी चाहिए क्योंकि इसमें भूमि और जल सम्बन्धी सभी चिन्ताओं पर ध्यान दिया गया है। साथ ही मरुस्थल के विस्तार को रोकने, बंजर भूमि का विकास करने और आजीविका के जुगाड़ करने जैसी सभी समस्याओं का सामना करने के लिए यह एक मुख्य तत्त्व है।

3. इस नई सहभागिता हेतु आवश्यक है कि इन सभी मामलों को तय करने के लिए संयुक्त राष्ट्र संघ की मजबूत भूमिका होनी चाहिए। इस समय तो वित्तीय

एवं आर्थिक सहयोग से जुड़े हुए अन्तर्राष्ट्रीय सहयोग के संगठनों का आधार 'भारी' समझे जाने वाले मताधिकार पर आश्रित है, जो तंग पर्यावरण तथा विकास के साथ-साथ आर्थिक एवं सामाजिक मामलों से सम्बन्धित है, उसे पारदर्शी, जवाबदेह एवं उसे अधिक प्रजातांत्रिक नियंत्रण वाली पद्धति का होना चाहिए।

4. इस बात पर हमारा जोर है कि अन्तर्राष्ट्रीय विकास सहायता के वर्तमान वादों से किसी भी प्रकार का विचलन नहीं होना चाहिए तथा सन् 2000 तक आई. सी.डी. देशों की सकल राष्ट्रीय आय का कम-से-कम 0.7 प्रतिशत भाग ओडीट को मिलने चाहिए। टोकियो बैठक में जो पहल की गई थी कि हम उसका समर्थन करते हैं। इसके अनुसार विकसित देशों में 'पर्यावरण कर' लगाया जाना चाहिए ताकि ऐसे आर्थिक संसाधनों का स्थानान्तरण किया जा सके। हम इस प्रस्ताव की सराहना करते हैं क्योंकि इसकी प्रकृति अधिकांशतः क्षतिपूर्ति वाली होगी और यह धन के आगम (प्रवाह) को सुनिश्चित कर सकेगी।''

समाहार करते हुए तत्कालीन पर्यावरण मंत्री ने कहा–''बिना समानता के कोई साझेदारी नहीं हो सकती। वास्तविकता की उपेक्षा करके कोई समझौता नहीं किया जा सकता और बिना जिम्मेदारी के कोई विश्वसनीयता नहीं आ सकती। और इसी समानता, विश्वसनीयता एवं प्रतिबद्धता की खोज करते हुए दुनिया को जान लेना चाहिए कि विकसित देश पर्यावरण की सुरक्षा में क्या भूमिका अदा करेंगे। इससे ज्यादा आवश्यक यह है क वे यह जानें कि वे देश इस कार्य को किस गति से करेंगे।''

रियो-डी जेनेरो सम्मेलन–पर्यावरण एवं विकास एक-दूसरे के पूरक हैं इस बात की विश्वव्यापी संचेतना पैदा करने में रियो-डी-जेनेरो के सम्मेलन ने एक महत्त्वपूर्ण किरदार अदा किया है। विभिन्न देशों के बीच एक-दूसरे को ठीक तरह समझने का दायरा बढ़ा है तथा इससे विश्व-सहभागिता व साझेदारी के हाथ मजबूत हुए हैं।

रियो सम्मेलन की प्रमुख बातें इस प्रकार हैं–

(क) इस बात को मान्यता दी गई कि विकास करना हर देश का अधिकार है। पर्यावरण के संदर्भ में इसका आशय है–गरीबी मिटाना और साथ ही आगे बढ़ने के लिए विकास करते रहना।

(ख) प्रत्येक देश के नैसर्गिक संसाधनों पर उसी देश का अधिकार है–इस बात को सभी राष्ट्रों ने स्वीकार किया।

रियो सम्मेलन ने पर्यावरण एवं विकास पर जिस घोषणा-पत्र को स्वीकृति

दी है उसके अनुसार राष्ट्रों के अधिकार एवं कर्तव्यों को व्यवस्थित किया गया है। इसके साथ ही सम्मेलन ने एजेण्डा-21 को भी अपना लिया तथा यह तय कर दिया कि पर्यावरण को बचाना और विकास के साथ उसकी संगति बैठाना जरूरी है। एजेण्डा-21 में ऐसे कई प्रकार के कार्यक्रम सम्मिलित हैं जो इन दोनों बिन्दुओं के परिप्रेक्ष्य में तैयार किए गए हैं। इस बात पर विश्वव्यापी सहमति हुई कि सभी तरह के वनों का सही प्रबन्धन, संरक्षण और विकास किया जाना है। इसके साथ ही सम्मेलन में जलवायु परिवर्तन तथा जैविक विविधता की सुरक्षा के कन्वेशन्स पर हस्ताक्षर भी किए गए।

आपसी सहयोग के नवीन स्तरों की खोज—रियो-डि-जेनेरो का धरती शिखर सम्मेलन 20वीं शताब्दी की एक महत्त्वपूर्ण घटना थी। इसने एक नई और विश्वव्यापी साझेदारी का धरातल तैयार किया है। यह धरातल देशों, समुदायों के प्रमुख क्षेत्रों और व्यक्तियों के बीच एक नए सहयोग का सूत्रपात करता है जो सभी लोगों की रुचियों के साथ-साथ संसार के पर्यावरण और विकास पद्धतियों की रक्षा के प्रति वचनबद्ध है। स्वीकृत दस्तावेज में कुल 27 बिन्दु हैं ये बिन्दु राष्ट्रीय एवं अन्तर्राष्ट्रीय स्तरों पर उठाए जाने वाले कदमों एवं कार्यों का नियंत्रण करेंगे। आज मनुष्य विश्व की चिन्ताओं के केन्द्र में आ गया है। मनुष्य को प्रकृति की संगति में रहकर स्वस्थ एवं उत्पादक जीवन व्यतीत करने का पूरा अधिकार है।

इस प्रकार सम्मेलन के सार-संक्षेप को बिन्दुओं के रूप में व्यक्त किया जा सकता है—

1. प्राकृतिक संसाधनों का हर देश के प्रभुत्व को मान्यता, 2. विकास करने का अधिकार, 3. विकास की पद्धति के अन्तर्भूत भाग के रूप में पर्यावरण का संरक्षण, 4. गरीबी उन्मूलन के लिए सहयोग, 5. खुली एवं सम्बलदायी अन्तर्राष्ट्रीय आर्थिक पद्धति का विकास, 6. पर्यावरण के प्रभावों की समीक्षा, 7. पर्यावरण के प्रबन्धन एवं विकास प्रक्रियाओं में महिलाओं, युवाओं एवं स्थानीय समुदायों की भूमिका आदि।

है क्या एजेण्डा-21?—एजेण्डा-21 एक तरह की कार्य-योजना है जिसमें अनेक कार्यक्रमों का वर्णन किया गया है। क्षेत्रीय कार्यक्रमों में निम्नांकित बातें सम्मिलित हैं—भू-संसाधनों का प्रबन्ध, रेगिस्तान का विस्तार, वनों का विनाश एवं सूखे की समस्याओं का उपचार, विनाशक रासायनिक पदार्थों की रोकथाम तथा कूड़े-कचरे एवं मल के निष्पादन की व्यवस्था आदि। साथ ही आर्थिक संसाधनों की व्यवस्था प्रौद्योगिकी का स्थानान्तरण, जनजागृति, युवाओं, महिलाओं, स्थानीय

समुदायों एवं स्वैच्छिक संस्थानों की सहभागिता आदि बातों को भी सम्मिलित किया गया है।

एक दीर्घ योजना—इस समस्त अभिक्रम में सन् 2000 तक 600 अरब अमेरिकन डॉलर्स के खर्च का अनुमान लगाया गया था इनमें से 125 अरब डॉलर तो विकसित देशों को ही देने होंगे। एजेण्डा-21 में एक तरह से इस बात को मान लिया गया है कि विकसित देश अपनी सकल राष्ट्रीय आय का 0.7 प्रतिशत भाग पर्यावरण संरक्षण एवं संवर्द्धन एवं विकास सहायता के रूप में खर्च करेंगे। स्थिति आज की तो यह है कि तीसरी दुनिया के देशों के पल्ले 55 अरब डॉलर ही पड़ते हैं जो विकसित देशों की सकल राष्ट्रीय आय का 0.3 प्रतिशत के बराबर है। एक लम्बी छलांक लगाने की आवश्यकता है ताकि 0.3 प्रतिशत कलेक्शन बढ़कर दुगुने से अधिक अर्थात् 0.7 प्रतिशत हो जाए।

आखिर प्रौद्योगिकी पर बपौती की भावना को छोड़ना ही होगा। प्रौद्योगिकी का विकास इन्सान की ऊर्जा के कारण हुआ है। तथा इन्सान को यदि संसाधन माना जाए तो पूरे विश्व का संसाधन है। उसके द्वारा किया गया आविष्कार या नया निर्माण पूरे विश्व की सम्पत्ति होती है। हमें दृष्टि का फलसफा इस बात के लिए अभिप्रेरित करता है कि प्रौद्योगिकी चाहे जहाँ भी विकसित हुई हो, उसे पूरे संसार के विकास में लगाया जाना चाहिए यानी पाश्चात्य देशों को अपनी प्रौद्योगिकी का हस्तान्तरण खुले मन से करने में झिझक नहीं होनी चाहिए। दुनिया के गरीब देशों को अधिकार है कि वे भी आधुनिक प्रौद्योगिकी का भरपूर लाभ ले सकें। इसी दिशा में रियो सम्मेलन लाभदायक पुख्ता कदम है। यह गरीब देशों से अपेक्षा बेमानी है कि वे इस प्रौद्योगिकी की कीमत चुका पाएँगे। खाली तथा हल्की जेबों के सत्य को समझना लाजिमी है तथा यही वजह है एजेण्डा-21 में एक ऐसी प्रक्रिया का सुझाव दिया गया है जिसके अनुसार विकसित देश सम्बन्धित कम्पनियों से स्वत्वाधिकार खरीदकर गरीब देशों को प्रौद्योगिकी का लाभ पहुँचा सकें।

जंगलों की तरफ गिद्ध दृष्टि—पश्चिम की गिद्ध दृष्टि जंगलों के वैभव को लेकर है। वह चाहता है कि दुनिया भर के वनों को विश्व-सम्पदा घोषित कर दिया जाए यानी आप जहाँ से चाहे अपनी जरूरतों के मुताबिक संसाधन और कच्चा माल प्राप्त कर सकते हैं। विकसित देशों की भूख कच्चे माल को लेकर जगजाहिर हैं उनका पेट अपने उपलब्ध संसाधनों से नहीं भरता। मशीनी सभ्यता चाहती है कि उसे भरपूर कच्चा माल मिले ताकि वह दुनिया पर अपना आर्थिक साम्राज्य कायम कर सकें। अविकसित देश इस बात के लिए कतई तैयार नहीं हैं कि उनके

संसाधनों की सरेआम लूटपाट हो। यह तो एक अन्तर्राष्ट्रीय डकैती होगी जिसे बरदाश्त करना न तो स्वाभिमान के स्तर पर ठीक है एवं न राष्ट्रीय हितों के अनकूल। रियो-डि-जेनेरो के सम्मेलन में विकसित देशों की गिद्ध दृष्टि को मान्यता नहीं दी गई और सच पूछो तो यह भारत की जीत थी कारण कि भारत ने ही इस माँग को पुरजोर स्वर दिया था कि प्रत्येक देश के नैसर्गिक संसाधनों पर केवल उसी देश का अधिकार है, दूसरों को उसमें दखल देने का कोई हक नहीं है।

जलवायु का बीमार होते जाना—अब विश्व का स्वस्थ जलवायु बीमार पड़ता जा रहा है। अब तो स्थिति यहाँ तक आ पहुँची है कि उसका जुकाम बिगड़ने लगा है तथा मलेरिया का खतरा है। ग्रीनहाउस गैसें आखिर उसका प्राण लेकर छोड़ेंगी। आवश्यकता इस बात की है कि इन गैसों पर समय रहते नियंत्रण कर लिया जाए अन्यथा विश्व संकट के कगार पर आ खड़ा होगा। विकसित देशों का दायित्व है कि वे कार्बन-डाईऑक्साइड को सीमा में बाँधे रखें तथा क्रमिक रूप से उसके निष्क्रमण को कम करते चले जाएँ। इसी अंधाधुंध निष्क्रमण ने विश्व के जलवायु को बुरी तरह प्रभावित किया है।

क्या भारत को प्राप्त हुआ—सम्मेलन की उपलब्धियों के तलपट को मिलाकर देखें कि आखिर भारत को उनसे क्या लाभ हुआ। भारत वर्षों से पर्यावरण सुरक्षा एवं विकास सम्बन्धी एक पुख्ता नीति का पालन करता आ रहा है। इस नीति के प्रति अन्तर्राष्ट्रीय समुदाय में रचनात्मक समझ का उदय हुआ है। भारत के सन्दर्भ में यह कहा जा सकता है कि उसे पर्यावरण सुरक्षा एवं विकास सम्बन्धी अपने नीतिगत अनेक पहलुओं को उजागर करने का मौका तो मिला ही साथ ही उसे विश्वव्यापी सराहना भी प्राप्त हुई। भारत ने सम्मेलन में एक तार्किक एवं वस्तुपरक दृष्टि अपनाई तथा करीब सभी देशों ने पर्यावरण एवं विकास के प्रति हमारी दृष्टि को उचित माना। अब भारत सरकार आगे की कार्य योजना को मूर्त रूप देने में लगी है। पर्यावरण प्रदूषण की गम्भीरता को समझते हुए जो योजनाएँ बनाई जा रही हैं। अथवा जिन बनी हुई योजनाओं को काम में लिया जा रहा है उनके लक्ष्य एकदम स्पष्ट हैं। पर्यावरण एवं विकास को साथ-साथ चलना है। भारत ने अपने उदाहरणों से सिद्ध कर दिया है कि ऐसा करना सम्भव है।

उपसंहार

अब अंत में उपसंहार का प्रकरण आ गया है। हमारा सबसे मुख्य कर्तव्य है पर्यावरण को उसमें घूलते जहर से बचाना। आरंभिक परिचय वाले अध्याय से लेकर प्रदूषण नियंत्रण वाले अंतिम अध्याय तक की सामग्री का सार, समन्वय और समाहार करना युक्तिसंगत होगा। इस तरह प्रदूषण संबंधी यथासंभव सारी संगत सूचना इन उन्नीस अध्यायों में परस्पर गई है। पर्यावरण प्रदूषण आज के युग का बड़ा नाजुक विषय है जिस पर गौर करना बहुत जरूरी है। देखा जाए तो मुख्य विषय पर्यावरण है लेकिन प्रदूषण इसी पर्यावरण का होता है। पर्यावरण की स्वच्छता धौलापन और सौन्दर्य प्रकृति है तो उसका मैलापन व प्रदूषण उसका कलंक या ग्रहण है। हमें इस श्री पर ग्रहण नहीं लगने देना है वरना यह कलंक या ग्रहण भूमि व मानवों समेत सभी प्राणियों तथा वनस्पतियों का ग्रस डालेगा और फिर इससे उबरना हमारे लिए असंभव हो जाएगा। हमें निम्नलिखित नारे को बुलंद करते हुए इसे कर्म रूप में परिणत करना होगा--

पर्यावरण रक्षा परमो धर्मः

हमें भूमि, वायु, जल , आकाश और अग्नि को स्वच्छ रखना है। इस ग्रह पर अपने आवास को निर्मल बनाए रखना होगा। हमें समस्त प्राणियों और वनस्पतियों को प्रदूषण से मुक्त रखना है। हमारे कर्म ऐसे हों कि हमारे जलाशय, झीलें, कृषि, भोजन आदि प्रदूषणहीन रहें। हमारी नदियां सही मायने में पवित्र, प्रवाहपूर्ण और जलपूर्ण रहें। हमारे वप-उपवन घने और भरे-पूरे रहें। हमारे प्रयास ऐसे हों कि प्रदूषण-नियंत्रण में पहले हम भौतिक, प्राकृतिक और जैविक उपायों को काम में

लाएं। हम यह भी कोशिश रखें कि थोड़े बहुत रसायनों का इस्तेमाल करें तो केवल मर्यादित रूप में। हम प्रतिज्ञा करें कि हर समय हर तरह से पर्यावरण का ध्यान रखेंगे। अपने घर-आंगन को भी सुथरा और हरा-भरा रखेंगे। पर्यावरण के प्रति हमारा दृष्टिकोण यदि धनात्मक और सकारात्मक रहेगा तभी हम पर्यावरण को अप्रदूषित और सुरक्षित रख पाएंगे। आधुनिक बनने पर भी हमें यह नहीं भूलना होगा। भूमि, जल, वायु, अग्नि, आकाश, जलाशयों, वनों और दिशाओं की महत्ता आंककर ही हमारे जानकार और दूरदर्शी पुरखों ने इनको देवी-देवताओं वाला सम्मान दिया था और इनको कलुषित करना तो दूर रहा समय-समय पर इनको पूजने का प्रचलन था।

पुस्तक का उद्देश्य यही है कि यह सब जानकारी हासिल करने के बाद सभी लोगों में पर्यावरण को प्रदूषणरहित रखने और पर्यावरण के संरक्षण की चेतना जगे और शहरों में कंक्रीट के जंगलों के साथ-साथ भूमि वृक्षों के जंगलों से भी पेटी रहे। जरा भी जमीन खाली न रहे। तभी शस्यश्यामला वाली पुरानी उक्ति फिर से चरितार्थ हो सकेगी। पेड़-पौधों प्रदूषण का नियंत्रण करते हुए ज़हरीले विकिरण को सोखते हैं। पेड़-पौधे ही पर्यावरण का संतुलन रखते हैं, जलवायु का नियमन करते हैं तथा जलाशयों में पानी भरते हैं। अनेक स्थानों पर गरमियों के दिनों में पानी की हाय-हाय पेड़ों की कमी का ही परिणाम है।

धरती पर मानव आदिकाल से चला आ रहा है पर उसके कदम अब चांद, दक्षिणी ध्रुव और अंतरिक्ष पर भी पड़ चुके हैं। यद्यपि हमारे वायुयानों, जलपोतों और अंतरिक्ष-यानों द्वारा भी प्रदूषण होता है पर इस दुनिया के पार की दूसरी दुनिया के अनुभव की ललक में यह सब क्षम्य है। फिर भी हमें ध्याय रखना है कि दुनिया में कहीं भी प्रदूषण न हो। हमारा ध्येय यही रहना चाहिए कि धरती से अंतरिक्ष तक का अवकाश प्रदूषणहीन तथा प्रशांतिपूर्ण रहे, तभी मानव को सही अर्थ में विवेकमय, प्रज्ञामय और विकसित प्राणी कहा जाएगा। इस सृष्टि को नैसर्गिक और अक्षुण्ण बनाए रखने का दायित्व मानव पर ही है वरना उसके बुद्धिमान होने की संकल्पना पूर्णतया निरर्थक मानी जाएगी।

यह परम हर्ष का विषय है कि केन्द्र सरकार तथा राज्य सरकारों द्वारा पारिस्थितिक संतुलन बनाए रखने के लिए सुविचारित नियम बनाए जा रहे हैं जिनके पालन न किए जाने पर कड़े दंड की व्यवस्था रहेगी। इन नियमों और अधिनियमों से वृक्षों तथा जंगलों के अवैध रूप से काटे जाने तथा मोटर-गाड़ियों वगैरह से फैलने वाले वायु-प्रदूषण पर रोक रखी जा सकेगी और पर्यावरण को

स्वच्छ तथा स्वस्थ बनाकर रखा जा सकेगा।

फिर दोहरा दें कि हमारे चारों ओर का भूमि, जल और वायु का आवरण अप्राकृतिक और प्रदूषित हो रहा है। प्रदूषण की मार हमें लस्तपस्त, अस्तवयस्त और प्रताड़ित किए हुए है, लेकिन अब इसके निवारण के लिए हमें स्वयं को अनुशासन में रहकर संयमी बनकर रहना होगा। अपना काम चलाने के लिए आए दिन हमें कुछ रसायनों, उर्वरकों, गैसों आदि का इस्तेमाल भले ही करना पड़े पर यह याद रखना होगा कि अगर इनका इस्तेमाल करें भी तो इष्टतम मात्रा में। मध्यम मार्ग हमेशा ही अच्छा होता है। वैसे युद्धों वाले परमाणुविस्फोटों और नाभिकीय प्रक्षेपास्त्रों से तो हम दुनिया के पर्यावरण को बचा ही सकते हैं क्योंकि ये हिंसा, बर्बरता और आक्रामकता वाले ऋणात्मक मूल संस्कारों के संकेतमक हैं। ये अंह तुष्टि और अपने अत्याधुनिक शस्त्र वैभव के प्रदर्शन के प्रतीक हैं।

यद्यपि आज की भौतिकवादी दुनिया में पैसे और प्रभुत्व की तुलना में भावनाओं की कद्र नहीं है, पर यथार्थ में मानवोचित भावनाओं को महत्ता दी ही जानी होगी ताकि अमानुषिक क्रियाकलाप हों ही नहीं। 'जीयो और जीने दो' का नारा ही आज का सच होना चाहिए तभी सभ्य और संस्कृतिनिष्ठ मानव की सार्थकता है। सभ्य युग की अपेक्षा यही है कि ध्वंसात्मक युद्ध ने हों और धरती को प्रलयंकारी और प्रदूषणकारी विस्फोटों से बचाया जाएः अन्यथा भोली, उदासीन और निर्लिप्त मानवता और की खैर नहीं। हिंसा का खेल तो कुछ डगमगाते दिमागों की हेरफेर और हलचल है। कुछ की करनी बाकी सभी लोगों को भुगतनी पड़ती है। काश कि, दुनिया के कर्णधारों के मन में सुबुद्धि बैठे और वे मानव कल्याण की बात सोचते हुए संहारक युद्धों से होने वाले पर्यावरण प्रदूषण की रोकथाम के प्रति सगर्पित रहें। उद्योगों की दृष्टि से विकसित देशों के विपरीत भारत अभी विकासशील देश है इसलिए हम अपने पर्यावरण को प्रदूषण से बचा सकते हैं। औरों से सबक लेकर हम अपना मार्ग प्रशस्त कर सकते हैं।

हमारी नदियों को पवित्र माना गया है क्योंकि ये अमृततुल्य जीवनदायी स्वच्छ जल प्रदान करती हुई हमारे सारे कार्य साधती हैं। इन्हीं के किनारे सभ्यता व प्रगति पनपती है और हमारे सारे कृषि उद्योग फलते-फूलते हैं। जिन्दगी की सारी बाहर इन्हीं की बदौलत है, इसीलिए इन्हें जीवनदायिनी कहा गया है। नदियों को गढ़वाली आदि भाषाओं में गंगाजी या धौली कहा जाता है। धौली इसलिए कहा गया है कि ये कल-कल करती हुई निर्मल, स्वच्छ और पारदर्शी यानी श्वेत हुआ करती थीं। पर आज इनका धौलापन प्रदूषण के मैलेपन में बदल गया है, इसलिए

हमें चाहिए कि हम पुनः इन्हें इनका धौलापन लौटकार इन्हें धौली (उजली) बना दें। फिर गंगाजल पर कोई अविश्वास नहीं करेगा और उसे पूर्ववत् पवित्र मानता रहेगा। वाराणासी के घाटों पर गंदगी रोकने के लिए पुलिस की गश्त एक अच्छी शुरुआत है।

नदियों में जल पहाड़ों और जंगलों के वृक्षों से ही भरता है। अतः हमें वनों को सघन विकास की योजनाएं चलाती रहनी होंगी और काटे गए वृक्षों की भरपायी करती रहनी होगी। जंगलों से ही जलवायु का निर्धारण होता है और जंगलों में ही हमारी वनस्पति और प्राणी संपदा सुरक्षित रहती है। इसीलिए इन पर समुचित ध्यान देना जरूरी है।

मिट्टी, वायु, पानी, आकाश और अग्नि से ही हमारा शरीर बना है इसीलिए प्राकृतिक रूप में प्रकृति और मानव का समन्वयात्मक सहसंबंध बना रहता है। जरा-सी खोट-खराबी से खलबली मच जाती है। पर्यावरण में सभी जीवों का औसत संख्या में बना रहना परम आवश्यक है, तभी पर्यावरणी संतुलन बना रह सकता है। इसके लिए हमें जीवों का नाश न करके उनके संरक्षण पर जोर देकर प्रकृति में संतुलन बनाए रखना होगा? प्रदूषण से मानव समेत सभी प्राणियों पर ऋणात्मक प्रभाव पड़ता है इसीलिए समीकरण बनाए रखने के लिए पर्यावरण तथा प्रदूषण वाले महत्त्वपूर्ण कारकों पर विशेष बल देना अनिवार्य हैं।

यूं तो आधुनिक मानव विषम वातावरण में भी काफी अनुकूलनशील और सहनशील बनता जाता है, फिर भी अनुकूलित होने और सहने की एक सीमा होती है। इस सीमा के आगे और अधिक झेलना उसके वश में नहीं रहता। इस बात को जेहन में रखना जरूरी है और मंडराते संकटों के प्रति लापरवाही बरतना बुद्धिमानी नहीं है।

जंगलों के पर्यावरण तथा वन्य प्राणियों का संरक्षण भी आवश्यक है वरना यहां का गणित गड़बड़ा जाता है। जंगलों के अलावा शहरों में भी प्राकृतिक पर्यावरण बनाए रखने के लिए सड़कों के किनारे, रेल की पटरियों के दोनों ओर खाली जमीन तथा परती भूमि में सामाजिक वानिकी वाली परियोजना बहुत उपयोगी और लाभकारी है। इसके अंतर्गत सहनशील, जल्दी बढ़ने तथा प्रतिरोधी वृक्षों को उगाने से जलवायु अनुकूल बनती है और प्रदूषण का निराकरण होता है। स्वच्छ वायु से आधा प्रदूषण दूर हो जाता है और वातावरण के साथ-साथ हम भी स्वस्थ रहते हैं। इसलिए हमें निरंतर पेड़-पौधों के रोपण, रखरखाव और संवर्धन पर ध्यान देते रहना होगा ताकि रिक्ति की पूर्ति होती रहे।

रसायनों के अनुप्रयोग से पर्यावरण इसीलिए तिलमिला जाता है कि ये उसके प्राकृतिक अथवा जैविक धटक नहीं हैं बल्कि मानव द्वारा आरोपित बाहरी कृत्रिम पदार्थ हैं, जिन्हें वह सहन नहीं कर पाता। पर्यावरण पर गैसों के प्रसंग में भी यही बात लागू होती है। मिलों, कारखानों, संयंत्रों, पावर-हाउसों आदि से निकलने वाली गैसों के प्रदूषण से बचाव के लिए लम्बी चिमनियां रखी जानी चाहिए। जैसे आजकल रखी जा रही हैं। यह इसलिए कि प्रदूषित करने वाले पदार्थ लम्बी चिमनियों और नालियों की दीवारों पर अटक जाएं और वातावरण की हवा में फैलकर उसे दूषित न करें। पेट्रोल तथा डीजल से चलने वाले हाहों में भ्री ये युक्तियों अपनाई जानी चाहिए।

प्रदूषण की रोकटथाम के लिए वैज्ञानिकों को अन्य युक्तियां भी खोज निकालनी होंगी। इस दिशा में अनुसंधान को बढ़ावा दिया जाना चाहिए। शहरों के वातावरण में फैल जाने वाले धुएं, गैसों तथा धूम कुहरे (स्मौग) को साफ करने के तरीके भी खोजे जाने चाहिए ताकि दमघोटू और घुटन-भरा वातावरण त्रास न दें। बड़ें शहरों में मोटर-गाड़ी, स्कूटर, मोटर साइकिल से छोड़े जाने वाले धुएं के प्रदूषक पदार्थों का विश्लेषण व मापक एक अच्छी शुरुआत है। इस तरह से समय-समय पर इनकी जांच भी होती रहेगी, इनके मालिकों को आगाह किया जा सकेगा तथा प्रदूषण का निवारण भी।

शोर मचाने वाले स्कूटर तथा मोटर साइकिलों में शोर तथा प्रदूषक पदार्थों के अच्छे अवशोषकों का लगाया जाना अच्छी बात होगी। इसी तरह से भक्क से गंदा धुआं उगलने वाली गाड़ियों का भी उपचार होना चाहिए। ये तो मिसाल देने वाले कुछ बिंदु हैं। इनके अलावा अन्य उपाय भी निरंतर सोचे जाने चाहिए जिससे के प्रदूषण पनपे नहीं।

ईंधन के लिए थोड़ी-बहुत लकड़ी का उपयोग तो होगा ही। आम जनता तो इस्तेमाल करती ही है। इसके लिए व्यवस्था ऐसी होनी चाहिए कि जितना काटें उससे ज्यादा रोपण करें और केवल बड़े व पुराने पेड़ को ही काटें। ऊर्जा के लिए, लकड़ी, बिजली, तरल पेट्रोलियम गैस के अलावा अन्य अपारम्परिक ऊर्जा-स्रोतों का दोहन भी होना चाहिए। ईंधन के रूप में सौर ऊर्जा, बायो गैस, पवन ऊर्जा आदि के उपयोग का प्रचलन भी जोर-शोर से होना चाहिए। इससे प्रदूषण भी नहीं होगा। वैसे आजकल कूड़े-करकट व बेकार चीजों से भी ऊर्जा प्राप्त की जा रही है।

मुख्य मद पर्यावरण है। पर्यावरण जगत् का मूल आधार है। प्रदूषण की बात

पर्यावरण की ही बात है। प्रदूषण का अर्थ है प्राकृतिक स्वच्छ पर्यावरण का बिगाड़, जो कि विपरीत प्रक्रिया है। यह विपरीत प्रक्रिया घटित नहीं होनी चाहिए। हमें अपने इस प्राकृतिक आवास और शरणस्थली को निरन्तर चित्त में बसाए रखना है। इस स्वच्छ, हरा-भरा और निष्कलंक बनाए रखना है ताकि इसकी विराट मशीन के पुर्जों में कहीं भी खोट-खराबी न आए, वरना परिणामी प्रभाव हमीं को झेलने होंगे। यह मेरा, तेरा, सबका पर्यावरण है और इस पर सभी जीवों का समान अधिकार है। इसे प्राकृतिक और प्रदूषणहीन रखने मे ही हमारा कल्याण है। इसलिए हम सबको अपनी नैतिक भूमिका निभानी है और पर्यावरण संरक्षण के साथ-साथ जल-संरक्षण पर भी ध्यान रखना है।

शहरों में नई जमीन तोड़ने समय और भवन निर्माण के दौरान पर्यावरण संबंधी व्यवस्था रखी जानी चाहिए। जंगलों से लेकर शहरों तक वृक्षों की रिक्ति की पूर्ति इस तरह होनी चाहिए कि पर्यावरणी तारतम्य और संतुलन बना रहे। इस संदर्भ में सरकारी नियम तो रहें ही, पर यह भावना हर नागरिक के अन्दर से उपजे और उपजे ही नहीं बल्कि व्यवहार में आए। कितना अच्छा हो यदि मानव की आबादी के बदले पेड़ों की आबादी बढ़े। तब पर्यावरण तो स्वच्छ और स्वास्थ्यकर रहेगा ही पर हम भी अभाव की स्थिति में नहीं रहेंगे। हमें पर्यावरण संबंधी अनुशासन में रहना है और स्वेच्छा का अनुशासन सबसे उत्तम होता है।

आज के आंकड़ें बताते हैं कि 3 करोड़ हेक्टेयर प्राकृतिक वनों में से हर साल लगभग 15 लाख हेक्टेयर वनों का नाश हो जाता है और यह नाश अवैध तरीकों से होता है। बेहतरी के लिए इसे रोका जाए। ईंधन, लकड़ी आदि मदों के लिए पूर्व निश्चित क्षेत्र के बड़े वृक्ष काटे जाएं और दूसरे क्षेत्रों में इससे अधिक वन-रोपण किया जाए।

वन-रोपण की क्रिया सतत रूप से चलती रहनी चाहिए। सुविचारित योजना के अनुसार कार्य चलता रहेगा तो कभी भी परेशानी नहीं होगी। विविध प्रकार के आधुनिक उद्योगों में काष्ठ की आपूर्ति के लिए खाली जगहों पर अतिरिक्त वन-रोपण जरूरी है, तभी हमारी योजना साकार रूप ले सकेगी। हमें कृषि तथा वन भूमि के अलावा रेगिस्तानी भूमि का दोहन और उपयोग भी करना है। अगर ऐसा न किया गया तो रेगिस्तानों का फैलाव होता जाएगा। इसीलिए आजकल बबूल, बेर, कैक्टस, लम्बी घास, कंटीली झाड़ियों वगैरह के लिए मरुभूमि को हरा-भरा करने की योजना चल रही है। रेगिस्तानों को रोकने के लिए चीन में अच्छे प्रयास किए गए हैं। रेगिस्तानों के किनारे से शुरुआत करके हरियाली को आगे बढ़ाया

जाता है। रेतीले तूफानों को रोकने के लिए रेगिस्तान के अनुकूल मरुसह घासों, पेड़ों तथा कंटीली झाड़ियों को चुना जाता है। लम्बे समय छोटे आकार के वृक्षों और झाड़ियों की पंक्तियां रेगिस्तानी झोंकों को सहने के लिए अच्छी लचर दीवार बनकर उन्हें झेल लेती हैं और नुकसान नहीं पहुंचता। चीन में इस प्राणाली से बहुत लाभ पहुंचता है। हमें भी इस पद्धति के व्यावहारिक रूप को अपनाना होगा।

प्राणियों की हत्या की तरह पेड़ की हत्या को भी अपराध समझा जाना चाहिए। यह कार्य वैसे तो दंडनीय है ही पर नैतिक दृष्टि से भी इसे अकरणीय समझा जाना चाहिए। घर बनाते सयम इमारती लकड़ी की जरूरत पूरी करने के लिए अपना ही बूढ़ा पेड़ काटने के लिए आजकल गांवों में भी पटवारी तथा सूक्ष्म प्राधिकारी की अनुमति ली जाती है--यह एक अच्छी परंपरा की शुरुआत है। जंगलों में शिकार खेलने पर लगाई गई पाबंदी भी पर्यावरण संतुलन संबंधी सुधार का अच्छा उदाहरण है। निस्संदेह इनसे अच्छे नतीजे निकल रहे हैं।

अब विश्वविद्यालयों तथा स्कूलों के पाठ्यक्रम में पर्यावरण व प्रदूषण संबंधी विषय भी शामिल हैं लेकिन प्रौढ़ विद्यालयों के पाठ्यक्रम में भी इन विषयों का समावेश होना चाहिए ताकि सभी को ऐसे पाठ पढ़ाए जा सकें। पहले स्कूलों में प्रकृति-अध्ययन (नेचर स्टडी) की कक्षाएं चला करती थीं, अब फिर पर्यावरण अध्ययन नाम से छोटी कक्षाओं में इनकी पुनरावृत्ति हो रही है। छोटे दरजों से ही विद्यार्थियों को पर्यावरण शिक्षा का दिया जाना युक्तिसंगत है। बच्चों को इधर-उधर ऐतिहासिक स्थलों आदि का भ्रमण कराने के साथ-साथ उन्हें जंगलों, नदियों, नदी,स्रोतों, जल तंत्रों, प्रदूषण वाले तथा प्रदूषणग्रस्त क्षेत्रों, फैक्टरियों वनरोपण वाले इलाकों में घुमाना अच्छी योजना होगी।

गरमियों की छुट्टियों में कुछ अवधि के लिए विद्यार्थियों को वनरोपण और वन-विकास के लिए कैम्पों में रखना भी एक अच्छा कार्यक्रम होगा। सामाजिक वानिकी के तहत सड़कों व पटरियों के किनारे भी बच्चों से वृक्षों का रोपण व रखरखाव कराया जा सकता है पर्यावरण, प्रदूषण तथा वानिकी के क्षेत्र में शोध के लिए अधिक वजीफा और सुविधाएं देने से अवश्य ही अधिक लाभ पहुंचेगा।

इस तरह मिलेजुले रूप में हमारे प्रयास छिटपुटे तरह से भी चलते रहे तो अवश्य ही बड़ा रूप लें लेंगे और पर्यावरण की गोद में पलने वाले हम लोग तभी सही अर्थ में उसके ऋण से उऋण हो पाएंगे। प्रदूषण के नियंत्रण के लिए यदि हमने तुरंत उपाय नहीं अपनाए तो वातावरण की कार्बन डाइऑक्साइड में काफी बढ़ोतरी हो जाएगी। इससे क्या होगा कि पृथ्वी के तापमान में लगभग 2 डिग्री

सेन्टीग्रेड की वृद्धि हो जाएगी और इसके परिणामस्वरूप हिमशिखरों के पिघलने से सागरों का पानी ऊपर उठ जाएगा पानी की सतह के ऊंचे होने का मतलब होगा तटीय शहरों का जलमग्न हो जाना। इसके अलावा और भी न जाने क्या-क्या बुरे फल हमें भुगतने पड़ें, इसीलिए प्रकृति को छेड़ने के बजाय यदि हम शांत रखने में लगे रहें तभी हमारी भलाई है। प्रकृति को चुनौती देने का अर्थ होगा हमारी प्राकृतिक संपदा का लोप, हमारे पर्यावरण की तबाही और हमारा अहित। हमें हमेशा यह स्मरण रखना होगा कि प्रकृति हमारे सांचे में नहीं ढल सकती, हमें ही प्रकृति के सांचे में ढलना होगा। हम भले ही कितने आधुनिक बन लें इस आदिम संस्कार को नहीं भूलना होगा, इस सूत्र को हमेशा याद रखना होगा।

अंत में यही कहेंगे कि यह पर्यावरण जीवों का रंगमंच है। पर्यावरण जीवों का है, जीवों स है और जीवों के लिए है। जीवों के बिना यह बेजान है और जीवों की विविधता से ही यह जीवंत रहता है। आधुनिक मानव को इसमें दखलंदाजी और मनमानी न करके इसे प्रदूषण से मुक्त तथा प्राकृतिक गरिमा से मंडित रखने के प्रयत्नों में लगा रहना होगा।

स्टौकहोम में 1972 के अंतर्राष्ट्रीय सम्मेलन से ही विश्व पर्यावरण दिवस का शुभारंभ हुआ, जिसमें उद्बोधन किया गया था कि हमें अपने पर्यावरण का संरक्षण करते हुए इसे प्रदूषणमुक्त रखना होगा। इस बात का हमें हर समय स्मरण रखना है वरना हमारे क्रियाकलाप बेमानी गिने जाएंगे। जंगल हमें प्रदूषण से बचाकर रखते हैं। जंगल कार्बन को अपने में बांध कर रखते हैं, लेकिन जंगल न रहने से यह कार्बन वायुमंडल में मुक्त होकर पृथ्वी की रक्षाकारी ओज़ोन की छतरी को नुकसान पहुंचाने लगता है। इसलिए जगल हमारे लिए हर तरह से महत्त्वपूर्ण हैं।

पर्यावरण की शांति के लिए हर प्रकार के प्रदूषण से और विश्व शांति के लिए मानसिक प्रदूषण से बचकर रहना परम आवश्यक है। हमारे क्रियाकलाप इस तरह से चलें कि आधुनिक विकास ही रहे, कहीं विनाश की दिशा में न मुड़ जाए। हम इस पृथ्वी के वासी हैं, विश्व नागरिक हैं इसलिए हमें व्यापक दृष्टिकोण रखते हुए पृथ्वी के वातावरण को प्रदूषण से मुक्त रखने का संकल्प करना होगा। तभी हम सही मायने में विश्व नागरिक कहलाए जा सकेंगे। काश कि, हम सब में विश्व मानव वाली चेतना जागे।

समाप्त

संदर्भ-सूची

❑❑❑